국가안보의 한국화

이 도서의 국립중앙도서관 출판시도서목록(CIP)은 e-CIP홈페이지(http://www.nl.go.kr/ecip)와
국가자료공동목록시스템(http://www.nl.go.kr/kolisnet)에서 이용하실 수 있습니다.
(CIP제어번호: CIP2012000145)

국가안보의 한국화

김석용 편저

Korean National Security

A Korean Conceptualization on National Security in the Globalization Era

Edited by

KIM, Suk-Yong

ORUEM Publishing House
Seoul, Korea
2012

책머리에

21세기 초의 국제환경은 그 정세가 불확실하고 국제적인 권력구조가 미정립되어 있어 국제안보환경을 더욱 불안정하고 혼란스럽게 하고 있다. 또한 국가 안보의 인식(개념, 목표 그리고 방법 및 수단)이 크게 바뀌고 있는 가운데 국가안보에 관련된 쟁점과 단순한 국가이익에 관련된 쟁점과의 구분도 모호해지면서 국가이익과 국가안보와의 경계를 모호하게 할 뿐만 아니라 그 우선순위를 복잡하고 미묘하게 만들고 있다.

그리고 전쟁을 포함한 분쟁에 대한 원인과 양상도 매우 다양해지고 있다. 20세기 냉전시대에 상정되었던 세계대전과 핵전쟁과 같은 세계 수준에서의 대규모 전쟁은 그 발발 가능성이 현저히 줄어들고 있는 반면 예측하기 어렵고 보다 불확실하며 혼란스러움을 더하는 국가 간의 이익충돌에 의한 분쟁이나 비재래식 분쟁들이 주류를 이루고 있다. 이러한 변화는 전통적인 전쟁의 개념과 형태의 전략과 정책을 어느 정도 유지하면서도 다양한 종류의 분쟁에 대비해야 하는 새로운 형태의 "전쟁"을 준비하게 하고 있다.

탈냉전과 9 · 11 이후 21세기에 접어들어 안전보장에 관련해서 냉전 시기와 몇 가지 차이를 보이고 있다. 그 첫째는 군사력의 역할에 대한 새로운 정립이 필요하다는 생각이 점차적으로 증대되고 있다는 점이다. 냉전시대의 국제체제에서는 힘의 논리가 정치 및 경제영역에서도 광범하게 영향을 미치는 것이라고 인식되었다면, 탈냉전과 9 · 11 이후에는 힘이 국가나 국제체제에서 통치의 도구로서의 정당성이 상대적으로 낮아지면서 다방면의 협력이 강조되어 가고 있다. 둘째, 안전보장을 생각하는 사고방식에 대한 새로운 패러다임이 필요하게 되었다는 점이다. 안전보장이라는 용어의 광역화에 대한 필요성이다. 즉 국가의 안전보장에 국내적인 이슈들을 포함시키고 동시에 안보의 위협으로서 국가번영에 대한 정치, 경제, 사회 등의 비군사적 위협을 포함한다는 점이다.

그리고 안전보장을 논의함에 있어서는 목표로서의 안전보장, 안전보장을 추구하는 수단 그리고 안전보장과 국내문제와의 관계 등을 동시에 고려해야 한다는 점이다. 그리하여 새롭게 대두된 안보개념은 냉전시대의 전략적 안보개념뿐만 아니라 경제적 비전략적인 안보개념을 포괄하는 종합적 안보개념으로 전환되고 있다. 냉전시기의 국가안보는 주로 국가의 생존독립 그리고 주권 유지에 보다 역점이 주어졌다. 따라서 정치군사적인 면이 강조될 수밖에 없었고, 정치적 이념의 대결 구도 속에서 군사력 중심의 전략적 안보개념이었다. 반면 탈냉전시기에는 정치적 이념대립이 소멸하고 영토침략에 대한 욕구가 감소되면서 국가 생존의 위협이 상대적으로 감소하게 되었다. 따라서 국가안보는 전략적 안보개념을 중심으로 하면서도 경제영역과 사회 · 문화 · 과학기술 등 비군사 분야가 안보에서의 넓은 부분을 차지하면서 그 중요성이 커지게 되었다.

또한 국가에 따라서는 인권, 인종문제, 빈곤, 마약, 종교 그리고 환경 등이 안보의 보다 중요한 요소로 대두되고 있다. 또한 세계화와 개방화가 국제적 추세로 진행됨에 따라 공동체의 번영 즉 국가내의 구성원들 삶의 질을 높이는 것이 국가안보의 주요 과제가 되고 있다. 이는 국가의 안보뿐만 아니라 개인과 비국가 집단의 안보까지도 포함하는 확대된 안보개념으로 바뀌고 있다는 의미이다. 그리고 그러한 변화는 종합적 안보의 테두리 안에서 인간안보, 협력안보, 공동안보 등의 개념들이 분화되면서 엄밀화되고 있다.

한반도의 안보환경은 일반적인 국제안보환경에 더하여 몇가지 독특한 현상을 보이고 있다. 첫째, 한반도에는 아직도 냉전시대의 유산이 강하게 남아 있다. 제2차 세계대전 이후 분단되었던 5개국 중 4개국은 흡수통일이든 무력통일이든 통일을 이루었으나 한국과 북한만은 아직도 국가안보와 군사적인 면에서 적대적인 관계에 있다. 둘째, 북한의 핵실험과 국제사회에서의 비상식적인 북한의 행위가 주는 부정적 영향이다. 이것은 한국에 대해서도 부정적인 영향을 간접적으로 미치고 있다. 셋째는, 한반도의 안보문제에 있어서 주변 4국들의 국익충돌의 결과로 한국이 가끔 소외되는 현상이다. 이러한 소외현상은 남북문제와 관련해서는 더욱 심하게 나타나고 있고, 이는 한국으로서는 좋지 않은 현상이다.

이러한 새로운 안보환경 속에서 한국의 안보와 한반도의 안전보장을 한국적 맥락에서 이해하고 그 개념을 정립하는 것이 시급히 요청된다. 물론 많은 부분 한반도의 안보가 주변의 국가들의 힘 관계와 세계적 수준에서의 정세변화에 맞물려 크게 변동하는 것이 사실이지만, 한반도의 시각에서도 그러한 안보 정세의 변화를 포착하고 그에 맞추어 우리의 안보 개념을 확립하는 것이 필요한 시점이다. 그것은 한국이 이미 정치적, 경제적으로 선진국의 대열에 들어섰고, 그러한 국격에 맞는 국제정치질서 속에서의 행동의 양식이 필요하다는 점과 관련이 있다. 따라서 현시점에서 한반도를 둘러싼 안보환경을 주도적으로 이해하고 대처해 나가기 위한 다양한 노력이 필요하다.

다른 한편, 한반도의 안보를 역사적으로 살펴본다면, 지정학적 위치 때문에 삼국시대 이래 외세의 끊임없는 침입과 그에 대한 방어의 역사였다. 고려시대 몽고의 침입이나 조선시대 일본과 청나라의 침입 등에 의한 국토의 유린 등은 우리의 뼈아픈 역사이다. 그리고 이러한 외부 침입의 역사만이 아니라 내부의 분쟁이나 난(亂)도 끊임없이 지속되어 왔다. 근대 이후의 역사 역시 일본과 중국 대륙 사이에서 그리고 서구 열강의 틈바구니 속에서 생존을 모색해야 했고, 그 결과 일제 강점에 의한 국권을 상실하기도 했다. 해방 이후 냉전시대의 한국전쟁은 동족상잔과 남북분단이라는 현재까지도 치유되지 않은 상처를 남기고 있다. 이러한 한반도 안보의 역사는 자주적 안보관과 주체적 정책 수립보다는 외세의 정책과 전략에 의해 재단되는 경우가 많았다. 따라서 이러한 한반도의 안보 역사와 현재의 한반도 안보환경은 우리의 안보가 특수할 수 밖에 없음을 의미하며, 국가안보에 대한 한국적 특수성을 반영한 개념화의 필요성을 제기한다.

이를 위해 이 책은 '국가안보의 한국화'라는 제목으로 다양한 이론적 시도를 해 보았다. 우선은 안보개념에 대한 다각적 이해이다. 안보의 군사적 측면, 정치적, 경제적, 사회적 측면에서 안보 개념을 정립하기 위한 시도를 하였다. 특히 천안함 사태 이후 한국군의 역할을 재정립하기 위한 방안을 찾아보고 한국의 국가안보 전략에 대해 역사적 분석 작업 및 전망을 제시하고자 하였다. 그리고 정치발전, 경제안보, 사회안보 개념 등을 통해 안보의 새로운 현상을 포착하고 엄밀히 하고자 하였다. 이 책의 1부의 작업이 그것이다. 다음으로 한국의 안보환경을 조성하고 있는 시공간에 대한 정확한 이해이다. 한국을 둘러싸고 있는 시공간, 즉 한국이 위치하고 있는 동북아 및 동아시아 그리고 나아가 세계정세에 대한 정확한 이해이다. 2부의 작업은 미국, 일본, 중국, 러시아 등 한반도 주변 국가들에 대한 이해와 그들과 한국의 외교안보 관계에 대해 다루고 있다. 3부에서는 안보개념의 한국화라는 작업의 일환 속에서 안보와 관련한 흥미로운 주제들인 국제법, 역사 속에서 이해된 군사안보 개념, 한국형 비용분석 전산모델 등을 다루었다. 국제법을 다루면서도 그것이 한반도의 안보와 관련하여 어떻게 이해될 수 있으며, 구체적인 독도, 이어도 등의 문제에서 어떻게 적용되는지 등을 다루고 있다. 또한 조선 세종 시기 군사안보 개념을 살펴보면서 역사적으로 한반도에서 안보개념이 어떻게 이해되고 형성되어 왔는지를 분석하는 작업은 그동안의 역사학 및 안보학에서 흔치 않은 접근이다. 또한 비용분석의 한국형 전산모델의 개발을 위한 시도 역시 안보의 다양한 분야에서 한국화를 이루어내려는 시도라고 볼 수 있다.

안보 개념에 대한 한국적 이해의 정립과 한반도를 둘러싼 주변 정세 및 세계정세에 대한 이해, 그리고 안보와 관련한 다양한 분야에서 한국적 안보 개념의 적용 시도는 한반도의 안보전략 및 외교 전략을 수립하기 위한 기본적인 작업이 필요하다. 이 책은 그러한 기본적인 작업이 진행되기 위한 다양한 노력들 중의 한 가지 시도이다.

이 저술 작업은 국방대학교 교수로서 40여 년을 봉직하다 2010년 8월 퇴임하신 김석용 교수님의 퇴임을 기념하여 국방대학교 교수들이 참여하여 이루어진 것이다. 교수님의 퇴임을 축하드리며 이 책이 한국의 안보개념 정립에 조그마한 보탬이 되기를 바란다.

2011년 12월
필자 일동

| 차 례 |

제1부   국가안보의 이해와 인식

제1장   **천안함 사태 이후 한국군의 역할 재정립** |김석용

제4장　**경제안보의 개념 및 위협에 대한 대응방안**　ㅣ신용도 · 김덕영

제5장　**'사회안보' 이론의 한국적 적용: 도입, 채택, 활용, 보완**　ㅣ김병조

제2부 한국안보의 국제적 현실

제3부   한국안보의 과제

제10장   국제법과 국가안보 | 김병렬

제11장   조선 초기 세종대 군사적 상황과 전쟁 수행 양상:
1, 2차 파저강 야인 토벌 사례를 중심으로 | 노영구

제1장

천안함 사태 이후 한국군의 역할 재정립[*]

김석용

I. 서론

1. 문제 제기

군사력 사용의 목적과 범위에서 본다면, 21세기 이전의 군사력의 역할은 군사적 도전과 위협에 대응한다는 면에 상대적으로 강조되어 있었다. 그러나 21세기에 와서는 국가안보의 개념이 확대되고 보다 포괄적으로 인식되면서, 국가안보는 전통적인 국가안보 이익과 국가의 번영을 제고하고 심화시키기 위한 국가이익 보전과 확대라는 면까지 포함됨에 따라, 군사력의 역할도 국가이익의 보존과 확대를 위하여 그 사

* 본고는 국방대학교 안보문제연구소, 『국방연구』 제51권 제3호(2008.12)에 실린 필자의 "21세기 한국 국방목표에 관한 소고"를 수정 · 보완한 것이다.

용범위를 넓혀가야 한다는 것이 21세기 초의 국제정세 및 전략환경에서 요구되고 있다.

21세기 초의 국제환경은 그 정세가 불확실하고 국제적인 권력구조가 미정립되어 있는 현상을 보이고 있어 국제안보환경을 더욱 불안정하고 혼란스럽게 하고 있다. 또한 국가 안보의 인식(개념, 목표 그리고 방법 및 수단)이 크게 바뀌고 있는 가운데 국가안보에 관련된 쟁점과 단순한 국가이익에 관련된 쟁점과의 구분도 모호해지면서 국가이익과 국가안보와의 경계를 모호하게 할 뿐만 아니라 그 우선순위를 복잡하고 미묘하게 만들고 있다.

뿐만 아니라 전쟁을 포함한 분쟁에 대한 원인과 양상도 매우 다양해지고 있다. 또한 20세기 냉전시대에 상정되었던 세계대전과 핵전쟁과 같은 세계수준에서의 대규모 전쟁은 그 발발 가능성이 현저히 줄어들고 있는 반면 예측하기 어렵고 보다 불확실하며 혼란스러움을 더하는 국가 간의 이익충돌에 의한 분쟁이나 비재래식 분쟁들이 주류를 이루고 있다. 이러한 변화는 전통적인 전쟁의 개념과 형태와 그 전략과 정책을 어느 정도 유지하면서도 다양한 종류의 분쟁에 대비해야 하는 새로운 형태의 "전쟁"을 준비하게 하고 있다.

한편, 한반도를 둘러싼 안보환경은 일반적인 국제안보환경보다도 더 혼란스럽다. 첫째, 한반도에는 냉전시대의 유산이 강하게 남아 있다. 제 2차 세계대전 이후 분단되었던 5개국 중 4개국은 흡수통일이든 무력통일이든 통일을 이루었으나 한국과 북한만은 아직도 국가안보와 군사적인 면에서 적대적인 관계에 있다. 둘째, 북한의 핵실험과 국제사회에서의 비상식적인 북한의 행위가 주는 부정적 영향이다. 이것은 한국에 대해서도 부정적인 영향을 간접적으로 미치고 있다. 셋째는, 한반도의 안보문제에 있어서 주변 4국들의 국익충돌의 결과로 한국이 가끔 소외되는 현상이다. 이러한 소외현상은 남북문제와 관련해서는 더욱 심하게 나타나고 있다.

이러한 국제정세와 한반도 주변 상황 속에서 2010년 3월 26일에 일어난 천안함 사태는 한국군의 역할과 임무에 대해 되돌아보게 하는 계기를 제공했다. 한국군의 존재 이유, 군사력 사용의 방향과 내용, 군사력 구조의 효율성, 정전협정 체제에서 북한의 도발에 대한 대응 그리고 한·미 군사동맹의 공고성과 효율성 등에 대한 많은 생각을 하게 하고 있다. 뿐만 아니라 정부와 군과의 관계, 군의 정치적 입장 그리고 국민의 군대로서의 군에 대한 생각도 다시 한 번 되돌아보게 하고 있다.

그리고 21세기의 안보 환경은 한 국가의 군사력의 역할 범위를 전통적인 분야뿐만 아니라 비전통적인 분야에까지 확대하도록 하고 있다. 따라서 한국군의 역할이 군사 이외의 다른 분야의 안보문제와 얼마나 효율적인 상호협력관계를 형성하고 있느냐에 대해서도 다시 한 번 생각해 볼 필요가 있어 보인다. 천안함 사태는 이러한 한국의 특수한 안보환경 속에서 국가를 방위하고 동시에 한국의 세계화 정책과 국가의 번영과 관련된 국가이익을 증진시키기 위한 국력으로서의 군사력의 역할에 대해 효율적이면서도 구체적인 새로운 한국군의 역할과 임무를 설정하게 하는 계기가 되고 있다.

2. 연구 방향

한 국가의 군사력의 역할은 그 국가의 특성에 따라 보편성과 특수성을 가지게 된다. 보편성은 모든 국가들이 공통적으로 갖는 전통적인 의미의 역할과 국제체제 속에서 국제 평화에 기여하는 역할로 볼 수 있다. 반면 특수성은 한 국가의 역사적 전통, 지정학적인 위치, 주변 국가와의 관계, 국제체제 속에서의 위치 그리고 국내 환경에 따라 그 국가가 독특하게 갖는 역할을 의미한다. 이러한 면에서 본다면, 20세기 냉전시대에는 특수성보다는 보편성이 강조되었던 시대라면 21세기는 보편성보다는 특수성이 상대적으로 강조되고 있다.

이러한 일반적인 추세에도 불구하고 한국군의 역할은 20세기적 보편성과 21세기적인 특수성을 동시에 수행해야 하는 복잡한 입장에 있다. 이러한 한국군의 복잡한 역할(이하 국방목표로 표기)은 건국기, 조국 근대화기 그리고 민주화기를 거치면서 헌법과 국방백서 그리고 군인 복무규율에 반영되어 있다.

현행 헌법[1]에는 국군의 사명 조항으로 "국군은 국가의 안전보장과 국토방위의 신성한 의무를 수행함을 사명으로 하고, 그 정치적 중립성은 준수된다."고 규정되어 있다. 한편 군인복무규율에 규정된 국군의 사명은 "국군은 대한민국의 헌법을 수호하고 자유와 독립을 보전하며, 국가를 방위하고 국민의 생명과 재산을 보호하며 나아가 국제 평화유지에 공헌함을 사명으로 한다."라고 규정되어 있다.[2] 이 군인복무규율은 1966년에 제정되어 현재까지 몇 번의 부분적인 개정을 거쳤으나 국군의 사명 조항은 개정되지 않고 그대로 유지되고 있다. 이는 헌법에서의 국군의 사명 조항과 표현상 상당한 차이를 보이고 있다. 즉, 헌법에 규정된 내용보다 매우 포괄적이고 광범하다는 것이다. 이는 1966년 당시는 제3공화국 시기로 헌법에는 국군의 사명 조항이 규정되지 않음에 따라 군인 복무규율에 국군의 사명을 포괄적으로 규정한 것으로 보인다. 또 그 내용이 포괄적으로 규정된 이유는 제3공화국 시기의 군은 박정희 대통령의 정치적 기반이 되었던 것만큼 당시의 정치·사회적 분

---

1) 국군의 사명에 대한 조항은 헌법과 공화국별로 다르게 나타나고 있다. 제1공화국과 제2공화국의 헌법에는 제6조에 "대한민국은 모든 침략적인 전쟁을 부인한다. 국군은 국토 방위의 신성한 의무를 수행함을 사명으로 한다."고 규정되어 있다. 제1공화국과 제2공화국의 헌법에서는 군의 구직업주의가 반영되고 있다. 제3공화국과 제4공화국의 헌법에는 국군의 사명에 관한 조항이 없다. 제5공화국의 헌법은 제4조 2항에 "국군은 국가의 안전 보장과 국토 방위의 신성한 의무를 수행함을 사명으로 한다."라고 규정되어 있어 군의 구직업주의에 더하여 신직업주의가 상당 부분 반영된 것으로 보인다. 현행 제6공화국 헌법 제5조 2항에는 "국군은 국가의 안전보장과 국토방위의 신성한 의무를 수행함을 사명으로 하고, 그 정치적 중립성은 준수된다."라고 규정되어 있다. 이는 제5공화국의 국군의 사명 조항에 "정치적 중립" 조항을 추가하여 민주화 이후 군의 정치적 중립이 강조된 면을 반영한 것으로 보인다.

2) 군인 복무규율 제4조 2항.

위기를 반영한 것으로 사려된다.

군의 역할과 임무를 규정한 또 다른 문서는 국방백서이다. 국방백서는 "국방목표" 용어를 사용하고 있다. 현재의 국방목표는 "외부의 군사적 위협과 침략으로부터 국가를 보위하고, 평화통일을 뒷받침하며, 지역의 안정과 세계 평화에 기여한다."[3]라고 규정하고 있다. 국방목표는 1967년 최초로 규정하고, 1981년에 제1차 개정하고, 1994년에 제2차 개정하여 현재에 이르고 있다. 자세한 내용은 뒤에서 검토될 것이다.

위에서 언급한 것을 종합해보면, 헌법의 국군의 사명 조항과 국방백서의 국방목표의 규정은 시대적 변화에 적응하여 그 변화를 반영하고 있다. 그러나 군인 복무규율에 규정된 국군의 사명 조항은 그대로 유지되고 있어 헌법의 국군의 사명 조항과 표현상 일치하지 않고 있다. 따라서 제3공화국 시기에 규정된 군인 복무규율의 국군의 사명조항은 헌법의 국군의 사명조항과 일치시켜 헌법 구조 안에서 국군의 역할을 규정함으로써 불필요한 "정치적 오해"를 불식시킬 필요가 있다.

여기서 국군의 사명과 국방목표에 영향을 준 시대적 변화는 두 가지 측면이다. 하나는 국제 안보정세의 변화이고, 또 다른 하나는 국내 정세의 변화이다. 한국군의 역할은 국제 안보정세 변화에 효율적으로 적응해야 하겠지만 동시에 국내 정세의 변화에 따른 군의 정치·사회적 역할[4]변화 요구에 따라 군사력의 역할과 임무도 변화를 주어야 한다는 의미이다.

---

3) 국방부,『국방백서 2008 』, p.36.
4) 헌팅턴은 군의 정치적·사회적 역할에 대해서 다음과 같이 주장하고 있다. 즉, 과두적 집정관적 사회에서 급진적 집정관적 사회로 이행하는 시기에는 군은 제도 창설자의 역할을 하고, 급진적 집정관적 사회에서 대중적 집정관적 사회로 이행하는 시기에는 정치·사회적 변화에 대해서 거부 쿠데타를 하거나 아니면 체제 보호자적 역할을 하는 것으로 보았다. 현재 한국은 대중적 집정관적 사회단계이다. 거부 쿠데타는 이미 한국의 정치·사회적 수준으로 볼 때 불가능한 것으로 보인다. 그러나 체제 보호자적 역할은 정치적 중립을 지키면서 가능할 것으로 보인다. Samuel P. Huntington, *Political Order in Changing Societies*(New Haven and London: Yale University Press, 1969), pp.192-263 참조.

가까운 미래에 헌법, 군인 복무규율 그리고 국방백서에 규정된 군의 역할과 임무를 하나의 체계 속에서 통합할 필요가 있다. 즉, 헌법 구조 안에서 구체적인 군의 역할을 보다 구체적으로 규정해야 할 것으로 보인다. 따라서 본 연구는 21세기의 안보 환경과 민주화 이후의 국내 정세를 감안하여 국민과 군이 공감할 수 있는 군의 역할을 재정립하려는 시도의 일환이다.

II. 기존의 국방목표 검토

한국의 국방목표는 1967년에 발행된 최초의 국방백서에 규정된 이후 시대적 상황의 변화에 따라 1988년과 1994년 두 차례에 걸쳐 개정되어 현재에 이르고 있다.

1. 1967년 최초의 국방목표

1967년 최초의 국방백서에는 한국의 국방목표를 다음과 같이 규정하고 있다.

> "공산주의로부터의 직접 침략을 억제하고, 간접침략을 분쇄하며 만일 재침략을 감행할시는 즉각 이를 격퇴하여 자유민주주의 이념하에 국토를 통일하여 영구적인 독립을 보존함에 있다."[5]

---

5) 국방부,『국방백서 1967』, p.57. 최초에는 국방목적으로 표기.

최초의 국방백서를 발간한 1960년대는 세계적으로 냉전이 지속되던 시기였다. 미국과 소련을 중심으로 하여 자유진영과 공산진영으로 양극화되어 있었고, 정치, 군사 및 경제의 모든 부분에서 대결하였다. 이 시기에 국제분쟁은 공산주의 집단의 팽창정책이 가장 큰 원인으로 지적되었다.[6] 1953년 6 · 25를 겪은 한국으로서는 공산주의 침략으로부터 국가를 보존하는 것이 가장 큰 목표일 수밖에 없다. 아시아 지역에 있어서의 공산주의 팽창은 소련뿐만 아니라 특히, 중공(현재의 중국)의 팽창정책이 가장 큰 위협이었다. 중공의 주변국가들이 소위 해방전쟁이란 미명하에 적화된다면 한국도 이에 예외일 수 없고 일본, 필리핀, 호주 등도 위협을 받을 수 있다는 소위 아시아 지역의 "공산화 도미노" 현상이 일어날 것에 대한 우려가 매우 큰 시기였다.

이 시기의 월남 파병은 한국의 안전보장은 휴전선에서만 이루어지는 것이 아니고 동남아일대에 있어서의 공산주의의 침략이 한국의 침략과 동일시되는 것으로 보았기 때문이다. 즉, 월남파병은 공산주의의 팽창을 막고, 자유진영의 결속을 보여주는 것이었다.

국내적으로는 제3공화국이 조국근대화를 내걸고 국가의 모든 역량을 경제발전에 쏟아 붙는 시대였다. 고질적인 빈곤을 해결하고, 또 하나는 부강한 사회를 만들어 공산주의의 직접 및 간접 침략을 막는 데 목적이 있었다. 이 시기의 한국의 경제는 북한보다 뒤지고 있었고, 동시에 1953년 휴전 이래 북한은 중 · 소분쟁을 이용하면서 통일전선전략에 의한 한국의 전복을 시도하는 간접침략에 의한 대남침투는 한국으로서는 매우 큰 도전과 위협이었다.

제3공화국 시대의 이러한 국내 · 외적인 안보환경은 한국군으로 하여금 북한을 비롯한 다른 공산주의 국가들로부터 국가의 주권과 영토

---

6) 2차 대전 이후 20년 동안 발발한 분쟁이 40회이고, 이 중 20회가 아시아에서 일어났으며, 다시 이 중 13회가 공산집단에 의해 도발되었다. 13회 중 11회가 중공(현재의 중국)의 책동에 의한 것이다. 국방부, 『국방백서 1967』, p.20.

를 보전해야 하는 임무와 국내적으로는 북한의 간접침략을 통한 한국의 적화를 막는 것, 그리고 조국 근대화에 기여하는 역할을 동시에 해야 했다. 따라서 군은 박정희 정부의 중요한 정치적 기반을 제공하면서 동시에 자유민주주의의 이념의 수호자이며 조국근대화에서 주요한 역할을 하는 매우 포괄적인 국군의 사명을 표명하게 된 것으로 보인다.[7]

2. 제1차 국방목표의 개정: 1981년

그 후 첫 번째 개정은 1988년 세 번째 국방백서를 발간하면서 공개되었다. 1981년 11월 국방부 정책회의에서는 국방목표를 다음과 같이 개정·결정하였다.

> "적의 무력침공으로부터 국가를 보위하고 평화통일을 뒷받침하여 지역적인 안정과 평화에 기여하는 것이다.[8]

1967년의 국방백서에 표기된 "공산주의로부터 국가를 보위한다"는 것에서 "적의 무력침공으로부터 국가를 보위"하는 것으로 상당한 변화를 보였다. 이는 정치이념과 군사적 대결이라는 면에서 정치이념의 요소는 다소 후퇴하고 군사적 대결의 요소는 그대로 유지된 것을 상정한 것으로 보인다.

1981년에 개정한 국방목표는 1967년의 국방백서에서 표기된 것과는 상당한 변화를 보이고 있다. 1967년의 국방목표는 공산주의의 직접침략과 간접침략으로부터 자유민주주의 정치적 이념과 국토를 보전하면

---

7) 군인복무규율 제4조 2항 참조. 앞에서 언급되었지만 제3공화국 헌법에는 국군의 사명 조항이 없다.
8) 국방부, 『국방백서 1988』, p.23. 3회째 발간된 국방백서.

서 독립국가를 지킨다는 한국이 주권국가로서 존재하는 것을 목표로 했다. 반면 1981년에 개정한 국방목표는 정치적 이념의 내용과 주권국가로서의 독립에 관한 내용이 표기되어 있지 않다.

1970년대 초 미·중공의 화해분위기는 아시아에 있어서 중공의 팽창정책에 대한 두려움을 상당 부분 해소하는 상황을 조성했다. 즉, 미·중공의 화해 분위기는 아시아 지역에 있어서 중공에 의한 아시아 지역국가들의 공산화 위협이 그 이전의 시기보다 그리 큰 위협이 되지 않는 분위기를 만들었다. 이러한 화해 분위기 속에서 닉슨 독트린이 발표되면서, 미국이 중공과의 정치·군사적 대결을 다소 완화하고 아시아 방위를 아시아가 책임진다는 정책을 택함에 따라 한국도 닉슨 독트린의 영향으로 한국 방위의 한국화를 거론하게 되었고 자주국방을 추진하게 되었다.

이러한 분위기는 남·북한 관계에도 그대로 영향을 미쳤다. 1973년 6월 23일 "대통령 평화통일 외교정책에 관한 특별선언"에서도 잘 나타나 있다. 이 특별선언은 남북관계에 있어서 서로 내정간섭과 침략하지 않을 것을 선언하고 있으며 대외정책에 있어서 이념과 체제를 달리하는 국가들과도 교류를 가질 것을 선언하고 있다. 또 북한이 국제기구에 참여하고, 유엔에서 한국 문제 토의에 북한이 초청되는 것을 반대하지 않음을 천명하면서 북한에 대한 진일보한 정책을 발표했다. 이러한 한국의 대외정책과 남북관계의 변화는 국제적인 정세변화에 능동적으로 부응하기 위해서 추구되었으며 이후 1970년대와 80년대 초까지 그대로 이어지면서 보다 심화되었다.

1981년은 제5공화국시기이다. 제5공화국의 헌법에는 국군의 사명 조항을 부활시켜, 국토 방위뿐만 아니라 국가의 안전 보장을 사명에 포함시키면서 한국군의 역할 범위를 제1, 2공화국보다 넓혔으나, 제3, 4공화국의 범위보다는 다소 구체화된 면이 있다. 1980년대는 1970년대 초부터 시작된 공산주의 국가들과의 문호개방과 7·4 남북공동성명 등 북한과의 교류를 시도하는 정책 등으로 한반도의 분위기가 달라져 가고 있었다. 이러한 분위기는 전반적으로 한국의 북한보다 우세한 경제 력과 국제적인 환경에 기인했다.

3. 제2차 국방목표 개정: 1994년

두 번째 국방목표 개정은 1994년 3월 10일에 개정하여 아홉 번째 국 방백서에 발표되었다. 국방목표는 다음과 같이 개정되었다.

> "외부의 군사적 위협과 침략으로부터 국가를 보위하고 평화통일을 뒷받침하며, 지역의 안정과 세계 평화에 기여한다."[9]

1994년 국방백서에서 국방목표는 국가의 평화와 안전 그리고 독립을 위협하는 요소를 제반 군사활동을 통하여 제거하고 예방함으로써 국가 목표를 달성하고자 하는 "군사적 차원"의 목표로 규정하고 있다. 이에 따라 2차 개정 이전의 국방목표와 같이 2차 개정된 국방목표도 국내적 요소가 삭제되고 외부의 위협과 지역 안정 그리고 세계 평화 기여에 집 중하는 것으로 되어 있다.

국방백서는 국방목표를 개정하게 된 배경은 "탈냉전시대를 맞아 안 보환경의 급변과 더불어 위협의 범위 및 성격이 다양화됨에 따라 이에 능동적 대응이 필요할 뿐만 아니라 세계적인 공산권 붕괴와 동·서독 통일 등 역사적 흐름이 우리로 하여금 다가올 통일시대를 맞이할 준비 를 요구하고 있기 때문이다."라고 밝히고 있다. 1989년 1월 부시와 고 르바초프의 몰타정상회담으로 동서냉전의 국제질서가 끝나게 되었고 이어서 전략무기 등 군축관련 조약들이 체결되어 미·소 냉전구조가 깨지는 계기가 되었다. 그리고 동서독의 통일이 이루어지면서 국제정

---

9) 국방부, 『국방백서 1994』, p.20. 9회째 발간된 국방백서.

세는 세계수준에서 대결의 시대가 종식되고 평화추구의 신드롬이 팽배하게 되었다. 그러나 부분적으로는 소규모 분쟁이 유럽과 중동 등에서 발생하여 안보환경은 혼란스럽고 불안정하게 변화되었다. 이 시기는 세계적인 국제체제가 급격히 변화하는 과정이었다.

한편 개정된 국방목표는 "적의 무력침공"을 "외부의 군사적 위협과 침략"으로 바꾸었다. 이는 단순히 군사적 무력 침공만을 국가보위의 대상으로 하여 왔으나 현대의 안보개념이 군사위주의 개념에서 정치·경제·사회·환경 등을 포함하는 총체적인 안보개념으로 변화됨에 따라 예상할 수 있는 모든 형태의 위협에 대처하겠다는 포괄적 개념으로 안보대상의 범주를 확대한 것을 표명하고 있다. 즉 안보의 개념과 대상의 변화가 국방목표의 개정에 영향을 미쳤다는 의미이다.

한편 국내는 문민정부 시기였다. 김영삼 정부는 군의 정치적 개입을 배제하고 정치적 중립을 강화하기 위하여, 군대 내의 사조직을 척결하였다. 동시에 역사 바로 세우기를 위하여 전두환 대통령과 노태우 대통령을 투옥하는 등 군의 건전한 정치적 중립을 위한 조처들을 취했다. 군의 정치적 중립은 제6공화국 헌법에 국군의 사명 조항의 국토 방위와 국가안전보장에 더하여 정치적 중립을 추가함으로써 헌법적 보장을 받게 되었다.

군의 정치적 중립은 군이 과거와 달리 전문 집단으로서의 역할을 보다 충실히 하고, 국가안보의 다른 영역들과의 상호 협력 관계를 효율적으로 이루어지게 하고 있다. 그러나 보다 중요한 것은 정권의 창출에 있어서 보다 민주적이고 평화적인 방법 즉 국민의 선거에 의한 정권 교체를 보장하는 것이다. 따라서 한국군의 역할도 정치적 중립을 지키면서 국가를 위한 적극적인 활동을 할 수 있는 분위기가 조성된 것이다.

이상에서 지금까지의 국방목표의 내용을 간략히 검토하였다. 지금까지의 국방목표는 군사력 사용을 위한 구체적인 행동목표를 규정했다기보다는 개념적 정의를 했다는 측면이 강하다고 생각된다. 그리고 국방목표의 개정 이유는 다음의 네 가지 정도로 정리할 수 있다.

첫째는, 국제안보환경의 변화에 따라 그에 부응하기 위하여 국방목표의 개정이 이루어졌다. 즉 냉전시기에서 평화공존시기 그리고 탈냉전 시대로의 변화를 반영한 것이다.

둘째는, 국가안보에 대한 인식의 변화이다. 즉 개념, 목적 그리고 방법과 수단의 변화에 따른 것이다. 냉전시기의 정치 · 군사 중심개념에서 사회 · 환경 · 경제 등을 포함하는 종합적인 안보개념으로 변화하는 과정과 추세를 반영하고 있다.

셋째는, 남북 관계 변화의 반영이다. 남북한이 냉전시대의 대결시기를 거치면서, 7 · 4 공동성명 이후 이산가족 상봉 등 남북한의 교류를 시작하였다. 그리고 1991년 남북한 기본합의서 등을 이루어 내면서 남북한 관계의 많은 변화가 있었다.

넷째는, 국내의 정치 · 사회적 변화를 반영하고 있다. 즉, 건국기와 조국 근대화기 그리고 민주화기와 맞물려 정권 변화의 특성을 반영하고 있다.

Ⅲ. 국가안보의 인식변화와 21세기 국제정세 전망

1. 국가안보의 인식변화

1) 종합적 안보개념의 대두

탈냉전과 9 · 11 이후 21세기에 접어들어 안전보장과 관련해서 냉전시기와 몇 가지 차이를 보이고 있다. 그 첫째는, 군사력의 역할에 대한 새로운 정립이 필요하다는 생각이 점차적으로 증대되고 있다는 점이다. 냉전시대의 국제체제에서는 힘의 논리가 정치 및 경제영역에서도 광범

위하게 영향을 미치는 것이라고 인식되었다면, 탈냉전과 9 · 11 이후에
는 힘이 국가나 국제체제에서 통치의 도구로서의 정당성이 상대적으로
낮아지면서 다방면의 협력이 강조되어가고 있다. 둘째, 안전보장을 생
각하는 사고방식에 대한 새로운 패러다임이 필요하게 되었다는 점이다.
안전보장이라는 용어의 광역화에 대한 필요성이다.[10] 즉 국가의 안전
보장에 국내적인 이슈들을 포함시키고 동시에 안보의 위협으로서 국가
번영에 대한 비군사적 위협을 포함한다는 점이다.

탈냉전과 9 · 11 이후, 안전보장을 논의함에 있어서는 목표로서의 안
전보장, 안전보장을 추구하는 수단 그리고 안전보장과 국내문제와의
관계 등을 동시에 고려해야 한다는 점이다. 그리하여 새로운 안보개념
은 냉전시대의 전략적 안보개념뿐만 아니라 경제적 비전략적인 안보개
념을 포괄하는 종합적 안보개념으로 전환되고 있다.[11] 냉전시기의 국
가안보는 주로 국가의 생존독립 그리고 주권 유지에 보다 역점이 주어
졌다. 따라서 정치군사적인 면이 강조될 수밖에 없었고, 정치적 이념의
대결 구도 속에서 군사력 중심의 전략적 안보개념이었다. 반면 탈냉전
시기에는 정치적 이념대립이 소멸하고 영토침략에 대한 욕구가 감소되
면서 국가생존의 위협이 상대적으로 감소하게 되었다. 따라서 국가안
보는 전략적 안보개념을 중심으로 하면서도 경제영역과 사회 문화 과
학기술 등 비군사 분야가 안보에서의 넓은 부분을 차지하면서 그 중요
성이 커지게 되었다.

또한 국가에 따라서는 인권, 인종문제, 빈곤, 마약, 종교 그리고 환경
등이 안보의 보다 중요한 요소로 대두되고 있다. 또한 세계화와 개방화

---

10) Alan Collins, "Introduction: What is Security Studies?"in Alan Collins(ed.),
   Contemporary Security Studies(New York: Oxford University Press Inc., 2007),
   pp.2-3 참조.

11) Abdul-Monen M. Al-Mashat, *Considerations in the Analysis of National Security
   in the Third World*(A Dissertation of University of North Carolina at Chapel Hill,
   1982), pp.23-37 참조. Alan Collins, *op. cit.*, pp.6-9 참조.

가 국제적 추세로 진행됨에 따라 공동체의 번영 즉 국가 내 구성원들의 삶의 질을 높이는 것도 국가안보의 주요 과제가 되고 있다. 이는 국가의 안보뿐만 아니라 개인과 비국가 집단의 안보까지도 포함하는 확대된 안보개념으로 바뀌고 있다는 의미이다.

요컨대 세계화, 개방화 및 민주화 추세가 진행됨에 따라 정치적 이념은 존재하지만, 그 대결이 약화되고 전면적인 군사적 충돌이 감소되어가는 현재의 국제환경은 안보개념을 전략적 정의와 경제적 비전략적 정의를 포함하는 "포괄적 안보개념" 또는 "종합적 안보개념"으로 변환시키고 있다. 이러한 변환은 안보의 목표와 이를 수행하는 안보의 방법에도 많은 변화를 일으키고 있다.

2) 분쟁의 개별화 및 개별화된 안보목표로의 전환

국가안보의 목표는 냉전시기에는 보편성이 상대적으로 강조된 국제적인 안보목표였다면 탈냉전 이후는 각 국가의 특수성을 반영하는 개별화된 안보목표로 바뀌었다. 냉전시기에 미국과 소련은 세계대전의 방지와 핵전쟁의 방지를 목표로 세계수준의 안보정책과 군사전략을 폈다. 물론 핵무기와 강력한 재래식 군사력으로 그 뒷받침을 하였다. 세계적인 분쟁 가능지역을 설정하고 이 지역에서 전쟁이 발생하면 세계대전(재래식)과 핵전쟁으로 진전될 것이라는 연속적이면서도 종합적인 전쟁발생과 분쟁 수행의 스펙트럼을 상정했다.

이러한 거시적·국제적 안보목표는 그 하위에서 일어나는 미시적 안보목표, 즉 지역분쟁, 소규모 분쟁, 테러리즘, 그리고 분란 및 혁명전쟁 등을 거시적 안보목표와 연계해서 다루었다. 탈냉전 이후 소련이 해체되고 세계대전과 핵전쟁의 가능성이 현저히 낮아지면서 하위의 미시적 안보목표에 보다 큰 관심을 갖게 되었다.

탈냉전 시대 이후 21세기에 와서는 세계대전이나 핵전쟁 등의 대규모 전쟁이 감소하는 반면, 테러, 분란전, 영토분쟁, 지역분쟁, 인종분쟁 그리고 종교분쟁 등과 같은 소규모 분쟁과 제한된 분쟁이 증가함과 아울러 분쟁수준은 아니지만 각국의 국가이익을 중심으로 한 갈등이 안보의 목표로 등장하게 되었다. 뿐만 아니라 인권, 환경, 마약, 국제적 범죄, 빈곤 등도 국가에 따라서는 안보의 주요목표로 포함되고 있다.

결과적으로 "테러 → 분란 → 지역분쟁 → 지역전쟁 → 세계대전 → 핵전쟁"이라는 냉전 시대의 연속적이면서 연계된 분쟁의 스펙트럼이 각각 개별적으로 분화되는 분쟁의 개별화 현상을 보이고 있다. 이러한 분쟁의 개별화 현상으로 테러, 분란 등의 낮은 강도의 분쟁은 발생할 확률이 높아지고 세계대전과 핵전쟁과 같은 높은 강도의 분쟁은 발생 확률이 현저히 감소하고 있다.[12]

또 국가안보의 개념이 종합적인 안보개념으로 확대되면서 국가안보의 영역과 범위가 확대되고 있다. 종합적 국가안보개념은 광범한 영역의 국가이익들을 안보라는 시각에서 검토하도록 요구하고 있다. 이러한 요구에 부응하기 위하여 코펜하겐 학파는 안보영역을 5개 영역으로 나누고 있다. 즉 군사안보영역, 정치안보영역, 경제안보영역, 사회안보영역 그리고 환경안보영역으로 범주화하고 있다.[13]

안보목표의 개별화는 안보영역이 광범화함에 따라 국가 간의 안보적 관계를 매우 복잡하게 만들고 있다. 예를 들면, 한국과 미국과의 관계에서 군사영역에서는 매우 우호적이면서 긴밀한 협력관계를 유지하고 있으나 경제역역에서는 매우 경쟁적이다. 또 한국과 일본과의 관계에서 독도문제와 같은 영토 문제에 있어서는 대단히 경쟁적이고 상호 양보할 수 없는 관계이지만 경제역역에서는 매우 협력적이다. 안보영역별로 안보목표가 개별화되는 현상에서 나오는 문제이다.

---

12) Sam C. Sarkesian, John Allen Williams and Stephen J. Cimbala, *U. S. National Security: Policymakers, Processes and Politics*(Boulder: Lynne Rienner Publishers, 2002), pp. 28-29 참조.

13) Ralf Emmess, "Securitilization," in Alan Collins(ed.), *op. cit.*, p. 110. 군사안보영역은 국가, 정치안보영역은 주권과 이념, 경제안보영역은 국가경제, 사회안보영역은 집단 정체성, 환경안보는 종(種), 생태(生態)를 핵심대상으로 한다.

이러한 현상은 국가이익에서 발생하는 국가안보 문제를 어떻게 판단하고 설정하느냐의 문제가 제기된다. 이 점에 있어서도 코펜하겐 학파는 "안보화"의 개념을 도입하여 비정치화 단계, 정치화 단계 그리고 안보화 단계를 개념화하여 일상적인 국가이익에서 출발하여 국가 안보 문제로 대두되는 쟁점들을 추출하고자 한다.[14]

위에서 보듯이 안보목표의 개별화 현상은 기존의 동맹관계와 분쟁해결방법수단에 많은 변화를 초래하고 있다. 뿐만 아니라 이는 일상적 국가행위와 안보 관련 국가행위의 구별을 모호하게 하며, 개인 수준과 국가수준의 안보이해의 구별도 어렵게 하고 있다.

3) 자국중심의 안보로 전환

냉전시기와 탈냉전시기의 가장 큰 변화를 보이고 있는 것은 국가안보의 방법과 수단이다. 냉전시기에는 미국을 중심으로 한 자유진영과 소련을 중심으로 한 공산진영으로 양극체제의 국제질서를 유지하며 미국과 소련을 중심으로 안보문제를 해결해 나갔다. 물론 유엔과 같은 국제기구에 의한 분쟁해결이 이루어지기도 했고 이 외에도 쌍무동맹관계를 통하여 국가안보를 이루기도 했다. 그러나 NATO와 바르샤바 조약과 같은 집단 방위체제가 그 핵심을 이루면서 진영 간의 안보를 이루어 나갔다.

그러나 탈냉전 이후 소련의 붕괴로 미소를 중심으로 한 군사대결구조가 깨지면서 미국이 군사력에 있어서 초강대국의 위치에 홀로 서게 되었다. 따라서 양 진영에 속해 있던 국가들은 미국과 소련과의 동맹관

---

14) *Ibid.*, pp.111-113.
- 비정치화단계: 국가이익의 쟁점이 국가의 행위를 필요로 하지 않고 공적 토론에 포함되지 않을 경우이다.
- 정치화단계: 국가이익과 쟁점이 일상적인 정치체제 안에서 관리된다. 즉, 정부의 정책으로 결정되고 자원의 할당이 필요한 공공정책의 한 부분이 된다.
- 안보화단계: 국가의 일상적인 정치적 절차를 넘어서는 비상적인 행동을 필요로 하는 단계이다.

계를 재정립하게 되고 반면, 미국과 소련은 과거 자기 진영에 속해 있던 국가들의 안보를 냉전시기와 같이 책임질 필요가 없게 되었다. 탈냉전기의 이와 같은 현상은 각각의 개별국가가 자국의 안보는 자신이 확보해야 하는 "자국중심의 안보"의 방법과 수단을 강구할 수밖에 없게 하였다. "자국중심"의 안보로 전환되면서 과거의 우방이 적국이 될 수 있고, 과거의 적국이 우호국으로 될 수 있는 적과 동지의 구별이 냉전시기보다 모호하게 되어가고 있다.

탈냉전 이후에 안전보장이 자국중심주의로 전환되면서 대부분의 국가가 군사력 증강을 모색하는 것이 두드러지게 나타나기 시작했고 이는 일반적인 인식과 상반되는 것이다. 냉전시기에는 군사적 대결로 인하여 국가 자원의 배분에서 국방비에 투자되는 비용이 과다하였기 때문에 냉전이 해체되면 군사력에 투입되는 비용이 감소할 것이라는 견해가 지배적이었다. 그러나 탈냉전 이후 이러한 견해와 상반되게 대부분의 국가들이 비록 재래식 군비이지만 군사력 증강을 서두르고 있다.

동시에 탈냉전 이후 지역별로 다자간 안보협력을 모색하는 경우가 많아지고 있다. 또한 협력안보와 공동안보의 개념이 대두되면서 군사외적인 영역에서도 안보협력이 강화되고 있기는 하지만 아직까지 활발하게 진전되는 경우는 많지 않다고 보여진다. 현재에 모색되고 논의되는 다자간 안보협력들도 기존의 동맹관계를 기초로 하면서 자국의 군사력을 염두에 두는 협력과 논의가 심화되면서 군사교류와 협력을 통하여 그 가능성을 타진하고 있는 수준이다.

결과적으로 안보목표의 개별화로의 전환은 안보의 방법과 수단에도 다양한 면을 갖게 했다. 군사력의 사용이 필요한 경우에서부터 경제적 관계에 의한 갈등해결 그리고 단순한 외교적 수단으로 해결할 수 있는 갈등해결 등 안보적 갈등을 해결하는 방법과 수단이 냉전시기와 같이 단순하고 명료하지 않다.

이와 같은 안보환경은 안보정책의 수립과 집행에 있어서 포괄적이면서도 종합적인 정책수립을 하고 집행 면에 있어서 "융합적인 집행" 전략을 세워야 함을 의미한다. 요컨대 개별국가가 전방위적인 위협에 대처해야 하는 국가안보의 특수성으로 인하여 국가안보의 추구는 보다 어렵고 복잡화되고 있다.

2. 국제 안보환경 전망

1) 국제 권력구조의 미정립

21세기에서 보여주고 있는 국제정세의 가장 큰 특징은 새로운 세계질서가 모호하고 그리고 구조화되지 않고 있다는 것이다. 이는 1990년대에서부터 일어난 탈냉전시기에서부터 9·11 이후 현재 21세기에도 나타나는 현상으로 국제 권력구조의 변화에 대한 대안적인 국제질서가 형성되고 있지 않음을 의미한다.

세계적인 수준에서 본다면 미국과 소련의 초강대국 간의 대립이 종결되고 자유진영 대 공산진영이라는 집단적 대립도 종식되었다. 미국이라는 유일 초강대국[15]과 지역적 강국 및 지역적인 세력군(regional cluster)이 형성되고는 있지만, 국제적인 권력구조는 이들 간의 관계가 아직 정립되지 않고 있어 매우 복잡한 양상을 보이고 있다.

아시아·태평양 지역에서 보면, 중국과 일본의 부상이 가장 큰 주목을 받는다. 이들 두 강대국은 경제적인 능력뿐만 아니라 군사력 면에서도 강대국의 수준에 이르고 있다. 동북아지역에 좁혀서 보자면, 러시아의 세력이 상대적으로 후퇴하고 중국과 일본이 그 자리를 채워감에 따라 동북아의 권력구조는 새로운 양상을 보이고 있다. 동북아는 미국을 중심으로 하고, 미·일 동맹관계를 강화하는 일본의 부상 그리고 세계

---

15) Sarkesian, *op. cit.*, p.28. 국제정세는 앞으로도 이라크 사태와 금융위기 등으로 미국이 상대적으로 다소 영향력이 줄어들 것이다. 그렇다 하더라도 유일 초강대국으로 남을 것이다.

적인 대국화를 시도하는 중국이 부상하면서 경쟁과 협력의 상호 관계를 만들어 가고 있다. 이와 같은 현상은 동북아지역에 위치한 한국으로 하여금 매우 다양한 행위를 하도록 만들고 있다. 한국은 한미동맹관계를 기본으로 하면서도 일본과의 군사적 경쟁 및 대립을 상정해야만 한다. 또한 중국과도 경제적 협력과 교류를 지속하면서도 남북한관계에서 중국을 고려해야 하고 동시에 서해와 동지나해에서의 군사적 경쟁 및 협력을 함께 고려해야 하는 정세가 조성되고 있다.

유럽지역의 경우, EU는 초기의 유럽연합을 주도하는 국가 수보다 훨씬 많은 27개 국가들이 참여함으로써 EU는 명실공히 경제적인 영역뿐만 아니라 안보영역에 있어서도 확대를 거듭하고 있다. NATO는 냉전시기에는 구소련의 확장을 저지하기 위한 집단방위체로서 출발했으나 탈냉전기를 거치면서 현재에는 구동구권 국가들을 포함하는 26개국의 거대안보기구로 탈바꿈하고 있다. 뿐만 아니라 NATO는 활동영역을 전 세계적으로 넓히고 있다.

러시아는 구소련이 누렸던 세계적 영향력에 대한 향수를 가지고 있는 것 같다. 러시아는 세계적인 핵전쟁을 방지한다는 입장에서 미국과 핵군축 협상을 하면서 핵전력에 대한 강대국임을 확인하고 있다. 한편 석유를 전략자원화하여 러시아의 국부를 확대하면서 국제적인 영향력을 넓혀가고 있다. 러시아는 자국의 경제력을 강화시키면서 국제무대에서의 과거와 같은 강대국의 위상을 회복하려는 노력을 지속하고 있다.

이상과 같은 현상들은 힘의 배열과 구조를 변화시킬 수 있다. 국가 간의 힘의 경쟁적 균형, 국제적 리더십 및 개별국가의 리더십의 변화 그리고 지역적 국제기구의 성격변화 등은 국제적으로 많은 쟁점을 만들어내고 있고 국제질서에 영향을 미치고 있다. 앞으로의 국제질서는 매우 유동적이고 구조화되지 않고 있지만, 미국, 지역적 세력군, 경제블럭 그리고 지역적 강국 등이 국제체제의 주요 영향요소로 등장할 것이다.

2) 소규모 분쟁의 확대와 분쟁의 원인과 유형의 다양화

21세기의 새로운 국제환경은 인종과 종교분쟁, 국내혼란, 국제 테러리즘, 마약문제 그리고 다양한 비국가행위자들의 문제들을 포함하고 있다.[16] 핵개발 및 핵확산, WMD, 화생무기, 무기현대화, 무기확산 및 정보전 등과 함께 전략적 환경은 복잡하고 복합적이면서 불명확하고 도전적이다.

현재의 국제환경은 세계수준의 전쟁이나 대규모전쟁이 일어날 가능성은 현저히 줄어들고 있으나 아직도 구유고슬로비아, 동남아, 남서부 아프리카, 라틴 아메리카 그리고 구소련지역에서보다는 소규모 분쟁과 비재래식 분쟁이 여전히 존재하고 있다. 더욱이 중동에 있어서는 지역적 폭발의 가능성이 매우 높지만 재래식 분쟁의 유형을 그대로 따르는 것은 아니다. 오히려 이 분쟁들은 혁명과 반혁명에서부터 테러리즘과 반테러리즘 사이의 모든 것을 포함하는 비재래식 유형을 따르는 것으로 보인다.

또 다른 분쟁유형은 마약 카르텔과 혁명운동과의 결합이다. 이는 콜롬비아와 페루에서 종종 나타나며 국제 테러리스트와도 연계되어 있다. 이러한 결합 연계관계는 심각한 국내위협으로서 외국 정부에도 영향을 미친다. 바꾸어 말하면 이러한 분쟁은 국내문제와 외부문제가 연결되어 있기 때문에 관련 국가의 국가안보에 도전적이며 위협적이다. 또한 비재래식 분쟁인 인종, 종교 및 민족 분쟁의 성격을 띤 국가 간의 분쟁에 있어서도 관련 비당사국의 안보 및 군사적 개입 등은 자국의 국민적 지지를 얻는 데 있어서 많은 어려움을 줄 것이다.

이러한 분쟁환경에서는 소규모의 분쟁이 빈발할 수밖에 없고 분쟁의 원인과 양상이 다양하게 나타날 수밖에 없을 것이다. 그리고 분쟁 스펙트럼 간의 경계를 넘어 상호 연계되기도 하고 비대칭적인 대응을 하기도 한다. 이는 분쟁을 수행하는 데 있어서 과거와는 다른 방법도 필요

---

16) *Ibid.*, pp.28-30 참조.

로 하기 때문에 새로운 세련된 군사적 행위를 필요로 할 것이다.

3) 세계화추세에 따른 상호의존성 증대

21세기 국제질서 특징 중의 하나는 국가 간의 경계를 넘나드는 이슈들이 많다는 점이다. 그중에서도 가장 두드러지게 나타나는 것은 경제적 상호의존성이다. 역사적으로 볼 때 강한경제력은 국가안보의 한 부분이었으나 군사력에 의해 가리워져 있었다. 그러나 21세기에 있어서는 경제력이 국가안보의 주요 구성요소로서의 중요함을 가지게 되었다. 따라서 경제력도 국가안보가 추구하는 목적을 달성하는 수단이 되고 있으며, 군사력이 달성하지 못하는 부분이든지 경우에 따라서는 군사력 이전에 경제력이 먼저 동원되는 경우가 많아지고 있다.

경제적으로 홀로 설 수 있는 현대국가는 존재하지 않으며 국내경제는 국제 경제영역과 밀접히 연관되어 있다. 2008년 하반기에 일어난 세계적 금융위기는 미국에서 발생한 금융위기로 세계 전체가 공포에 휩싸였고 이는 미국의 위기가 아니라 세계의 위기이며 또한 금융위기가 경제위기로의 진전을 두려워했다. 아직도 이 위기의 폭과 심도를 예측하지도 못하고 언제까지 지속될지도 몰라 당황하고 있다. 그리고 경우에 따라서는 국가의 안전에 심한 영향을 미치고 있다. 그리하여 각국 정부들이 국제공조를 외치고 있는 실정이다.

중요한 문제는 상호의존적인 문제와 국가안보 목적을 달성하기 위한 경제력 사용의 전략적 구상을 어떻게 잘 하느냐 하는 것이다. 즉 경제력도 국가안보의 다른 수단들과 체계적이고 효율적으로 통합되어야 하는 것이 필요하다. 세계화 시대에서의 경제력은 상호의존적인 성격이 강하면서도 국가안보의 중요한 수단이다.

4) 혁명적인 통신기술의 발달

21세기에 있어서 통신기술의 발달은 정보 소통에 혁명적 변화를 가져왔다. 이는 동시에 전 지구적 상호의존성을 보다 심화시키고 또한 외교정책과 국가안보 정책을 보다 복잡화시키고 있다. 더욱 복잡화시키는 것은 많은 정보를 전 지구수준에서 거의 동시에 접할 수 있고, 사람 대 사람이 직접적으로 정보교환을 하면서 동시에 비정부수준에서의 행위자들이 많아지고 있다는 점이다. 또한 개인과 집단의 정보수집능력의 강화는 국가에 대한 보다 깊은 관심과 강화된 감시능력을 갖게 하고 있다. 따라서 정보전(소위 사이버전)은 국제체제 안에서 거의 상식화된 용어가 되어 있다.

정보기술의 혁명적 발달은 국가의 안보정책과 외교정책에 큰 변화를 가져오고 있고 특히 전쟁수행 능력에 영향을 미치고 있다. 1991년 걸프전은 그 좋은 예이다. 정교한 통신망은 걸프전에 참여한 여러 국가의 군을 통제하고 쿠웨이트에서 전쟁을 지휘하는 데 매우 중요한 역할을 했다. 그리고 위성통신을 이용하는 새로운 미디어의 능력 또한 전 지구를 가로질러서 전장작전에 관한 상황보고를 동시에 할 수 있게 하고 있으며 전쟁수행의 중요한 기능이 되고 있다. 동시에 통신기술의 발달은 국가안보전략뿐만 아니라 안보정책의 수행과 정보의 수집과 평가 그리고 안보문제의 정치 심리적 분석 등에 있어서도 영향을 크게 미치고 있다.

IV. 분쟁원인과 유형의 다양화

1. 21세기 분쟁의 특성

국제적 분쟁은 분쟁요인이 다양하고 국가 간의 분쟁이 증가하는 추세에 있으며, 그리고 그 본질과 특징은 다차원적이고, 복합적이며 그리고 혼돈스러운 면을 가지고 있다. 앞에서도 언급되었지만 강대국 간의 대규모 전쟁의 공포는 줄어들고 있지만, 비재래식 분쟁은 물론 국가 간의 끊이지 않는 분쟁들에 대해서 관심이 높아지고 있다.[17]

그리하여 현재와 가까운 장래에 일어나는 분쟁은 다차원적인 특성이 복합적으로 나타날 것이다. 새로운 국제환경 속에서 분쟁은 다음과 같은 특징을 보일 수 있다.

첫째, 국제적인 분쟁을 예방하고 해결하기 위하여 국가 간의 "내정간섭"은 어느 정도 불가피할 것으로 보인다. 한 국가 내에서 자결권을 주장하는 집단이 그 국가주권에 대해서 도전하는 행위 등 국가 내부의 문제가 국제적인 관심사로 되고 한 국가의 경계를 넘어서 지역전체로 퍼지는 것에 대한 우려가 높다.[18] 이는 자국민 지배라는 국가주권의 전통적이고 국제적인 규범을 넘어서서 분쟁개입의 단초를 제공하게 하고 있다. 따라서 국가주권을 절대적인 국제규범으로 보지 않는다는 주장이 제기될 수 있다. 국가 간의 내정불간섭은 국제정치적인 면에서는 존중되어야 하지만 국가의 안전보장이라는 면에서 본다면 절대적인 규범이 될 수는 없고 어느 정도 국가 간의 내정간섭은 인정될 수밖에 없을 것으로 보인다.[19]

둘째, 정보전의 영향이다. 여기에는 컴퓨터 네트워크와 다양한 통신수단을 사용하는 범죄적 해악에서부터 기술적으로 세련된 정보전까지 망라된다. 즉 정보시대의 과학기술에 대한 산업적 및 군사적 의존은 이와 같은 공격에 매우 취약할 수밖에 없다.

셋째, 분쟁의 여러 가지 형태가 특정한 시점에 특정한 지역에서 복합적으로 발생될 수가 있다. 예를 들면, 인종분쟁이 테러리즘을 동반하고 초국가적인 개입을 유발하거나 또는 재래식 침공을 유발할 수도 있다.

---

17) Sarkesian, *op. cit.*, p.29, p.42.

18) *Ibid.*, p.44.

19) 김태현 역, 『세계화시대의 국가안보』, Barry Buzan, *People, States and Fear: An Agenda for International Security Studies in the Post-Cold War Era*(2nd ed.)(London: Havester Wheatsheaf and Boulder, 1991), pp.147-150 참조.

또한 같은 분쟁지역에서 정보전도 동시에 행할 수 있다. 분쟁의 복합적인 행태는 상황자체를 보다 복잡하게 만들 수 있다.

이러한 다차원적 분쟁은 특정한 적을 정확히 구분하는 것을 어렵게 하는 것은 물론 분쟁 해결을 어렵게 만든다. 이러한 상황은 군사적 개입을 통제할 수 있는 범위를 넘어서서 확대할 수도 있고 받아들일 수 없는 결과를 초래할 수도 있다.

2. 분쟁 스펙트럼 분석

분쟁 스펙트럼을 보면, 분쟁은 그 수준이 저강도 또는 고강도에 따라 범주화되어 있다. 이는 정책과 전략의 목표뿐만 아니라 각국이 군사력의 동원과 개입의 정도를 판단하게 한다.

스펙트럼의 강도가 낮은 쪽에 있는 분쟁 즉 비전투적 분쟁의 경우, 대부분의 국가는 효과적으로 대응할 수 있는 능력을 가지고 있다. 이런

분쟁 스펙트럼[20]

비전투 (noncombat) 분쟁	비재래식 (unconventional) 분쟁	재래식 (conventional) 분쟁	핵 (nuclear) 분쟁

· 군사지원
· 평화유지, 평화강화,
  평화조성
· 인도주의 및 국내임
  무 등을 위한 무력
  과시
	· 혁명
	· 민족적, 인종적 및
	  종교적 분쟁
	· 테러리즘
	· 대테러리즘
	· 침투 및 도발*
		· 제한전/대규모 전쟁	· 제한핵전/대규모핵전

* 침투와 도발은 한국의 특수상황으로 정전체제 내에서 북한이 비무장지대와 NLL에서 도발하는 경우와 한국 내에서의 전복활동 등을 의미한다(필자 추가)

---

20) Sarkesian, *op. cit.*, pp.39-46.

경우 대부분의 군사적 충돌은 심각한 전투로 확대될 가능성이 적은 작전들로 이루어진다.

스펙트럼의 강도가 가장 높은 쪽에 있는 분쟁, 즉 핵분쟁의 경우, 이 경우는 주로 미국과 러시아에 해당된다.[21] 냉전의 종식과 함께 강대국 간의 대규모전쟁과 핵전쟁의 가능성은 현저히 줄어들었거나 소멸되고 있지만 미국과 러시아 간의 핵관련 조약은 세계적 수준에서의 군비통제시대를 주도해 왔고 동시에 핵확산 방지를 위해 지금까지 해오던 이전의 노력들을 지속할 것이다. 그러나 이러한 노력에도 불구하고 몇몇 국가들은 핵, 화학 그리고 생물 무기를 개발하고 확대하고 있다(예를 들면, 중국, 북한, 그리고 이란 등). 국제적으로 소위 WMD의 사용을 억제하기 위한 국제적 노력은 행해지고 있으나 그 성과는 아직까지 미지수이다.

재래식 분쟁의 경우, 냉전시대에서 지속되어 온 재래식전의 작전, 전략, 교리에 따라 준비되고 행해지고 있는 분쟁이다. 최근의 예를 들어 본다면, 1991년의 걸프전을 들 수 있다.

스펙트럼의 중간 강도의 분쟁 즉, 비재래식 분쟁의 경우는 보다 복잡하면서 군사 작전수행이 그리 간단하지 않다. 비재래식 분쟁은 가까운 장래에 발생할 가능성이 가장 많다. 비재래식 범주에 있는 분쟁은 혁명과 테러리즘에서부터 마약 카르텔과 혁명적 집단의 연합에 의한 분쟁까지 폭넓게 망라되고 있다. 특히 비재래식 분쟁은 비대칭적 분쟁의 성격을 갖는다. 한 국가가 재래식 전쟁의 수단을 사용하여 적의 지상과 공중을 공격할 경우 적은 재래식 전략과 전술뿐만 아니라 테러리즘, 정보전 그리고 다른 수단들을 동원하여 대응하는 것을 의미한다. 한 가지 추가해서 지적한다면, 정보전의 경우 정보시대의 과학기술(예를 들면,

---

21) 인류공멸을 초래할 수 있는 수준에서는 미국과 러시아가 중요한 관심대상이다. 그러나 국가 간의 핵 분쟁 수준에서는 최근 인도와 파키스탄 간의 분쟁이 관심의 대상이다.

컴퓨터, 해커 등)을 가지고 있는 국가는 자국을 공격한 국가에 대해 그 국가의 경제, 기업 그리고 정부 자체를 공격할 수도 있다.

천안함 사태의 경우는 비재래식 분쟁의 범위에 속한다고 볼 수 있다. 비록 정전협정 체제라는 남북한 특수한 관계가 있기는 하지만 그 분쟁의 형태와 목적은 매우 제한되어 있다. 천안함의 사태가 재래식 분쟁으로 발전되지 않은 이유가 여기에 있고 한국의 대응 역시 재래식 분쟁으로 진전되지 않은 범위에 그치고 있다.

비전투분쟁과 비재래식 분쟁 사이에는 명확한 구별을 거의 할 수 없다. 비전투분쟁의 범주에는 유엔이 필요로 하는 군사지원과 국가 간의 연합작전에 필요한 군사지원이 포함될 수 있고, 인도주의적 작전과 평화유지 작전 등이 포함되어진다. 실제로 전쟁을 제외한 모든 작전은 비재래식 분쟁으로 진행되는 잠재성을 가지고 있다. 또 이라크전의 경우와 같이 비재래식 분쟁은 재래식 분쟁과 동시에 일어날 수도 있다. 그러나 21세기 초에 있어서는 비재래식의 분쟁이 대세가 될 전망이다.

V. 새로운 국방목표의 설정

1. 국방목표 설정의 고려 요인

한국의 새로운 군사력 사용의 목표는 국제적 수준에서는 앞에서 언급한 국가안보인식의 변화, 21세기의 국제정세의 변화 그리고 분쟁 스펙트럼의 변화 등을 고려해서 정립해야 할 것이다. 그리고 한반도 수준에서는 북한과의 재래식 분쟁뿐만 아니라 비재래식 분쟁 및 비전투분쟁 등을 동시에 고려해야 할 것이다. 즉 한국의 군사력 사용은 어느 정도의 보편성을 가지면서도 한국의 독특한 특수성을 깊이 고려해야 할

것이다. 따라서 한국은 다른 국가들보다 더 복합적인 군사적 도전과 위협을 상정해야 한다.[22]

1) 전통적인 도전과 위협

전통적인 도전과 위협은 국가의 존립, 국가의 번영 및 국가의 안전에 대한 직접적인 도전과 위협이다. 한국은 역사적으로 중국과 일본 등 열강으로부터 크고 작은 침략을 받아오면서 국가의 존망 위기에 처하기도 했고, 이를 슬기롭게 극복하기도 했다. 해방 이후 1950년에 한국은 북한의 침략으로 인하여 6 · 25라는 전쟁을 겪으면서 국가의 존망 위기를 경험하였다.

휴전 이후 현재 정전체제라는 형태로 남북한 간에 전투행위를 중단하고 있고, 그리고 탈냉전 이후에는 세계적인 안보환경의 변화로 북한과 화해와 교류를 확대하고 있다. 그러나 6 · 25는 한국과 북한의 군사적 대결뿐만 아니라, 정치적 이념의 대결이라는 2개 차원의 전쟁이라는 면에서 한국의 존립에 대한 근본적인 전쟁 도발이다. 뿐만 아니라 하나의 민족 내에서 민족과 민족 간의 동족상잔이라는 면에서는 남북한이 하나의 민족이라는 인식보다는 두 개의 분리된 민족이라는 인식을 갖게 만든 전쟁이다. 이 점은 탈냉전 이후 세계적인 화해협력 분위기가 높아지고 있다 하더라도 한반도에서 화해협력은 한계가 있을 수밖에 없는 요인이 되고 있다.

한편 국가건설이라는 관점에서 볼 때에도, 하나의 민족이 두 개로 나뉘어 각각의 국가를 형성할 경우는, 생태적으로 적대적일 수밖에 없다.[23] 한국과 북한의 경우는, 하나의 민족이 두 개의 국가를 형성하여

---

22) 미국은 국가전략에 대한 도전요인을 다음의 네 가지로 보고 있다. ① Traditional challenges, ② Irregular challenges, ③ Catastrophic challenges, ④ Disruptive challenges. Department of Defense, *The National Defense Strategy of The United States of America*(Washington, D.C.: Department of Defense, 2005. 3), p.2.

23) 김태현 역, 앞의 책, pp.103-108.

적대적 안보 관계를 갖는 대표적인 경우 중의 하나이다. 특히 6 · 25는 이러한 적대적 안보관계를 돌이킬 수 없을 정도로 깊게 만들었다. 따라서 남북한의 화해는 매우 제한적이면서 한계를 가질 수밖에 없다. 이로 인해 한국에는 국가의 존립과 번영을 위한 안전에 근본적인 도전과 위협이 본래적으로 존재할 수밖에 없다.

한편 독도문제를 둘러싼 한 · 일 간의 대립은 때에 따라 심각한 위기를 가져다주고 있다. 독도에 대한 일본의 공군기와 함정이 순찰을 하거나 정보수집을 위한 군사활동도 간혹 있어 왔다. 이는 주변 강국의 이러한 활동이 한국의 영토에 대한 직접적인 위협을 주는 대표적인 경우이다.

전통적인 도전과 위협은 오랫동안 형성되어온 국가 간의 경쟁에 있어서 군사력을 사용하는 국가들 간에 일어나는 도전과 위협들이다. 따라서, 전통적인 도전과 위협은 국가의 안전을 위협하는 가장 중요한 도전과 위협이다.

2) 비정규전적인 도전과 위협

비정규전적인 도전과 위협은 비재래식 분쟁과 비전투 분쟁에 속하는 도전과 위협으로 볼 수 있다. 예를 들면, 현대의 테러리즘은 군사적 목표나 정치적 목표만을 대상으로 하는 것이 아니고 일반국민과 재산에 대한 무차별적인 공격이다. 한국의 영토 내에 있어서의 테러리즘뿐만 아니라 해외에 있는 재외한국인, 기업 그리고 외국에 있는 한국인의 재산 등이 테러리즘의 대상이 되고 있다. 이와 같은 테러리즘은 세계화 추세에 따라 전 지구적인 도전과 위협이 되고 있다.

또한 한국에 대한 간접 침략을 포함한 분란(insurgency)은 한국으로서는 매우 중요한 도전과 위협이다. 분란의 목적은 한국 내에서의 정치 · 사회적 혼란에서부터 혁명전에 이르기까지 그 폭이 다양하며 그 궁극적 목적은 국가의 전복을 위한 정규전과의 연결에까지 있다. 한국은 6 · 25전쟁 이후 북한의 통일전선 전략에 의한 분란이 끊임없이 이어져

왔다. 북한은 아직까지도 적화통일 정책을 유지하고 있다. 탈냉전 이후 북한과의 화해와 빈번한 교류가 있었지만 적화통일을 위한 통일전선전략을 포기했다는 징후는 나타나고 있지 않다. 이것은 한국과 북한 간에 6·25와 같은 재래식 분쟁 발발의 위험이 다소 감소되었다고 볼 수 있으나, 반면 분란전에 의한 한국 내의 혼란 야기, 군사력의 무력화 그리고 자유민주주의 체제에 대한 도전과 위협은 지속될 것으로 보인다.

3) 북한의 핵실험과 내부변화에 의한 도전과 위협[24)]

북한의 핵무기 보유선언과 지속적인 핵개발 의지는 한반도의 비핵화 합의에 위배되는 행위이고 핵 확산금지조약을 위반하는 것이다. 북한의 핵무기 개발의지는 세계적인 핵확산 억제 추세와 동시에 미국의 핵확산금지정책과 충돌을 일으키며 한반도의 안보상황을 어렵게 만들고 있다. 1994년 제네바협정에 의해서 1차 위기를 넘기기도 했지만, 북한은 핵실험을 감행하면서 핵프로그램의 지속적인 활동을 아직까지 지속하고 있다. 이러한 북한의 핵문제를 해결하기 위하여 6자회담을 계속하고는 있지만 전망은 그리 밝지 않은 편이다.

북한의 핵개발과 함께 대포동과 노동 미사일의 실험발사는 일본을 자극하여 핵개발 의지를 갖도록 하는 동기부여의 가능성을 줄 수도 있다는 견해도 있다. 이는 동북아지역에 있어서 핵확산의 위험의 증가와 대량살상무기의 확산을 가져올 수 있다.

한편 북한 내부의 변화는 두 가지 방향에서 일어날 수 있다. 하나는, 북한이 개혁개방을 하면서 동유럽의 국가들이 변화하는 과정을 겪거나 또는 중국과 베트남 같은 과정을 밟아가는 것이다. 이 경우 대부분의 관찰자들은 북한이 중국의 변화과정을 선호할 것으로 보고 있으나 오

---

24) Charles Wolf, Jr. and Kamil Akramov, *North Korea Paradoxes: Circumstances, Cost, and Consequences of Korean Unification*(Santa Monica: Rand Corporation, 2005), pp. 21-25 참조.

히려 베트남의 과정을 선호할 것으로 보인다.[25] 또 하나는, 북한 내부의 급격한 변화 즉 국민의 대규모 저항으로 인한 변화와 북한 내부의 권력 투쟁에 의한 변화이다. 이 경우는 폭력사태를 피할 수 없을 것이다. 한 국의 국방전략에서 본다면 폭력을 수반하는 급격한 변화가 주요 관심 의 대상이다. 소위 북한의 급변사태에 따른 도전과 위협에 대한 군사적 대응이다.

이 급변사태는 김정일의 유고, 주민의 내부반란, 쿠데타 그리고 군세 력 간의 권력투쟁 등 다양한 사태를 생각할 수 있다. 이러한 다양한 사 태 중에서 한국의 군사력이 관심을 가져야 하는 사태는 대개 두 가지 경우를 상정할 수 있다. 첫째는, 북한이 내부사태가 폭력화되고 보다 심각해질 경우 한국과 미국이 북한을 침공할 것이라는 오판하에 북한 이 부분적으로 분쟁을 시도하는 경우이다. 둘째는, 북한 내부의 권력투 쟁이 한국으로 파급될 경우이다. 북한의 권력투쟁은 현재의 북한 내부 사정을 고려해 보면 군부가 개입될 수밖에 없기 때문에 그 대응이 보다 어렵다. 이 두 경우 모두 한국에 매우 심각한 군사적 위협이다.

한국이 이에 대응하는 수단은 그리 다양하지 못하다. 첫 번째의 경우 는 정전체제 내에서 효과적으로 대처할 수 있다. 그러나 두 번째 경우 를 위해서는 한국에 대한 군사적 안보위협을 사전에 해소한다는 의미 에서 "예방적인 군사적 조치"도 신중하게 고려해야 할 것이다.

4) 한 · 미 군사 동맹관계의 변화에 따른 도전과 위협

한국의 안보는 한 · 미 동맹관계에 의존하는 비중이 매우 높다. 특히 군사 분야에서는 6 · 25 이후 주한 미군에 의존하는 비율이 다른 분야

---

25) 베트남의 경우 세 가지 특징이 있다. 첫째는 사회주의 이념으로의 통일이다. 둘 째는 경제력이 낮은 국가가 높은 국가를 통합한 점이다. 셋째는 미국과의 대결 에서 베트남이 성공했다는 점이다. 북한이 중국의 경우를 택할 경우 중국은 개 방에 따른 문제를 충분히 흡수할 수 있었으나, 북한은 내부 혼란이 매우 심각할 것으로 보인다.

보다 훨씬 높은 것이 현실이다. 그러므로 한·미 군사 동맹관계의 변화에서 오는 도전과 위협은 한국 군사력의 역할에 지대한 영향을 준다.

첫째는, 주한 미군의 역할 변화에서 오는 위협이다. 주한미군의 "전략적 유연성"에 의하면 과거와 같이 한반도의 전쟁억지라는 기능이 다소 축소되면서 미국의 세계전략에 따라 주한 미군의 일부를 한반도 이외의 지역으로 투입할 수 있음에 따라 한반도에서의 군사적 안정에 대한 도전과 위협을 초래할 수 있다.

둘째는, 주한미군의 감축에 따른 전투력 축소에서 오는 것이다. 이를 보완하기 위해서는 한국의 독자적인 군사력을 증강시켜야 한다. 이를 위해 국방비의 많은 배정이 필요하지만 국가의 자원배분에 대단히 어려움을 줄 수밖에 없다. 또 주한 미군을 한반도 이외의 다른 지역으로 이동하는 경우, 동북아지역에서 힘의 균형에 변화를 가져올 수 있다.

셋째는, 한국으로의 전시작전권의 환수에 따른 문제이다. 한반도 전쟁 발발 시 미군의 전시 전력이 얼마나 신속하게 한국에 전개되느냐 하는 전쟁수행상의 문제가 있다. 이는 한·미 간의 군사적 관계뿐만 아니라 근본적인 한미 동맹관계에도 크게 영향을 미칠 것이다.

넷째는, 정전체제의 변화문제이다. 현재 정전체제의 해체문제가 공식화되어 논의는 되지 않고 있지만 논의가 공식화될 경우 한반도뿐만이 아닌 동북아의 안보에 큰 변화를 줄 것이다. 정전체제를 평화체제로 전환시키자는 언급이 자주 거론되고는 있다.

다섯째, 한미 군사 동맹관계의 변화가 동북아의 지역정세에 미칠 영향이다. 세계대국으로 부상하려는 중국과 군사력 강화를 지속하는 일본이 지역 패권을 위한 각축을 벌일 때 한국은 매우 어려운 입장에 처할 것이다. 이럴 경우 한국의 군사력은, 역할과 그 구성에 있어서 그 방향을 어떻게 설정하느냐 하는 지난한 난제가 될 것이다.

5) 세계화 정책에 대한 군사적 기여

한국은 국제경제적인 면에서 어느 정도의 영향력을 갖고 있기는 하지만 경제력만으로는 세계화 속의 한국을 부각시키는 데 한계가 있다. 국제적 영향력 증대는 외교력, 경제력 그리고 군사력이다. 군사력은 한국이라는 국가의 안전성을 기함으로써 국제적인 신인도를 높인다. 또한 국가의 외교정책을 추진하고 해외활동을 수행함에 있어서 군사력과 경제력의 뒷받침은 필수적이다. 걸프전과 이라크전의 군사지원에서 한국의 외교적 위상은 상당히 제고된 바 있다. 특히 국제평화 유지 활동을 위한 PKO 활동의 강화 등은 국제적인 한국의 위상을 높이고 있다.

그러나 현재의 국제적 영향력을 보다 증진시키는 데에는 외교력과 경제력만으로는 한계가 있고 군사력의 도움이 필요하지만 군사력의 역할 증대는 국내외적으로 많은 도전과 위협의 대상이 될 수 있다. 이에 대한 국내외적인 도전과 위협이 다양화하고 증대된다 하더라도 한국의 세계화 국가전략 속에서 군사력이 해야 할 세계적 수준에서의 역할과 지역수준에서의 역할을 강화해야 할 것이다.

2. 새로운 국방목표의 설정

국방목표의 정의는 1994~1995 국방백서[26]에 "국가의 평화와 안전 그리고 독립을 위협하는 요소를 제반 군사활동을 통해 제거하고 예방함으로써, 국가목표를 달성하고자 하는 군사 차원의 목표이다."라고 표현하고 있다. 즉 군사력 사용의 목표를 한국의 국가 목표를 달성하기 위한 군사 분야에서의 방법과 수단으로 정의하고 있다.

21세기 안보환경은 앞의 여러 가지 면에서 분석된 바와 같이, 한국으로 하여금 폭넓고 실용적인 국방목표와 전략을 갖도록 하고 있다. 따라서 국방목표의 새로운 개념을 대한민국의 헌법 체계 안에서 지금과는 다소 다른 각도에서 제시하고 그리고 새로운 국방목표의 개념하에 그

---

26) 국방부, 『국방백서 1994~1995』, p.20.

하위개념으로 "국방전략목적"을 구체적으로 설정하고자 한다.[27] 현재
의 헌법 제5조 2항에 규정된 "국군은 국가의 안전보장과 국토방위의
신성한 의무를 수행함을 사명으로 하고, 그 정치적 중립은 준수된다."
는 조항에 기반을 두고 국방 목표의 개념을 설정한다. 그리고 한국의
영토방위, 한국의 세계전략을 위한 지역적 전략개념의 설정, 새롭게 대
두되는 핵무기 확산과 생화학무기 및 미사일과 대량파괴무기에 대응하
는 군사력 사용, 그리고 국가이익을 위한 군사력의 기여 등을 개략적인
국방전략 목적으로 설정해 보고자 한다.

1) 국방목표의 새로운 개념

한국의 국방목표는 앞에서도 언급되었지만, 1967년 최초로 설정된
이래 1981년과 1994년 두 차례 개정되어 현재에 이르고 있다. 21세기
국제정세의 전망, 국가안보의 인식전환, 남북관계의 변화 그리고 한국
의 정치·사회적 변화 등은 한국의 군사력 사용의 방향을 바꾸게 하는
환경을 조성하고 있다. 그러나 국방목표의 새로운 정립의 필요성은 충
분히 있다고 본다.

이러한 환경의 변화를 고려하여 한국의 국방전략목표도 21세기에 적
응하기 위한 방향으로의 변환을 위하여 포괄적인 국방목표의 개념을
설정하고 이에 따른 구체적인 전략목적을 제시하고자 한다. 미래 한국
의 군사력 사용, 즉 한국의 국방목표의 개념을 다음과 같이 정의해 본다.

---

27) 미국은 21세기의 국방전략목적(Defense Strategic objectives)을 네 가지
로 설정하고 있다. ① Secure The United States from direct attack, ② Secure
strategic access and nation global freedom of action, ③ Strengthen alliance and
partnership, ④ Establish favorable security conditions. Department of Defense,
op. cit., pp.6-7.

"국가방위와 국가이익을 추구하는 데 대하여 '힘'을 사용하여 방
해·저지하려는 적의 행위를 예방하고, 억제하며, 극복하기 위한 군
사력 사용이다."

여기서 '힘'의 사용은 분쟁 스펙트럼에서 나타난 핵분쟁, 재래식 분
쟁, 비재래식 분쟁 및 비전투 분쟁에서 사용되는 '힘'이다. 즉, 핵무기
에서부터 대량살상무기, 재래식 무기를 포함하여 무력시위까지를 망라
하는 광범위한 범위를 지칭한다. 군사력 사용의 제1차적인 목적은 적
으로부터 국가를 방위하는 것이다.

또한 적이 한국의 국가이익의 추구를 저지한다는 의미는 국가의 방
위뿐만 아니라 국가이익에 대한 위협과 도전을 포함한 국가이익의 증
진까지를 망라하는 포괄적인 의미의 국가이익에 대한 방해·저지를 시
도하는 행위자들을 의미한다.

요컨대 한국의 군사력 사용의 범위는 전쟁을 비롯한 재래식 분쟁에
국한하는 것이 아니라 비재래식 분쟁과 비전투적 분쟁에 대한 군사력
사용을 의미하며 경우에 따라서는 국가이익의 확대와 보전을 위한 군
사력 사용도 포함하게 된다.

2) 국방전략목적[28] 구상

새로운 국방전략목적은 영토방위는 물론 세계전략과 지역적 전략을
수립하여 효과적인 영토방위와 국가의 번영을 위한 국가이익의 확보
를 위한 미래의 군사력 사용의 방향과 내용을 규정해야 할 것이다. 이
를 위하여 강조할 점은 보다 구체적이고 실용적인 내용을 정립하여 국
가안보의 다른 영역과 군사영역의 관계를 명확히 알 수 있게 되어야 한
다는 것이다.

---

28) 국방전략의 목적은 국방목표의 하위개념으로서 보다 구체적으로 명시하는 것
이다. 그리고 이는 시대적 상황의 변화에 적절하게 변화될 수 있는 전략목적이다.

(1) 국토방위의 강화

국토방위는 '한국에 대한 모든 직접적인 공격'으로부터 국토를 견실히 방어하는 것이다. 북한은 1950년에 6 · 25를 발발했을 뿐만 아니라 현재까지 휴전협정을 위반하면서 한국에 대한 도발을 계속하고 있다. 천안함 사태뿐만 아니라 서해의 NLL에 대한 도발을 지속적으로 자행하면서 "영토적 분쟁"을 계속 일으키고 있다. 특히 북한의 연평도 포격사태는 한국의 영토뿐만 아니라 국민에 대한 포격이라는 면에서 국가의 지위권 차원에서 볼 때도 최근의 가장 심각한 도발행위이다. 따라서 국토방위의 가장 핵심적인 목표는 북한으로부터의의 방위이다.

다른 하나는 주변국들부터의 한국의 영토와 영해에 대한 도발이다. 독도 문제는 한국과 일본과의 오랜 역사적 성격을 가지고 있기는 하지만 한국의 영토에 대한 일본의 영토적 도발로서 국토방위에 심각한 문제를 일으키고 있다. 뿐만 아니라 일본과는 경제수역에 있어서도 적지않은 분쟁이 있다. 이러한 문제들은 일본이라는 우방국과의 영토적 분쟁이라는 면에서 매우 심각한 사안이지만 주권국가의 영토방위는 양보할 수 없는 국가적 행위이다. 중국과는 서해가 경제수역과 대륙붕개발 문제로 분쟁지역화하고 있다. 아직까지 군사적 충돌은 없으나 국가의 경제적 번영과 중국과의 관계설정에 있어서 한국의 군사적 대비는 매우 중요한 요소이다.

위에서 언급한 영토방위의 내용은 국가생존이라는 생존적 국가이익들이다. 이를 위해서는 최상의 군사력을 유지하면서 한국에 대한 어떠한 직접적인 공격도 방어해야 할 것이다.

(2) 지역전략의 확대와 강화

지역전략은 세계수준의 국가발전전략과 지역적인 전략을 동시에 구사해야 할 것이다. 지역전략은 과거 지정학적인 전략적 고려를 기초로 하지만 현대적인 의미의 환경을 고려하여 보다 발전시켜야 할 것이다. 세계적 수준의 지역전략은 경제의 세계화와 경제적 상호의존성이 강화되는 환경의 현대에서는 중요한 의미를 갖는다고 할 수 있다. 또한 초강대국 대결시대의 종말은 대규모전쟁보다는 정치적 목표를 달성하기 위한 비재래식 분쟁에 개입하는 사례가 보다 많아지는 환경을 조성하고 있다. 경제의 세계화와 경제적 상호의존성은 한국의 안보정책을 수립하는 데에도 중요한 고려요소이다. 경제적 세계화와 정치적 목적을 달성하기 위한 비재래식 분쟁 등에서 우월한 지위와 보다 큰 행동의 자유를 갖기 위한 군사분야에 있어서의 지역적 전략을 수립·확대해야 할 것이다.

한국의 지역적 전략은 크게 세 가지 차원에서 볼 수 있다. 하나는, 국제적 수준에서의 분쟁해결을 위한 참여와 세계적 수준에서 평화유지 활동에 참가하는 영역이다. 이를 위하여 국제분쟁에 한국군을 파병할 수도 있을 것이다. 현재 한국은 유엔의 평화유지군이나 다국적군의 형태로 참여하고 있다. 이러한 활동의 확대·강화가 필요하다.

두 번째는, 동북아지역에서의 지역전략이다. 한반도의 전쟁억제와 동북아 평화유지의 차원이다. 동북아시아는 미국, 일본 그리고 중국의 군사적 이익이 첨예하게 대치하고 있고 힘의 구조가 아직도 정착되어 있지 않다. 특히 한반도의 경우는 미국과 한국의 군사력과 중국과 북한의 군사력이 첨예하게 대립되어 있다. 한반도는 한국이 한·미군사동맹과 한국의 독자적인 군사활동에 초점을 두고 있는 지역이다. 앞으로의 환경변화는 한·미군사동맹에 변화가 이루어질 것임에 비추어 일본과 중국과의 관계에 있어서 한국의 독자적인 군사활동이 보다 확대될 전망이다.

세 번째는, 한국의 국가번영을 위한 세계화 전략 속에서의 군사적 영역의 기여이다. 이를 위하여 위에서 언급한 동북아 지역전략뿐만 아니라 세계의 다른 지역에 대한 전략도 확대·수립해야 한다. 예를 들면 한국의 경제적 번영이라는 중요한 국가이익을 위하여 중동지역, 동남아, 중남미, 아프리카 등에 대한 sea lane의 확보 등을 위한 군사적 기여도 필요하다. 한편 EU를 중심으로 한 유럽의 지역군(regional cluster)과의 군사적 협력관계 확대는 경제적 협력 이외에도 한국의 세계전략과 지역전략을 위하여 한·미 군사동맹과 더불어 매우 중요한 요소가 될 것이다. 따라서 NATO는 물론 EU의 개별국가와도 군사적 협력관계의 확립이 필요하다. 요컨대 한국의 지역전략 확대·강화는 국가안보, 국가번영 그리고 세계수준에서 한국의 국익을 위한 활동에 많은 행동의 자유를 줄 것이다.

(3) 대량살상무기 확산 저지 활동 강화

대량살상무기와 관련된 내용은 핵무기, 생화학무기, 그리고 미사일 관련 부분이다. 대량살상무기는 단순한 한국만의 문제라기보다는 핵강대국뿐만 아니라 핵확산을 원하는 국가들, 중급 핵 국가군 그리고 생화학 무기개발국과 미사일 개발국 등과 관련된 내용들이다. 따라서 한국으로서는 한국의 지역전략과도 밀접히 관련되어 있다.

핵무기는 세 개의 내용으로 구분하여 볼 수 있다.

첫째는, 세계적인 핵분쟁을 전제로 하여 볼 때, 핵분쟁 시 한국이 생존하는 문제이다. 세계적인 수준에서 핵분쟁을 일으킬 수 있는 국가는 미·러의 핵 초대국이다. 미국과 러시아는 냉전시대부터 핵관련 쌍무협상을 통하여 핵탄두 수와 미사일 수에서 상당 부분 성공적으로 통제되고 있다.[29] 미·러의 핵분쟁 발발의 가능성이 매우 희박하지만 한국도 지속적으로 세계적인 핵분쟁이 일어나지 않도록 노력을 해야 할 것이다.

둘째는, 세계적인 핵확산 방지에 대한 한국의 적극적인 참여이다. 현재 5개의 핵클럽 국가 외에도, 인도와 파키스탄이 핵보유국으로 인정을 받고 있어서 핵 후진국들도 핵무기의 개발에 많은 유혹을 느끼고 있다. 한국은 핵국가인 중국과 인접해 있고 중국의 핵무기 보유에 따른 일본의 핵무장 유혹 사이에 위치하고 있다. 이는 한국으로 하여금 핵문

---

29) Sarkesian, *op. cit.*, pp. 285-286.

제에 관한 어려운 선택을 하게 할 것이다. 한국은 이러한 현상에 대처하기 위해서는 한·미동맹의 핵우산 속에서 효율적인 대처를 해야 하리라 본다.

셋째는, 북한의 핵실험을 포함한 핵무기 보유 시도의 문제이다. 북한의 핵무기 보유는 비록 북한 자신의 생존수단이라고 주장하고 있고 미국과의 관계라고 강변하고 있지만 한국에게는 생존적인 문제이다. 따라서 한국은 북한의 핵포기 종용은 물론 핵포기를 하지 않을 경우에 대한 대비도 해야 한다. 즉, 더 이상의 북한의 핵 수준을 억제하면서도 만일의 사태가 발생할 경우 한국이 보유한 재래식 무력으로 예방해야 하고 대응해야 할 것이다. 소위 핵무기의 "재래식화"에 관한 개념이다.[30]

생화학무기는 다양한 양태의 공격 방법을 가지고 있음에 따라 전시는 물론 평시에도 테러리스트들의 중요한 공격수단으로 사용되고 있다. 이런 경우는 일본의 사린가스의 경우 외에도 많은 예를 찾아볼 수 있다. 한때 9·11 이후 한국에서도 생화학무기에 의한 테러를 우려하여 철저한 대비를 한 예도 있다. 한국은 국제적인 테러리즘에 대응하면서 북한의 생화학무기에 의한 공격도 대비해야 하는 보다 어려운 상황에 있다.

미사일 문제 역시 세계적인 관심사이다. 한국의 경우는 북한의 미사일에 대비하는 것이 일차적인 문제이다. 대포동, 노동 미사일 등은 단거리를 포함 중장거리를 개발하고 있다. 중장거리는 한두 번의 실험을 했으나 아직까지는 세련된 면이 부족하다고 보고 있다. 그러나 단거리 미사일 경우에는 정확도에서 비교적 성공적으로 보고 있고 사정거리가

---

30) 러시아는 재래식 군사력의 축소에 따른 군사력을 보완하기 위하여 핵전력의 사용을 군사독트린에 표현하고 있다. 핵전력은 핵공격에 대응하는 것뿐만 아니라 러시아 영토에 대한 공격(재래식)을 포함한 우발적 분쟁에 사용한다는 것이다. *Ibid.*, pp.289-290. 한국의 경우 북한의 핵에 대응하기 위해서 러시아의 경우와는 반대로 북한의 핵을 재래식 전력으로 억제하는 방법을 고려해볼 만하다. 냉전시대에 있어서 유럽대륙에서의 소련의 탱크 중심의 재래식 전력을 극복하기 위하여 미국은 전역핵개념을 도입한 바 있다.

한국의 영토 전역에 걸쳐 보낼 수 있는 수준이므로 한국으로서는 특별한 대응방법이 필요한 영역이다.

(4) 비전투 군사 활동의 확대와 강화

비전투 군사활동은 비군사분야에 대한 군사지원, 국제평화유지활동, 인도주의 지원활동 그리고 국내 문제를 위한 무력과시 등 비교적 광범한 범위에 걸친 활동이다. 국가 간의 국가이익의 갈등에서 군사 이외의 분야 특히 경제나 외교 분야에 있어서의 군사적 지원이다.

한국은 경제 분야에서 해외의존도가 매우 높기 때문에 자원수송로의 보호나 해적으로부터의 선박 보호 등을 위한 군사적 활동이 필요하다. 외교 분야에 있어서도 영토적인 갈등과 경제수역에서의 주변 국가들과의 갈등에서도 무력 시위가 필요한 경우가 많다. 독도 문제로 일본과의 외교적 갈등이 있었을 때 한국과 일본이 작은 규모지만 상호 군사적 무력시위가 있었던 것은 그 사례 중의 하나이다.

이외에도 인도주의 및 국제 문제에서의 무력 시위는 매우 신중히 해야 한다. 이는 군사 분야와 외교 분야와의 경계가 모호하고 일상적인 질서유지와 군사활동의 경계가 모호한 경우가 많기 때문이다.

또한 비전투 군사활동은 주로 자연재난이나 대규모 질병 발생 시 국민에 대한 군의 주요 활동이다. 이 분야에서는 현재 효율적인 역할을 수행하고 있다. 앞으로도 재난구조활동과 질병지원활동의 확장은 물론이고 그에 따른 전문기술도 강화해야 할 것이다.

다른 한 분야는 국가경제를 위한 군의 기여이다. 현재 군이 주둔하고 있는 지역에서의 지역경제에는 많은 기여를 하고 있는 것으로 나타나고 있다. 이 분야는 점진적으로 확대되고 있기도 하다. 보다 적극적인 기여는 국가 경제의 기반 조성에 기여하는 방법이다. 과거 경부 고속도로 건설에서 군의 큰 기여가 있었고 국민적 지지가 매우 컸다. 앞으로도 도로 건설뿐만 아니라 국가 경제의 기반 조성에 군의 기여를 높여야할 것이다. 국가의 경제발전에 대한 군의 기여는 국민과의 관계를 밀접하게 하여 지금보다 더 확고한 "국민 속의 군"의 이미지를 고양할 것이다.

VI. 결론

이 글은 미래 한국군의 군사력 사용의 방향과 내용에 대한 시론적 연구이고 서술적이면서 귀납적으로 기술했다. 그러므로 새로운 국제정세와 전략환경에 적응하기 위한 국방전략 목적을 실용적이고 구체적으로 규정해 보고자 하는 데에 의미가 두어졌다.

이를 위해 기존의 국방목표를 간략히 검토함으로써 1967년의 최초에 규정되어 1981년과 1994년의 두 번에 걸친 개정의 내용과 배경을 분석하여 개정하게 된 요인을 살폈다. 개정 요인은 국제안보환경의 변화에 따른 국가안보의 인식의 전환으로부터 크게 영향을 받았고, 남북한 관계의 변화와 정권의 교체 등으로 지적되었다.

한국의 국방목표는 앞의 분석결과를 토대로 하여 국방목표의 개념을 정의하고 그 하위 개념으로 그 정의 안에서 미래지향적이고 구체적인 네 개의 국방전략목적을 설정·제시하였다. 즉, 국방목표의 개념은 "국가방위와 국가이익을 추구하는 데 대하여 '힘'을 사용하여 방해·저지하려는 적의 행위를 예방하고, 억제하며, 극복하기 위한 군사력 사용이다."라고 정의하고, 그 하위개념으로서의 국방전략목적은 국토방위의 강화, 지역전략의 확대와 강화, 대량살상무기확산 저지활동 강화 및 비전투군사활동의 확대와 강화 등으로 설정하였다. 그리고 국방목표는 헌법구조 안에서 설정하여 그 근거를 명확히 하고자 했고, 한국의 정치·사회의 시대적 변화에 따라 군의 입장과 역할을 능동적으로 대처할 것을 강조했다.

그러나 이 연구는 설정된 국방전략목적을 수행하는 구체적인 행동지침을 제시하지는 않았다. 즉, 군사력 구조, 작전교리를 비롯하여 군사외교에 관련된 군사동맹과 군사협력 등을 구체적으로 적시하지 않았다. 앞으로 지속적인 연구가 필요하리라 본다.

반면 이 연구의 기저에는 21세기에 있어서 군사력의 존재에 대한 국민적 이해를 높이고 한국의 글로벌 전략에 부응하기 위한 고려가 깔려 있음을 지적하고 싶다. 한국 국민들은 21세기의 국제정세에 알맞은 군사력 사용에 대한 관심을 높이고 있다. 냉전시대의 군사력 존재의 정체성(identity)으로부터 새로운 환경 변화에 맞는 정체성으로의 변화를 요구하고 있다. 또한 북한의 전쟁도발 억제라는 면을 기반으로 하면서도 국가의 외교적 행위와 국가의 경제발전을 위한 기여도 요구되고 있다. 뿐만 아니라 재난과 재외국민의 보호 등 사회적 역할도 적극적으로 해줄 것을 바라고 있다. 요컨대 새로운 국방목표는 "한국안보의 한국화", "한국방위의 한국화," 그리고 "국민 속의 군"이라는 세 가지를 이루어야 할 것이다.

참고문헌

구영록. "한국의 안보전략." 『국가전략』 1권 1호: 43-70. 1995년 봄/여름.

국가안전보장회의. 『평화번영과 국가안보』. 서울: 국가안전보장회의사무처, 2004.

국방대 안보문제연구소 역. 『안전보장』. 국방대 안보문제연구소, 1998. Buzan, Barry, Ole Weber and jaap ed Wilde.

국방부. 『국방백서』. 서울: 국방부, 1967.

_____. 『국방백서』. 서울: 국방부, 1988.

_____. 『국방백서』. 서울: 국방부, 1994.

_____. 『국방백서』. 서울: 국방부, 2006.

김성한. "미국의 신안보전략, 한반도 그리고 한미동맹." 한국국방연구원, 9·11테러 1주년학술회의 발표논문. 2002. 9. 10.

김영호. "21세기 국제안보환경과 시민사회의 역할." 성균관대 국가경영전략연구소. 추계학술대회 발표논문. 2002. 10. 17.

류상영 외. 『국가전략의 대전환』. 서울: 삼성경제연구소, 2001.

문정인·이석수 외. 『새천년 한반도 평화구축과 신지역질서론』. 서울: 오름, 2000.

배달형 외 역. 『미국은 어떻게 군사력을 변환시키고 있나』. Binnendijk Hans, ed. 서울: 한국국방연구원, 2003.

백종천. "한반도 냉전구조의 현황과 과제." 『국가전략』 5권 2호: 7-40. 서울: 세종연구소, 1999년 가을/겨울.

윤영삼 옮김, 제임스 콜맨 지음. 『내셔널리 데인저러스』. Collman, James P. *Nationally Dangerous: Surprising Facts about food, Health, and the Environment.* University Science Books, 2001.

이민룡·백종천. 『한반도 공동안보론』. 서울: 일신사, 1991.

이홍구. "금융위기는 곧 정치위기이다." 『조선일보』, 2008년 10월 27일.

임동원. "한국의 국가전략." 『국가전략』 1권 1호: 11-42. 서울: 세종연구소, 1995년 봄/여름.

일본 방위청(편). 『일본의 방위: 방위백서』. 서울: 일본 방위청, 2005.

전성훈. "한국의 국가이익과 국가전략." 『국가전략』 5권 2호: 171-198. 서울: 세종연구소, 1999년 가을/겨울.

프랑스 국방홍보원(국방대 안보문제연구소 역).『프랑스의 국방개혁』. 국방대
　　안보문제연구소, 2005.

하영선. "9·11테러와 세계질서의 변화." 세종연구소 특별정책브리핑
　　2002-05. 통권 제5호. 서울: 세종연구소, 2002. 10.

Al-Mashat, Abdul-Monen M. *Considerations in the Analysis of National Security
　　in the Third World.* A Dissertation of University of North Carolina at
　　Chapel Hill, 1982.

Brown, Michael E. et al. *America's Strategic Choices.* London: MIT Press, 2000.

Brzezinski, Zbigniew. *The Grand Chessboard: American Primacy and Its
　　Geostrategic Imperatives.* New York: Basic Book, 1997.

Chuter, David. *Defence Transformation: A Guide to the Issue.* Pretoria: Institute
　　for Security Studies, 2000.

Collins, Alan. *Contemporary Security Studies.* New York: Oxford University
　　Press Inc., 2007.

Department of Defense. *The National Defense Strategy of The United States of
　　America.* Washington, D.C.: Department of Defense, 2005. 3.

Edmonds, Martin. *Armed Services and Services and Society.* Westview Press,
　　1990.

Gill, Bates. "September 11 and Northeast Asia: Change and Uncertainty in
　　Regional Security." *Brooking Review,* Vol. 20, No.3. Summer 2002.

Giuseppe, Caforio, ed. *Handbook of the Sociology of the Military.* 2003.

Haass, Richard. "From Reluctant to Resolute: American Foreign Policy After
　　September 11." Director of Policy Planning Staff, U.S. Dept. of States:
　　Remarks to the Chicago Council on Foreign Relations, Chicago, Illinois
　　6/26/2002(http://www.state.gov/s/p/rem/5508pf.htm).

＿＿＿. "Defining U.S. Foreign Policy in a Post-Post-Cold War World." Director
　　of Policy Planning Staff, U.S. Dept. of States: Remarks to Foreign Policy
　　Association, New York, New York, 4/22/2002(http://www.state.gov/s/
　　p/rem/6232pf.htm).

Huntington, Samuel P. *Political Order in Changing Societies.* New Haven and
　　London: Yale University Press, 1969.

Manwaring, Max G. *The Inescapable Global Security Arena.* Strategic Studies

Institute. U.S. Army War College, April 2002.

Newman, Edward, and Oliver P. Richmond, eds. *The United Nations and Human Security*. Palgrave Publishers Ltd, 2001.

Nye, Joseph S., and J. D. Donahue, eds. *Governance in a Globalizing World*. Washington, D.C.: Brookings Institution, 2000.

Resenau, James. *Turbulence in World Politics*. Priceton, NJ: Princeton University Press, 1990.

Robin, Broad, ed. *Global Backlash*. New York: Roman & Littlefield, 2002.

Robinson, Thomas W. "National Interests." In James N. Rosenau, ed. *International Politics and Foreign Policy: a Reader in Research and Theory*. New York: The Free Press, 1969.

Sarkesian, Sam C., John Allen Williams, Stephen J. Cimbala, *U.S. National Security: Policymakers*, Processes, and Politics, 3rd. ed. Boulder: Lynne Rienner publishers, 2002.

The Chiefs of Staff. *British Defence Doctrine*. Joint Warfare Publication 0-01, 2001.

U.S. Department of Defense. *Quadrennial Defense Review Report*. 2006. 3.

White House. *The National Security Strategy of the United States*. 2002. 9. 20.

Wolf, Charles Jr., and Kamil Akramov. *North Korea Paradoxes: Circumstances, Cost, and Consequences of Korean Unification*. Santa Monica: Rand Corporation, 2005.

제2장
한국의 국가안보전략: 회고와 전망[*]

한용섭

I. 서론

21세기 한국은 무엇을 위해 살아가며 어떻게 그것을 달성하는가? 이 것은 바로 한국의 국가목표와 국가전략에 대한 물음이다. 국가목표는 국가가 추구하는 가치에서 구체화되며, 국가전략은 국가목표를 달성하기 위한 방법으로서 국가지도자의 비전과 보좌진의 전략기획의 결과로 만들어진다.

한국의 국가전략을 회고해 보면, 한국은 1945년 분단된 한반도 남쪽에서 현대국가로 출발한 이후 60여 년 동안, 국가의 생존과 경제적 번영에 총력을 기울여 왔다. '뭉치면 살고 흩어지면 죽는다'는 구호는 국

---

* 본 장은 한용섭, "부문별 국가전략의 상호관계와 우선순위의 변화," 『국가전략』 제 2권 1호(세종연구소, 1996년 봄)를 많이 인용하였다.

가의 생존 그 자체가 얼마나 절실했으며, '잘 살아보세' 구호는 우리의 가난이 얼마나 절박한 문제였던가를 보여준다. 국가지도자가 그 구호 속에 미래에 대한 비전을 제시하고 국력의 모든 부분을 총동원함으로써 그것을 달성해 온 것이다. 그 결과 국내총생산(GDP) 세계 13~15위, 교역규모 10위로 경제적인 면에서 부국의 목표를 달성하였으며, 경제력을 바탕으로 한 군사력 건설과 확고한 한미안보동맹으로 생존의 문제도 어느 정도 해결되었다. 남한은 핵무기 등을 포함한 대량살상무기와 비대칭 군사력을 제외한 모든 분야에서 북한을 능가하게 되었으며, 생존을 위협하여 온 북한은 장래가 불투명한 지경에 처하게 되었다.

한국이 생존과 경제적 번영을 확보할 동안 다른 국가이익은 어떻게 되었는가? 국정의 주요 분야가 정치, 외교, 경제, 국방, 통일이라고 할 때, 경제발전 우선전략에 의해서 민주와 통일이라는 국가이익이 경시되었으며, 경제와 다른 국정분야의 상호관련성은 적절한 주목을 받지 못하였다. 물량위주의 경제고속발전이 가져온 폐해는 경제 분야 자체에도 문제점을 초래하고 있지만, 경제와 다른 국정분야의 연결고리를 경시함으로써 경제력 발전이 다른 분야의 발전에 만족할 만한 정도로 기여하지 못하였던 것이 사실이다. 이러한 경제위주의 국가전략이 많은 모순을 낳게 되어, 1980년대 후반부터 민주화에 대해 매진한 결과 민주화도 달성하게 되었다. 하지만 압축적인 민주화과정으로 인해 정치, 외교안보, 사회 모든 면에서 법치와 갈등 해결 측면의 성숙함을 보이지 못하고 있다. 그럼에도 불구하고 한국은 이 지구상에서 경제성장과 민주화라는 두 마리 토끼를 다 잡은 경이적인 나라로 기억되고 있다.

만국의 만국에 대한 경쟁이 국제질서의 특징이 된 지금, 국제사회는 주어진 환경에서 국가목표를 가장 효과적으로 달성하기 위한 경쟁의 장이 되었다. 아니 자국의 국가목표를 남보다 빨리 달성하기 위해서 적극적으로 국제환경을 조성해 나가는 전략을 개발·적용하고 있다. 한국도 선진일류국가를 바라보며 온 국가가 질주하고 있다. 그러나 국정의 모든 부분이 균형적으로 발전된 국가다운 국가로 되기 위해서는 지금까지의 국가전략에 대해서 회고하고 반성해 보아야 할 때가 되었다. 특히, 1990년대에 북한 핵문제를 처리해 나간 과정을 둘러싸고, 국내외에서 한국에 과연 국가전략이 존재하는가 하는 강한 회의도 제기되었음을 볼 때, 한국의 국가전략의 현주소를 점검하고 대안적 국가전략을 제시할 때가 되었다고 생각한다.

따라서 본장에서는 앞으로 대안적 국가전략 개발에 필요한 지침을 제공하고 국가전략 자체에 대한 연구를 촉진하고자, 국가이익의 개념과 국가전략의 체계를 설명하고, 국가의 각 부문별 전략 간의 상호관계를 분석해 보며, 국가의 부문별 전략의 우선순위 결정요인과 변화요인을 살펴보면서, 한국 국가전략의 현주소를 점검해보고 미래 20년 앞을 내다보는 국가전략의 수립에 필요한 정책처방을 제시하고자 한다.

II. 국가이익과 국가전략

국가전략은 주어진 환경에서 국가이익을 극대화하기 위해 가용한 인적, 물적, 정신적 자원을 동원 · 조직화하고, 조정 · 통제하며 사용하는 방법이라고 정의할 수 있다. 여기서 국가전략의 3요소를 간추려 낼 수 있는데, 국가이익, 환경, 자원이 그것이다. 본 절에서는 국가이익과 국가전략의 상호관계, 국가전략의 구성체계에 관해서 설명하기로 한다.

1. 국가이익

구영록 교수는 국가이익을 "한 국가의 최고 정책결정과정을 통하여 표현되는 국민의 정치적, 경제적 및 문화적 욕구와 갈망"으로 정의하고 있다.[1] 뉴치터린(Nuechterlein) 교수는 "국가이익은 한 주권국가가 다른 주권국가들과의 관계에서 인지하는 필요와 갈망"으로 정의하고 있는데 그는 국제관계에서 주권국가가 모든 국민을 대표하여 최종적으로 행하는 행위에서 국가이익을 발견할 수 있다고 본다.[2]

상기한 두 정의로부터 국가이익은 주권국가가 대내외적으로 인지하고 추구하는 "가치(values)"라고 정의해 볼 수 있다. 그러나 이러한 개념은 추상적이기 때문에 현실국가들이 어떤 가치를 추구하고 있는가 살펴보면 국가이익의 개념을 더욱 구체적으로 볼 수 있다.

미국은 1990년대에 미국 자체의 생존(survival), 건실하고 성장하는 경제(a healthy and growing economy), 민주주의(democracy), 안정적이고 안전한 세계(a stable and secure world), 튼튼하고 활력있는 동맹관계(healthy and vigorous alliance relationship)를 국가이익으로 정의한 바 있다. 이를 더욱 축약한다면 미국의 국가이익은 생존, 번영, 민주, 국제안정과 평화, 동맹관계의 유지 등이라고 할 수 있을 것이다.

한국에서 국가이익을 정확하게 규정한 문서는 존재하지 않으나 헌법의 전문과 1973년에 국무회의에서 의결된 〈대한민국 국가목표〉에서 유추해 볼 수 있다.[3]

- 자유민주주의 이념하에 국가를 보위하고 조국을 평화적으로 통일하여 영구적인 독립을 보전한다.
- 국민의 자유와 권리를 보장하고 국민생활의 균등한 향상을 기하여 사회복지를 실현한다.

---

1) 구영록, 『한국의 국가이익』 (서울: 법문사, 1995), p. 25.
2) Donald E. Nuechterlein, "The Concept of 'National Interest': A Time For New Approaches," *Orbis,* Spring 1979, pp. 75-77.
3) 국가안보회의 사무국, "공문,"(정지 911-18, 1973.3.26), 임동원, "한국의 국가전략," 『국가전략』 제1권 1호(세종연구소, 1995), p. 18에서 재인용.

• 국제적 지위를 향상시켜 국위를 선양하고 항구적인 세계평화에
이바지한다.

위의 세 가지 조항의 국가목표에서 한국의 국가이익을 유추해보면
국가의 생존보장, 경제의 번영과 복지의 실현, 민주주의의 발전, 통일
의 실현, 세계평화에 기여하는 것 등을 들 수 있다. 더욱 간단하게 정의
한다면 생존, 번영, 민주, 통일, 세계평화라고 축약해 볼 수 있을 것이다.
그런데 2004년 3월에 처음으로 발간된 국가안보전략서에는 한국의
국가이익이 '국가안전보장, 자유민주주의와 인권보장, 경제발전과 복
리증진, 한반도의 평화적 통일, 세계평화와 인류공영에 기여'라고 정의
함으로써 한 단계 더 나아간 정의를 하고 있다.[4] 1973년에서 87년까지
의 역사의 전개를 보면 생존과 번영은 중요한 국가이익이자 추구해야
할 목표로 추구되어 왔으나 민주와 통일은 보다 중요성이 덜한 것으로
서 생존과 번영을 위해 희생되거나 유보되어야 할 것으로 간주해 온 것
을 발견할 수 있다. 민주는 1993년에 와서야 국가의 최고 가치로 인정
되고 추구되었으며, 통일은 아직도 북한이라는 위협적인 존재로 인해
먼 장래의 일로 간주되고 있는 실정이다.
여기서 알 수 있는 것은 국가이익의 모든 구성요소들이 똑같은 정도
의 중요성과 비중을 가지고 추구된 것이 아니며 당시 국가 최고지도자
와 정부의 우선순위에 의하여 차별이 생기게 마련이다. 그리고 국가이
익의 구성요소들이 항상 상호보완적이거나 상호비례관계에 놓여 있지
않다는 것이다. 1970년대와 80년대 민주화 가치를 추구한 정치집단은
경제의 지속적 발전과 국가생존, 즉 경제와 안보의 논리하에 희생당하
였다. 한편, 국가이익을 구체적인 국가목표로 바꾸어 달성하기 위해서
는 생존, 번영, 민주, 통일이라는 추상적 국가이익을 부문별 전략인 정

---

4) 국가안전보장회의(NSC) 상임위원회, 『평화번영과 국가안보: 참여정부의 안보정
   책구상』(2004. 3).

치발전전략, 군사전략, 경제발전전략, 통일전략 등으로 전략화시켜야 하는 바,[5] 이들 각 부문별 전략을 통일성 있고 체계적으로 통합하는 작업이 바로 국가전략 수립과정이라고 볼 수 있다.

위에서 한국의 국가이익을 생존과 번영, 민주와 통일이라고 더욱 구체화시켰음에도 불구하고 어떤 특정정책을 결정함에 있어서 국가이익 개념을 어떻게 적용해야 하는가가 문제로 되지 않을 수 없다. 왜냐하면 정부의 어느 한 부처는 그 부처의 정책을 입안, 결정, 집행함에 있어 보통 국가이익 중에서 어느 한 부분만을 고려하고 그 정책을 선택하기 때문이다. 예를 들면 경제부처는 경제정책을 결정함에 있어서 생존, 민주, 통일이라는 국가이익보다는 어떻게 하면 경제적 번영을 극대화할 수 있는가에 대해서 고려한다는 것이다.

전략적 사고와 행동에 능숙한 미국을 비롯한 선진 민주주의 정체하에서는 그렇지 않다. 예를 들어 1980년대 말 미국에 대한 불법입국을 제한하는 새로운 이민법의 제정과정을 보면, 그것이 법무부의 소관사항이라고 하더라도 이민법이 〈안보〉〈번영〉〈민주〉등 각 국가이익에 어떤 영향을 미치는가에 대해서 검토를 하고, 각 분야별로 드는 비용까지도 고려하여 국가순이익의 총계를 계산하여 정책을 최종적으로 선택한 것을 볼 수 있다.

간단하게 말하자면, 불법입국 숫자를 감소시키는 것은 미국의 국가로서의 독립을 유지하고 미국의 근본적인 가치와 제도를 보장한다는 면에서 국가의 〈안보〉에 기여하며, 불법이민을 고용함으로써 조장되는 지하경제를 줄임으로써 미국의 〈경제를 건강하게〉 만들며, 불법적으로 거주해온 외국인의 지위를 합법화시킴으로써 인권을 개선시켜 〈민주〉에 기여한다는 것이었다. 그러나 불법이민자들은 실질노동인구로서 노동시장에서 최저임금으로 노동하고 있으므로 이들을 제한하는 것은 경제에 임금상승 압박을 초래케 하여 〈경제의 발전〉을 저해하며,

---

5) 하정열, 『국가전략론』 (서울: 박영사, 2009).

이민법의 집행과정에서 불법이민자처럼 보이는 외국인의 권리를 침해할 수 있다는 면에서 〈민주〉에 역행할 수도 있기 때문에 비용도 만만찮다는 것이었다.

이러한 이익과 비용에 대한 논쟁은 국민의 대표로 구성된 의회에서 활발하게 전개되었으며 결국은 피해를 최소화하고 이익을 최대화한다는 측면을 염두에 두고 행정부는 의회의 논의를 수용하여 최종법안을 결정했다. 행정부에서 정책이 최초로 입안될 때 그 정책이 여러 가지 국가이익에 미칠 효과에 대해서 다각적인 검토도 이루어지지만, 미국은 국민의 대의기관인 의회에서 그 정책이 집행되었을 때 생길 수 있는 여러 가지 문제점과 국가이익에 대한 영향을 실질적으로 검토하게 된다. 의회의 토론과정에서는 정부가 미처 예상할 수 없었던 문제점도 발견되고, 부처이기주의에 의해 국가이익을 도외시한 것도 발견이 되며 무엇보다도 사회의 각계각층이 그 정책에 대해 어떻게 대응할 것인가에 대한 모의실험(simulation)이 이루어진다. 물론 의회 내 토론과정에는 사회 각 방면의 전문가와 관련 이해집단의 대표들이 청문회를 통해 참가한다. 고로 어느 한 정책이나, 한 국가전략이 총체적인 국가이익에 어떤 영향을 미칠 것인지에 대한 종합적인 분석이 이루어지게 되는 것이다.

따라서 민주주의 정체 하에서 의회가 제 기능을 하지 못한다면 어느 한 정책이나 전략이 국가이익의 모든 요소에 어떤 영향을 미치게 될지 제대로 분석해 낼 수 없다. 또한 국가이익의 어느 한 분야만 전공하는 전문가들이 모인 연구소에서 국가이익 전체를 제대로 추구하는 국가전략이 나올 수도 없다. 선진국의 국가전략연구소들에서 일하는 전문가들은 그 전공분야가 정치, 경제, 사회 등 사회과학분야뿐 아니라 환경, 법학, 역사, 인구, 행동과학, 지역전문가를 비롯하여 물리학, 화학, 공학 등 자연과학과 기술분야의 거의 모든 학문의 전문가들이 같이 일하고 있음을 발견할 수 있다. 그것은 그만큼 국가이익이란 자체가 다양하며 복합적이라는 것을 의미한다. 어느 한 분야만의 관심과 평가기준으

〈표 1〉 국가이익 비교표 (개념적임)

국가이익	이익 (B)	비용(C)	순이익(B-C)
생존	B1	C1	B1-C1
경제적 번영	B2	C2	B2-C2
민주	B3	C3	B3-C3
통일	B4	C4	B4-C4
합계	B1~4	C1~4	총 순이익(B1~4-C1~4)

로는 국가이익 전체를 충분하고도 체계적으로 분석하지 못한다는 것을 반증한다.

그러므로 여기에서는 어느 한 정책이나 전략이 각 분야의 국가이익을 어떻게 달성하며 결국 총체적인 국가이익은 어떻게 달성할 수 있는가에 대해서 분석할 수 있는 틀을 〈표 1〉과 같이 제시하고자 한다. 즉, 국가이익을 부문별로 정의하고, 어느 한 정책이 각 부문별로 이익을 얼마나 가져올 수 있는지, 그리고 부문별로 소요되는 비용은 어떠한지 평가하고 결국 총이익과 총비용의 차이를 계산하여 국가순이익을 극대화하는 정책을 선택하도록 하는 것이 국가이익의 모든 부문을 고려할 수 있게 된다는 것이다. 물론 지도자는 국가목표에 비추어 각 부문별로 합리적인 가중치를 줄 수 있어야 할 것이다.

2. 국가 전략의 체계

흔히 전략과 정책을 혼돈 하는 사례가 있는 바 여기서는 전략은 '목표와 자원을 연결시키는 방법' 즉 국가 목표를 달성하기 위해 국가의 능력을 동원, 조직화, 조정 · 통제, 사용하는 방법을 의미하며, 정책은 '문제해결과 변화 유도를 위한 활동' 또는 '정부기관에 의해 결정된 미래의 행동지침 또는 계획'이라고 정의한다.[6] 따라서 전략은 대개 몇 개 분야의 정책으로 뒷받침된다고 볼 수 있다.

전략의 체계는 대전략, 국가전략, 세부전략 등으로 나누어 볼 수 있는데 대전략은 대개 20년 내지 50년 앞을 내다보는 장기전략으로서 '국력의 모든 요소(정치, 경제, 이념, 기술, 군사력)를 동원, 조직화, 조정, 통제, 사용함으로써 국가의 목표를 달성하는 방법'으로 정의된다.[7] 대전략은 국가의 모든 정책을 인도하는 최상위의 전략이며 정치지도자가 규정하는 국가목적달성을 위해 자신의 국가뿐만 아니라 우방국들의 국력과 자원을 동원, 조직화, 조정, 통제, 사용하는 것을 포함한다. 구체적으로 대전략은 한 국가가 국제정치에서 추구해야 할 목표를 제시하며, 그 목표달성을 위해 국가의 수단인 정치력, 군사력, 외교력, 경제력, 이념적 힘을 어떻게 통합하고 사용해야 할 것인가를 결정하는 것이다.[8]

예를 들면, 2차 세계대전 이후 미국의 트루먼 대통령은 미국 국민에게 미래 세계의 비전을 제시하면서 유럽과 일본의 재건과 민주주의의 확산을 통해 소련에 대항하는 동맹을 형성하고 소련을 봉쇄하는 대전략을 제시하였다. 이 봉쇄전략은 전후 45년간 미국 국가전략의 핵심이 되었으며 미국의 정치, 경제, 군사, 외교 모든 분야를 인도하는 전략이 되었다. 일본에서는 메이지유신 후 등장한 「대동아 공영권」이란 대전략이 있었고, 말레이시아는 「말레이시아 2020」을 제시한 바 있다.

대전략은 일명 국가 수준의 전략이란 의미에서 국가전략이라고도 한다. 국가는 국가의 목표를 달성하기 위하여 전쟁과 평화 중 어느 하나를 선택할 최종권한이 있으며 국가목표달성을 위해서 민간경제와 군사

---

6) Yehezkhel Dror, *Public Policymaking Reexamined*(SanFrancisco: Chandler Publishing Co., 1968), p. 12.

7) B. H. Liddel Hart, *Strategy* (NewYork:Fredrick A. Prager Publishers, 1967), pp. 335-336.

8) Robert J. Art, *A Grand Strategy for America*(Ithaca, NY: Cornell University Press, 2003).

두 영역에서 적절한 힘의 배분을 도모하고 국력을 최대화하기 위하여 경제력, 군사력, 정치력, 외교력을 사용할 뿐만 아니라, 도덕적인 힘, 국민의 정신적인 힘까지도 극대화한다. 여기서 클라인(Cline)의 국력의 정의가 연관되는 바 클라인은 국력을 모든 가시적인 힘의 총화(인구 · 국토의 크기+경제력+군사력+ …)에다가 전략적 목표(strategic purpose)와 국가의 의지(national will)를 곱하였다.[9]

국가의 의지는 구체적으로 정치지도자의 리더십, 정치 엘리트들의 조정능력,[10] 국민의 도덕적, 정신적 힘을 포괄하여 국가전략을 추구하려는 의지라고 할 수 있다. 그리고 여기서 전략적 목표는 구체적으로 지도자들의 전략기획(strategic planning) 능력을 의미한다. 어느 국가든 부존자원과 인적능력이 제한되어 있으므로 모든 국가이익과 목표를 동시에 달성할 수 없다. 따라서 모든 국민의 주의를 집중시키고 몇 가지 제한된 목표의 달성을 위하여 자원을 동원, 조직화, 통제, 조정, 사용하는 계획을 세우는 것을 전략기획이라고 한다.

전략기획은 20년 이상 앞의 국가의 미래를 예측하고 미래 국가가 지향해야 할 목표를 제시하고 국가의 자원을 동원하며, 그 목표를 달성하기 위한 각 부문별 전략과 전략을 집행할 세부 정책을 수립하는 것을 의미한다.[11] 따라서 국가 전략기획은 부문별 전략의 수립, 그 부문별 전략을 집행할 정책(policy)의 수립, 정책을 집행해 나갈 구체적인 계획(program)을 세우는 것을 필요로 한다. 이 전반적인 과정을 전략기획이라고 하는데 이것이 국가의 가시적인 힘을 배가시키기도 하고, 반으로

---

9) Ray S. Cline, *The Power of Nations in the 1990s*(Lanham, MD: University Press of America, 1993), p. 29.
10) 1990년 2월 중국 군사과학원 전략연구부가 제시한 종합적인 국력은 생존능력, 발전능력, 조정능력이라고 정의하는 바, 조정능력은 국내의 모든 문제를 조정하고 집단적인 힘을 극대화하는 지도그룹의 능력이라고 본다. 황병무,『신중국 군사론』(서울: 법문사, 1995), p. 31.
11) Paul K. Davis & Lou Finch, *Defense Planning for the Post-Cold War Era*(US: RAND, 1994), pp. 3-12.

감소시키기도 하는 승수효과를 가진다.

그런데 전략기획은 몇 가지 속성을 지니고 있는 바, 국가의 목표를 더욱 발전시키고 명료하게 만드는 작용을 한다. 국가의 대안적 미래 (alternative futures)를 인지하게 하고 비교시키는 기능을 한다. 국가의 미래에 큰 영향을 미치게 될 중요한 변수들을 미리 발견하게 하고 그 변수의 영향력을 이해하게 한다. 미래의 창조를 가능하게 하며 미래에 대처해 나가는 적절한 능력과 행동계획을 발견하게 한다. 그래서 미래에 국가에게 주어진 기회를 십분 활용하게 하고 국가의 취약성을 최소화시키며, 어느 경우에도 적절한 대응을 가능하게 한다. 그리고 중요한 점은 시간이 흐름에 따라 어느 시기에 구체적인 결정을 해야 하는가 하는 정확한 판단을 가능하게 하며, 그때그때 적절한 지침과 독트린, 정책개발을 가능하게 한다.

그러면 어떤 경우에 전략기획이 실패하는가? 미래의 환경을 예측하지 못하고 대비하지 못했을 때, 발생할 가능성이 있는 위기와 분쟁을 예견하지 못했을 때, 미래의 불확실성을 다루는 것에 실패했을 때, 가장 중요한 것을 맨 처음 해야 하는데 그렇지 못했을 때, 일어날 사건 모두에 대해서 포괄적인 고려를 하지 못했을 때, 전략기획의 목적을 잘못 인지하고 있을 때, 일관성만 유지한 채 유연한(flexible) 대응을 못했을 때, 상대방의 의도를 잘못 읽었을 때 등에서 전략기획의 실패가 일어난다.

한편 국가전략은 정치, 경제, 군사, 외교 등 분야별 전략으로 구성된다. 그리고 국가전략은 국가목표를 정의하고 국가의 자원을 파악하며, 그것을 동원하고 조직화하며, 조정할 뿐 아니라 사용하는 기술이므로 다양한 국가목표의 성격상 목표 간의 우선순위가 있기 마련이다. 그리고 자원 중에서도 인적 자원을 동원하느냐, 물적 자원을 동원하느냐, 정치력, 외교력, 경제력, 군사력 중 어느 것을 동원하느냐, 자국의 자원을 동원하느냐, 동맹국과 우방국의 자원을 동원하느냐 아니면 두 분야 이상의 힘을 종합하여 사용하느냐에 따라 우선순위가 생기기 마련이다.

미국의 대전략은 위에서 말한 바와 같이 냉전시대에는 대소련 봉쇄
전략이었으며 이를 위해 정치, 경제, 외교, 군사 측면에서 자국의 국력
을 동원, 사용하고 필요 시에는 타국의 국력까지도 모두 합하여 사용하
였다. 따라서 미국의 대전략은 미국의 생존과 번영을 보장하기 위하여
필연적으로 소련과의 경쟁을 밑바탕에 깔고 있었으므로 국가안보전략
이라고도 불리어 왔으며 그것의 구성요소로서 외교전략, 경제전략 특
히 국제경제전략, 군사전략, 군비통제전략 4가지를 포함하고 있었다.[12]

여기서 안보의 개념은 정치(외교)적, 경제적, 군사적, 군비통제적인
측면을 모두 포함하는 포괄적인 개념으로서 미국의 국가이익을 보호하
고 확장(promote)하는 것을 지칭하고 있다. 물론 국가의 크기에 따라 국
가전략의 범위나 속성에 차이가 나겠지만 근본적으로 국가전략의 세부
전략이 다 갖추어지지 않는 한, 독립적이고 완전한 국가전략이라고 보
기 힘들 것이다.

3. 국가전략에 영향을 주는 기본 요소

한국의 국가전략에 영향을 미치는 기본 요소는 매우 많지만 그중 가
장 중요한 요소 몇 가지를 들면 다음과 같다.[13]

전략에 가장 중요한 영향요소는 한반도의 지정학적 위치이다. 지정
학적 요소는 우리의 의지로 바꿀 수 없는 국가전략의 가장 중요한 결정
요인이다. 한반도는 대륙세력과 해양세력이 교차하는 반도지역이므로
역사적으로 정치적으로 두 세력의 이해가 충돌해온 지역이다. 대륙세
력 중 중국, 몽골 등의 세력이 강했을 때 한반도는 그들의 영향을 많이

---

12) The White House, *National Security Strategy of the United States,* August 1991.
   미국의 국가안보전략은 정치(외교), 경제, 국방, 그리고 군비통제분야에서 국가
   의 수단을 목표와 연결시키는 방법을 서술하고 있다.
13) 임동원, 앞의 책.

받았으며 때로는 침략을 당하기도 했다. 해양세력 중 일본의 세력이 강했을 때 한반도는 일본의 식민 지배를 받기도 했다. 1945년 이후 해양세력 중 미국과 동맹관계를 맺고 한국의 안전보장을 달성해오고 있다. 따라서 한반도의 지정학적 위치를 고려해 볼 때 해양세력과 대륙세력의 힘의 균형을 적절하게 유지시키고, 세계 유일 초강대국인 미국과의 동맹을 통해 안보를 확보해나가면서 중국, 일본, 러시아 등과 균형과 협력을 달성해나가는 것이 중요하다.

둘째로, 한국의 국가전략에 영향을 미치는 중요한 요인으로서 남북 분단을 들 수 있다. 남북 분단은 우리민족의 의지와는 다르게 미·소 간의 분단합의에 의해서 이루어졌다. 남한은 민주주의 시장경제체제를 채택했고 북한은 공산주의 계획경제 체제를 선택했다. 분단의 결과 남북한은 각기 체제경쟁에서 이기고자 전력을 기울여 경쟁했으며 특히 군사적 우위에 서고자 군비경쟁을 전개했다. 한국의 국가전략의 가장 중요한 부분은 북한의 전쟁위협을 방지하고 분단 상태를 평화적으로 관리하면서 통일을 달성하는 것이다. 군사전략의 거의 모든 부분이 북한의 위협에 대처하는 데 집중하고 있으며, 외교전략의 70~80%가 북한과 관련되어 있다. 따라서 남북분단은 한국의 국가전략에 가장 영향이 큰 변수가 된다.

셋째로, 한국의 국가전략에 영향을 미치는 중요한 요인은 부존자원 부족의 문제이다. 북한지역에는 천연자원이 많이 있으나 남한지역에는 경제성이 있는 지하자원이 거의 없다. 따라서 한국은 대외 지향적 경제발전전략을 채택할 수밖에 없었으며, 그 전략의 성공으로 경제적 부국을 달성했으나 대외의존도가 심해져서 세계경제의 부침에 큰 영향을 받고 있다. 자원부족문제는 우리의 국가전략에 큰 제약요소로도 작용하고 있다.

네 번째로, 한국의 국가전략에 영향을 미치는 중요한 요인으로 정치문화상 타협하는 정신의 부족이다. 민주정치의 발달로 인하여 유교식 권위주의 정치문화의 문제는 극복되었으나, 지연, 혈연, 학연에 얽힌

정치문화와 여야 간 혹은 보수와 진보 간에 타협과 양보가 없는 대결로 인한 갈등으로 인하여 많은 국력 낭비와 분쟁이 일어나고 있는 실정이다.

III. 국가전략의 상호관계

1. 경제와 군사

미국은 경제와 군사 두 분야를 처음부터 구분해서 발전시켰다. 2차 대전 이후 미국의 GNP는 세계 GNP의 약 50%선을 차지하게 되었고, 자유세계의 지도국인 초강대국이자 소련에 유일하게 맞선 경쟁국으로서 공산주의 확산을 막기 위해 대소 봉쇄전략을 택하는 한편 군비확장을 시작하였다. 군비확장을 위해 GNP의 6% 이상을 계속 투자했으며 민간기업과는 엄격히 구분된 군수산업에 국방비의 10% 이상을 투입하여 첨단과학기술의 연구개발을 시도하였다. 그리고 냉전이 종식된 후 첨단과학기술을 민군겸용기술로 전환할 때까지 군수산업분야는 국가의 철저한 보호와 지도하에서 육성되어 왔다.[14] 따라서 군수산업에서 민간기술로 스핀오프(spin-off: 군사기술의 민간기술로의 파급효과)라는 말이 먼저 나타났으며 스핀온(spin-on: 민간기술의 군사기술로의 파급효과)이 등장한 것은 보다 최근의 일이었다.[15] 군사력과 경제력, 두 가지 측면에서 세계최강이 되어 자국의 안전과 번영은 물론 자유진영을 미국의 세력

---

14) Paul Kennedy, *The Rise and Fall of Great Powers*(New York: Random House, 1990), pp. 514-535.
15) 미국은 1994년에 국방첨단기술연구사업국(DARPA)에서 국방(Defense)을 빼고 첨단기술연구사업국(ARPA)로 개칭했다.

권내에 두는 대신 그들의 안전과 번영을 지원했다. 그리고 소련과 핵무기경쟁에서 우위를 차지하고자 핵무기개발에 몰두하여 억지전략을 만들어 내고 상호확증파괴에서 상호생존으로 전환시킬 정도로 군사기술면에서 앞서 나갔다. 그러나 탈냉전 이후 엄청난 규모의 군사력이 소용없게 된 시점에 종래의 거대한 군사비투자는 국내경제의 발전을 저해하고 대일본, 대독일 기술경쟁력에서 뒤지는 결과를 초래하였다고 비판을 받았다.

한편 일본은 2차 대전 패전 이후 「대동아 공영권」의 대전략이 타율에 의한 일대 수정을 겪게 되면서 군사대국으로서 희망은 좌절되고 미국의 철저한 통제하에 있게 되자, 우선 경제대국이 되어야겠다는 경제위주 전략으로 전환하였다. 그러나 부존자원이 부족한 일본은 GNP성장의 세 가지 분야 즉, 노동생산성, 자본생산성, 기술생산성 중에서 기술생산성의 증가부분에 치중했다. 기술로서 세계최강이 된다는 꿈은 메이지 유신 이후 국력을 최대화하여 부국강병을 이룬다는 이상과 일치하는 것이었다. 군사력 발전의 꿈이 제약된 일본이 부국강병의 꿈을 이루는 길은 과학기술에서 선진화를 이루고 민군겸용의 기술을 보유함으로써 유사 시에는 언제라도 민수가 군수로 전환될 수 있는 체제를 갖는 것이었다. 기술의 최강을 달성하기 위해 일본은 기술토착화, 기술파급효과의 극대화, 국가주도의 민간 공동 기술개발의 장려 등 3박자 전략을 추진해 나갔다.[16]

이것은 원자력 에너지 분야에서도 마찬가지였다. 제2차 세계대전의 전범국으로서 일본은 핵무기를 가질 수 없는 상황이었다. 에너지자원이 부족한 일본은 에너지자립이 국가생존과 번영에 핵심요소라고 파악하고 원자력기술의 자립에 박차를 가하였다. 평화적 원자력 개발능

---

16) Richard Samuels, *Rich Nation, Strong Army: National Security and the Technological Transformation of Japan*(Ithaca and London: Cornell University Press, 1994), pp. 33-78.

력과 기술을 구비한 일본은 1977년 지미 카터 전 미국 대통령의 플루토늄 재처리시설 불허방침에도 불구하고 원자력기술 선진국들과 유대를 강화하여 핵기술 선진국에게 재처리시설은 필수라는 결론을 이끌어내고 이를 바탕으로 미국을 설득하여 재처리능력을 보유하게 되었다.[17] 이상에서 볼 때, 일본의 경우 군사와 경제는 상호의존적이며 경제가 리드하여 국방력을 갖추되, 민간에서 개발한 첨단과학기술이 군수용으로 쉽게 전환될 수 있는 체제를 갖추었다.

한국의 경우는 경제발전 제일주의 전략에 몰두했다. 반면 군사는 철저하게 미국에 의존해왔다. 물론 경제발전의 결과 국방에 필요한 재원을 제공할 수 있게 되어 1970년부터 자주국방이 시작되고 주요 병기의 국산화가 시작될 수 있었다. 그러나 장차 미국에 대한 기술 의존을 벗어날 수 있는 지속적인 민군 겸용기술의 발전계획이 당초 없었고, 경제의 성장으로 인해 GNP의 6%를 국방에 투자한다는 측면에서만 경제와 군사는 연계를 유지했다. 1971년 미국의 일방적인 주한미군 철수 이후 한국은 주요병기의 국산화란 기치 아래 1973년부터 미국의 국방기술을 도입하여 방위산업 자립화의 길을 걸었다. 하지만 정부주도의 방위산업 육성정책은 기업체 스스로 자립적인 첨단기술을 개발함으로써 국방에 기여해야겠다는 가치관과 의지가 결여되어 있었기 때문에 1980년대 5공화국에서 방위산업 자립화와 군수산업육성을 포기하고 미국으로부터 주요 첨단 무기의 수입을 결정하였으며, 국방과학연구소도 그전의 1/3 규모로 축소함에 따라 방산업체는 군사과학기술을 지속적으로 발전시키지 않았다. 경제발전 전략도 노동의 생산성 제고, 즉 싼 임금에 기초하는 수출주도전략에 근거하고 있었으므로 기술 진보로써 경제성장과 군수산업의 첨단화를 동시에 달성한다는 일본의 전략과 처음부터 차이가 날 수밖에 없었다. 따라서 경제의 발전으로부터 군수산업이 육

---

17) Yong-Sup Han, *Nuclear Disarmament and Non-Proliferation in Northeast Asia* (New York and Geneva: United Nations, 1995), pp. 47-49.

성된다는 연계성도 가지지 못한 채 자주국방의 꿈은 유보되었다. 1993년에 이르러 정부는 민군겸용기술의 개발에 중점을 두고 발전한 경제로부터 스핀온효과를 거두기 위해서 민군협동을 통한 군수산업지원을 도모하기 시작했다.

여기서 문제되는 것은 1961년부터 30년 동안 물량적인 경제성장과 그에 근거한 자원의 국방비 지원능력 배양에만 신경을 쓴 나머지 전략적인 차원에서 경제와 군사를 연결시키려는 노력이 결여되었다는 점이다. 따라서 부국의 목표는 달성했으나 강병의 목표는 아직도 달성하지 못하고 있다. 더욱이 군사기술의 자립을 통해 강병을 달성할 수 있다는 경제계의 인식이 강한 일본과는 달리 한국의 경제계는 그러한 경제와 군사의 연결고리에 대한 인식을 가지고 있지 않다. 그 후 주요 첨단 무기의 대외의존이 심화되면서 전략산업을 우리 스스로 개발해야 한다는 자각이 일어났고 21세기에 이르러 각종 무기를 국산화하려는 움직임이 일어났다.

또한 해방 이후 50년간 정부가 경제발전전략에 치중한 결과 국가자원이 한 방면에만 집중되는 결과를 가져왔다. 이 가설을 입증하기 위해서 두 가지 증거를 제시할 수 있다. 하나는 국가예산중에서 경제발전예산이 차지하는 비중이 어떻게 변화해왔느냐 하는 것이고 나머지 하나는 정부가 가진 고급인력 중 경제부문에 종사하고 있는 비율이 얼마나 되는가 하는 것이다.

경제개발부문 정부지출은 정부예산말고도 경제개발 차관이 있으며, 또한 1980년대 들어서는 경제발전의 결과 정부부문보다는 민간부문의 투자가 차지하는 비중이 상대적으로 커졌기 때문에[18] 정부예산만 가지고 정부의 전략 중 경제발전 전략이 차지하는 비중을 유추해보는 것에

---

18) 1960년도에 민간투자가 정부투자보다 2배 정도였으나 1966년을 지나면서 3배 정도로 확대되었고, 1970년대와 1980년대에 와서는 3배에서 5배 정도의 증가를 보이고 있다. 경제기획원, 『주요경제지표』(통계청, 1976) ; 『한국경제지표』(1995), 2 참조.

〈표 2〉 정부예산 중 경제개발이 차지하는 비율

연도	72	73	74	75	76	77	78	79	80	81	82	83	84	85	86
비율	17.3	22.2	20.9	26.6	25	22.7	20.5	27.8	21.6	18.9	17.5	17.2	18.8	16.1	19.0
연도	87	88	89	90	91	92	93	94	95	96	97	98	99	2000	
비율	19.4	20.1	14.9	14.1	16.4	18.6	20.7	23.1	21.4	22.4	25.5	30.3	29.2	26.1	

출처: 기획예산처(http://www.mpb.go.kr), 연차별 주요재정지표 2000

는 문제점이 없는 것도 아니다.

그러나 정부예산지출 중에서 경제개발 부문에 대한 지출이 차지하는 비중은 국방비 다음으로 계속 높은 비중을 차지하여 왔으며, 1970년대에는 줄곧 정부예산의 20% 이상을 차지하고 있었고, 1980년대에는 14%까지 하강하다가 다시 1993년부터 20%선을 넘어서서 2000년에는 26.1%를 기록했다. 여기에다가 민간부문의 투자까지 합하면 경제부문 투자는 국방비나 다른 부문 국가예산의 10배는 넘는다고 할 수 있다. 사실 정부예산 중 경제개발과 국방비가 차지하는 비중이 상대적으로 컸기 때문에 교육과 복지부분이 차지하는 비중은 적었다. 2000년대 들어와 상대적으로 교육과 복지부문의 투자가 증대되고 있다는 사실은 이를 웅변적으로 보여주고 있다.

하나의 의사변수(proxy variable)로서 정부 각 부처에서 일하는 고급 공무원 중 행정고시 출신자가 차지하는 비율을 보면 정부의 고급인재가 어디에 집중되어 있는가가 드러난다. 기획재정부를 비롯한 다른 부처는 5급 이상 일반직 공무원 정원대비 고시 출신 공무원의 비율이 30~40%선인 것으로 알려졌다. 이에 비해 2003년 당시 28명에 불과했던 국방부 내 5급 공채 출신 공무원 수는 2004년 31명에서 2005년 38명, 2007년 50명, 2008년 58명으로서 19%에 불과하다.[19] 행정고시 출신만

19) 『조선일보』, http://news.chosun.com/site/date/html_dir/2008100500087.html(검

이 우수한 인력이냐 하는 의문점이 있기는 하지만 대통령과 정부가 의도적으로 한 부문의 전략을 중요시하고 중점을 두고 계속 추진해 나가면 그 부문에 국가의 인재와 자원이 몰리게 마련이다. 따라서 정부 내에서도 경제와 안보, 경제와 타 분야에 대한 연계가 부족하며 경제부처 중에서도 경제발전(상공업 중심)부처가 농수산부(농업/수산업)보다 지배적 영향력을 발휘해 온 것이 사실이다.

2. 경제와 외교

국가의 경제발전과 외교는 어떤 관계를 가지고 있는가? 외교는 국가이익을 확보하기 위해서 국가 간의 관계를 어떻게 유지, 관리, 발전시켜 나가야 하는가 하는 문제를 다루고 경제발전은 국민의 생활수준을 향상시키기 위해 주로 내부문제를 다룬다. 하지만 국가는 무역을 통해서 비교우위를 가진 생산품을 외국에 수출하고 또한 수입함으로써 경제적 발전을 기한다. 여기서 경제와 외교를 연결짓는 것으로서 경제외교라는 개념이 등장한다.

그러나 사실상 냉전 시 무역은 공산진영은 공산진영끼리, 자유진영은 자유진영끼리 이루어짐으로써, 국가전략 차원에서는 한 진영 내에서 국가의 생존과 지속적인 번영을 보장하고, 또한 이를 보장받기 위해서 안보외교를 뒷받침하는 수단으로서 경제력을 어떻게 사용할 것인가 하는 문제에 초점을 맞추게 되었다.

즉 외교의 목적을 달성하기 위해서 경제를 정책수단으로 사용하게 되었는 바, 경제협력과 경제제재라는 두 개념이 사용되었다. 경제협력은 서로 우호적인 국가 간에 상호의 국가이익을 증진시키기 위해서 사용된 정책수단일 뿐만 아니라 상호 적대적인 국가 간이라 할지라도 경

색일: 2010년 6월 29일).

제협력과 인적, 물적 교류증진을 통한 기능적 통합을 촉진시키기 위한 가장 기초적인 정책수단으로 사용되었다. 가장 직접적인 경제협력은 경제원조의 형태로 출발했다. 미국은 2차 대전 후 서방에 대한 경제원조를 통해 자유진영을 자국의 영향력하에 두었다.

한편 경제제재나 봉쇄는 적대국의 경제능력을 전반적으로 제한하고 봉쇄하기 위해서 또는 어느 특정한 안보외교사안에 대해서 상대국의 양보와 복종을 받아내기 위해서 사용되어졌다. 미국은 대소 봉쇄전략을 성공으로 이끌어내기 위해서 2차 대전 이후 1990년까지 경제봉쇄정책을 추진해왔다. 경제봉쇄의 주요내용으로는 대공산권 수출통제기구(COCOM)를 만들어서 공산국가의 군사력과 경제력을 강화시킬 수 있는 전략물자와 첨단기술의 수출을 금지시키고 사전승인 제도를 강화하였는데 서방진영 대부분이 이 기구의 통제를 받았다. 그리고 COCOM은 1970년대 이후 전략기술의 이전 통제로 그 중점을 변경시켰다. 그러나 COCOM은 냉전의 종식과 구소련을 포함한 동구 공산권의 몰락으로 그 존재의의가 없어지고 1993년 단일 유럽공동시장의 탄생과 모든 유럽국가간 무역장벽이 제거됨으로써 그 효력이 끝나게 되었다. 그 뒤 1996년에 네덜란드의 바세나르에 모여 바세나르 협정을 의결했다.

공산권에 대한 수출통제와 별도로 경제제재는 미국의 외교·안보정책에 순응하지 않는 국가에 대한 압력수단으로 많이 사용되었다. 물론 제재는 3가지의 의미가 있다. 첫째, 상대국가가 자국이 원하지 않는 행위를 하게 될 경우 이를 용납하지 않겠다는 의지의 표현이다. 둘째, 우방국에게는 자국의 정책에 순응하는 경우 지원을 받을 것이라는 신뢰성의 표현이다. 셋째, 자국민에게는 국가의 사활적 이익을 위해 정부가 반드시 행동한다는 의지의 표현이란 것이다.[20]

---

20) Gray Clyde Hufbauer and Jeffrey J. Schott, *Economic Sanctions in Support of Foreign Policy Goals*(Washington, D.C.: US Institute for International Economics, 1983), pp. 1-12.

경제제재에는 수출통제, 수입통제, 금융통제가 있는데 수출통제는 1979년 미국이 소련의 아프가니스탄 침공에 항의하여 곡물수출을 중단한 예에서 보듯 피제재국에 대한 수출을 금지하는 것인데 첨단기술의 수출규제, 무기수출금지, 상품수출금지 등이 포함된다. 수입통제는 1980년 미국의 소련에 대한 수입금지 등의 예가 있으나 별로 효과가 없는 것으로 알려져 있다. 왜냐하면, 피제재국이 대체시장을 쉽게 찾을 수 있고 제3국을 통한 수입이 가능하기 때문이다. 금융제재는 자국이 가진 타국의 금융자산을 동결하거나 원조를 중단하는 것이다.

미국의 경제제재는 시기는 다르지만 남북한 모두에게 적용된 사례가 있다. 북한은 1950년 한국전쟁 때부터 미국 내 자산을 동결당했다. 1994년 10월 미·북한 제네바합의 시에 북한의 핵시설동결과 해체를 조건으로 자산동결해제를 포함한 대북경제제재의 해제를 합의했다. 그러나 북한의 미사일 실험으로 중단되었고 북한의 핵실험 이후 경제제재는 더욱 강화되었다. 한국은 1975년 박정희 대통령의 주한미군철수에 따른 핵무기개발계획 천명 이후 프랑스로 부터 재처리시설을 도입하려고 시도했으나, 미국과 캐나다가 합동으로 금융제재를 시작하였다. 그 결과 한국 정부는 핵 개발계획을 공식적으로 포기했다.[21] 남북한이 공히 핵문제로 인해 미국의 경제제재에 관련되게 되었는데 안보외교목적을 달성하기 위한 경제전략, 경제정책은 그 정책목표가 분명할 때 그리고 피제재국의 크기가 작고 제재국과 동맹관계가 있을 때 성공가능성이 큰 것으로 나타나고 있다.[22]

한국이 안보외교목적을 달성하기 위하여 경제적 수단을 사용하는 것이 가능한가? 사실, 1990년대에 들어와 대소련 수교를 정상화하는 것과 대중국 외교를 가능케 한 것은 한국의 경제발전과 지원 능력이다. 그러

21) Young-sun Ha, *Nuclear Proliferation, World Order, and Korea*(Seoul: Seoul National University Press, 1983), pp. 127-128.

22) Daniel Drezner, *The Sanctions Paradox: Economic Statecraft and International Relations*(Cambridge: Cambridge Univ. Press, 1999).

나 대러시아, 대중국외교의 자산을 대북한 관계에 사용할만한 지렛대는 개발되지 못했다. 대북정책에 있어 구체적인 목적의 달성을 위해서 대중국, 대러시아 경제협력의 중단을 카드로 쓸 만한 지렛대는 없는 실정이다. 한편 우리의 직접적인 대북관계에 있어서는 북한의 군사적 위협을 감소시키기 위해 경제적 수단을 사용할 수 있는 가능성은 점점 증가하고 있다. 북한이 경제적위기에 처할수록, 한국의 안보외교 목적을 위해 한국과 우방국의 경제력을 북한에 대해서 활용할 수 있는 가능성은 점점 커진다고 할 수 있다. 다만 전략적인 고려하에서 대북 안보외교 목적을 분명하게 구체화하고 우리가 가진 경제력을 전략으로 연결시킬 때 그것이 가능해질 것이다.

3. 군사와 군비통제

사실 서구에서 군비통제가 국가전략의 한 부문으로 등장한 역사는 그리 오래되지 않았다. 동양에서는 「손자병법」의 모공편(謀攻)에 적과 싸우지 않고 승리하는 것이 최선의 승리요 그 다음 바람직한 승리란 적의 싸우려는 의지를 분쇄하는 것이라고 하고 있다.[23] 전쟁을 통하지 않고 적의 군사적 능력과 의도를 약화시키는 것이 바로 군비통제라고 볼 수 있다.[24] 국가와 국가 간에 협상을 통해서 신뢰를 구축하고 군비를 감축시킨 제도를 만든 것은 1970년대 유럽의 헬싱키프로세스가 그 시초라고 볼 수 있다.

미국은 2차 대전 이후 소련과 군비경쟁에서 이기기 위해 제로섬 게

---

23) 이종학 편역, 『손자병법』(서울: 박영사, 1987), p. 71.
24) 군비통제 조치 중에서 신뢰구축조치는 전쟁을 통해 정치적 목적을 달성하려는 의도(intentions)를 약화시키기 위해 투명성조치를 주요 내용으로 하고 군축조치는 상대방이 가진 군사적능력(capabilities)을 약화시키는 것을 주요 내용으로 한다.

임법칙에 의해 절대적인 안보를 추구했다. 소련도 마찬가지였다. 핵무기뿐만 아니라 재래식 무기경쟁에서도 마찬가지였다. 그러나 핵무기의 무한경쟁은 상호공멸을 초래할 수 있다는 자각을 가져왔고 냉전이 한창 진행 중이던 1970년대에 본격적인 핵무기 감축을 목표로 한 군비통제 협상을 시작했다.[25] 따라서 군비통제전략이 군사전략과 대등하게 국가전략의 일부로 등장한 것은 핵무기경쟁의 폐해를 자각한 때부터이다.

1985년 10월 소련의 고르바초프의 등장은 핵무기 감축을 위한 군비통제회담의 결실을 가져왔다. 그리고 냉전이 거의 끝나가던 1980년대 말에 미국의 국가안보전략문서는 군비통제전략을 국가전략(안보전략)의 4대 축 중의 하나로 인정하였다.[26]

군사전략과 군비통제전략의 상호 긴밀한 관계를 현실화한 대표적인 예로서 핵무기 폐기를 시도한 미국의 대소전략을 들 수 있다. 소련이 1970년대 말에 동구권에 수백 기의 SS-20미사일을 배치하기 시작하자 유럽의 동서관계는 악화되기 시작했다. 미국에서는 이에 대처하기 위하여 중거리 핵무기를 배치하는 등 대소 강경조치를 취해야 한다는 주장이 일기 시작했다. 미국은 소련의 SS-20미사일에 대응할 퍼싱-II 미사일을 유럽에 일부 배치하는 한편, 소련이 군축협상에 응할 의사가 있는지 여부를 타진하기 시작했다.

미국은 여기서 두 가지 전략구상을 가지고 있었던 것으로 알려져 있다. 만약 소련군이 군축협상에 응해올 경우 군축협상을 통해 중거리 핵무기 감축협정에 합의하고 상대적으로 적은 수의 미국의 중거리 핵무기와 소련의 많은 핵무기를 비대칭적으로 지구상에서 폐기한다는 것이었다. 소련이 응한다면 미국은 동서 간의 데탕트를 급진전시키며 중거

---

25) 구영록, "한국의 안보전략,"『국가전략』제1권 1호, 1995년 봄, 세종연구소, p. 88.
26) The White House(1991), p.14.

리 핵무기의 협상성과를 재래식 무기감축협상에도 파급시킨다는 것이었다. 그러나 만약에 소련이 중거리 핵무기 감축협상에 응해오지 않을 경우 퍼싱-II 미사일을 SS-20미사일과 균형을 이루도록 유럽전역(theater)에 배치하여 소련의 중거리 핵전력을 상쇄시킴은 물론, 소련의 대륙간 탄도탄(ICBM)을 무력화시킬 SDI(전략방위구상)를 추진하는 한편, 유럽의 냉전을 심화시키고 모든 재래식 전력면에서 군비경쟁을 가속화시키는 군사전략을 구사한다는 것이었다. 이 전략은 소위 양면전략(two track approach)이라고도 불린다. 군비경쟁의 가속화는 군사면에서 대소 우위를 달성하고 소련의 전반적인 경제력을 약화시켜 언젠가는 소련이 군비경쟁을 포기하지 않을 수 없도록 한다는 전략이었다.

미국은 처음에는 퍼싱-II 미사일의 배치와 더불어 군사전략을 구사하였으나 중간에 소련이 중거리 핵무기 감축협상에 응해오자 군비통제전략으로 전환하게 되었으며, 종국에는 군축협상으로 달성하려던 목표의 대부분을 달성하게 되었다. 이러한 중거리 핵무기폐기 협상의 결과 유럽에서는 사상 최초로 미ㆍ소 양국이 생산한 핵무기를 상대방의 입회하에 가장 침투성이 높은 사찰제도를 통해 폐기하고 확인하게 되었다. 즉, 군사적으로 적대국인 미ㆍ소 양국이 상대 측의 군인과 민간 전문가의 현장 입회하에 자신이 만든 무기를 스스로 폐기하게 된 것인데, 여기서 현장 사찰제도는 그 이후의 모든 군축조약에서 사찰규정의 모델이 되고 있다. 이러한 예에서 보듯이 군비통제와 국방 두 정책은 긴밀한 연계를 가질 때에만 더욱 힘을 발휘할 수 있게 되는 것이다.

외관상으로 볼 때 군사력의 건설을 근간으로 하는 군사전략과 궁극적으로 국방력의 감축을 목표로 하는 군비통제전략은 상호 양립할 수 없는 정책으로 보여질 수 있다. 그러나 이것은 형식적인 논리이며 보다 깊이 관찰해보면 군비통제와 군비건설 및 증강을 연결하는 매개변수가 존재하는 것인데 그것이 바로 적의 위협이라는 것이다. 적의 위협이 있기 때문에 군사력건설을 계속하는 것이며, 적의 위협이 있기 때문에 협상을 통해서 그것을 감소시키려고 하는 것이다. 따라서 군비통제든 증강이든 적의 위협을 중심으로 생각해본다면 두 개념은 밀접하게 연관되어 있음을 알 수가 있다.

군사전략을 달성하는 수단으로 군사력 건설의 정당성은 적의 위협과 미래에 예상되는 위협에서 나온다. 특히 군사력 건설에는 많은 시일이 소요됨으로 예상되는 위협도 중요한 변수가 된다. 그런데, 군사전략의 기본가정은 적의 군사적 위협이 계속증가하고 있다는 것이다. 특히 북한의 군사적 위협은 북한의 선군정치와 북한체제의 불변하는 대남적화전략의 산물이므로 이 전략은 대내외 정세의 변화에 상관없이 독립적으로 증가하고 있다고 가정한다. 이러한 기본 가정위에서 우리의 국방정책은 군사력에 대한 소요가 해마다 증가하는 점을 감안하여 매년 군사력건설을 증대시켜 나가고 있다.

그러나 군비통제입장에서 보면 북한의 군사위협은 항상 독립적으로 증가하는 독립변수가 아니라 주변안보정세나 남한의 정책, 그리고 북한내부의 정세변화 또는 북한의 동맹의 정책변화 등에 의하여 영향을 받는 종속변수라고 가정한다. 남북한의 군사력증강 추세가 상호의 정책변수에 의하여 영향을 받는다는 가설이 몇몇 연구에 의하여 입증된 바 있듯이,[27] 남북한 간의 군비경쟁은 상호의존관계에 있으며, 북한의 군사력 증강 결정자체도 주변 전략환경의 변화, 남한의 군비증강 및 군비통제정책, 북한내부의 경제사정, 국제적인 군비통제 추세 및 압력 등의 영향을 받고 있는 것이다.

따라서 군비통제는 북한의 군비증강결정이 남한의 정책선택 여하에 많은 영향을 받을 수밖에 없는 현실을 감안하고, 국제적인 안보환경의 변화와 국제적인 군비통제의 추세, 한반도 내의 분단구조의 건설적인 청산요구, 그리고 북한 내부정치, 경제사정을 총체적으로 고려하여 대화를 통해 북한의 군사적 위협을 감소시키려고 하는 군사전략과는 다

---

27) Tong Whan Park, "The Korean Arms Race: Implications in the International Politics of Northeast Asia," *Asian Survey*, Vol. 20, No. 6(June 1990), p. 654.

른 측면에서 군사전략의 목표를 달성하려고 하는 국가안보의 일환이라
고 볼 수 있다.

4. 외교와 군사

한 국가가 타국가를 평화적으로 설득하거나, 타국가와 협상을 통해
서 자국의 국가목표를 달성하게 된다면 즉, 외교에 의해서 국가목표를
달성하게 된다면, 군사력이 외교에 게재될 여지는 없다. 그러나 이 경
우에도 타 국가와 비교해서 군사력이 월등히 차이가 날 경우 평시 외교
에 있어 상대적으로 위축되게 마련이다.

한 국가가 군사적 목적을 달성하기 위해서 타국과 관계를 유지 발전
시켜 나가는 행위를 안보외교라고 말할 수 있다. 여기서 군사목적이란
적대적인 국가의 군사위협에 대응하여 국가의 생존을 보장하기 위해서
타국과의 관계를 유지 · 발전시켜 나간다는 것이다. 한편, 한 국가가 다
른 국가로 하여금 자국이 원하는 행위를 하도록 폭력, 즉 군사력의 사
용을 위협하거나 실제로 사용함으로써 국가의 의지를 관철시키는 행위
를 강압외교라고 부른다.[28]

실제로 전쟁을 통해서 국가목표를 달성하려고 하는 경우에는 전쟁도
발위협에 대해 적의 군사력의 사용을 거부하면서 우리의 막대한 군사
력을 구축하고 신속하게 사용함으로써 국가목표를 달성하게 된다. 미
국은 제2차 세계대전 이후 공산주의에 대항하기 위해 전 세계적 동맹
을 형성하고 소련과 지리적으로 근접한 중요 국가에 군대를 전진배치
시킴으로써 국가의 군사목표를 달성하려고 했다. 미국의 국익인 민주
주의 확산과 시장경제의 전파를 위해서 군사력이 뒷받침된 미국의 세

---

28) Alexander L. George, David K. Hall & William E. Simons, *The Limits of Coercive Diplomacy*(Boston: Little, Brown and Company, 1971), pp. 18-19.

력권을 형성한 것이다.

한국과 서독은 그 최전선이었으며 두 국가는 미국과 동맹을 결성하고 미군 주둔을 수용하였으며 상호방위조약을 체결하였다. 미국은 동맹국가들에게는 안보외교를, 미국과 우방의 이익을 군사적으로 위협하는 측에 대해서는 군사력의 우위에 근거한 억제정책을, 미국의 국익에 반한 분쟁을 조장하는 국가들에게는 강압외교를 구사해 왔다. 소련을 비롯한 군사적 위협국가에 대해서 핵억지와 재래식 억제, 그리고 전진 배치에 의한 인계철선(tripwire)정책을 사용했다. 그리고 1949년 베를린 위기 시에는 소련의 위협 중지를, 1990년 쿠웨이트를 침공한 이라크에 대해서는 원상회복을 요구하면서 강압외교를 전개하였다.

미국은 외교목적을 위한 군사력사용에는 소규모 힘의 과시로부터 보복공격, 국지전, 대규모 전면전에 이르기까지 다양한 수단을 사용하였다. 탈냉전 이후 국가 간의 관계가 '힘의 외교'에서 '협상을 통한 외교'로 전환되고 강대국 간 군사적 적대관계가 해소되고 화해와 협력을 선호하게 됨에 따라 전통적인 억지, 강압외교 등은 그 효율성이 감소하고 있다.

한국은 1953년 한국전쟁 종전 이후 북한의 군사위협에 대처하기 위해서 1953년 한미안보동맹을 결성했으며 한국전쟁 기간 중인 1950년 군사력 부족을 이유로 한국군에 대한 작전통제권을 UN군 사령관에게 이양했다. 그 이후 경제력에서나 군사력 면에서 열세를 면치 못한 한국은 선경제발전 후군사력발전 전략하에 안보는 미국에 의존하면서 경제발전에 전념해 왔다.

안보외교는 한미동맹을 유지·발전시키기 위한 목적하에 전개돼 왔다. 주한미군의 계속주둔을 확보하는 데 급급한 대미안보외교를 전개해 온 것이다. 따라서 독립국가라면 의당 갖추어야 할 군사부문에 대한 자율적인 결정권이 결여되어 있었던 것이다. 구체적인 예를 들면, 북한의 위협에 효과적으로 대응하는 데 필요한 적정 병력규모, 북한의 기습공격전략에 대응한 공격의 시기와 규모의 결정, 현존하는 북한의 위협과 미래 지역국가들로부터 오는 군사적 위협에 충분하게 대응할 수 있는 무기체계의 개발, 자국의 국가목표를 달성하기 위해 전쟁이냐 평화냐를 결정할 수 있는 권한이 부족한 실정이었다.

이는 한국에게 두 가지 안보딜레마를 갖게 했다.[29] 첫째 군사모험주의를 정책수단으로 택하고 있는 북한에 대해 우리의 억제정책이 신뢰성이 있는가 하는 것이다. 북한 지도자들은 1·21사태, 아웅산 사태, 천안함 사태 등 도발에 대해서 응징을 받아본 적이 없으므로 앞으로도 "응징·보복면제론"을 믿고 있을지도 모른다.(실제로 북한은 1994년 6월 핵위기때, 제재에는 '서울 불바다' 전쟁 위협발언을 하였고 그 후에도 UN의 제재에 대해 군사적으로 대응하겠다는 협박을 함으로써 한국과 미국, 국제사회에 대하여 협상의 지렛대로 활용해왔다.)

둘째, 국민의 우유부단한 전쟁관을 배태하게 했다. 외부의 군사위협이나 테러에 대해서 단호하게 대처하는 선례를 만들지 못함으로써 패배주의와 수동주의를 국민에게 만연시켰다. 그 결과 위기라는 말만 들어도 겁을 내는 국민이 생겨났다. 결국 국가목표를 위한 군사력의 자율적 사용을 의미하는 순수한 의미의 군사전략을 유보한 한미동맹의 유지만을 목표로 하는 한국의 대미 안보외교는 군사전략에 대한 활발한 토론과 정책개발을 저해해 왔다고 할 수 있다. 따라서 국가이익과 국가목표달성을 위한 외교와 군사의 관계 재정립이 필요한 실정이다.

5. 소결

국가전략을 구성하는 부문별 전략은 정치, 외교, 경제, 군사, 군비통제 등이 있는데 이들 부문별 전략은 국가이익 및 국가목표와 상호관련성을 지니고 있다. 경제와 군사는 예로부터 국가의 이상적인 목표를 상

---

29) 황병무, 『문민시대의 안보론』(서울:공보처, 1993.6), pp. 12-13.

징하는 부국강병(富國強兵)을 떠받치는 두 지주였다. 오늘날 경제와 군사의 연결을 더욱 강하게 해주는 전략적인 분야는 바로 기술진보이다. 군사와 군비통제는 외견상 상호 모순되는 것같이 보이지만 상대국가의 군사적 위협을 해소하기 위한 한 방편이다. 외교와 경제는 크게는 국가이익을 위해 상호 협력하는 관계에 있으며 경제력이 커지게 될 때에 외교목표를 위해서 수많은 경제정책수단이 사용되어질 수 있다. 그리고 외교와 군사는 국가의 생존과 번영의 조건을 마련해 주기 위해 상호 협력해야 하지만 선택여하에 따라 외교, 군사외교, 강압외교, 전쟁 등의 수단을 가질 수 있다. 21세기 초 미국의 일방적인 군사력 사용 이후 외교 · 민주적 가치 · 문화를 중시하는 연성권력(Soft Power) 개념이 등장했으므로 외교의 기술과 능력이 더욱 중시되게 되었다.

결론적으로 중요한 것은 시대와 전략상황에 따라 변천하는 국가이익과 목표를 효과적으로 달성하기 위해서는 그 시대 그 상황에 가장 효과적인 부문별 전략이 있을 수 있고 부문별 전략의 우선순위를 바꿀 수 있어야 한다는 것이다. 또한 한 부문의 전략이 다른 부문의 전략보다 우위를 계속 필요하게 될 경우 부작용이 생기게 됨을 관찰하였다. 따라서 중요한 것은 어느 시기, 어느 상황에 어떤 부문의 전략을 우선시하며, 어떤 부문의 전략과 결합하여 사용할 것인가가 대단히 중요한 문제가 되고 있다.

IV. 국가전략의 우선순위

국가전략의 부문별 전략의 우선순위는 어떻게 결정되며 왜 변화하는가? 본 절에서는 보다 구체적으로 국가의 부문별 전략 간 우선순위를 결정짓는 요인과 전략의 변화요인을 설명하기로 한다.

1. 부문별 전략의 우선순위 결정요인

1) 국가 최고 지도자(대통령)의 비전

기업의 회장이 회사의 목표와 가치관을 기업 내 전 직원과 적절하게 소통하고 목표달성을 위해 기업의 자원을 동원, 조직화, 조정 · 통제하며 사용해 나가도록 지시하는 것처럼 국가의 대통령도 국가목표를 달성하기 위해 국가에 대한 비전을 국민과 소통하고 국가의 인적 · 물적 자원을 동원, 조직화, 조정 · 통제, 사용해 나가는 방법을 제시한다.[30]

국가의 대통령은 적어도 몇십 년 앞을 내다보는 장기 전략을 제시한다. 물론 장기전략 속에는 정치, 경제, 군사, 외교, 군비통제에 관한 부문별 전략의 우선순위가 매겨져 있고 대통령의 국가에 대한 비전을 실현시킬 수 있도록 부문별 전략은 통합적이고 체계적인 국가전략 속에 논리적으로 배열된다.

각부 장관은 대통령이 제시한 국가전략을 집행할 수 있도록 보좌하는 바, 대통령의 임기 중에 달성할 수 있는 사항에 관해서는 각 부처에서 중기계획(3~5년)을 수립할 수 있고, 대통령의 임기를 벗어난 장기적인 목표에 대해서는 각 부처에 맞는 연구개발계획을 세워 놓을 수 있다. 그리고 각 부처의 실무책임부서는 중기계획을 달성하기 위한 구체적인 정책을 개발하며 하위부서는 1년에 걸친 행동계획과 집행, 당면한 문제해결을 위해 노력한다. 그러나 각부 장관의 임기가 너무 짧을 경우 대통령의 부문별 전략을 달성할 수 있는 중기계획을 일관성 있게 수립. 추진할 수 없으며 다만 단기계획과 정책집행에 몰두할 수 있을 뿐이다.

대통령 중심제하에서는 각 부처의 부문별 전략의 일관성이나 전체적 통일성을 유지하는 책임은 최종적으로 대통령에게 있지만 한국과 같은 경우 대통령의 전략기획단계에서는 대통령을 보좌하는 경제수석,

---

30) Paul Bracken, *Strategic Planning for National Security: Lessons from Business Experience*(US: RAND, 1990), pp. 1-5.

외교안보수석, 정책기획수석 등에게 대전략 개발의 책임이 지워지고, 각 부문별 국정의 1차적 조정책임은 국무총리에게 있다. 따라서 대통령이 국가의 당면문제를 파악하고 그것을 해결하면서 미래의 국가방향을 제시할 때 부문별 전략의 우선순위는 이미 결정되기 때문에, 대통령 비서실의 경제, 외교안보, 정책기획수석 등이 매우 중요한 위치에 있다고 하겠다.

2) 국회와 국민의 요구

국가는 다양한 계층과 이익단체로 구성되기 때문에 대통령이 국가전략을 제시하고, 그를 집행하기 위한 부문별 전략은 각 부처에서 제시된다고 하더라고 국민의 대표가 모인 국회에서 부문별 전략의 우선순위와 정책이 논의되고 재조정된다. 물론 국회는 논의과정에서 국민의 요구를 수렴한다. 국회가 국민의 각양각색의 요구를 수렴하여 국정을 논의하는 중에 대통령과 정부가 정한 부문별 국가전략과 정책의 우선순위가 바뀔 수 있다.

그러나 국회의 기능이 정상화되지 않으면 아무리 민주국가라 할지라도 대통령이 정한 국가전략을 견제하고 수정할 수 있는 기회가 없다. 사실상 국가전략의 집행 이후 몇 년이 경과된 후 누적된 문제에 대한 국민의 불만이 선거를 통해서 나타날 뿐이다. 특히, 국정의 이슈에 대해서 여야가 사사건건 대립하고 국론을 양분화시키면 국민의 다양한 의견을 반영하거나 국론을 통합시킬 수 없게 되는 것이다. 이럴 경우 국민의 여론을 국가전략의 우선순위 매김에 제대로 반영할 수 없게 될 것이다.

3) 다른 나라의 요구

강대국이 약소국에 대한 영향력을 행사함에 있어 다양한 전략과 정책수단을 사용함을 앞에서 설명하였다. 사실 한국과 같은 지정학적 위치에 있는 국가들은 강대국의 영향력이 너무 세기 때문에 정부가 합리적 의사결정이나 관료정치모형을 거친 안보정책결정을 하였다고 하더라도 한미양국의 안보관계상 미국의 전략과 정책변화에 크게 영향을 받지 않을 수 없다. 따라서 미국의 한국에 대한 요구는 전략의 우선순위 결정에 큰 영향을 미치게 됨을 부인할 수 없다.

4) 자원의 가용성

대전략이 국가의 인적·물적 자원을 사용하여 국가목표를 달성하는 것이라면 국가의 인적·물적 자원이 얼마나 가용한가는 국가의 부문별 전략의 우선순위 결정에 크게 영향을 미친다. 전략수립에 있어 가용한 자원이 얼마나 있는가 파악하는 것은 최우선 과제이다. 그리고 전략은 국가가 제일 자신 있는 것을 더 잘하려고 하며 제일 중요한 것을 먼저 하는 속성이 있으므로 부문별 전략의 우선순위를 결정함에 있어 인적·물적 자원이 풍부한 부문의 전략이 우선적으로 주목을 받게 된다.

앞에서 설명한 바와 같이 한국은 과거 50년 동안 경제발전 우선전략에 치중한 결과 국가의 우수한 인재와 자원이 경제 부문에 집중되게 되었다. 경제부문이 국가전략상 최고 우선순위를 점하게 되면서 그 전략을 이용하는 이익집단이 생기게 되었으므로 대통령이라고 할지라도 쉽게 전략의 우선순위를 바꿀 수 없을 것이다. 경제우선전략은 1997년 외환위기 이후 계속되었으며, 2008년 세계적 금융위기 이후 다시 주목을 받게 되었다.

5) 환경적 요인

전략은 국가목표와 환경의 변증법적 대화과정에서 생기는 것이므로 국가가 처한 국제환경과 국내환경은 전략의 우선순위 결정에 큰 영향을 미친다. 북한의 군사위협이 실재하는 한반도에서는 군사전략이 경제발전전략과 똑같이 그 중요성을 지녀왔다. 미국도 냉전시대에는 경제와 함께 군사의 중요성을 강조해 왔다. 탈냉전 이후 미국은 경제력 성장을 위한 과학기술의 경쟁력 배양에 국가전략의 최우선순위를 두게 되었다.

탈냉전 이후 세계에서는 종래의 억지와 절대안보에 바탕한 군사전략보다는 협력과 대화를 통한 군비통제전략이 우선시되고 있다. 한반도에서는 북한의 위협이 불변하고 있으므로 군사전략이 군비통제전략보다 우선시되지만, 만약 미-북한 관계가 개선되고 북한이 비핵화에 합의한다면 군비통제전략이 군사전략보다 우위에 놓이게 될 것이다.

2. 전략의 변화요인

전략의 변화요인은 크게 보아 국제적 요인, 국내적 요인, 전략의 수행결과 등으로 구분해 볼 수 있다.

1) 국제적 요인

(1) 전략환경의 변화

전략은 국가이익과 환경을 상호 관련시키는 데서 나온다. 환경을 무시한다면 전략이 생길 수 없다. 일단 주어진 환경을 최대한 활용하여 국가목표를 달성하는 것이 전략이지만 전략은 환경 자체를 변화시키는 것을 목표로 할 수도 있다.[31] 주어진 환경이 우리의 국익추구에 불리할 때 환경의 변화를 도모할 수밖에 없는 것이다.

아무래도 국제질서에서 한 국가의 역할이 중심적이고 지도적이냐 혹은 주변적이고 추종적이냐에 따라 국가전략도 영향을 받을 수밖에 없다. 즉, 중심적 국가의 국가전략은 대외 팽창적이며 독립적이고 공격적

---

31) 이명박 정부는 한국의 국가전략목표를 성숙한 세계국가 〈글로벌코리아〉로 정하고 세계화시대에 한국의 국격과 위상을 제고함으로써 국제환경을 한국에 유리하게 조성하고자 노력하고 있다.

<그림 1〉 전략의 변화 요인

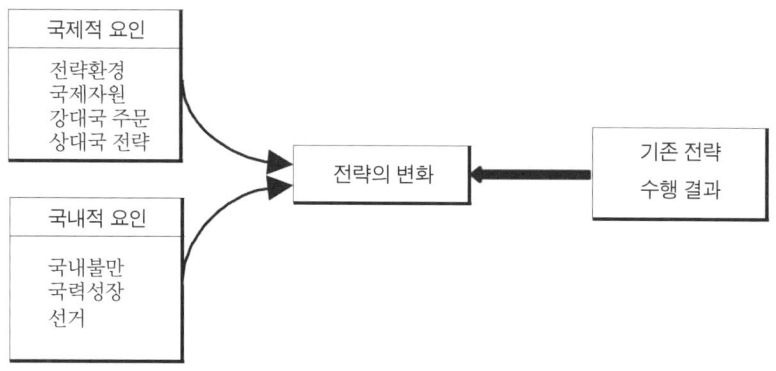

인 반면 주변적 국가의 국가전략은 대외 의존적이며 대내 지향적이고 수세적인 성격을 띠게 마련이다.[32]

따라서 전략의 취약성은 중심적인 국가의 경우 대개 내적인 문제에서 비롯되며, 주변적 국가의 경우 중심국가의 전략과 정책변화에 의한 환경변화에 민감한 영향을 받는다. 중심국가의 경우는 국가능력의 쇠퇴, 중심국가가 구성한 동맹체로부터 소속국가가 이탈하는 경우 국가전략의 변화에 큰 영향을 준다. 주변 국가는 중심국가의 전략과 정책변화의 정도가 클수록 전략을 변화시킬 필요성을 느낀다. 1970년대 초반 미국과 중공의 관계가 개선될 때 남북한 공히 환경변화에 적응하기 위해서 7·4 남북공동성명을 합의하고 남한은 경제와 걸맞은 자주국방전략을 채택하게 되었고 북한도 대중공 의존에서 독자노선을 걷는 등 전략의 우선순위 변화를 도모하게 되었다.

---

32) 노무현 대통령은 한국이 지금까지 동북아의 변방에 있었으나 이제는 중심이 되어야 한다고 역설한 바 있다. 노무현 대통령 취임연설, 2003. 2. 25.

(2) 자원의 변화

전략은 환경과 자원의 연결방법이라고 할 수 있으므로 국내, 국제적 자원이 변동하면 전략의 우선순위도 변하게 마련이다. 1973년 오일쇼크, 1979년 제2차 오일쇼크로 자원이 없는 쪽과 있는 쪽의 대결이 심각해지고 없는 쪽은 국내, 국제경제전략에 일대변화를 가하지 않으면 안 되었다. 오일을 무기로 석유수출국기구(OPEC)가 조직되어 국제사회에서 영향력을 증가시키게 되자 각국은 이에 대응할 수밖에 없었다. 오일 쇼크는 부존자원이 별로 없던 일본의 에너지 절약형 자동차 제품이 단연 미국시장을 석권하게 되는 계기를 가져왔다. 미국 같은 에너지 자원이 풍부하고 면적도 거대한 국가에서조차 일반 소비자들이 에너지 소모형인 미국산 대형자동차보다는 에너지 절약형 일본제 자동차를 선호하게 된 것이었다. 따라서 미국 자동차회사는 도산의 위기에서 대형자동차보다는 에너지 절약형 자동차생산을 시작했다. 자원의 변화는 기존 정책의 우선순위와 전략을 변경시킬 뿐 아니라 국력과 영향력의 상대적 크기에 큰 영향을 미친다.

(3) 강대국의 주문

강대국과 동맹을 맺고 있는 약소국은 강대국의 주문에 의해서 특히 안보외교전략을 갑자기 수정해야 할 경우가 발생한다. 1992년 남북한 기본합의서 채택 이후 남북관계의 개선이 전망되었으나 미국이 북한 핵문제가 우선 해결되지 않으면 남북관계개선을 하지 말 것을 주문하여 한국 정부는 부득이 핵과 남북관계개선을 연계시켜야 했다. 대북정책보다는 대미정책이 우선순위를 갖게 된 것이다. 그러나 노무현 정부에서는 남북관계 개선을 중점적으로 추진함에 따라 대북정책이 대미정책보다 우선하게 되었다. 김대중 정부와 노무현 정부의 대북정책우선이 바람직한 결과를 낳지 못함에 따라 이명박 정부는 다시 대미정책을 대북정책보다 우선시하고 있다.

(4) 상대국가의 전략과 정책의 변화

미국은 1980년대 누적되는 쌍둥이 적자로 경제 재정난에 봉착하자, 미국은 국내 산업을 회생시키기 위해 일본과 한국의 전자제품 수출을 제한시키기 위해 덤핑 제소와 관세인상을 시도했다. 일본은 빠르게 수출전략을 전환하여 미국내 직접투자를 증가시키고, 동남아 각국에 대한 해외투자를 증대시킴으로써 동남아제품으로 하여금 미국의 시장에 접근하는 우회 전략을 채택했으며, 일본내 각 기업체간 생산쿼터를 재조정함으로써 과다생산을 저지함은 물론 일본의 통산성이 시장에 개입함으로써 오히려 제한조치를 취한 미국이 이익을 보기보다는 일본의 산업이 독점적인 이익을 누리도록 전략을 전환하였다. 그리고 미국 시장에서 반덤핑에 의해 제소된 일본의 기업들을 살리기 위해서 일본은 미국 내 각 연구소의 유명 경제학자들에게 연구기금을 제공하여 일본의 상품이 우수하고 가격 면에서 저렴할 수밖에 없다는 이유를 개발하여 미국 기업과 정부의 논리에 정면공격을 개시하였다. 이는 한국의 국내 기업이 미국의 덤핑제소에 아무런 전략의 변화 없이 정부에 의존하여 정부로 하여금 미국정부를 설득케 하는 외에 별다른 대응을 하지 못한 것과 너무나 대조되는 일이다. 따라서 상대국의 전략과 정책의 변화는 전략의 우선순위변화에 큰 영향을 미친다.

2) 국내적 요인

(1) 국내 문제점의 누적으로 인해 국민의 요구가 폭발할 때

국가전략의 우선순위가 오랫동안 고정되어 있을 때 다른 국정분야에 문제점이 누적되기 시작한다. 특히 독재정권하에서는 기존 전략의 추구가 성과보다는 문제점을 누적시킨다고 인지하더라도 집권층은 기존 전략을 고수하기 십상이다. 하지만 기존전략이 문제점을 누적시키고 악영향만 나타낼 때 다른 대체세력이 혁명, 쿠데타를 통해 지도자를 교체하고 새로운 지도자가 등장하여, 새로운 전략을 제시한다. 한국에서

1960년의 4·19와 1961년의 5·16은 이에 해당한다.

(2) 국력의 성장

아무래도 국력이 성장함에 따라 국가가 선택할 수 있는 전략의 폭은 커진다. 한국이 세계 10위권 내의 경제대국으로 성장함에 따라 이제는 지금까지 경시되어왔던 정치민주화, 사회적 복지, 군사주권의 회복 등을 추구할 수 있는 여유가 생겼다. 따라서 국력이 부강해지면 국가전략의 우선순위는 변하게 된다.

(3) 선거에 의한 정권 교체

위에서 국가전략의 우선순위를 결정하는 요인 중에서 가장 중요한 것이 국가 최고지도자의 국가의 미래에 대한 비전이라고 하였다. 민주국가에서는 그 지도자의 비전과 문제해결능력을 보고 선거에 의해서 지도자를 선출한다. 만약 선출된 지도자가 임기 동안에 국가전략을 설정하고 국가목표달성을 위해 노력했지만 국가목표설정을 잘못했거나 국가전략을 잘못 세워서 인적, 물적 자원을 낭비할 뿐 아니라 국가목표를 달성하지 못했을 경우, 또는 국가목표와 국가전략이 옳았다 할지라도 국가이익을 증진시키는 데 실패했을 경우 다음 선거에 지게 된다. 그러면 선거에서 이긴 새 지도자는 새로운 국가전략을 제시하게 되는 것이다. 예를 들면, 김대중 정부는 그 이전의 보수정권의 대북정책을 완전 무시하고 햇볕정책이란 새로운 대북정책을 제시했다. 노무현 정부는 햇볕정책을 계승했다. 햇볕정책 10년의 결과 북한은 핵무기 개발을 포기하기는 커녕 가속화시켰다. 이명박 정부는 햇볕정책을 폐기하고, 비핵·개방 3000이란 대북강경정책을 선택했다. 여기서 보듯이 대통령선거를 통해 새로운 지도자가 등장하면 새로운 대북정책과 비전을 제시하게 된다.

3) 기존전략의 수행결과

기존전략이 목표하는 바가 달성되지 않거나 목표달성의 정도가 만족스럽지 못할 때 전략의 수정문제가 발생하게 된다. 미국의 대북한 핵정책 추진에 있어서 클린턴 행정부와 조지. W. 부시 행정부의 급격한 정책전환과 대북한 전략의 변경은 이를 극명하게 보여준다. 핵문제와 전반적 남북관계개선의 연계를 주장한 클린턴 행정부의 전략과, 북한 핵의 검증가능하고 불가역적이며 완전한 폐기를 추구한 부시 행정부의 전략은 너무나 달랐다. 클린턴 행정부는 미국의 대북한 봉쇄전략을 개입전략으로 수정한 장본인이다. 클린턴 행정부의 대북전략이 북한의 핵무기개발을 중지시키기지 못했기 때문에, 부시 행정부는 대북한 전략을 수정하게 되었으며 이는 한국의 대북전략에도 큰 영향을 미쳤다.

4) 소결론

이상에서 본 바와 같이 국가전략의 변화요인은 국제적 요인, 국내적 요인, 전략수행결과의 환류 등이 있다. 따라서 이러한 요인들은 한 국가의 전략이 어떻게 변화할지에 대한 예측의 기준으로 적용될 수 있을 뿐만 아니라 한 국가의 대전략이 올바로 수립되었는지에 대한 평가의 기준으로도 적용될 수 있는 것이다.

V. 한국 국가안보전략의 현주소와 개선책

1. 한국 국가전략의 현주소

1) 국가전략의 불균형성(Imbalance)

한국전쟁 이후 60년간 한국에서는 안보는 미국에 의존하고 경제발전만 이룩하면 된다는 국가전략이 국가지도자들의 생각을 대체로 지배해 왔다. 즉 정치, 외교, 군사, 군비통제 등 많은 부문의 전략의 목표를 희생하면서 국가의 대부분 자원을 경제발전전략에 사용해 온 것이다. 불균형 국가성장의 결과, 군사분야의 소프트웨어 개발과 첨단무기의 자립화에 기여하지 못했다. 경제성장과정에서 인권과 소득분배 문제가 도외시되었다. 외교도 경제의 안정적 성장을 위한 대미안보외교와 대북한 경쟁외교에 치중해 왔다. 거의 모든 국가가 탈냉전과 세계화로 가고 있는 국제환경에서 불균형적인 국가전략을 재검토해야 할 필요가 있다. 김대중 정부와 노무현 정부는 남북관계개선을 국정의 최고 우선순위에 놓고 국가전략의 불균형성을 극복하고자 하였다. 그러나 세계경제위기와 북한의 핵실험 이후 많은 문제점이 노정되어 이명박 정부에서 다시 경제중시와 대미안보전략으로 회귀하고 있다. 이제 장기적인 안목에서 국가전략의 균형성을 생각해 볼 필요가 있다.

2) 국가전략의 수동성(Passivity)

강대국 사이에 놓인 지정학적 위치와 냉전기 미국을 주도로 하는 자유진영에 소속되어 있음으로써 한국의 전략기획은 강대국의 전략과 북한의 전략을 먼저 분석한 다음 그에 대응하는 방법을 찾는다는 특징을 보여 왔다. 즉 강대국과 북한은 항상 우리의 입지를 좁히는 제약조건이었으며 그들의 전략은 독립변수로 항상 주어져 있고 그 범위 내에서 우리의 국익을 최대화하는 방법을 모색하는 국가전략 방식을 취해왔다. 그래서 한국의 전략은 상대국가가 먼저 움직여야 그에 대응하여 움직이는 대응적이며 수동적인(responsive and reactive) 특성을 지녀왔다. 거의 모든 국가전략문서나 정책연구보고서는 주변강대국의 정세변화, 북한의 정세변화를 먼저 분석하고 그에 대응하는 방법을 기술하고 있음을 발견할 수 있다. 실제로 어떤 외교관은 강대국 사이에서 한국이 해야 하고 할 수 있는 일은 강대국들의 전략과 정책에 잘 맞춰(fine-tuning) 살아가는 길밖에 없다고 했다.

　국제정치 경제 질서가 만국의 만국에 대한 경쟁관계로 특징지어지고 있으며 경제와 정보기술우위가 국력의 가장 중요한 요소로 등장함에 따라 이제 주변국의 전략과 정책에 수동적으로 움직이기만 한다면 영원한 2등을 면할 수 없다. 이는 다른 나라의 전략과 정책을 바꾸어서라도 국익을 확보해야 하는 현대에 맞지 않는 전략적 자세이다.

3) 고정불변성

　전략은 고정불변해야 한다는 인식이 있다. 한국인의 국익관에도 '어찌 국가를 위기로부터 구해준 미국이 싫어하는 것을 우리가 할 수 있겠느냐'하는 의리관이나 은혜관이 크게 영향을 미치고 있음을 구영록 교수는 지적했지만,[33] 유교적 지조론이 영향을 미쳐서 그런지 몰라도, 국가가 전략의 방향을 자주 바꿀 수 있는가 하고 의문을 가진 국민이 많다. 정부가 기존정책을 조금만 변경시키려고 하여도 일관성이 없다는 비판을 받기 일쑤다. 국가 전체적으로 볼 때 북한의 위협이 불변하는 한, 안보는 미국에 의존하면서 경제발전에만 전념한다는 전략적 사고가 지배적이다.

　오늘날같이 전략환경의 변화가 신속하고 변화의 규모가 질적인 면에서나 양적인 면에서 거대함에도 불구하고 전략의 수정여부를 검토하는 것이 터부시되고 있는 것이 현실이다. 이처럼 전략은 고정불변해야 한다는 생각도 금물이지만 전략이 없어서 가만히 있는 것은 더군다나 안 될 일이다. 환경이 급변하고 있고 국가이익도 시대적 환경과 공간의 변화에 따라 변하는 것이기 때문에 과거에 잘 세운 전략이라고 하더라도 다시 한 번 문제점을 분석하고 현시대에 맞는 것인지 재검토해 보아서 수정의 필요성이 있으면 즉각 수정하여야 한다.

---

33) 구영록, 앞의 책, pp. 45-49.

4) 내부지향성

외국의 전문가들 중에 한국은 자기발전 즉 경제성장에만 관심 있지 국제사회에 대해서는 관심도 없고 타국가에 대해서 영향력도 없는 나라라는 비판이 있다.[34] 영국의 부잔(Buzan) 교수는 한국이 19세기에는 은둔의 나라였으며, 20세기 초반에는 중국과 일본의 패권경쟁에 샌드위치가 되어 희생당한 나라였으며, 2차 대전 이후에는 미국의 동맹국과 피보호자로서 생존해왔으면서도 자국의 경제발전 외에 외부에 대한 관심과 정책, 영향력이 없는 나라라는 인상(image)이 지배적이 되었다고 한다.

한국인들은 일본인을 보고 경제적 동물, 국가이익만을 추구하는 나라라고 비판하고, 일본이 국제적으로 역할을 증대시키면 식민주의에 대한 반성도 하지 않고 국제적인 영향력만 강화시키려고 한다고 비판하곤 하는데, 정작 한국은 수출증대, 경제성장에만 관심이 있지 그 외의 국제적 문제에 대해서는 관심이 없는 나라라고 인식되고 있다는 것이다. 1988년 서울올림픽, 그 이후 북방외교, 1995년 덴마크 사회개발정상회담, APEC 정상회담, UN 등에서 지역적, 국제적 문제에 대해 관심을 갖고 이제야 국제적 참여가 시작되고 있지만 아직도 일정 수준에 도달하려면 요원한 실정이다. 그동안 국가지도자가 국가목표와 전략을 내부문제 해결에만 쏟아온 결과이겠지만 몇 가지 예를 들면 내부지향성은 너무 심각하다.

세계 10위권의 경제대국이면서 2005년 현재, 국제기구에 근무하는 한국인은 세계은행 전체 8천여 명 직원 중에서 0.1%에 못 미치는 34명, UN본부가 있는 사무국직원 4,900명 중 한국인은 40명 이하로, 2010년

---

34) Barry Buzan, "New World Order and Changing Concepts of National Security: Implications for the Security Planning of Middle Powers," A Paper presented in the International Seminar on *Fifty Years of National Independence of Korea* sponsored by the Korean Association of International Studies, June 16-17, 1995, pp. 20-23.

5월 현재 한국인이 진출해 있는 국제기구는 50개 기구에 343명이며 국장급 이상 고위직은 36명에 불과하다.[35] 2010년 UN에 한국 정부가 내는 분담금은 세계11위(2.26%)를 기록하고 있음에도 불구하고 UN에 근무하는 한국인은 너무 적다. 북한 핵문제가 1990년대 전반을 떠들썩하게 했으나 세계평화와 안전에 이바지하기 위해 비핵선언을 한 유일한 나라, 원자력 에너지 생산국으로서 세계 5위지만,[36] 정작 IAEA에서 한국의 국익을 반영할 수 있는 상근직원은 단 23명밖에 안 된다. 이러한 현실은 한국의 대외전략 수행과 성공적 수행에 차질을 야기한다. 이제 국제사회로 눈을 돌릴 때가 되었다.

5) 부문별 국가전략 상호간의 무연계성

앞에서 부문별 국가전략의 상호연관성에 대해서 설명하였듯이 한국의 국가전략은 부문별 전략 간 상호연계성이 부족하다. 대외관계에서 정치적 측면의 국가이익 즉 민주화를 촉진하고 확산시키기 위해서 군사적 또는 경제적 전략이나 정책을 사용해본 경험이 거의 없다. 또한 군사적 측면의 국가이익을 성취하기 위해서 경제 또는 외교적 전략과 정책을 다양하게 사용해 본 경험이 일천하다. 통일이라는 국가이익을 실현하기 위해서 외교, 군사, 군비통제, 경제적 측면에서 전략과 정책을 긴밀하게 뒷받침해 본 경험도 부족하다.

분야별 국가전략 간 상호협력은 물론이거니와 각 분야별 긴밀한 연계를 활용하는 정책대안의 개발도 부족하였다. 경제발전전략에 치중하였으나 첨단기술산업의 민군겸용 목적을 위한 연구개발의 제도화가 부족하였고 이 부분에 대한 지도자의 비전이나 기업가의 헌신적인 노력도 결여되어 있었다. 대북관계에 있어서도 우리의 탁월한 경제력과

---

35) 외교통상부, http://www.mofat.go.kr/opening/nationalassembly/public/index.jsp(검색일: 2010년 6월 29일).
36) 국제에너지기구, http://www.iea.org/textbase/nppdf/free/2007/key_State_2007.pdf(검색일: 2010년 6월 29일).

외교력을 충분히 발휘하여 궁극적으로 통일에 이르게 할, 일관성 있고 체계적인 정책대안 개발이 부족했다. 그래서 경제력에 있어 북한의 40배나 되면서도 왜 북한에 대해서 힘을 제대로 못쓰는가 하는 의문도 생기게 되었다. 대북한 군사관계에 있어서도 뛰어난 경제력을 군사력으로 전환시킴으로써 전략에서나 전투력에 있어서 북한을 능가할 수 있는 상황임에도 불구하고 그러지 못하고 있다. 그 이유는 특정 정책의 선택이 국익을 확보하기 위한 장기적인 전략구상하에 나온 것이 아니고 즉흥적으로 나왔다는 반증이기도 하다. 따라서 한국의 국가전략에서 부문별 국가전략 상호간에 긴밀한 연계성을 향상시켜야 할 것이다.

2. 한국적 국가전략의 발전방향

1) 잘하던 것을 더 잘하자

지금까지 경제발전우선전략이 타분야전략을 희생하면서 달성되었음을 누누히 지적하였다. 따라서 그러한 전략적 착오는 시정하면서 지속적인 경제성장이 가능할 수 있도록 경제 각 분야에 적합한 전문 인재를 육성하고 무엇보다도 첨단과학기술의 국산화노력을 계속해 나가야 할 것이다. 국방이나 외교, 정치적 측면의 국가이익을 무시한 경제발전이 아니라 대기업에서는 첨단군사기술의 자립화를 위해 민군겸용기술개발을 지원하고, 외국의 무역규제에 대해서 정부에 의존하지 않고 기업체 간 공동노력을 통해 효과적인 대응전략을 개발함으로써 잘 대처해 나가도록 해야 할 것이다. 한 가지 경제정책을 채택하더라도 장기적인 관점에서 총체적인 국가이익을 확보할 수 있도록 그것이 국가이익의 제분야에 미치는 영향을 다각적으로 분석하고 활용하기 위한 활발한 국정토론을 전개해 나가야 할 것이다. 한 가지 예를 들면 해외 파병 시 국가의 경제적 이익도 확보할 수 있는 방안을 처음부터 고려에 넣어야 한다는 것이다.

이제 경제부문에서도 경제와 군사, 경제와 외교, 경제와 군비통제, 경제와 민주화, 경제와 통일의 상호연계성에 정통한 전문가를 스스로 육성해내고 관련분야로 진출할 수 있도록 노력을 기울여야 한다. 그리고 우리의 성공적인 경제발전의 경험을 개발도상국과 후진국에게 전파함으로써 우리의 외교적 자산으로 삼을 수 있도록 해야 할 것이다.

2) 외교안보분야의 통합된 국가전략을 만들자

1960년대부터 경제분야에서 각 부처의 이해를 조정하여 국가의 경제발전을 지속적으로 달성할 수 있는 통일된 전략문서가 나온 적이 있음을 지적하였다. 그러나 외교안보분야에서는 미국의 백악관에서 발간하는 통일된 안보전략 문서와 같은 전략문서가 출간된 적이 없다. 4강에 둘러싸여 있고, 북한의 위협에 직면하여 국가의 생존과 안보가 최고의 국가이익이 되어온 한국에서, 대통령의 안보분야 비전을 반영할 수 있도록 정부 각 부처 외교안보분야의 이해를 조정하고 정책을 집행할 수 있는 안보전략문서가 없다는 것은 문제다.

필자를 비롯한 적지 않은 전문가들이 이것이 문제임을 지적한 결과, 2004년 3월 노무현 정부에서 『참여정부의 안보정책구상』이 출간되었다. 그러나 이것은 외교와 국방, 남북관계 등에 대해서 정책 구상을 나열하고 있을 뿐 통일된 국가안보전략으로 보기에는 부족함이 지적되었다. 안보보좌관실은 외교, 경제, 국방, 정보, 통일 등 관련부처의 업무를 조정 주도해 나갈 수 있는 통일된 국가안보전략문서를 계속 발간해야 할 것이다. 아울러 안보보좌관의 지휘하에 군비통제업무, 대북한 업무를 전담할 수 있는 비서관실을 각각 증편해야 할 것이다.

3) 적극적 환경조성 전략을 수립하자

동북아에서 10년 후 전략환경을 염두에 두면서 우리의 국가이익을 지속적으로 확보하기 위해 주변 국가들을 어떤 식으로 유도해 나갈 것인가? 지금까지 너무 내부문제에만 집착했던 전략적 사고를 외부로 돌리면서 각 국가들에 대해서 적극적으로 개입, 설득, 조장해 나가는 전략을 제시하고 구사해 나가야 할 것이다. 향후 10년 내에 통일을 달성하기 위해서 주변국에 대한 외교안보전략은 무엇이어야 하며 주변국의 태도와 정책을 어떻게 바꾸어 나갈 것인가에 중지를 모아야 한다.

한반도 통일 이후 미국의 한반도내에서 역할을 인정하면서 그 대가로 한반도의 한국중심통일에 대한 미국의 지지를 확보하고 중국과 일본 간의 지역 헤게모니 경쟁을 지양시키고, 역내군비경쟁 드라이브를 군비감소로 바꾸어 나가는 작업을 지금부터 해 나가야 할 것이다. 그러한 테두리 내에서 남북한의 군비통제도 접근해 나가야 한다. 한반도 비핵화가 부분최적화(sub-optimization)가 되지 않도록 한반도의 비핵화를 지역비핵화로 발전시켜 나가면서 핵분야에서 투명성 증대, 신뢰증진, 위기방지 등을 통해서 동북아 핵군축으로 확산시키고 재래식 분야에서도 동북아의 안정과 평화조건의 창출을 위한 안보외교를 확대해 나가야 할 것이다.

4) 국가의 부문별 전략간 불균형을 시정하자

국가의 대전략은 대통령의 비전과 지도력에 크게 좌우된다고 설명하였다. 대통령이 〈21세기 선진 일류 통일한국〉을 비전으로 제시한다면 우선 지금까지 경제발전우선전략하에서 경시되어왔던 민주, 군사, 군비통제, 외교, 통일부문을 경제와 같은 수준으로 끌어올릴 수 있도록 균형 잡힌 국가전략을 제시하여야 할 것이다. 이제는 부국이 되면 착수하려고 미루어놓았던 과제들을 하나씩 챙길 때가 되었다. 우리 군이 작전지휘권을 가짐으로써 군사적 주권의 완전을 기할 수 있도록 해야 하며 국가생존과 번영을 위해서 한국 주도의 군사전략 소프트웨어개발과 전문가육성에 박차를 가할 때가 되었다. 국회에서 정책토의를 활성화시킴으로써 민주정치의 전통을 확립하며 어느 한 정책도 다른 분야의 국가이익을 경시하거나 저해하는 일이 없도록 각계각층의 이해를 제대로 반영하는 국회가 되도록 각 방면의 전문엘리트들로 국회의 구성을 인도해 나가야 할 것이다. 세계화시대에 걸맞게 외교분야에서도 각국에 대한 전문 인력을 양성할 뿐 아니라, 통상, 안보, 군축 전문외교관들도 육성해가야 할 것이다. 그리고 집중되어 있는 경제부처의 엘리트 관료들을 다른 국정분야로 전환할 수 있도록 해야 하며 세칭 비인기 부처에도 고급전문인력을 유치할 수 있도록 획기적인 제도개선을 해야 할 것이다.

5) 체계적이고 통합된(integrated) 통일전략을 수립하자

지금까지의 산발적이고 단기적인 대응 중심의 대북전략을 지양하고, 국정의 모든 분야가 통합된 체계적인 대북전략에 근거한 통일전략을 수립해 나가야 할 것이다. 외교안보는 안보보좌관 주관으로 통합시켜 나가되, 통일부문은 통일부 주관으로 통일전략을 수립. 집행해 나가는 것이 바람직하다. 다시 말해서 김영삼 정부 때의 통일안보정책조정회의, 김대중 정부 때의 국가안보회의 상임위원회, 노무현 정부의 국가안보회의 상임위원회가 안보보좌관을 중심으로 운영되지 못하고 대통령의 신임을 받는 코드중심, 사람중심으로 운용되어 온 것은 바람직하지 못했다. 이명박 정부에서 국가안보회의 상임위원회를 폐지한 것도 통합적인 통일전략을 수행하지 못하게 하는 결과를 초래하였다.

장기적인 통일전략은 북한체제의 변화전망에 관한 몇 가지 시나리오를 작성하고 그 시나리오별로 효과적으로 대응할 수 있도록 국내의 역량뿐 아니라 우방국(미국, 일본)의 역량까지도 동원하여 통일을 실현시킬 수 있도록 하는 전략이 되어야 할 것이다. 어느 때보다도 통일에 있어 한반도 자체의 역할이 증대된 시점에서 통일전략을 제대로 구사해 보지 못하고 지나간다면 역사적 책임을 다하지 못한 것이 된다. 사실 미국을 포함한 한반도 주변 4강국은 북한에 대한 장기적 전략도 없고 더군다나 한반도의 통일에 대한 장기 전략은 없는 실정이다. 우리가 분명한 목표를 가지고 장기 전략을 잘 수립하여 4강을 설득해 간다면 우리가 주도권을 쥐고 북한 문제를 해결할 수 있는 여지가 많아질 것이다.

국력과 전문가를 총동원하여 통일전략을 대전략차원으로 승화시켜야
할 때이다.

VI. 결론

국가전략은 한시대의 전략환경 속에서 국가이익을 최대한 확보하고
증대시키기 위하여 국가 최고지도자가 국내 또는 국제적으로 가용한
자원을 동원, 조직화, 조정 통제, 사용해 가는 방책이다. 또한 국가전략
은 국가이익확보에 가장 유리한 환경을 적극적으로 조성해 나가는 것
이다. 다차원적인 국가이익을 제대로 달성하기 위해서는 각 부문별 목
표를 제대로 구체화시켜야 하고 그를 성취하기 위한 부문별 국가전략
이 나와야 한다.

현시점에서 한국의 국가이익은 민주, 생존, 번영, 통일, 세계평화라
고 할 수 있다. 해방 후 지금까지 한국의 국가전략은 번영을 우선적으
로 달성하기 위한 경제발전 제일 전략이 대종을 이루었다. 이 전략은
성공을 거두었다. 경제성장의 성취는 번영을 가능하게 했고, 생존과 민
주의 바탕을 마련해 주었다. 경제력은 군사력의 증강을 뒷받침해 줄 수
있었다.

그러나 자세히 들여다보면 경제발전제일전략의 결과 경제부문에 인
재와 국가자원이 집중된 반면, 정치, 외교, 군사, 군비통제 분야에 인재
와 국가자원의 지원이 부족했던 것을 발견할 수 있다. 경제부문에 있어
서는 경제발전 5개년계획과 같은 중기계획도 뒷받침되고 경제분야 각
부처의 정책을 통합하여 경제전략으로 발전시키는 체계적인 노력이 있
어 왔으나 다른 국정분야에서는 그러한 전략적 기획이 부족했을 뿐 아
니라 경제와 다른 국정부문에 대한 연계성의 인식도 부족하였다.

　재삼 강조하거니와, 국가가 국가목표를 달성하려고 할 때, 정치와 경제, 경제와 군사, 군사와 외교, 군사와 군비통제, 경제와 외교 등의 상호 연계성을 철저하게 인식하고 그 연결고리를 강화시키지 않으면 어느 한 분야의 성공을 가지고 다른 분야의 국가목표를 달성하는 데 아무런 직접적 도움이 되지 못한다. 반면에, 국가의 부문별 전략 간 상호 연결고리를 잘 활용하면 특정 정책으로 두 개 이상의 부문별 전략의 목표를 동시에 달성할 수 있는 것이다.

　만국의 만국에 대한 경쟁으로 특징지어지는 현대 국제사회는 가히 국가전략의 전쟁터가 되었다. 따라서 국가전략에 대한 경험적이고 분석적인 연구와 더불어 심층적인 연구개발이 더욱 필요하다. 국가전략과 정책을 연구하고 개발하는 연구소들이 제학문 간 연구를 할 수 있도록 사회과학 일변도의 인적 구성을 탈피해야 하며, 정부 출연 연구기관을 과감하게 민영화시킬 필요가 있다. 정부 각 부처는 타 부처와 연관성을 중시하면서 정책전문가들을 육성하고 우대해야 한다. 무엇보다도 대통령과 국회가 당리당략이 아닌 장기적이고도 진정한 국가이익을 달성하기 위한 대전략의 개발과 관리에 관심을 돌려야 할 것이다.

참고문헌

경제기획원.『주요경제지표』. 1976.
구영록. "한국의 안보전략,"『국가전략』제1권 1호, 세종연구소. 1995.
_____.『한국의 국가이익』. 서울: 법문사, 1995.
국가안전보장회의(NSC) 상임위원회.『평화번영과 국가안보: 참여정부의 안보
　　정책구상』. 2004.
노무현 대통령 취임연설. 2003. 2. 25.
이종학 편역.『손자병법』. 서울: 박영사, 1987.
임동원. "한국의 국가전략,"『국가전략』제1권 1호. 세종연구소, 1995.
통계청.『한국경제지표』. 1995.
하정열.『국가전략론』. 서울: 박영사, 2009.
황병무.『문민시대의 안보론』. 서울: 공보처, 1993.
_____.『신중국군사론』. 서울: 법문사, 1995.
국제에너지기구. http://www.iea.org/textbase/nppdf/free/2007/key_State_2007.
　　pdf(검색일: 2010년 6월 29일).
외교통상부. http://www.mofat.go.kr/opening/nationalassembly/public/index.
　　jsp(검색일: 2010년 6월 29일).
『조선일보』. http://news.chosun.com/site/date/html_dir/2008100500087.
　　html(검색일: 2010년 6월 29일).

Art, Robert J. *A Grand Strategy for America.* Ithaca, NY: Cornell University
　　Press, 2003.
Bracken, Paul. *Strategic Planning for National Security: Lessons from Business
　　Experience.* US: RAND, 1990.
Buzan, Barry. "New World Order and Changing Concepts of National Security:
　　Implications for the Security Planning of Middle Powers." A Paper
　　presented in the International Seminar on *Fifty Years of National
　　Independence of Korea* sponsored by the Korean Association of
　　International Studies. 1995.
Cline, Ray S. *The Power of Nations in the 1990s.* Lanham, MD: University Press
　　of America, 1993.

Davis, Paul K. & Finch, Lou. *Defense Planning for the Post-Cold War Era.* US: RAND, 1994.

Drezner, Daniel. *The Sanctions Paradox: Economic Statecraft and International Relations.* Cambridge: Cambridge Univ. Press, 1999.

Dror, Yehezkhel. *Public Policymaking Reexamined.* SanFrancisco: Chandler Publishing Co, 1968.

George, Alexander L., David K. Hall & William E. Simons. *The Limits of Coercive Diplomacy.* Boston: Little, Brown and Company, 1971.

Ha, Young-sun. *Nuclear Prolification, World Order, and Korea.* Seoul: Seoul National University Press, 1983.

Han, Yong-Sup. *Nuclear Disarmament and Non-Proliferation in Northeast Asia.* New York and Geneva: United Nations, 1995.

Hart, B. H. Liddel. *Strategy.* NewYork: Fredrick A. Prager Publishers, 1967.

Hufbauer, Gray Clyde & Jeffrey J. Schott. *Economic Sanctions in Support of Foreign Policy Goals.* Washington, D.C.: US Institute for International Economics, 1983.

Kennedy, Paul. *The Rise and Fall of Great Powers.* New York: Random House, 1990.

Nuechterlein, Donald E. "The Concept of "National Interest": A Time For New Approaches." *Orbis.* Spring, 1979.

Samuels, Richard. *Rich Nation, Strong Army: National Security and the Technological Transformation of Japan.* Ithaca and London: Cornell University Press, 1994.

The White House. *National Security Strategy of the United States.* August, 1991.

제3장
정치발전과 국가안보[*]

홍태영

I. 인간의 안전보장과 국가의 탄생

지난 2008년 베이징 올림픽 개회식에 입장한 국가들의 숫자는 204개 국이었다. 아마 처음 들어본 나라의 이름도 상당히 많을 것이다. 지금 도 새롭게 독립을 선언하고 국가로 성립된 나라도 있고, 전쟁이나 여러 가지 이유로 사라지는 나라도 생겨난다. 만약 약 500년 전쯤으로 시간을 거슬러 올라간다면, 지구상에 존재하는 나라는 얼마나 되었을까? 아니 그렇게 많이 거슬러 올라가지 않고 100년만 거슬러 올라가도 상황이 지금과 너무나 다를 것이다. 현재 우리가 보고 있는 근대국가 체제가 가장 먼저 생겨난 서구를 보더라도 그것은 흔히들 유럽에서 30년

----

* 이 글은 『안보적 관점에서 보는 한국현대사』(오름, 2009)에 실린 1장 "안보란 무 엇인가"라는 글을 이 책의 형식에 맞게 수정한 것이다.

전쟁이 끝나고 맺어진 베스트팔렌 조약(1648년)과 함께 유럽의 국가들
이 모습을 드러내기 시작하였다. 그것은 시발점에 불과하고 이후 여러
가지 과정들을 거치면서 근대국가의 모습이 갖추어진다.[1] 유럽 이외의
지역의 경우 그보다 훨씬 뒤의 일이다. 서구제국주의가 다른 대륙들로
침략적인 진출을 하면서 자기와 유사한 모습의 국가라는 공동체 양식
을 이식시켰던 것이다. 근대 세계에는 이렇게 국가를 중심으로 인간들
이 공동체를 이루고 살아가게 된 것이다.

1. 국가의 탄생과 전환들

‘국가’는 자신의 공동체의 구성원 즉 국민을 보호할 의무를 가지고
있는 것으로 생각된다. 근대정치철학자로서 근대 국가의 기원이 바로
개인들의 안전을 보호하는 것이 첫 번째 임무임을 논리적으로 증명하
고자 했던 이가 홉스(T. Hobbes)이다. 홉스는 인간들이 끊임없는 명예
와 권력에 대한 추구, 허영과 자만을 본성으로 갖고 있으며, 이것은 결
국 전쟁상태 즉 “만인에 대한 만인의 투쟁”으로 만든다고 가정하였다.[2]
사회 이전의 상태는 다음과 같이 묘사된다: “공통의 힘이 존재하지 않
는 곳에는 법도 존재하지 않으며, 법이 존재하지 않는 곳에는 불의도
존재하지 않는다.…… 정의와 불의는 …… 고립된 채 살고 있는 인간이

---

1) 사실 그 이전에는 우리가 알고 있듯이 유럽에는 로마나 합스부르크제국과 같은
   제국(empire) 혹은 그리스나 르네상스 시기 존재하였던 이탈리아의 베니스, 제노
   바 같은 도시공동체(city) 등 다양한 방식의 공동체들이 있었다. 유럽 이외의 지
   역의 경우 중국이 존재했던 방식은 제국과 유사할 수 있다. 그리고 무굴제국, 페
   르시아제국, 오스만투르크제국 등이 있었고, 아메리카 대륙에도 잉카제국 등을
   비롯한 다양한 모습의 공동체가 있었다. 아프리카 역시 마찬가지이다. 그러한 의
   미에서 본다면, 국가라는 공동체의 존재양식이 영원할 것이라고 생각하는 것도
   무리이다. 500년쯤 뒤 지구상에는 지금과도 전혀 다르고 역사적으로 존재한 적
   이 없는 새로운 방식의 공동체가 생겨날 수도 있는 것이다.
2) T. Hobbes, 진석용 역, 『리바이어던』 I. II (서울: 나남, 2008).

아니라 사회에 살고 있는 인간과 관계있는 속성이다. 또한 만인에 대한 만인의 투쟁 상태에서는 소유도 없고 지배도 없고 내 것과 네 것도 구분이 없다(『리바이어던』 제13장)."

이러한 상황에서 인간들은 죽음의 공포, 안락함에 대한 욕망 그리고 자신들의 근면을 통해 그것을 이루려는 희망 등에 의해 평화를 추구하게 된다: "인간은 자연상태로부터 빠져나올 수 있는 가능성이 있는데, 그러한 가능성의 일부는 정념(passion)에, 일부는 그의 이성(reason)에서 비롯된다. 사람들로 하여금 평화를 지향하도록 하는 정념은 죽음에 대한 공포와 편리한 생활을 위해 필요한 것들에 대한 욕망, 그리고 자신들의 노력에 의해서 그것을 손에 넣으려는 희망이다. 또한 이성은 사람들이 동의에 이를 수 있는 적절한 평화의 조항들을 제안한다"(『리바이어던』 제13장). 이로부터 국가라는 정치공동체가 등장하는 것이다. 로크(J. Locke) 역시 유사한 견해를 제시한다: "사람들이 스스로를 정부에 귀속시키는 크고 주된 목표는 무정부상태에서 매우 불안한 자산(생명, 자유, 재산을 모두 포함)을 지키기 위한 것이다."[3] 물론 많은 부분—주권, 대의제, 권력의 존재방식, 저항권 등—에서 홉스와 로크의 차이는 존재한다. 하지만, 근대 초기 국가의 탄생을 논리적으로 설명하고자 했던 홉스나 로크 등의 사회계약론자들의 공통된 설명은 자연상태가 주는 불안함과 공포이고 그로부터 벗어나 안전을 보장받기 위해 인간들은 공동체 즉 국가를 구성한다는 것이다.

나아가 홉스는 공동체 즉 국가가 빈민들의 생계를 보장할 책임이 있다고까지 말하였다: "그들(=빈민들)은 사적인 개인들의 자선에 맡겨질 것이 아니라 공동체의 법에 의해 자연의 필수품들이 요구하는 만큼 물질이 제공되어야 한다." 물론 이러한 홉스의 제안은 곧바로 실현된 것은 아니다. 오히려 홉스의 17세기가 아니라 2세기가 지난 뒤에야 그러한 이해들이 동의를 얻으면서 국가는 여러 가지 방식으로 구성원들의

---

3) J. Locke, 강정인 · 문지영 역, 『통치론』(서울: 까치, 1996).

구체적인 안전을 위해 적극적으로 역할을 하기 시작하였다. 근대 국가가 갓 탄생하기 시작했을 즈음에 국가는 구성원들인 개인의 자유가 실현되도록 외부의 침략으로부터 국가를 방어하고, 내부적으로 치안질서를 확립하는 역할에 한정하였다. 이른바 야경국가 혹은 경찰국가라는 이름을 가진 국가였으며, 그것은 19세기에 절정을 이루었다. 근대국가가 이러한 역할에 한정되었던 것은 근대 이전의 국가들이 절대주의 왕정의 형태로 개인의 자유를 침해하는 경향이 강했기 때문이다. 이로부터 근대국가의 정당성은 개인의 자유를 보호하는 것에서 찾기 시작한 것이다. 그러한 의미에서 본다면 국가와 개인의 자유 사이에는 일종의 영합게임(zero-sum game)이 있었던 것이다. 즉 국가의 권력이 확대되면 그만큼 개인의 자유의 영역은 제한되며, 국가권력이 축소되면 개인의 자유의 영역이 확대된다는 논리이다.

이와 같은 근대국가 탄생의 논리적 혹은 정치철학적 설명의 방식과 더불어 현실의 역사에서 구체적으로 근대국가는 어떠한 경로를 통해 탄생되었는가를 볼 필요가 있다. 중세의 봉건적 질서에서 왕은 상징적인 의미를 지니는 권력이었지, 기본적으로 중앙집권화된 권력이나 관료제 혹은 군사적 통합권력을 가지고 있지 못하였다. 왕은 여러 흩어져 있는 봉건영주 중에서 가장 권위있는 영주일 뿐, 다른 영주의 봉토에 어떠한 권력도 행사할 수 없었다. 그러나 수차례의 십자군 전쟁, 종교전쟁 등을 치르면서 군사적, 재정적 동원이 발생하고 그 과정에서 군사적 힘과 권력의 집중 현상이 발생하였다. 이러한 과정을 거치면서 근대적 국가가 형성된 것이다.[4] 이제 왕은 일정한 영토 내에 자신의 관리

---

4) 근대국가 형성 과정에서 작동하는 다양한 논리와 역사들 가운데 강압, 전쟁의 측면을 의미하는 군사적 독점과정과 조세의 독점과 부과를 통한 관료제의 형성이라는 재정적, 관료적 측면이 주요하게 거론된다. 이에 대해서는 Ch. Tilly, 이향순 역, 『국민국가의 형성과 계보』(서울: 학문과 사상사, 1994); Id. 『유럽혁명 1492-1992. 지배와 정복의 역사』(서울: 새물결, 2000); N. Elias, 박미애 역, 『문명화과정』(서울: 한길사, 1996) 등을 참조할 수 있다.

를 파견하여 세금을 거둬들일 수 있을 만큼 군사적으로 재정적으로 권력을 집중하였다. 또한 과거 왕은 교회권력으로부터 자신의 권력의 정당성을 부여받았다면, 이제 자신의 영토 내의 신민들을 보호하는 대가로 그들로부터 동의를 얻는 방식의 교환 혹은 계약을 통한 정당성의 확보가 이루어졌다. 이렇게 본다면 앞서 이야기한 홉스나 로크의 사회계약론이라는 논리적 설명이 일정하게 역사적으로도 현실적인 것이라고 할 수 있다.

국가는 개인의 자유 그리고 그들의 사회경제적 활동 및 그것의 결과물에 대해서 안전과 권리를 보장해 주는 것이 가장 기본적인 역할로서 인정되었다. 그것은 17~18세기에 서서히 발전하기 시작한 자본주의의 역사와 맥을 같이 한다. 상업자본주의 그리고 산업자본주의의 발전에서 가장 필수적인 요소 중의 하나는 자유로운 노동자이다. 즉 개인은 다양한 경제적 활동을 하기 위해서는 신분적 혹은 관습적 제약으로부터 벗어나 자유로운 경제활동을 할 수 있어야 한다. 그리고 그 경제활동의 결과물에 대해서도 역시 그 개인의 성과물로서 인정되고 법적으로 보장받아야 한다. 바로 이것이 국가에게 요구된 역할이었다. 그것이 앞서 말한 '경찰국가' 혹은 '야경국가'의 역할이었다.

하지만 자본주의가 발달하면서 다양한 사회적, 경제적 문제들이 발생하고 19세기 말에 이르러 국가에 더 많은 역할을 요구하기 시작하였다. 우선은 다양한 형태의 사회적 약자들이 발생하면서 그들에 대한 보호의 문제가 내두되었다. 또한 개인의 자유에 대한 시각에 있어서도 변화가 나타났다. 개인들의 자유를 실현하기 위해서는 다양한 사회적 조건들이 필요하고 그것은 일정하게 공동체 즉 국가가 그 조건들을 충족시켜야 한다는 것이다. 자본주의가 발달하면서 사회적 문제로 등장한 산업재해, 실업 등의 문제가 그것이었다. 또한 제1차 세계대전을 거치고 난 후 많은 전쟁고아와 미망인들에 대해 국가가 부양의 의무가 있다는 사회적 동의가 발생하였다. 즉 그들은 조국을 위해 희생한 사람들의 가족이므로 공동체는 그들에 대해 책임을 져야 한다는 합의였다. 뿐만 아니라 20세기 전반기의 대공황에 따라 국가의 경제적 역할 역시 보다 적극적으로 요구되었다. 케인즈주의적 경제학의 시대가 열린 것이다. 그리고 복지국가라는 이름 역시 등장하였다. "요람에서 무덤까지"라는 비버리지(Beveridge) 보고서가 나온 것은 2차 세계대전이 끝나면서 부터이다. 국가는 그 구성원인 개인들의 안전을 다섯 가지의 사회적 악 —빈곤, 질병, 무지, 실업, 불결—으로부터 보호하고자 하였다.[5]

하지만 역설적인 사실은 이렇게 구성원의 안전을 보장하기 위해 탄생한 국가가 그 힘이 증대함에 따라 개인의 위협이 된다는 점이다. 논리적으로 개인의 안전을 보호하기 위해 탄생한 국가는 현실적으로 영토 내에서 배타적이면서 절대적으로 최고의 권위와 권력을 행사하는 존재가 된다. 사회가 국가를 중심으로 하여 발전하고 국가는 사회적, 경제적 구조의 핵심을 이루게 됨에 따라 국가는 점차 강화되었다. 국가는 자체의 존재이유를 가지게 되었고, 국가 자체의 안전을 위해 개인의 안전이 희생을 요구받는 경우도 생겨난다. 물론 국가의 부재나 국가가 다른 국가의 침략에 의해 패망한 경우를 극단적인 반례로 든다면 그로부터 올 수 있는 위협보다 국가에서 비롯되는 위협이 그 정도가 덜하다고 할 수 있을 것이다. 그럼에도 불구하고 명쾌하게 해결되는 문제는 아니다.

2. 국제관계: 국가들 간의 체계

오히려 많은 부분 안전에 대한 위협은 국가 밖으로부터 온다고 생각하였다. 가장 큰 위협은 국가라는 안전망이 영향을 미치는 못하는 국제

---

5) 서유럽, 영국, 프랑스, 독일에서 복지국가 탄생과 그 변화 등에 대해서는 김수행·정병기·홍태영, 『제3의 길과 신자유주의』 제1개정판(서울: 서울대출판부, 2006) 참조.

사회 즉 외부의 다른 국가로부터 온다는 것이다. 국제사회는 주권국가들의 결합체이다. 그런데 국가가 주권체로서 위상을 갖는다는 것은 국가 상위의 어떠한 권위체의 권위와 명령에도 복속되지 않는다는 의미이다. 국가는 스스로 최고의 권위와 존재이유를 갖는다. 그리고 국가들 간의 정치적 관계는 국내 정치 속에서의 행위자들 간의 관계와는 달리 중앙통제가 없는 무정부상태 속에서 이루어지는 것처럼 보인다. 이러한 국가들 간의 관계에 대해서는 시기와 상황에 따라 다양한 시각들이 존재해 왔다.

18~19세기에 지배적이었던 국제정치에 대한 시각은 자유무역주의이다.[6] 국가가 야경국가라는 이름으로 개인의 자유를 최소한으로 간섭하고 보호하는 것을 목적으로 하였듯이, 국가들 간의 관계에서도 가능한 한 시장의 원리에 맡겨두어야 한다는 생각이었다. 시장은 국가 사이의 경계를 넘어서는 무역과 투자행위를 창출하며 이를 바탕으로 국가들 사이의 관계가 형성되고 유지된다. 무역과 투자 행위가 원활히 유지되기 위해서 국가 간의 평화가 필요하며, 역으로 자유로운 무역과 투자행위는 평화로운 국가들 간의 관계를 유지하는 기초가 된다는 논리이다. 이에 따라 1840년대 영국의 자유무역주의와 이후 1860년대 영국과 프랑스, 그리고 독일 간의 자유무역지대가 형성되기도 하였다. 하지만 19세기 말 서구 유럽 자본주의 국가들의 식민지진출과 그에 따른 식민지 쟁탈 경쟁은 이익들의 충돌로 귀결되었다. 국가들이 자신의 권력, 특히 군사력과 경제력 그리고 식민지에 기반하여 이익을 추구하는 것이 근대적 국제관계의 본질이라는 생각이 서서히 자리잡는다.

---

6) 19세기는 유럽에서 국민국가들이 서서히 형성되는 시점이다. 이 시기에 영국을 중심으로 하는 자유무역주의는 애덤 스미스의 정치경제학(political economy)에 기반하였다면, 이제 막 통일의 길에 접어든 독일은 리스트(F. List)의 국민경제학(national economy)에 기반한 보호무역주의 정책을 폈다. 그럼에도 불구하고 두 체계의 기본적인 출발점은 nation을 시장의 단위로 설정하면서 국민경제 체계를 확립하려 하였다는 점이다.

사실 근대국가들에 의한 국제사회가 성립된 후 수많은 전쟁으로 인하여 공동체의 구성원들은 안전을 위협받았다. 실제 제1차 세계대전에 의해 근대 서양세계의 평화와 안정은 크게 동요하였다. 세계대전은 거대한 전쟁이었을 뿐만 아니라 근대사회가 가지고 있었던 전제 즉 이성적 인간에 의한 합리적인 행동을 통한 안전의 추구라는 전제가 흔들렸다. 그 충격으로부터 각 국가들은 국가 자체의 안전 그리고 국가 구성원의 안전을 보장할 수 있는 국가체제와 국제관계의 모색을 시작하였다. 제1차 세계대전이 끝난 후인 1920년대부터 제2차 세계대전이 발발하는 1939년까지 집단안보의 방식을 통한 영구적인 전쟁의 방지를 꿈꾸는 시각들이 존재하였다. 여기서 집단안보는 집단 내 각국이 일국의 안보는 모든 국가들의 관심사란 점을 수용하고 침략에 공동으로 대응하는 상황을 말한다. 당시 미국 대통령 우드로우 윌슨(W. Wilson)을 중심으로 하는 사람들은 국제연맹(League of Nations)을 통해 국가의 침략 행위를 제한하고 이를 제도화하려 하였다.

뿐만 아니라 국제사법재판소(Permanent Court of International Justice)를 설치하여 국가 간 갈등을 조정하려는 시도를 하였다.[7] 또한 전쟁을 하지 않겠다는 내용을 담은 켈로그-브리앙 조약(Kellogg-Briand Pact of 1928)도 맺었다. 그리고 전쟁의 핵심수단으로 쓰이는 무기를 규제하려는 의도로 군축회의(Washington Conference, London Conference)도 열었다. 하지만 이러한 일련의 노력들은 실패로 끝나고 제2차 세계대전이 발발하였다. 집단안보나 국제기구를 통해 전쟁을 방지하려던 사람들은 이상주의 혹은 공상주의라는 이름으로 비판받았다. 사실 모든 국가들은 자신들의 국가이익이란 틀에 갇혀 있었고, 그에 따라 움직였다.

국제관계에 대한 이러한 이상주의적 시각에 대해 비판하고, 오히려

---

7) 생 피에르(Abbé de Saint-Pierre)에서 시작되어 칸트에서 절정을 이루는 영구평화론에서 출발하여 국제연맹의 탄생은 윌슨의 이상주의와 평화조약에 기반을 두고 탄생하였다. 상설국제재판소의 설립은 국제연맹 규약 14조에 따라 이루어졌다. 김용구, 『세계외교사』(서울: 서울대학교 출판부, 2004), pp.571-573.

인간의 본성에 뿌리박고 있는 이기심과 권력욕, 그리고 정치의 권력정치적 성격을 강조하면서 국제관계를 파악하려는 현실주의적 시각이 등장하였다. 현실주의적 시각에 의하면 정치집단의 의도는 완전히 파악하기 어렵고 가변적이라는 문제가 있다. 즉 상대방의 의도를 알 수 없으며, 또한 상대방이 배신할 경우 그것을 제재할 수단도 없는 것이 국제정치의 현실이며, 그에 따라 국제정치의 행위자들 즉 국가는 상대방의 공격이나 배신에 대비해야 한다는 것이다. 이것은 전형적인 무정부 상태로서 홉스가 말했던 국가 성립 이전의 자연 상태와 유사한 것이다. 국제정치는 자연 상태와 같은 만인의 만인에 대한 투쟁이라는 것이 언제든지 가능한 것이다. 따라서 상대방의 공격에 대비할 수 있는 충분한 힘을 갖춤으로써만 안전과 평화가 보장될 수 있는 것이다.

무정부 상태의 국제정치에서 각각의 국가들이 생존하는 방법은 스스로 책임을 지는 자력구제의 원칙을 추구할 수밖에 없다. 그리고 상대방의 전쟁의도를 막을 수 있는 유일한 방법은 상대방의 힘에 대한 균형이며, 세력균형이 전쟁의 부재를 확보할 수 있는 가장 신중한 방법이라는 것이 현실주의적 인식이다. 이러한 시각에서는 국가 간의 협력이 가능할 수는 있겠지만, 그 협력이 지속되고 제도화될 수 있을지에 대해서는 대단히 회의적인 시각을 표시한다. 무엇보다 국가 간 제도는 세력균형상태를 반영하며, 협력이 가능하게 했던 세력균형의 구도가 변화하면 협력도 불가능해지기 때문이다. 더구나 안보와 같은 공동체의 사활적 이익이 걸린 문제에서 협력은 거의 불가능하다고 본다.

3. 국가안전보장

'안전보장'이라는 용어를 외교상의 전문용어로 정착시킨 것은 프랑스였다. 거기에는 프랑스가 처해 있는 지위가 여실히 반영되어 있었다. 제1차 세계대전 결과 독일은 패배했지만, 실제 전투는 독일 영토 밖에서 이루어졌기 때문에 전쟁피해는 적었으며, 인구, 공업 등 경제력에서 프랑스를 능가하고 있다는 사실은 변하지 않았다. 따라서 프랑스는 독일에 대한 자신의 안전을 확보하기 위해 강화(講和)를 바랐던 것이다. 이 과정에서 국제연맹이라는 국제기구가 탄생하였고, 집단적 안전보장의 시도가 이루어졌던 것이다.

국제연맹은 국내사회에서의 '법치주의'나 '법의 지배'의 이미지를 본떠서 국제사회에 법적 정의에 근거한 공고한 안전보장체제를 만들어 내는 것을 기대한 결과로 탄생한 것이다. 그리고 국가 간의 '집단적 안전보장'으로부터 국제 사회에서 법적 권위하에 평화가 유지되는 상태와 같은 안전한 상태로 이행하는 것을 궁극적인 목표로 하였다. 즉 개인들 간의 사회계약을 통해 국가권력을 확립하듯이 국가들 간의 협약을 통해 국가들의 안전을 보장할 수 있는 높은 권위체를 형성하고자 하였던 것이다.

하지만 이러한 이상주의적인 국제질서는 형성되지 않았다. 국제정치의 현실은 집단적, 사회적 관점에서가 아니라 현실주의적 관점에서 국가의 이익의 추구라는 현실적 목표에 의해 움직였다. 안전보장 역시 국가의 정책적 목표로서 설정되었다. 그러한 경향을 전형적으로 보여준 것이 당시의 미국이었다.

미국의 안전보장은 전통적으로 대서양이라는 지리적인 장벽에 의해 지켜져 왔다. 연방주의자나 워싱턴 대통령같은 건국의 아버지들은 그것은 정확히 인식하고 있었으며, 19세기 초 먼로(J. Monroe) 선언 역시 그 연장선상에 있었다. 그러나 1930년대 말에 이르러 미국의 국민 혹은 군사적 안전을 위해 적극적으로 국제문제에 관여해야 한다는 주장이 등장하였다. 미국의 안전보장은 그 해안선에서의 방위가 아니라 해양에 달려 있다는 것이다. 미국의 해양에 있어서 안전보장은 미국의 적극적인 외교정책에 의해 보장되어야 한다고 주장하였다. 이들 '국가안전보장론자'들은 국제연맹과 같은 집단적 안전보장체제에 공감해온 전통적 국제주의자들과 달리 자국의 중요한 이익을 '국가안전보장'이라는 말로 표현하고 그것을 지키기 위해 미국의 세계정치에의 적극적인 관여를 주장하였다.[8] 2차 세계대전 이후 미국의 외교정책에 기본적인 지침을 부여하게 된 것은 국가안전보장의 관점이었다. 힘의 관점으로부터 국제관계를 조정하여 자국의 안전보장을 지키는 것이 외교정책의 기본적 요청이라고 여겼다. 이 시기에 국가안전보장의 관심대상이 좁은 의미에서의 군사문제에 한정된 것이 아니었다. 국가안전보장론에서 국력은 안전보장에 있어서 결정적 요소라고 이해되었으며, 그 경우 국력은 생산력, 기술력, 동원의 가능성과 같은 폭넓은 요소들을 포함하였다. 그것은 두 번의 세계대전의 경험이 '총력전'이었다는 것을 반영한 것이었다.

제2차 세계대전 이후 냉전의 출현과 핵무기의 발전이라는 상황 속에서 미국의 외교정책과 군사기술에 기반한 전통적인 안보개념이 확립되었다. 그것은 국가안보적 차원에서 경제적, 사회적 영역보다는 군사안보의 영역에 집중한다는 것이다. 이러한 전통적 안보개념에 기반한 세계안보질서는 다음과 같은 특징을 갖는 것으로 인식된다. 첫째로, 불안전한 세계에서 국가들은 자신의 생존에 필수적인 국가이익의 유지, 확대를 끊임없이 추구하며, 국가이익의 추구에 있어서 군사력과 경제력이 가장 중요한 수단이라고 인식한다. 둘째, 국가들은 자신의 안전을 보다 확고히 하고 다른 국가들의 국가이익을 견제 또는 봉쇄하기 위하여 필요에 따라 동맹을 형성한다. 따라서 전통적 안보개념에 따른 안보질서에서는 국가들의 화해, 협력적 성격보다는 개별 국가들의 이기적인 국가이익의 추구가 강하게 부각되는 양상을 보인다.

---

8) 赤根谷達雄·落合浩太郎 編著, 김준섭 역, 『신안전보장론』(서울: 국방대학교 안보문제연구소, 2004), 41쪽; B. Buzan, O. Waever, J. Wilde, 『안전보장』(서울: 국방대학교 안보문제연구소, 1998).

II. 새로운 시대와 새로운 안전보장

1. 냉전의 종식과 세계화

냉전 시대에는 미국과 소련 혹은 동·서 양 진영 사이의 핵무기의 응수를 포함한 정면충돌의 위험을 어떻게 막을까 하는 것이 국제정치에 있어서 안전보장의 주요한 과제였다. 그러나 냉전의 종언과 함께 인류의 파멸을 부르는 핵의 전면전쟁의 위협은 멀어지고 지역분쟁과 내전, 민족분쟁 등으로 안전보장의 관심사가 옮겨졌다. 냉전기에 지역분쟁이나 내전, 민족분쟁이 없었던 것은 아니다. 냉전기에 그러한 문제들은 냉전의 프리즘을 통해 이해되고 처리되었다. 하지만 냉전의 종결 이후 그러한 문제들은 독자적인 원인과 메커니즘을 갖는 것으로 새롭게 이해되고 고찰되었다.

냉전의 종식과 함께 두드러진 또 하나의 현상은 세계화이다. 물론 세계화는 냉전이 종식되는 시점보다 앞서 이른바 포드주의적 축적의 위기와 오일쇼크, 브레튼우드 체제의 붕괴 이후 1970년대부터 서서히 등장한 신자유주의와 그 맥을 같이 한다. 현재 진행되고 있는 세계화는 이전의 국민국가를 중심으로 정치, 경제, 문화 등의 다양한 분야에서 교류가 발생하던 것과는 명확히 구분된다. 세계화는 국민국가를 포함하여 다양한 초국가적 행위자 즉 초국적 기업, 국가 간 정부조직, 국제적인 비정부조직은 물론 국내의 행위자들 역시 국경을 넘어 정치, 경제, 문화 분야에서 거래와 교환, 교류가 발생하고 있는 현상이다. 세계화의 진행 속에서 WTO, IMF 등과 국제기구의 위상과 역할이 강화되고 우루과이라운드(경제), 그린라운드(환경), 블루라운드(노동) 등과 같이 영역별로 세계규범을 설정하려는 제도적 연합체들이 등장하고 있다. 심지어 기업은 국제관계의 행위자로 등장하기까지 한다. 기업은 더 이상 영토국가의 경계에 소속되지 않는다. 또한 국제적 생산과 관련되어 있는 기업들은 이윤 동기에 의해 움직일 뿐만 아니라 안보의 추구라는 국가적 목표까지도 가지고 행동하고 있다.

세계화는 개별 국가들의 상호의존과 달리 국가들 간의 상호연관성이 개별국가들의 정책을 효율적으로 달성하기 위한 차원의 범주를 넘어서 시간과 공간적 차원에서의 새로운 질서창조를 수반하고 있다. 이러한 변화는 초국가적인 수준에서의 새로운 사회의 건설이라는 측면을 가진다. 그것은 국제관계가 주권국가를 중심으로 하는 관계에서 벗어나 새로운 세계사회(global society)를 건설하는 문제로 파악한다는 것이다.

냉전의 종언과 함께 국제시스템의 구조가 크게 변화하기 시작하였고, '새로운 안전보장' 개념이 등장하였다. 또한 세계화의 진전 속에서 국내사회와 국제사회 간의 국경을 넘나드는 활동들이 급격히 늘어나면서 그러한 개념이 등장한 것이다. 사실 냉전의 종언 이전부터 테러리즘, 인구폭발, 이민, 난민, 물, 식량, 에너지, 지구환경, 에이즈, 마약, 국제조직범죄, 핵·화학·생물무기 등의 대량살상무기의 확산, 국제금융 시스템의 동요, 정보·통신 시스템의 안전 등 여러 가지 문제들이 글로벌 이슈로서 국제사회의 주목을 받고 있다. 이러한 문제들이 냉전 후의 '새로운' 문제인 것은 아니다. 그러나 냉전이 끝남으로써 이러한 문제들은 국제사회의 관심이 상대적으로 증대하여 국제정치에 있어서 '새로운 안전보장의 과제(New Security Agenda)'로 설정된 것이다.[9]

냉전종식과 세계화의 가속이라는 상황 속에서 안보와 관련한 사고 방식과 담론의 변화를 살펴보면 크게 세가지를 들 수 있다. 첫째는, 안보의 내용, 즉 위협발생 영역의 다양화와 복잡화로서 구체적으로는 "군사안보에서 포괄적 안보로의 변화"이다. 둘째는, 안보의 대상 즉 누구의 안전을 보장해야 하는가에 대한 인식의 변화로서 "국가중심에서 인

---

9) B. Buzan, 김태현 역, 『세계화 시대의 국가안보』(서울: 나남, 1995), 42쪽. 1980년대 냉전과 양극구조라는 전후 국제체계가 깨지기 시작하면서 안보가 탈냉전 이후 국제체계의 상위정치를 설명하는 주요개념으로 자리잡기 시작한다.

간중심 안보로의 변화"이다. 셋째는, 안보의 추구방법, 즉 위협을 방지, 제거, 퇴치하기 위해 대비하고 대응하는 방법과 수단의 변화로서 "힘에 의한 억지에서 협력안보로의 변화"이다.

2. 포괄적 안보

냉전 종식 이후 안보와 관련하여 새로운 문제들을 인식하거나 기존의 문제들이라도 새로운 시각에서 안보문제를 접근해 가면서 '포괄적 안보(comprehensive security)'라는 개념이 등장하였다. 그것은 앞서 말한 '새로운 안전보장의 과제'들로서, 전통적 안보개념을 넘어서서 경제적, 환경적 문제뿐만 아니라 인권이나 이민, 자원고갈 그리고 인구문제 등의 잠재적 위협으로부터 국가의 안전을 확보하는 차원으로 안보개념의 확장을 가져왔다. '포괄적 안보' 개념은 전통적인 국가중심적 접근방법에서 탈피하여 미시적으로는 개인적 혹은 인간안보를 포함하고 거시적으로는 국제적 혹은 지구적 안보수준을 포함하게 되었다. 특히 인간안보 개념과도 연관되는 이 개념은 개별인간들의 복지와 사회의 측면에서 안보를 사고하는 것과 관련이 있다. 기존의 국가중심적 안보개념의 경우 인간안보에 필요한 기본적인 정치질서와 경제적 복지를 제공하는 데 효율적으로 기능하지 못하며, 심지어 국가는 심각한 인권유린과 소수민족에 대한 탄압 등의 예를 통해서 개인들의 안전에 대한 주된 위협인자로 등장한다고 그 한계를 지적받았다.

포괄적 안보의 영역으로는 기존의 군사적 안보 외에 경제, 사회, 자원, 환경 등의 문제들과 관련한 안보이다. 우선 경제안보는 경제성장, 복지, 배분, 고용, 경제적 안정, 해외수출시장의 확보 그리고 기술 혁신 등 다양한 문제를 포괄한다.[10] 특히 냉전 종식 이후 신자유주의적 세계화가

---

10) B. Buzan, 김태현 역, 『세계화 시대의 국가안보』(서울: 나남, 1995), pp. 263-303.

가속되는 현 시점에서 경제적 이익을 둘러싼 국가 및 기업들의 무한경쟁은 전쟁을 방불케 한다. 사실 경제적 이해관계로 인한 갈등이 군사적 무력충돌로 비화될 가능성도 다분히 존재한다. 사실 많은 군사적 활동들이 경제적 활동의 자유를 보장받기 위한 경우가 허다하다. 이에 따라 국가들은 자국의 경제적 이익을 보호하기 위해 일정 수준 군사력 증강을 필요로 한다. 문제는 군사력 증강이 국가의 경제성장에 악영향을 미칠 수 있기 때문에 국가로서는 군사안보와 경제안보 사이에서 적절한 조정을 해야 한다. 분명히 군사비 지출이 적정수준을 넘어설 경우 경제는 물론 국민 전체의 복지에 부정적인 결과를 초래한다. 하지만 근대화이론을 주장하는 연구들은 적정 수준의 군사비 지출이 경제성장에 긍정적인 영향을 미친다고 주장하며, 그것을 경험적으로 증명해 보인다. 경제안보와 군사안보의 관계는 대립적 관계와 상호보완적 성격을 동시에 갖는다고 볼 수 있다. 튼튼한 경제력을 바탕으로 한 군사력 증강은 국가안보의 기반이 될 수 있지만, 지나친 군사비 지출은 경제에 악영향을 미칠 수 있다.

다음으로, 자원안보를 생각할 수 있다. 자원문제가 안보문제로 대두된 것은 아마 1970년대 오일쇼크부터일 것이다. 에너지 자원의 원활한 수급은 경제발전에 있어서는 물론 국민들의 생활과도 밀접한 관련을 맺는다. 에너지 자원 이외에 식량자원도 역시 안보와 중요한 관련을 맺는다. 2008년 원유가격 급등은 물론 식량가격의 폭등은 에너지 및 식량자원을 수입하는 한국과 같은 나라들에게 치명적인 경제적 손실과 위기를 가져왔다. 이러한 현상은 에너지와 식량자원이 언제든지 안보를 위협하는 무기로 작동될 수 있음을 보여준 예라고 할 것이다. 그러한 의미에서 '에너지주권', '식량주권' 등의 개념이 등장하는 것은 그만큼 에너지, 식량 등의 자원이 공동체 성원의 안전에 핵심적 역할을 하기 때문이라고 할 수 있다. 현재 유럽과 러시아 사이에서도 가스와 원유 공급을 둘러싼 갈등이 존재하며, 중동의 끊임없는 위기의 배후에도 에너지 자원 확보를 둘러싼 국제적 역학이 작동하고 있음은 물론이다.

최근 한국과 일본 간의 독도영유권을 둘러싼 갈등, 동남아 국가들과 중국과 남사군도(南沙群島, Spratlys)를 둘러싼 갈등, 조어도 영유권을 두고 일본과 중국 간의 대립 등은 모두 자원을 둘러싼 영토분쟁이라고 할 수 있다.

최근 또 다른 중요한 안보 쟁점으로 떠오른 것은 환경이다. 환경안보 혹은 생태안보는 대기오염으로 인한 오존층 파괴, 대형 해양 오염사고로 인한 해양의 오염, 지구 온난화로 인한 각종 자연재해 등으로 인하여 인간의 생존권이 위협을 받는 상황이다. 1980년대 후반부터 국제사회는 환경파괴로 인한 결과가 인류의 생존에 심각한 위협이 된다는 인식을 하기 시작하였다.[11] 1987년 유엔총회는 "생태계의 상호작용은 국제안보의 불가분의 일부를 형성"하고 있음을 선언하였다. 1985년 오존층 보호를 위한 '비엔나 협약'에 바탕을 두고, 1987년 몬트리올 의정서, 1990년 런던 의정서, 1992년 코펜하겐 의정서, 1992년 유엔환경개발회의에서 채택한 '리오 선언' 등을 통해 각종 환경보호협약을 만들어 왔다. 그리고 1997년 지구온난화의 규제 및 방지를 위한 국제협약인 교토 의정서는 2005년 발효됨으로써 구체적으로 2008년부터 2012년까지의 기간 중에 선진국 전체의 온실가스 배출량을 1990년 수준보다 적어도 5.2% 이하로 감축할 것을 목표로 하고 있다. 이러한 환경협약은 구체적으로 환경보호를 이유로 각종 무역규제조치를 행할 것으로 보이며, 그것은 국가 간의 갈등의 소지를 만들어 낼 것이다.

이외에도 사회문화적 가치에 대한 위협 또는 국가의 종교, 언어, 전통에 대한 위협을 의미하는 사회안보 개념이 존재한다. 이스라엘의 아

---

11) 1980년대 후반부터 시작된 '지구환경 붐'에 동반하여 '환경안전보장 붐'도 일어났다. 1987년 국제연합의 '세계환경개발위원회'가 낸 보고서에 환경안전보장 개념이 등장하였고, 같은 해 국제연합 총회에서 '국제생태학적 안전보장' 개념이 등장했다. 백악관이 내고 있는 '미국의 안전보장 전략'에는 1991년판부터 환경문제가 포함되고 있으며, 국방성도 1993년 환경안전보장담당차관보라는 직책을 신설했다. 赤根谷達雄・落合浩太郎 編著, 김준섭 역, 『신안전보장론』(서울: 국방대학교 안보문제연구소, 2004).

랍 국가들에 대한 위협, 이슬람 근본주의자들이 말하는 서구문명으로부터의 위협, 나치 독일의 슬라브 민족 또는 문화에 대한 위협, 서유럽에서 이슬람교도들과 기독교 세력 간의 갈등 등이 그러한 예일 것이다. 2008년에 독립선언을 한 '코소보' 문제 역시 아직까지 해결되지 않은 채 남아 있는 민족문제이자 동시에 종교 및 인종 등 다양한 사회적 갈등이 포함되어 있는 문제이다. 유럽 지역에서 끊이지 않고 발생하는 테러는 이러한 사회적 갈등 즉 인종 및 종교 문제를 쟁점으로 형성된 갈등이며, 곧 이것은 사회의 안전을 위협하는 요소로 작동하고 있다. 이러한 위협들에 대해 지난 2001년 유네스코 「세계문화다양성선언」과 2005년 「문화표현의 다양성보호와 증진을 위한 협약」 등은 기본적인 수준에서나마 문화적 다양성 및 정체성, 가치의 다양성 등에 대한 존중을 언급하고 있다.

이상과 같은 '포괄적 안보'의 다양한 요소들은 사실상 현대세계 특히 세계화와 급속한 과학기술의 발달 등을 통해 세계 각국이 연결되어 있는 상황에서 개별적으로 작동하거나 일국에 한정되어 작용하지 않는다. 이러한 문제들은 다양한 방식으로 결합되어 인간의 안보를 위협하는 요소로 작용하고 있다. 그러한 의미에서 안보의 문제가 과거와 같이 일국적 혹은 단일한 문제로 작용하지 않고 '포괄적'으로 작용하고 있는 것이다.

3. 인간안보

인간의 안전보장이라는 말은 냉전 이후 국제연합을 필두로 하는 다양한 국제기구 등을 중심으로 사용되고 있다. 1994년 국제연합개발계획(UNDP)이 낸 「인간개발보고서」에서 '인간의 안전보장'이라는 개념을 설명하고 있다. 우선 인간개발이란 빈곤이나 억압 아래 놓인 사람들의 잠재능력이나 가능성을 신장시켜 사람들의 선택의 폭을 확대하는 과정인데, '인간의 안전보장'이란 이 선택의 권리를 방해받지 않고 행사할 수 있으며, 장래에도 잃지 않을 것이라고 안심할 수 있도록 고용, 소득, 건강, 환경, 치안을 확보하여 사람들의 안전을 지키는 것이라고 정의된다. 인간안보는 단순히 군사적 위협의 부재만을 의미하지 않는다. 이는 경제적 고통으로부터의 자유, 적절한 수준의 삶의 질 그리고 인권에 대한 근본적인 보장을 뜻한다. 인간안보는 최소한 인간의 기본적 필요가 충족되는 것을 요구하지만, 동시에 견고한 평화와 안정을 성취하기 위해서는 지속가능한 발전, 인권, 자유, 법치주의, 사회적 형평성 등이 이루어져야 한다고 본다.

냉전기의 외교는 주로 전통적 의미의 군사안보외교에 치중되었다. 그러나 탈냉전기 다자외교의 장에서 인간안보 이슈들이 활발히 논의되기 시작함에 따라 여러 이슈에 대한 각국의 입장 정립 및 적극적인 의견 개진의 필요성이 대두되고 있다. 특히 아시아 금융위기 발생 이후 역내 안보문제가 단순히 군사적 안보차원을 넘어 소득격차의 확대, 국내 정정불안, 난민 발생, 인간 밀매, 테러, 환경파괴 등 인간 개개인의 안위에 위협을 가할 수 있는 문제들을 인간안보의 차원에서 다루어야 한다는 인식이 증대되고 있으며, 동시에 이러한 인간안보 문제들이 국가주권을 초월하는 문제로 다뤄짐에 따라 오히려 국가 간의 갈등을 야기할 수 있다는 주장도 제기되고 있다.[12] 인간안보와 관련된 다양한 문제들은 그것들의 특성상 한 나라의 영토에 한정되지 않고 초국가적 성격을 지닌다. 따라서 다양한 수준의 행위자 즉 국가만이 아니라 비국가적 행위자들인 비정부단체나 국제기구 등의 관심과 참여가 필요하다.

전통적인 군사중심, 국가중심의 안전보장의 틀만으로는 냉전 후의 세계에 있어서 더 한층 긴박성이 높아가고 있는 민족분쟁 등으로부터 사람들이 안전을 충분히 지킬 수 없으며, 이에 따라 별도의 수단이나

---

12) 최아진, "안보," 한국정치학회 편, 『정치학이해의 길잡이: 국제정치와 안보』(서울: 법문사, 2008).

원칙이 필요하다는 인식이 공유되어 온 것이다. 국내무력분쟁이나 국가에 의한 인권침해 등에서 보이는 것처럼 '국가의 안전'과 '인간의 안전'이 유리되어 있는 경우, 환경파괴나 국제테러 등 한 국가만으로는 대응할 수 없으며, 국가 이외의 주체를 포함해 국제적 대응을 필요로 하는 경우에 인간의 안전보장이라고 하는 개념이 사용된다.

호주, 캐나다 등과 같은 국가들은 유엔에서뿐만 아니라 여러 가지 형태의 국제회의를 통해 인간안보 문제에 대한 심층적 분석을 토대로 대처방안을 모색하는 데 선도적인 역할을 시도하고 있다. 인간안보외교를 이들 국가들이 주도하고 있다. 특히 인간안보와 전통적 정치군사외교와의 관계, 인간안보를 위한 쌍무적/다자적 협력방향, 인간안보를 다루는데서 발생하는 다양한 문제들을 제기하면서 인간안보의 중요성을 강조하고 있다.

사실 가만히 들여다 본다면, 이러한 인간 안전보장에 대한 정의와 국제연합이 자임하는 역할이라는 것은 근대 초기 국가에 등장하면서 자신의 정당성을 확보하기 위한 논의 속에서 등장하였던 말들이다. 당시 국가는 자신의 정당성을 공동체 구성원의 안전을 보장하면서 획득하였다. 하지만, 21세기 현재의 상황에서 국가가 아닌 국제기구들이 그러한 역할을 하겠다고 나서는 것은 국가가 그러한 역할을 다하지 못하고 있다는 의미일 것이다. 실제 인간의 안전을 위협하는 요소들이 국가가 주권을 행사하는 영토 내에서만 존재하는 것도 아니며, 설사 그렇다 하더라도 하나의 국가가 그 역할을 수행할 수 없기 때문에 이러한 주장들이 등장하고 있는 것이다.

인간안보와 관련하여 쟁점이 되고 있는 문제 중의 하나가 '인도적 개입'의 문제이다.[13] 일단 내전이 발생하거나 난민이 유출되는 사태에 이른 경우에 UN을 중심으로 한 국제사회가 인도적 관점에서 긴급원조나

---

13) 인간안보의 문제는 국제적인 수준에서 인권의 정치의 문제와도 결합된다. J. Donnelly, 박정원 역, 『인권과 국제정치』(서울: 오름, 2002).

무력개입을 행하는 것이 요구되었다. 이 경우 국가주권을 초월하는 원리로서 제시되는 것인 인간의 안전보장이다. 하지만 인도적 개입을 둘러싸고 그것의 가치나 목표, 그것을 위해 취할 수 있는 수단과의 정합성 등의 문제가 아직까지는 논쟁의 대상이 되고 있다.

1999년 3월 북대서양조약기구(NATO)는 유고슬라비아를 폭격하였다. 폭격의 이유는 유고슬라비아 연방공화국 내의 코소보 자치주에서 정부군이 관여하여 행한 알바니아계 주민들에 대한 억압, 자치권 부정 및 인종청소를 중지시킨다는 목적이었다. 그것은 '인도적 개입'이라고 주장되었다. 하지만 코소보 자치주의 주민을 해방한다는 인도적 목적을 내세우면서도 폭격의 과정에서 민간인을 포함한 다수의 희생자를 내고 주민의 생활이나 생명이 위협을 받았다. 즉 인간의 안전보장이라는 목표와 그것을 실현하기 위하여 필요한 행동기준이나 수단이 국제사회에서는 아직 명확하게 확립되지 못했다는 사실이다.

인도적 개입은 민주주의와 인권이라는 보편적 국제규범을 실현해 간다는 취지에서 21세기 국제관계에 중요한 영향을 미치게 될 것으로 보인다. 하지만, 동시에 많은 국가들은 미국 중심의 세계질서를 구축해 나가기 위한 이념적 틀로 악용될 소지가 많다고 인식하고 있는 것도 사실이다. 우선은 '민주주의'와 '인권'의 보편성에 대한 합의의 문제부터 제기될 수 있다.[14] 많은 경우 민주주의와 인권의 내용, 그것들에 대한 판단기준 등에 있어서 서구적 심지어 미국적.보편성을 강요할 수 있다고 말한다. 서구적 기준의 민주주의와 인권이 그것을 원하지 않는 지역이나 국가 혹은 상이한 방식의 삶의 기준을 가지고 있는 국가들에게까지 평가의 잣대로서 작용할 수 있느냐의 문제가 제기된다.

또한 이는 어떠한 군사적 개입이 정당화될 수 있느냐는 '정당성의 문제'가 제기된다. 미국은 이라크 침공을 인도주의적 개입으로 보고 있

---

14) 인권의 정치와 민주주의와의 관련성에 대해서는 졸고, "인권의 정치와 민주주의의 경계들," 『정치사상연구』15집 1호(2009) 참조.

는데, 국제사회는 이를 임박한 위협이 없었음에도 불구하고 성급하게 단행된 '예방전쟁'으로 보는 경향이 있다. 앞서 제시한 코소보지역에의 공습이나 이라크 침공 모두 미국은 유엔의 안보리의 승인없이 개입하였다. 이러한 경우 만약 코소보 문제나 이라크 문제가 유엔안보리에 상정되었다면, 승인을 얻을 수 있었을까? 그렇다고 UN이 만능열쇠처럼 모든 것의 판단기준이 되는 것도 아니다.

4. 협력안보

앞서 보았듯이 제1차 세계대전을 치르면서 유럽인들은 엄청난 희생 속에서 전쟁의 무모함과 잔인함을 깨달았고, 그 결과 전쟁방지와 평화구축을 위한 국제적인 협력의 방안들을 모색하기 시작하였다. 즉 국가가 자신의 공동체의 구성원의 안전을 보장하고 그러기 위해 국가 자체의 안전보장이라는 목적을 달성하기 위해 국가들 간의 협력이라는 국제협력이 필요하게 되었다. '국제협력'이란 말 그대로 '국가들이 힘을 합쳐 공동으로 어떤 일을 추진하는 것'을 말한다. 즉 공통된 목표의 달성을 위해 2개 이상의 국가들이 서로 역할을 분담하거나 정책을 조율하기로 하고 그 약속을 실행에 옮기는 것이다. 여기에서 정책을 조율한다는 의미는 상대 국가에 피해를 입히지 않기 위해 혹은 이익을 증대시키기 위해 서로의 정책을 변화시키고 조절하는 것을 의미한다. 협력은 설령 처음에는 다른 입장이나 생각을 가질 수도 있지만 협의나 협상을 통해 상호 정책조정이나 양보과정을 거쳐 합의점을 찾게 된다는 것을 의미한다. 그리고 중요한 것은 원래부터 이견없는 자연스런 합치가 아니라 행동의 조율이나 조정이 이루어진다는 점이다.

이러한 국제협력은 공통의 위협에 대응하기 위해 일시적으로 협력을 한다거나 분쟁을 방지하고 평화를 증진시킨다는 목적을 갖기도 한다. 국제협력이 이러한 일차적인 목적에서 시작되었지만, 국제사회가 발달하고 다양한 이해관계들이 발생하면서 국제협력의 내용이나 형식에 있어서도 다양한 방식으로 이루어졌다. 예를 들어, 유럽연합(European Union)의 경우를 보자. 2차 대전 이후 독일이라는 위협을 견제하기 위해 석탄, 철강공동체로 시작하여 1960년대 유럽경제공동체(EEC)로 발전되면서 이후 적극적으로 경제적 협력을 진행하고 나아가 1990년대 이후는 정치적, 사회적 통합을 진행하고 있다. 이미 유럽연합(EU)은 다양한 수준에서 국가 간의 협력을 진행시키고 있으며, 더 나아가 국가적 틀을 넘어서는 문제들까지 주도적으로 문제해결의 주체로 등장하고 있다. 유럽연합의 예는 물론 가장 발전된 형태의 국제협력의 형태라고 할 수 있다. 하지만, 특히 냉전의 종식과 함께 등장한 안보에 대한 다양한 위협요소들 그리고 복합적 거버넌스의 필요성에 의해 국제협력 역시 다양하고 다층적으로 이루어지고 있다.

이러한 국제협력의 유형에는 동맹(alliance), 집단안보(collective security), 통합(integration), 국제레짐(international regimes) 등이 있다.[15] 우선 동맹은 국제협력의 가장 오래된 형태이다. 국가들 간의 공식협약에 의해 맺어지는 동맹은 동서양의 고대부터 존재해 왔다. 한반도에서도 삼국시대 때부터 존재했었고, 중국은 물론 고대 그리스 시대에도 그러한 동맹은 존재했었다. 여러 가지 예들을 본다면 동맹은 공동의 가치나 유대감의 형성을 위해서보다는 공통된 위협에 대처하려는 목적에서 형성되는 경우가 많다. 동맹을 맺는 동기는 안보, 안정 등이 있을 수 있으며, 동맹체결의 구체적인 결정은 이들 가치를 실현하는 데 들어가는 비용과 동맹을 통해 얻게 되는 이득과의 손익계산에 따라 이루어진다. 동맹은 안보를 강화시켜 주지만 대신에 자율성을 제약하는 경우가 있다. 즉 동맹국에 안보를 의존함으로써 다른 국가정책의 결정 시 동맹국의 눈치를 보게 되는 경우가 발생할 수 있다.

---

15) 김영호, "국제협력," 한국정치학회 편, 『정치학이해의 길잡이: 국제정치와 안보』(서울: 법문사, 2008).

현재 한국은 미국과 동맹관계이다. 한국과 미국은 여러 가지 차원에서 서로 이해관계가 맞물려 있다. 그러한 이유에서 동맹관계를 유지하고 있다. 한국은 미국의 군사적 보호막이 필요하고, 미국은 세계전략의 차원에서 한국이라는 거점이 필요하다. 하지만 동맹관계는 이러한 차원에 한정되지 않는다. 지난 노무현 대통령시절부터 최근까지 이라크 파병을 둘러싼 국내의 논의는 쉬지 않고 계속되고 있다. 한미동맹의 차원에서 미국의 군사작전에 한국이 참여하는 문제는 동맹의 차원 그리고 한국의 국가이익의 차원 등 고려해야 할 사항들이 많다.

동맹은 현재적 그리고 잠재적인 위협에 대처하기 위해 체결하는 것이 일반적이며, 동맹을 통한 국제협력은 결국 안보, 경제력, 자율성 등의 요소들 간의 상대적 균형 속에서 결정된다고 할 수 있다. 안보위협 대처 및 억제에 대한 동맹의 기여 정도, 동맹 대체 시 필요한 군비증강에 가용한 자원량, 동맹으로 인한 자율성의 제약정도 등을 종합적으로 판단하여 동맹의 체결과 유지가 결정된다.

다음으로 집단안보는 누가 위협세력이 될지 모르는 상황에서 장차 도발 발생 시 공동으로 대응하기로 사전에 약속하는 것이다. 동맹이 현재적 위협에 대한 집단방어의 일종으로서 동맹 외부의 적에 대한 대응책이라고 한다면, 집단안보는 공동대응을 하기로 한 집단 내부의 잠재적 적에 대한 대비책이다. 집단안보체제는 '전체를 위한 하나, 하나를 위한 전체'라는 표현에서 알 수 있듯이, 유사시 도발사태가 발생하게 되면 도발자에 대해 집단의 구성원 모두가 나서서 응징한다. 그리고 바로 이 집단 전체의 단합된 응징가능성 때문에 잠재적 도발자가 도발을 실행에 옮기지 못하게 만드는 원리로 평화를 유지하는 체제이다.

집단안보체제가 역사적으로 보여진 것은 제1차 세계대전 후 시도된 국제연맹에서 처음으로 등장하였다. 그리고 제2차 세계대전 이후 국제연합 역시 그러한 시도라고 볼 수 있다. 집단안보체제의 안정적인 바람직한 형태로서 제시되고 있는 것은 냉전 이후 유럽의 새로운 안보질서로서 등장한 유럽안보협력회의(Commission on Security and Cooperation in

Europe: CSCE)이다.[16]

물론 국제정치를 현실주의적 입장에서 바라보는 학자들은 국가가 현 상유지를 위해 사용하는 군사력을 과연 금지할 수 있는지, 국가들 사이 에 이익의 갈등이 발생할 경우 협의의 국익을 극복하고 신뢰를 바탕으 로 공동의 이익을 고려하는 것이 과연 가능할지에 대해 의문을 제기 한다.

위의 두 가지 국제협력 형태 즉 세력균형이나 집단안보가 무력에 의 거한 전쟁방지와 평화모색이라면, 통합은 무력의 사용없이 빈번한 의 사소통, 상호협의, 공조 등을 통해 평화를 구축해보려는 접근방안이다. 그리고 1980년대 들어서 활발하게 이루어지고 있는 것으로 국제레짐 (international regimes)이 있다. 국제레짐은 특정 이슈에서 행위자들의 일 치된 기대를 반영하는 원칙, 규범, 규정, 의사결정 절차라고 정의된다. 국제레짐은 하나의 이슈영역만을 관장하는 경우도 있지만, 몇 개의 영 역을 통합하여 관장할 수도 있다. 또한 원칙은 사실, 인과관계, 판단 등 에 대한 신념을 의미하고 규범이란 행동의 표준이 되는 권리와 의무를 지칭하며, 규정은 구체적인 행동방식을 일컫고 의사결정 절차는 집단 적 정책결정과 집행방식을 의미한다. 국제레짐은 다양한 형태의 국제 기구들은 물론 비공식적으로 관례화된 규정들까지도 포함하는 광범위 한 개념이다.

이처럼 전쟁방지나 평화구축을 위한 다양한 방식의 안보협력이 이루 어지고 있다. 사실 국제사회의 경우 국내정치사회와 달리 형식적으로 는 어떠한 위계질서 없이 주권국가들의 독자적인 행위들이 존재한다. 그러하기 때문에 집단행동의 어려움이 존재할 수도 있다. 하지만 최근 들어서 국제적인 협력의 필요성은 갈수록 증대되고 있다. 이러한 이유 에서 글로벌 거버넌스의 문제가 제기된다고 할 수 있다.

---

16) 이수형, "국제안보체제의 변화에 관한 역사적 고찰: 유럽안보체제를 중심으로," 『국제정치논총』 43집 3호(2003).

5. 글로벌 거버넌스(Global Governance)

환경이나 생태계의 파괴, 거기에 부수하는 감염증에 의한 사망자의 증가, 마약의 유입, 국제테러 등은 종종 국경을 초월한 원인에 근거하고 있으며, 글로벌 이슈라고 불릴 만큼 심각성을 가지고 있다. 또한 경제의 세계화가 급속하고 또한 밀도있게 진행되면서 지난 2008년 미국발 금융위기는 급속하게 세계 전체 경제의 위기로 이어지고 있다. 세계 각국에서 실업자가 대량으로 발생하고 기업들이 파산하는 일들이 빈번하게 발생하고 있으며, 경제 전반에 걸쳐 위기가 발생하고 있다. 하지만 하나의 국가가 그러한 위험들을 제거하고 위기를 극복하기에는 역부족이다. 세계화의 진전 그리고 국경을 초월한 다양한 위협들이 증가함에 따라 인간들의 안전을 확보하기 위해 일국가만의 대응이 아니라 다국간의 협력이 요구된다. 또한 다른 한편으로 국가는 국익의 우선적 고려라는 제약을 받아 반드시 정말로 필요한 수요에 신속하게 대응하지 못하는 경우가 발생하기 때문에 특정분야에 초점을 맞추어 보다 유연하게 활동할 수 있는 NGO의 중요성 또한 커지고 있다.

그리고 이러한 다양한 사회적 위험들과 그에 따른 문제들이 발생할 경우 한 국가가 단독으로 문제를 해결할 수 없으므로 정부 이외의 주체들이 참여하는 글로벌 거버넌스가 요구된다.[17] 여기에서 거버넌스란 인간의 안전보장에 관계되는 복수의 영역을 포괄하여 다루고, 그중에서 새로운 규범적인 기준을 창출하고 그 아래에서 활동을 재편성해 가는 계속적인 프로세스이다.[18] 문제에 따라 정도의 차이는 있지만, 국

---

17) 2008년 여름 미국의 금융위기와 함께 시작된 세계경제의 위기에 대응하여 G7 나아가 G20 회의가 개최되면서 금융위기에 대처하기 위한 구체적인 조치들이 취해지고 있다. 경제의 세계화 속에서 각국 간의 경제적 연결망과 긴밀한 상호 의존 관계는 일국의 경제 위기가 세계적으로 급속하게 확산될 수 있음을 이번 위기는 잘 보여 주고 있다. 그리고 그러한 위기에 대처하기 위한 노력 역시 일국 수준이 아니라 세계적 수준에서 이루어져야 함을 보여 주고 있다.

18) 박인휘, "주권과 글로벌 안보: 세계화 시대 주권과 안보의 개념적 재구성," 『한

제기구, 지역적 국가집단, 국가, 비정부주체, 기업이 중층적으로 통치에 관여하고 외부적 접근뿐만 아니라 내부적 접근을 통해 문제를 해결하려 노력한다는 의미에서 복합적 거버넌스이다. 또한 글로벌 거버넌스는 다양한 지역에서 다양한 형태의 상호의존 상태가 네트워크 형태로 존재하는 것을 의미한다. 네트워크 형태란 정치적 과정이 이루어지는 사슬모양의 연결망이 근대 국가의 전통적인 위계질서가 아니라 복잡하게 얽혀 있는 네트워크 모양을 띠는 것을 말한다. 네트워크 국가는 세계화의 도전과 위기에 대응하기 위한 국민국가의 변환이라고 볼 수 있으며, 비정부조직, 공공기관, 국가의 다양한 수준을 동시에 지칭하는 것이며, 조직들 사이의 기능적 분화뿐만 아니라 공식적인 기관들의 사이의 경계를 넘어 통합을 지향하는 사회적 공동체라는 의미이다. 나아가 네트워크 국가는 정부 간 네트워크를 통해 복잡한 문제들을 해결하며, 배타적 주권관념으로부터도 벗어나 효율적인 거버넌스 메커니즘을 구축하기 위한 유연한 주권개념을 만들어낸다.[19]

글로벌 거버넌스는 '상호의존'과는 구별된다. 상호의존은 글로벌 거버넌스라는 연결고리의 세계적인 네트워크화의 일부에 불과하다. 그리고 글로벌 거버넌스는 지리적 제약을 받지 않고 지구의 모든 지역과의 연결을 지향한다. 또한 글로벌 거버넌스는 행위주체가 국가에 한정되지 않고 다양한 행위자들을 인정한다. 글로벌 거버넌스의 필요성이 국가중심적인 전통적 안보가 아니라 새로운 안보 개념 즉 포괄적 안보와 비전통적 안보라는 문제에 대처하기 위해 형성되었다는 점을 감안한다면 그 해결의 주체적 행위자들 역시 새롭게 구성될 수밖에 없다. 환경, 사회개발, 분쟁예방, 난민지원 등 여러 가지 분야에 있어서 지금까지 규범이나 규칙 아래에서 형성된 여러 체제나 여러 행위자가 각각

국정치학회보』 35집 3호(2001).
19) 하영선, 김상배 엮음, 『네트워크 지식국가』(서울: 을유문화사, 2006); 김상배 편, 『소프트파워와 21세기 권력』(서울: 한울, 2009).

목표로 하는 가치나 행동원리를 인간의 안전을 공통항으로 하여 서로 맞춰가는 것이 포함된다면 복수의 영역에 걸친 포괄적인 복합적 거버넌스라고 부를 수 있을 것이다. 또한 정보화와 세계화 추세는 네트워크 국가와 같은 정치적 단위체뿐만 아니라 그들 사이의 연결망 자체도 네트워크 형태로 변모시키면서 국제관계의 거시적 패턴을 바꾸고 있다. 이러한 과정 속에서 정책결정의 수준을 변화하고 권력을 분산시키며, 소프트파워를 이용하여 협력적인 거버넌스의 구조를 확립하는 국가야말로 미래의 국제관계를 이끌어가게 될 것이다.

III. 한국의 정치발전과 국가안보

한반도에서 안보의 문제는 이곳에 사람이 살아가기 시작하면서 동시에 존재했다. 하지만 앞서 그랬듯이 근대의 정치공동체인 국민국가 형성과 관련하여 안보 문제를 이해하는 것에 한정하기로 하자. 물론 한반도에 살았던 우리의 조상들은 많은 어려움 속에서도 탁월한 지혜들을 발휘하여 우리의 공동체를 안전하게 지켜왔다. 내부적으로는 농업공동체로서 우리의 의식주를 해결하면서 살아왔고, 안정적인 왕조국가를 이루면서 내부적 결속을 유지하면서 살아왔다. 국제관계의 측면에서 본다면, 오랫동안 현실적으로 중국과의 관계를 어떻게 조절하면서 살아갈 것인가가 가장 중요하였다. 중화주의적 질서는 한반도가 중국과의 관계를 규정하는 전통적인 질서의 방식이었다. 하지만 서구에서 요구한 근대화의 과제는 내부적으로 우리의 생활양식의 측면에서 외부적으로 세계질서에 편입하는 방식에서도 기존과는 전혀 달랐다.

1876년 개항과 함께 조선은 서구적 근대의 형성이라는 과제를 떠안기 시작하였다. 중국과의 조공관계를 통해 형성된 중화주의적 국제질서로부터 벗어나 이제는 만국공법에 따른 주권국가들의 국제체제에 편입되기 시작한 것이다.[20] 이와 함께 조선은 내부적으로도 전통적 정치, 사회질서로부터 벗어나 근대적 사회, 정치질서를 확립해야 하는 과제를 수행하기 시작하였다. 이른바 근대적 국민국가의 건설이다. 이 과제는 바로 이제 동등한 주권국가들 간의 경쟁체제인 국제체제에 편입됨으로써 조선이라는 공동체의 구성원인 인민들의 안전은 이제 조선왕조가 홀로 보장해야 한다는 것을 의미하였다.

따라서 조선 인민의 안전을 보장할 수 있는 독립적인 주권국가 확립이라는 과제 속에서 다양한 시도들이 이루어졌다. 예를 들어, 갑신정변과 같은 사건은 급진개화파들에 의해 이루어진 일종의 국가건설의 실패한 시도였다고 할 수 있다. 1894년 갑오개혁과 뒤이은 광무개혁은 조선을 대한제국으로 탈바꿈하면서 근대적 국가로 변신하려는 시도였다.[21] 결국 수차례 다양한 방식의 시도가 결국은 모두 실패로 끝나고 일본제국주의에 의한 식민지화가 진행되었다. 이것은 조선이라는 전통적인 왕조국가가 서구의 근대화 요구 속에서 적극적으로 대처하지 못하고 스스로 탈바꿈하지 못함으로써 일본과 서구열강에 맞서 조선인민의 안전보장은 물론 왕조국가 자체의 안전을 지켜내지 못한 것을 의미한다.

1945년 해방과 함께 우리에게 주어진 과제는 새로운 근대적 국민국가를 확립시키는 것이었다. 이것은 19세기 말 20세기 초 조선왕조가 근대적 국가로 변신하는 데 실패한 과제를 다시 우리 인민의 손으로 이루어내는 작업이었다. 하지만 이 역시 순탄치 못한 과정이었다. 소련에 의한 북쪽의 점령과 미국에 의한 남쪽의 점령은 서로 다른 이념에 의한

---

20) 중화주의 국제질서에서 만국공법의 질서로의 이행과정에 대한 흥미로운 분석은 다양하게 존재한다. 앙드레 슈미드 지음, 정여울 역, 『제국, 그 사이의 한국』 (서울: 휴머니스트, 2007); 기무라 간 지음, 김세덕 역, 『조선/한국의 내셔널리즘과 소국의식』(서울: 산처럼, 2007).
21) 왕현종, 『한국 근대 국가의 형성과 갑오개혁』(서울: 역사비평사, 2003).

분단의 시작이었다. 뒤이은 남북한 각각의 정부수립과 한국전쟁의 과정은 지금까지 계속되는 분단의 고착화과정이었다. 일련의 이러한 과정에서 분명한 것은 한반도에 사는 인간들의 안전보장이라는 문제는 부차적으로 취급되었다는 사실이다. 외세는 물론이거니와 우리의 정치지도자들 역시 이념의 실현이라는 목적 속에서 공동체 구성원의 안전을 보장하는 가장 기본적인 공동체의 가치를 소홀히 하였다는 것이다. 해방 직후부터 한국전쟁이 끝날 때까지 엄청나게 많은 인간의 목숨이 경시되고 희생되어갔다.

휴전이 이루어지고 남한과 북한은 독자적인 각자의 발전의 길을 걸어갔다. 남한과 북한은 각각 이제 독자적인 국민국가의 건설이 진행되었다. 물론 통일이라는 과제가 궁극적으로 진정한 의미에서 한반도에서 근대적 국민국가 건설을 완성하는 것임에 틀림없지만, 일단은 독자적인 발전의 길을 걷기 시작하였다. 북한은 그들의 사회주의 건설의 작업을 진행하였고, 남한은 자유민주주의의 확립과 자본주의 발전을 선택하여 진행시켰다.

남한에서 자유민주주의의 확립과 자본주의의 발전이라는 과제는 분명 그 구성원인 국민들의 안전보장이라는 시각에서 볼 수 있다. 우선 자본주의의 발전이라는 과제는 일제와 한국전쟁을 거치면서 피폐해진 한국의 산업을 부흥시키는 것이었고, 그것은 곧 국민 개개인의 삶을 보장하는 것이었다. 아직까지 절대적 빈곤의 문제조차 해결하지 못했던 남한의 경제의 입장에서 자본주의의 발전은 국민의 생명을 보장하는 급선무의 과제였다. 자유민주주의 체제는 국민개개인이 자신의 자유를 실현하고 또한 국가권력을 자신의 의지가 반영된 민주적인 권력으로 전환시키는 것을 의미하였다. 국가권력이 국민의 의지에 반하여 존재한다면 그것은 개인의 안전을 보장하지 못하는 폭압적 권력일 뿐이다. 민주적 국가를 만드는 과제는 국민들의 입장에서는 당연한 인간의 권리였다. 그리고 민주적인 권력이 확립되었을 때, 그 국가권력은 외부적으로도 외세에 대항하여 국민의 안전을 보장해 줄 수 있는 것이다. 1987년 민주주의로의 이행의 과제가 성취될 때까지 민주주의 성취를 위한 다양한 노력들은 쉼없이 지속되었다. 민주주의의 성취는 개인의 안전을 보장받기 위한 출발점으로 간주되었기 때문이다.

하지만 다른 한편으로 민주주의는 경제발전이라는 이름으로 유보되었다. 박정희 정권시기가 그러한 예이다. 박정희 정권에 의한 경제발전의 노력은 잘살기 운동으로 간주되었고 그것은 빈곤으로부터 탈피라는 명분 속에서 민주주의의 유보를 합리화하려 하였다. 빈곤으로부터 탈출이라는 명분은 인간의 안전이라는 관점에서 본다면 가장 기본적인 욕구 중의 하나이다. 박정희 정권 초기 이러한 방식의 경제발전에의 의지는 일정한 지지층을 얻었던 것은 사실이지만, 그러한 방식을 오랫동안 지속시킬 수는 없었다. 인간의 안전은 단순히 기본적인 물질적 욕구의 해결만으로는 충족될 수 없으며, 보다 적극적인 방식을 통한 인간의 자유의 실현을 통해 보장받는 것이었다. 경제발전을 이유로 지나친 민주주의의 유보는 결국 정권의 종말을 가져왔다.

1980년 전두환 정권은 국민의 군대가 국민을 향해 총칼을 겨누게 하면서 등장하였다. 그리고 이후 있었던 일련의 사건들은 국가가 국민의 안전을 제대로 지켜주지 못한다는 사례들을 보여주었고, 그것은 80년대 광범위한 민주화운동의 확산과 1987년 6월 민주항쟁을 가져왔다. 근대 국가의 출발에서부터 국민과 국가 사이의 기본적인 협약의 내용은 국민의 안전을 보장하는 것이었다. 그러한 의미에서 해방 이후 한국사회에서 비민주적 정권들은 그러한 협약을 제대로 이행하지 못하였고, 국민의 저항을 불러일으키며 온 것은 당연한 것이었다. 해방 이후 한국 정치사는 국민과 국가와의 협약—물론 이것은 한번도 실제적으로 발생한 적은 없다—은 어떠한 경우에도 유보되거나 깨뜨려질 수 없다는 것을 보여준다. 그 협약의 내용은 국가가 국민의 안전을 보장하고 나아가 보다 적극적으로 국민의 자유가 실현될 수 있는 제공해야 한다는 사실이다. 물론 이 협약에서 국가에 대한 국민의 의무 역시 정의되어야 한다. 헌법상에 나타난 시민의 의무가 그 내용일 수 있다. 하지만 더 나

아가 자신의 공동체를 시민 자신들의 자유의 실현의 공간으로 만들고
자 하는 의지적 노력 역시 요구된다.

1987년 민주주의로의 이행 이후 한국 민주주의의 주요한 과제는 자
연스럽게 민주주의의 심화였다.[22] 특히 1997년 IMF 사태 이후 등장한
사회적 빈곤층의 증가와 그에 대응한 국가의 사회안전망 확충이라는
과제가 등장하였다. 그것은 서구에서 복지국가가 형성되면서 제기된
문제로서 국가에 의해 시민들을 빈곤, 결핍 등의 사회적 위험으로부터
보호해 주는 장치를 마련하는 것이다. 이러한 민주주의의 심화의 과제
는 단순히 국가가 다양한 방식으로 재원을 마련하고 그것을 통해 시민
에게 일정한 혜택을 주는 방식을 넘어서 시민들의 적극적인 연대 형성
의 노력이 필요하다. 국민의 안전을 보장하는 국가의 의무는 그 반대급
부로서 시민들의 의무가 요구된다. 또한 시민들 간의 상호협약 역시 필
요하다. 즉 시민들의 연대의 협약이다.

민주주의로의 이행 이후의 시점은 곧이은 1989년 베를린 장벽의 붕
괴로 상징화되는 냉전의 종결과 맞물려 있었다. 세계의 시간이 냉전의
종식이라는 큰 전환점을 맞이했지만, 한반도의 경우 냉전은 곧 종결되
지 못하였다. 그럼에도 불구하고 세계화가 가속되면서 강력한 영향력
을 발휘하였고 한국 역시 그 예외가 될 수는 없었다. 따라서 냉전 종식
이후 등장한 다양한 새로운 안보의 문제들 역시 한국의 안보상황과 맞
물려 중첩적으로 작용하였다. 즉 냉전의 문제인 북한과의 대치상황이
주는 안보의 문제와 동시에 탈냉전 이후 등장한 포괄적 안보의 문제가
동시에 우리가 맞서야 할 문제로 등장한 것이다.

냉전 시기 한국은 한미동맹을 통해 우리의 안보문제를 해결하여 왔

---

22) 민주화 이후 민주주의 과제를 둘러싸고 다양한 논의들이 선개된다. 주요한 쟁
점은 공화주의 그리고 사회복지국가를 둘러싼 논의들이다. 최장집, 『민주화 이
후의 민주주의』(서울: 후마니타스, 2002); 김연명 편, 『한국 복지국가 성격논쟁』
I (서울: 인간과 복지, 2002); 정무권 편, 『한국 복지국가 성격논쟁』 II (서울: 인
간과 복지, 2009).

다. 하지만 냉전의 종식과 함께 동맹의 성격과 의미가 점차 달라지고 있다. 과거 냉전기에는 미국과 소련을 중심으로 하는 양극체제하에서 각 진영 내 국가들끼리 공통된 위협인식과 공동대체에 대한 약속이 동맹의 기초를 형성하였다. 하지만 탈냉전의 상황은 과거 군사적 안보 중심에서 포괄적 안보에 기반한 동맹의 문제를 고려해야 한다. 신자유주의적 세계화가 진행되면서 경제분야에서 개방의 압력과 추세는 강해지고 있다. 한-칠레 FTA를 시작으로 한-미 간, 한-유럽 간 FTA 역시 곧 실행에 옮겨질 전망이다. 세계 곳곳에서 상품들이 들어오면서 우리 국민들의 안전의 문제 역시 갈수록 외부에 노출되어 있다. 교토 의정서가 발휘되면서 한국 역시 2008년부터 이 의정서의 적용을 받고 있다. 물론 지구온난화에 대해 지구인 전체가 공동대응해야 하지만, 그것이 가져오는 경제적 문제 역시 공동으로 대응해야 한다.

아랍 지역이나, 아프리카, 동남아 지역에서 한국 교민들이 겪었던 테러의 위협은 앞으로도 계속될 것이다. 일본의 독도영유권을 둘러싼 갈등, 중국의 동북공정, 백두산 등을 둘러싼 영토 논의 그리고 중국어선의 지속적인 침범 등은 한반도 주변을 둘러싸고 나라들이 어떠한 형태로든 우리의 안보와 관련하여 우호적인 존재만이 아님을 보여준다. 그리고 그러한 강대국들 틈에서 국가와 우리 국민의 안전 문제를 항상 고민해야 할 과제이다.

가장 중요하게는 북한과의 관계일 것이다. 이 문제는 분단 이후 지속적으로 한반도의 근대국민국가 건설의 미완의 과제이자, 동시에 최근 상황 속에서 다른 방식으로 새롭게 제기되는 과제이기도 하다. 북한과의 관계는 통일이라는 장기적인 전망 속에서 풀어야 할 한반도의 근대적 과제이다. 북한 주민들의 인권문제는 북한 주민의 안전이라는 차원에서도 다시 바라보아야 할 문제이다. 언뜻 나열해도 우리가 맞서야 할 과제들은 우리 주변을 둘러싸고 있고, 그것들은 과거 국가적 수준에서 해결해야 할 수준을 넘어서 존재한다. 즉 냉전 종식과 세계화라는 상황이 가져온 새로운 안보문제들이다. 그리고 그것들에 대한 대응은 과거의 방식으로는 한계가 있다. 따라서 최근 들어 한미동맹에 대한 새로운 조정의 작업이 진행되고 있는 것도 이러한 변화들과 맞물려 있다. 또한 우리 국민의 안보에 대한 인식의 전환 역시 필요할 것이다.

참고문헌

기무라 간 지음. 김세덕 역.『조선/한국의 내셔널리즘과 소국의식』. 서울: 산처 럼, 2007.

김상배 편.『소프트파워와 21세기 권력』. 서울: 한울, 2009.

김성한. "외교." 한국정치학회 편.『정치학이해의 길잡이: 국제정치와 안보』. 서울: 법문사, 2008.

김연명 편.『한국 복지국가 성격논쟁』I. 서울: 인간과 복지, 2002.

김영호. "국제협력." 한국정치학회 편.『정치학이해의 길잡이: 국제정치와 안 보』. 서울: 법문사, 2008.

_____. "안보패러다임의 변화와 한미동맹의 재조정."『세계정치』5. 2006.

김우상 · 조성권.『세계화와 인간안보』. 서울: 집문당, 2005.

남궁 곤. "자유주의." 한국정치학회 편.『정치학이해의 길잡이: 국제정치와 안 보』. 서울: 법문사, 2008.

박인휘. "주권과 글로벌 안보: 세계화 시대 주권과 안보의 개념적 재구성."『한 국정치학회보』35집 3호. 2001.

서울대학교 국제문제연구소 편.『지식네트워크의 세계정치』. 서울: 논형, 2008.

앙드레 슈미드 지음. 정여울 역.『제국, 그 사이의 한국』. 서울: 휴머니스트, 2007.

왕현종.『한국 근대 국가의 형성과 갑오개혁』. 서울: 역사비평사, 2003.

이수형. "국제안보체제의 변화에 관한 역사적 고찰: 유럽안보체제를 중심으 로."『국제정치논총』43집 3호. 2003.

赤根谷達雄 · 落合浩太郎 編著, 김준섭 역.『신안전보장론』. 서울: 국방대학교 안보문제연구소, 2004.

전재성. "현실주의." 한국정치학회 편.『정치학이해의 길잡이: 국제정치와 안 보』. 서울: 법문사, 2008.

정무권 편.『한국 복지국가 성격논쟁』II. 서울: 인간과 복지, 2009.

최아진. "안보." 한국정치학회 편.『정치학이해의 길잡이: 국제정치와 안보』. 서울: 법문사, 2008.

최장집.『민주화 이후의 민주주의』. 서울: 후마니타스, 2002.

하영선 · 김상배 엮음. 『네트워크 지식국가』. 서울: 을유문화사, 2006.

홍태영. 『국민국가의 정치학』. 서울: 후마니타스, 2008.

_____. "인권의 정치와 민주주의의 경계들." 『정치사상연구』 15집 1호. 2009.

Beck, U. 홍성태 역. 『위험사회―새로운 근대(성)을 향하여』. 서울: 새물결, 1997.

Buzan, B. 김태현 역. 『세계화시대의 국가안보』. 서울: 나남출판, 1995.

Donnelly, J. 박정원 역. 『인권과 국제정치』. 서울: 오름, 2003.

Elias, N. 박미애 역. 『문명화과정』. 서울: 한길사, 1996.

Hobbes, T. 진석용 역. 『리바이어던』 I. II. 서울: 나남, 2008.

Locke, J. 강정인 · 문지영 역. 『통치론』. 서울: 까치, 1996.

Tilly, Ch. 이향순 역. 『국민국가의 형성과 계보』. 서울: 학문과 사상사, 1994.

_____. 『유럽혁명 1492-1992. 지배와 정복의 역사』. 서울: 새물결, 2000.

제4장
경제안보의 개념 및 위협에 대한 대응방안

신용도 · 김덕영

I. 경제안보 및 위협의 개념

1. 경제안보의 개념

1990년대 초를 기점으로 냉전시대가 종식되면서 전통적으로 국가이익을 위협하던 군사적, 정치적 위협이 제거되거나 상당히 감소되었다. 군사적, 정치적 위협이 감소됨에 따라 국가이익에 대한 주된 위협이 경제적 요인으로부터 비롯되는 것으로 일반적으로 받아들여지고 있다. 또한 소련의 붕괴가 무엇보다도 공산권 경제체제의 실패에 크게 기인하였다는 사실은 전통적 국가안보정책 목표를 추구하는 데 있어서 그 나라의 경제적 능력의 중요성을 일깨워주면서 국가이익을 추구하는 데 사용되는 능력은 스스로의 행도의지 및 행동에 수반되는 비용부담 능력, 즉 경제적 능력에 영향을 받는다는 인식이 더욱 강조되었다.[1]

탈냉전 이후 국가의 안보수단으로 경제의 중요성이 증대되는 또는 다른 중요한 원인으로는 세계화 및 정보화가 빠르게 진전되면서 국가 간 경제적 상호의존성이 크게 증대된 것을 들 수 있다. 세계화는 각국들이 생산의 비교우위에 따라 특정한 교역상품 및 서비스에 특화되는 현상을 촉진하였으며, 이러한 현상으로 세계무역에 동참하는 모든 나라들이 과거보다 무역교역국들에 대한 수출 및 수입의존율이 증대되었다. 이처럼 각국 간에 경제적 상호의존성이 증대되면서 국가목표의 달성 및 국가이익의 보호를 위해서 군사적 수단을 사용할 경우에 발생되는 기회비용이 엄청나면서 국가 간의 이해대립과 갈등을 조정하는 데 있어서 경제적 수단의 역할과 기능이 증대되고, 안보위협 요인으로 경제적 요인이 갖는 중요성이 증대되었다.

우리나라의 경우에는 지난 1997년 IMF 경제위기 이후 경제적 취약성이 국가안보에 미치는 영향력에 대한 인식이 증대되면서 국가안보에 있어서 경제가 차지하는 중요성에 대한 관심이 증대되었다고 할 수 있다. 국가경제의 파탄으로 국민경제생활이 위협을 받으면서 국가안보적 차원에서 경제적 위협을 사전에 예방하고, 위협상황이 발생할 경우 이러한 상황에 적절히 대응할 수 있는 경제적 수단의 확보 및 유지·강화가 매우 중요함을 인식하게 되었다.

이처럼 국가안보 위협요인으로 경제적 요인이 중요시되면서 안보적 차원에서 국가의 경제적 능력을 증대시키기 위한 노력이 중요한데, 바로 이것이 경제안보의 개념이라고 할 수 있다. 경제안보의 개념을 보다 구체적으로 보면, 경제안보는 국내외의 다양한 경제적 위험에 직면하여 한 국가의 경제적 번영과 행복을 지속적으로 누리기 위한 국가적 노력이며, 이러한 측면에서 보면 경제안보는 단순히 현재의 번영이 아닌,

---

1) 소련의 붕괴를 국가의 경제적 능력 관점에서 분석한 Schweizer(1998)의 연구에서 이러한 인식이 특히 강조되고 있음.

장기적인 경제적 번영을 추구하는 개념이라고 할 수 있다.[2] 따라서 장기적 번영을 지향하는 경제안보와 현재의 번영을 동시에 추구하기 위해서는 양자 간에 적절한 균형을 유지하는 것이 필요한 과제가 된다.

일반적으로 시장경제에서는 보이지 않는 손에 의해 경제 내에서 생산되는 재화와 서비스의 가치가 극대화되기 때문에 시장경제에 대한 정부의 간섭은 오히려 비효율성을 초래함으로써 바람직하지 않다는 것이 시장경제주의적 사고방식이다. 만약 경제안보가 추구하는 목적이 시장경제에 의해서 자연스럽게 달성될 수 있다면, 즉 장기적인 경제적 번영이 시장을 통해서 이루어질 수 있다면 정치 또는 군사안보의 추구와 같이 국가적 차원에서 특별한 노력을 경제안보의 달성을 위해 추구할 필요가 없을 것이다. 하지만 시장경제에서 추구되는 경제적 효율성이 반드시 경제안보가 추구하는 장기적·경제적 번영을 가져다주는 것이 아니기 때문에 경제안보 측면에서 정부의 직접적 행동이 요구되게 된다. 경제안보적 차원에서 정부의 직접적 행동이 요구되는 몇 가지 사례를 보면 다음과 같다.

첫째, 상대적 경제규모의 중요성이다. 우리가 국제사회에서 여러 가지 국제적 질서가 결정될 때, 현실적으로 경제의 절대적 규모가 큰 국가들이 영향을 미치고 있음을 알 수 있다. EU가 형성되기 이전에는 미국이 세계경제질서에 있어서 가장 큰 영향력을 발휘한 국가였지만, EU가 단일체로서 조직되어 국제사회에서 활동하면서 EU 또한 국제경제질서의 수립에 있어서 미국 못지 않은 영향력을 미치고 있다. OPEC에서 사우디아리비아가 영향력을 행사하고 있는 것은 최대 산유국가로

---

2) 어떤 경우에는 장기적 번영을 추구하는 경제안보의 욕구가 현재적 번영을 추구하는 시장경제적 욕구와 충돌될 수 있는데, 예를 들어 세계화시대에서 가격경쟁력을 갖기 위해서 외국의 저비용 부품공급업체로부터 부품을 공급받는 것이 현재의 경제적 번영에는 기여하나, 만약 외국 공급업체에 대한 의존도 심화가 결과적으로 미래의 불안정성과 불확실성을 증대시킴으로써 결과적으로 장기적 번영을 저해할 수 있다면 외국으로부터 부품수입을 억제할 수 있을 것임(C. R. Neu, and C. Wolf, Jr., *The Economic Dimension of National Security*(RAND, 1994).

서 원유에 대한 세계 수요과 공급이 불일치할 경우 이를 해결할 수 있는 유일한 산유국가이기 때문이다. 이처럼 한 국가가 지니는 경제의 상대적 규모는 국제질서를 동 국가에게 유리한 방향, 즉 동 국가의 국가이익 달성에 유리하게 이끈다는 점에서 안보적 차원의 중요성이 크다. 하지만 시장경제는 한 국가의 경제적 규모가 상대적으로 다른 나라들보다 크게 하지는 않는다. 시장경제에서 각 경제주체들은 자신이 직면한 목적함수를 극대화하는 방향으로 소비 및 투자활동을 전개한다. 즉 소비자들은 효용함수를 극대화하기 위한 소비 및 저축활동을 하고, 그리고 생산자들은 이윤을 극대화하기 위한 생산 및 투자활동을 수행하게 된다. 이러한 개별 경제주체들의 최적 행동이 한 국가의 경제적 규모가 경쟁국가들보다 더 빠르게 성장하도록 하는 것을 보장해주지 못하기 때문에 국가적 차원에서 장기적 성장을 위한 저축 및 투자가 이루어지도록 할 필요성이 제기된다. 즉 국가는 다양한 경제정책을 통해서 장기적 성장, 즉 상대적 규모를 고려한 총저축 및 총투자가 이루어지도록 유인책을 제공할 필요성이 대두된다.

둘째, 시장실패가 발생하는 경우이다. 특정산업에 양의 생산 외부효과(externalities)가 있을 경우, 이러한 외부효과는 시장가격에서 반영되지 못하기 때문에 사회적으로 최적인 상태보다 적은 규모의 생산량이 발생하게 된다. 이럴 경우 해당산업에 대한 정부지원이 이루어진다면, 사회적으로 최적 상태의 생산량이 달성되면서 경제적 후생효과는 증대될 것이다. 특히 이러한 외부효과가 기술적 파급효과로 나타나서, 모든 산업의 생산성을 증대시키게 된다면 동 산업에 대한 특별지원을 통해 국가의 생산성이 전반적으로 향상되면서 국가경쟁력이 증대되는 효과를 가질 수 있게 된다.

셋째, 규모의 경제가 발생하는 경우이다. 산업에서 규모의 경제효과는 주로 초기 매몰비용이 매우 큰 산업에서 발생되게 된다. 예를 들어, 철강, 조선, 자동차산업 등이 대표적인 규모의 경제효과를 발생시키는 산업이라고 할 수 있다. 규모의 경제효과가 발생될 경우, 일정한 규모 이상으로 생산을 하는 기업은 더 작은 규모에서 생산하는 기업보다 비용상의 이점을 갖기 때문에 경쟁력 측면에서 상대적으로 우월한 위치에 놓이게 된다. 따라서 규모의 경제 측면에서 이점을 가진 선도기업은 후발기업보다 낮은 가격에 판매할 수 있기 때문에 시장점유율을 확대할 수 있으며, 이러한 과정에서 더 큰 비용상의 이점을 갖게 된다. 규모의 경제효과를 가진 기업들을 국가가 지원할 경우, 결국 해당 기업의 세계시장 점유율이 증대되면서 국가는 경제적 혜택을 얻게 된다는 점에서 경제안보적 의의가 있다고 할 수 있다. 문제는 규모의 경제로 인해 정부지원이 이루어질 경우, 이러한 지원은 소비자 또는 타 산업에 대한 비용을 초래하기 때문에 규모의 경제에 의한 정부개입이 정당화되기 위해서는 정부개입에 따라 실제 국가의 경제적 이익에 어떠한 결과가 발생되었으며, 만약 그러한 개입이 이루어지지 않았다면 어떠한 결과가 초래되었을까를 충분히 고려하여야만 한다.[3]

넷째, 적정 군사력 유지의 중요성이다. 한 국가의 가용자원이 제한되어 있기 때문에 경제적 어려움이 있을 경우, 국방부문에 대한 비용을 줄이고 이를 보다 생산적인 부문으로 전환시키는 것에 대한 요구가 증대하게 된다. 하지만 국방비는 적정 군사력을 유지하기 위한 비용이며, 적정 군사력은 안정적 경제활동을 보장하며, 경제적 이익을 보호하기 위해서 필수불가결한 요소이다. 시장경제에서는 적정 군사력 유지에 필요한 비용을 효율적으로 결정하지 않으며, 시장경제논리에 맡길 경우에는 적정 군사력 유지에 필요한 비용이 부족한 상황이 발생하기 쉽다. 따라서 경제적 안정 및 번영을 위해서는 안정적 경제활동을 위한 여건 마련이 필요하며, 이러한 측면에서 정부주도에 의한 적정 군사력

---

3) 한편 이러한 성격의 정부개입은 결과적으로 군비경쟁과 유사하게 국가 간 특정 산업에 대한 지원경쟁을 초래하면서 각 국가들이 의도한 경제적 혜택을 달성하지 못하고 자원낭비만 초래될 수 있기 때문에 WTO 체제에서는 특정산업에 대한 정부보조금 문제를 엄격하게 다루고 있음. 안덕근, 『WTO 보조금협정 연구』(법무부, 2003).

유지 노력이 필요하다.

다섯째, 외국인투자에 대한 제약이다. 외국인투자는 국내 경제에 자본과 기술을 유입함으로써 세계화시대에서 필요한 경쟁력을 유지, 강화하는 데 기여하고 있다. 따라서 모든 국가들이 외국인투자의 유치를 위해서 적극적으로 노력하고 있는 현재의 상황이다. 하지만 외국인투자로 인하여 국내 기업의 소유권이 외국기업에 넘어갔을 경우, 시장경제적 관점에서 보면, 이것은 단순히 소유권의 이전일 뿐 고용, 투자 및 소비 등의 측면에서는 아무런 변화가 없을 수 있다. 오히려 외국인투자로 인하여 소유권이 외국기업에게 넘어간 국내 기업이 새로운 고정설비의 증대를 통해 경쟁력을 회복, 강화하였을 경우, 이러한 투자는 국내 경제의 활성화에 기여할 수 있다. 하지만 기업이 외국인에게 매각됨으로써 현재 또는 미래의 국가경쟁력에 영향을 미칠 수 있는 핵심기술이 유출될 수 있다면, 이러한 외국인투자에 의한 기업 매각은 규제되어야 할 것이다.

이러한 예들은 시장경제에서 추구되는 현재의 경제적 번영과는 달리, 장기적 번영의 추구라는 경제안보적 차원에서 고려되어야 할 요소나 조건들을 보여주고 있으며, 이에 따라 경제안보의 추구에서는 정부의 직접적 행동이 요구된다고 하겠다.

2. 경제안보 위협의 개념

국가안전은 내·외부로부터 발생하는 생존위협을 감소시킴으로써 국민의 건강·재산·경제활동의 불확실성을 최소화하며 인간관계를 건전하게 유지하고 개개인이 추구하는 신념과 이상을 보호하는 것을 의미한다. 국민의 번영은 경제의 성장과 안정, 소득과 부의 분배 개선, 사회적 약자들에 대한 배려 등을 통해 국민들의 소비생활을 윤택하게 만들고 복지를 향상시키는 것을 의미한다. 그러나 안전이 보장되지 않

은 상황에서 번영이 달성될 수 없고 번영은 안전을 보장하는 유효한 수
단이란 점에서 양자를 별개로 구분할 수는 없다.

국가안보의 고유한 의미는 국가와 국민의 생존과 안전을 유지하는
것이지만 그것은 국민들이 추구하는 가치를 보전하고 번영을 달성하
는 체제와 제도의 안전을 확보하기 위한 것이기도 하다. 따라서 국가안
보는 국가의 생존과 국민의 번영을 함께 지키는 것을 의미하며 전쟁이
나 테러 등 무력을 앞세워 생존을 위태롭게 하는 군사적 위협, 경제력
의 쇠퇴를 통해 국가경제를 붕괴시키고 국민생활을 위태롭게 하는 경
제적 위협, 사회불안과 문화·환경파괴 등을 통해 인간성을 말살하고
인간의 생존조건을 악화시키는 사회·문화적 위협 등이 모두 국가안보
위협을 구성한다. 특히 사회가 불안하고 정치·경제체제가 건전치 못
하여 외부위협에 적절히 대처하지 못하고 국제환경변화에 효율적으로
대응하지 못하며 정치력·군사력·경제력·과학기술력이 균형있게 성
장하지 못하면 국가목표를 달성할 수 없다.

외국의 군사적 침략 등 무력의 사용이나 그 위협으로부터 국가의 생
존과 체제의 안전을 보장하는 것을 군사안보라 한다면 시장경제체제가
지닌 모순, 국제질서의 불완전, 정치와 사회불안, 국내 경제제도의 미비,
경쟁력 취약 등으로부터 국민의 번영을 지키는 것을 경제안보라 할 수
있다. 경제안보는 군사안보, 환경안보, 사회·문화안보 등과 함께 국가
안보의 중요한 구성요소로서 부국강병, 공정성과 효율성을 동시에 극
대화하는 시스템 유지, 사회구성원들의 건전한 의식과 행동을 통해서
달성될 수 있다.

국가안보 위협을 구성하는 요소가 무엇인지, 어느 요소가 중요한지
는 시대에 따라, 환경에 따라 달라질 수 있다. 적어도 냉전시대까지는
군사안보의 압도적 중요성에 대해 이의를 제기하는 사람들이 없었고
따라서 전통적 안보이론에서는 국가안보를 군사안보와 동일시했다.
그러나 오늘날처럼 국가이익을 해치는 위협의 양상이 다양해진 시대에
서는 비군사안보의 중요성도 함께 커지고 있으며 특히 상호의존의 시

대, 무한경쟁의 시대에는 경제안보의 중요성이 부각되고 있다.

이를 반영하여 오늘날 국가안보 의제는 군사와 정치 영역에서 다른 영역으로 확대되고 있으며 지구촌 전역에서 산업화가 추진되고 개방이 확대되면서 경제안보, 환경안보에 대한 관심이 높아지고 있다. 따라서 안보영역의 확대에 부응하여 경제안보이론의 체계화가 필요하며 이는 전통적 안보이론과 경제이론의 접목을 통해 달성될 수 있다. 관점에 따라 국가안보의 개념과 연구범위가 다양하게 정의되듯이 경제안보의 개념과 그에 대응하는 전략도 상이하게 정의될 수 있다. 특히 경제안보 위협의 양상이 국가마다, 지역마다 상이하므로 각 국가 또는 지역에 부합하는 경제안보, 경제안보 위협의 정의가 필요하며 이를 바탕으로 효율적인 경제안보 전략이 개발되어야 한다.

앞에서도 언급되었듯이 경제안보는 국내외의 다양한 위협에 직면하여 국가경제와 국민생활이 위태롭게 되는 상황을 극복하는 국가의 능력으로 정의할 수 있으며 경제안보를 위태롭게 하는 제위협을 경제안보 위협으로 정의할 수 있다. 경제안보 위협은 경제적 동기에서 비롯될 수도 있고 비경제적 동기에서 비롯될 수도 있으며 국내에서 발원할 수도 있고 해외에서 발원할 수도 있다.

경제안보 위협은 어떤 동기에서 발원하였든 첫째, 국가경제와 국민생활에 나쁜 영향을 미치는 것이어야 하며, 둘째, 시장기구와 작동이나 정부의 통상적 정책으로는 해소되기 어려우므로 국가차원의 특별조치나 국제사회의 지원을 필요로 한다. 대외적 위협은 단순한 외교적 긴장이나 통상마찰을 넘어 군사적 긴장관계나 무력대결로 이어질 수도 있는 중대한 위협을 의미하며 국내적 위협은 국민생활, 국민통합을 해치고 이익집단 간 폭력대립으로 발전할 수도 있는 것을 의미한다. 위협에 대한 대응수단에는 긴급경제조치 등 시장메커니즘의 일시적 중단, 경제적 자유의 제한, 국가권력에 의한 가격·수량 통제 등 자원배분 강제, 강제적 구조조정, 군사개입, 국제기구와 선진국의 특별 원조 등이 포함된다.

폐쇄경제 시대에는 개방화에 따른 혜택을 누리지 못하는 대신 정부가 해결하기 어려운 경제위협도 거의 없다고 할 수 있으며, 따라서 지도자와 정부가 능률적으로 대응해 나간다면 경제안보 위협들을 사전에 차단할 수도 있었다. 그러나 경제적 자유주의와 시장의 역할이 커지고 국제화가 진전되면서 정부의 역량은 줄어든 대신 개인과 기업, NGO, 해외부문의 영향력이 강화되었고 다양한 경제안보 위협이 등장하였다. 지금은 세계경제로부터 고립된 국가들은 해외에서 발원하는 대외적 위협에서 벗어날 수 있으나 이러한 소극적 의미의 경제안보는 경쟁과 혁신이 제공하는 시장경제의 효율성을 희생해야 한다는 점에서 더욱 바람직하지 못한 결과를 초래한다. 극심한 침체와 국력의 쇠퇴를 경험한 후 시장경제로 전환한 과거의 공산권 국가들, 국가로서 독자적 존립이 불가능할 만큼 경제위기를 겪고 있는 현재의 북한에서 그 사례를 볼 수 있다.

따라서 세계시장경제에 참여하면서 국가의 경제력을 어떻게 증진시킬 것인지, 대외의존 심화에 따른 취약성을 어떻게 최소화할 것인지, 국내에서 발생할 수 있는 비효율과 혼란으로부터 경제적 효율성을 어떻게 보호해 나갈 것인지, 평화적이고 균형적인 국제체계를 어떻게 형성·유지해 나갈 것인지에 초점을 맞추면서 경제안보를 달성하는 전략이 필요하다. 이것이 모든 나라가 공통으로 직면하는 경제안보의 과제라고 할 수 있다.

II. 경제안보 위협의 요인과 유형

1. 경제안보 위협의 요인

경제안보 위협은 다양한 요인들로부터 발생될 수 있는데, 구체적 요인들을 보면 다음과 같이 정리될 수 있다.

첫째, 불완전한 국제질서와 국내제도의 결함이 경제안보 위협을 초래한다. 국가 이기주의와 힘 겨루기가 지배하는 국제정치질서, 개도국의 국제수지를 구조적으로 악화시키고 경제개발을 저해하는 등 불균형을 조장하는 국제무역·금융질서, 경쟁을 저해하고 낭비와 비효율을 촉진하는 국내 자원배분 시스템이 여기에 해당한다. 또한 인종적·종교적·역사적·문화적 다양성과 가치관의 차이로 분쟁과 갈등이 끊이지 않는 국제관계가 경제적 위협을 가중시킨다. 최근 발생한 미국 세계무역센터와 국방부에 대한 테러행위와 보복전쟁, 팔레스타인 문제를 둘러싼 기독교 문화권과 이슬람 문화권의 충돌, 발칸반도에서의 민족적 분쟁은 해당 지역은 물론 세계경제에도 악영향을 미치고 있다. 이러한 종교관과 문화의 차이를 조정하기 위한 메커니즘이 나타나지 않는 한 국제질서의 불안정은 해소될 수 없으며 경제안보 위협도 지속될 것이다. 국내적으로는 정치논리에 종속된 경제 운영, 정쟁과 사회불안, 이익집단 간의 대립과 갈등을 적절히 풀어나가지 못하는 사회구조 등이 경제적 잠재력을 떨어뜨리고 낭비와 비효율을 조장한다.

둘째, 어느 나라에서나 정치가 경제운영에 영향을 미치기 마련인데 정치적 이상과 경제적 이상이 서로 융합하지 못함으로써 경제위협이 발생할 수 있다. 정치적 민주주의와 경제적 시장메커니즘은 오늘날 각국이 공통적으로 지향하는 목표지만 이 두 개의 목표를 동시에 달성하는 것이 쉽지 않으며 경우에 따라서는 상호 보완적이기보다는 상충적 요소를 내포한다. 예컨대 정치적 민주주의는 형평성을 이상으로 하는 데 시장경제체제는 효율성을 강조한다. 그럼에도 불구하고 정통성을 결여한 권위주의 정권, 무능한 정부와 관료가 지배하는 사회는 민주주의가 발전한 국가에 비해 낭비와 자원분배 왜곡을 초래할 가능성이 높다는 점에서 민주주의와 시장경제의 동시 발전을 도모하는 것이 경제 위협을 최소화할 수 있는 길이다. 이런 점에서 구성원 모두의 의사가 존중되고 다양한 요구를 적절히 융합하는 민주적 장치가 필요하다.

셋째, 시장기구의 한계성과 이를 보완하는 적절한 방식의 부재가 낭비와 갈등을 초래할 수 있다. 특히 시장기구가 해결하지 못하는 형평성 문제를 어떻게 해결하는지에 따라 구성원 간에 마찰이 발생할 가능성이 높으며 낭비와 자원분배의 왜곡이 발생할 가능성이 크다. 국제관계에 있어서나 국내문제에 있어서 모든 구성원을 동시에 만족시킬 수 있는 효율적인 분쟁해소 메커니즘을 갖추지 못하고 있는 현재의 상황도 경제적 위협을 초래하는 한 요인이다. 예컨대 한정된 자원을 둘러싸고 이익집단 간에 벌어지는 경쟁, 공정성이 결여된 경쟁, 부처 및 지역 이기주의 빈부 간의 대립, 세대 간·직종 간 이해충돌, NIMBY 현상은 시장기구를 보완하는 적절한 장치를 결여한 국가에서 일반적으로 나타나는 현상이다. 또한 경제질서를 확립하고 경제적 범죄를 예방, 차단하는 데 기여하지 못하는 법과 제도상의 불완전성과 경제적 위협을 부풀리는 데 기여한다.

넷째, 인간의 본성과 시민의식 결핍이 경제안보 위협을 불러오는 요인이다. 이타주의보다는 이기주의와 황금만능주의가 팽배하고 남을 지배하고 굴복시키면서 자신의 이기심을 채우는 사회에서는 구성원들이 양보와 타협에 의한 공존보다는 자기이익 챙기기를 앞세우므로 항상 갈등이 생기기 마련이다. 개인과 기업 중에는 경제학에서 가정하는 것처럼 필요한 정보와 지식을 지닌 합리적 행동주체 못지않게 편법적, 탈법적 수단을 동원해서라도 독점적 이득을 얻으려는 행위자들이 많은 현실도 그 때문이다. 각종 경제범죄, 불공정한 조직관리, 파괴적인 노사분규, 노동착취와 지하경제가 만연하는 사실이 이를 뒷받침한다.

다섯째, 자원의 불균등한 분포, 식량·에너지·시장·생산요소의 지나친 해외의존 등이 경제위협을 초래할 수 있다. 해외의존도가 높은 국가들은 해외경기 침체, 자원민족주의 또는 국제금융 불안 등으로 원자재와 자본부족에 직면하고 수출시장이 위축될 수 있다. 자국의 경제적 실리만을 중시하는 근린 궁핍화정책과 보호무역주의는 상대국의 반발을 초래하고 세계무역의 축소를 통해 자국의 실리도 손상시킨다. 준비 없는 개방은 해외에 대한 취약성을 증대시켜 국내 산업 부실화, 대량 실업 등 경제 위기를 초래할 수 있다. 여기서 말하는 준비는 법과 제도, 관행 등의 국제화, 개방체제에 부합하는 경제주체들의 의식, 그리고 내수산업의 경쟁력 제고 등을 포함한다. 제도·의식·관행의 국제화가 수반되지 않은 채 국내시장이 개방되는 경우 대규모 조정비용을 부담하게 될 것이고 경쟁력 없는 상황에서 개방이 이루어지면 경쟁력이 약한 내수산업의 부실이 뒤따른다.

여섯째, 위기관리 능력 미비는 경제위기를 촉진한다. 자본주의 사회에서는 경기변동에 따른 침체와 경제위기가 수시로 발생할 수 있으며 외국과의 전쟁은 물론 통상마찰, 국제적인 자원파동, 해외에서 발생한 경기침체와 통화위기, 자연재난 등으로 국내 경제활동이 위축될 수 있다. 따라서 전쟁수행 능력을 갖춰 외국의 군사도발을 견제함과 동시에 다양한 경재위기 가능성에 대비하는 능력을 갖추어 경제안보가 위태로워지는 상황을 예방해야 한다. 특히 공업화가 진전될수록 환경파괴가 심화되고 그 피해는 국민생활과 경제활동에 나쁜 결과를 초래하므로 환경보전을 위한 노력, 공해를 산출하는 업체에 대한 감시감독, 주변국과 환경보전 협력을 강화하면서 효율적인 재난예방 및 관리시스템을 마련하는 일이 시급하다.

이런 이유로 경제위협이 발생하면 사회불안이 심화되고 대외관계 면에서도 긴장과 갈등이 조성된다. 경제성장률이 하락하고 물가불안, 생필품 품귀가 초래되며 투자와 소비가 위축되고 대량실업이 발생하며 재정불균형이 심화된다. 사회적으로 사기와 강·절도, 밀거래 등 생계형 범죄가 확산되고, 마약·총포·매춘 등 불법거래가 성행하며 부정부패와 지하경제가 확산된다. 재정수입이 감소하면 정부의 기능이 위축되고 심하면 무정부상태로 변한다. 결과적으로 대외신인도가 추락하고 외국인투자는 물론 국내 인적 자원과 자본의 해외도피가 증가한다. 이러한 상태가 장기화되면 국민생활이 핍박해지고 내란과 폭동으로 이어질 수 있으며 부적절한 방법으로 이런 위기를 모면하려는 정부정책과 민간의 전략은 외국과의 마찰, 주변국과의 긴장을 유발할 수 있다.

2. 경제안보 위협의 유형

경제위기를 초래할 수 있는 위협은 다양한 기준에 따라 그 유형을 분류할 수 있는데 발생지역별로 유형화할 수도 있고 발생 원인별로 유형화할 수도 있으며 시장기구의 결함을 초래하는 요인들에 맞춰 경제위협을 유형화할 수도 있다.

경제위협이 발생한 지역에 따라 구분할 경우 대외적 위협과 대내적 위협으로 분류할 수 있다. 대외적 위협은 해외에서 발생한 전쟁, 원자재 파동, 극심한 침체와 공황 또는 국제사회로부터의 경제제재 등에 의해 국내경제에 위협이 야기되는 상황을 의미하며 대내적 위협은 국내의 정치와 정책실패, 계층 간 갈등, 사회불안, 시장실패, 기상재해 등으로 경제에 위협이 야기되는 상황을 의미한다.

발생 원인별로 경제위협을 유형화하면 국제질서의 불안정, 세계경제의 침체, 통상마찰, 경제제재, 정치와 정책 실패, 경쟁력 약화 시장실패·경제주체의 과오와 비리·위기관리 체제 등의 미흡에 따른 시장기구의 실패 등으로 분류할 수 있다. 이 중에서 앞의 네 가지는 대외적 위협요인으로 분류할 수 있으며 나머지는 대내적 위협요인으로 분류할 수 있다.

국제 금융 및 무역질서가 불안정하거나 붕괴됨으로써 각국이 보호주의를 채택하면 무역이 위축되고 성장이 둔화되어 생산과 고용이 위축되며 필요한 원자재를 조달하지 못함으로써 국민생활이 핍박을 받는다. 국제정치 상황이 악화되어 주요국에서 전쟁이나 테러 등 시장경제의 작동을 제약하는 사건이 발생하는 경우에도 유사한 결과가 초래된다. 특히 전쟁이 발생하면 자원을 군수품 생산에 투입해야 하고 인적, 물적 파괴를 복구하는 데도 엄청난 자원이 소요되므로 국가경제와 국민생활은 중대한 위협을 받을 수밖에 없으며 지역 간, 국가 간 경쟁과 대립을 조장하는 국제질서가 형성되어 군비경쟁이 가속화되고 테러와 보복이 악순환되어 안보에 많은 자원을 배분하게 되면 사적재의 생산이 위축된다. 최근 미국에서 발생한 연쇄테러와 이에 따른 보복전쟁으로 국제 경제상황이 악화된 것이 이를 반영한다.

각국이 개방을 확대하고 외향적 경제개발전략을 채택하면서 통상마찰이 심화되고 있는데 이것도 국내경제에 영향을 미친다. 특히 경쟁력이 취약하여 보호주의를 채택하고 수출산업에 각종 특혜를 부여하는 경우 교역상대국들과 통상마찰을 일으키고 그들로부터 보복을 받게 되며 이 경우 해당 산업의 침체는 물론 경제 전반을 위축시킬 수 있다. 정치적 또는 기타의 동기로 해외로부터 경제제재를 당하는 경우에도 수출이 제약을 받고 자본·기술·자본재·원자재 등의 조달에 곤란을 겪게 됨으로써 경제가 침체되고 국민생활이 어려워진다.

국내에서 극심한 정쟁이 발생하고 정치논리에 의해 자원이 배분되며 공직자들의 부패와 비리가 난무하고 정치권의 간섭이나 이익집단 간 힘 겨루기에 의해 이권과 인·허가가 좌우되는 정치와 정책실패의 경우에도 국내의 투자, 생산, 고용이 위축되고 낭비가 심화됨으로써 경제위기를 초래할 수 있다. 시장기구 대신에 정치권과 정부의 재량과 독단으로 자원을 배분하는 경제운영의 결과는 사회주의 국가, 마르코스 치하의 필리핀, 남미의 군사독재 사례에서 찾을 수 있다. 1990년대 초반 이후 지금까지 계속되고 있는 일본의 장기복합불황, 한국을 비롯한 동아시아 국가들이 경험한 1997년의 외환위기도 각국의 개방화, 국제화 시대에 잘 적응하지 못한 경제정책의 실패의 산물이다. 일본은 관료체제가 주도하는 경제운영으로 1950년대부터 80년대 후반까지 고도성장을 이룩했으나 정부의 과다한 규제와 보호조치가 내수산업, 유통부문 등의 경쟁력 약화를 초래하였고 한국을 비롯한 동아시아 국가들은 정부주도하의 요소투입증대에 의한 성장방식과 금융·외환부문에 대한 부적절한 관리가 외환위기를 초래하였다.

국내산업의 경쟁력 약화도 경제위기를 초래할 수 있다. 주요 산업의 경쟁력이 취약하면 수출이 위축될 뿐 아니라 국내시장을 외국산 제품이 점령하게 됨으로써 생산, 고용 및 투자가 위축되고 국민소득이 감소한다. 경쟁력은 가격경쟁력, 품질경쟁력, 기타경쟁력으로 구분할 수 있는데 가격경쟁력은 동일한 제품을 외국기업보다 얼마나 싸게 공급할 수 있느냐를 나타내며 제조기술 및 마케팅 능력의 정도, 인건비와 원·부자재의 조달비용, 자본 조달비용과 물류비 수준 등에 의해 결정된다. 품질경쟁력은 기초기술과 산업기술 수준, 종업원의 숙련도 등에 의해 결정되며 이밖에 디자인, 애프터서비스 등에 의한 고객만족도 등이 경쟁력에 영향을 미친다. 개방화시대에는 경쟁력이 지속적 성장을 보장하는 가장 중요한 원천이므로 기초기술 및 응용기술 개발, 디자인경쟁력 강화, 마케팅 능력 강화 등을 통해 자국 상품의 판로를 확대시켜 나가야 하며 이를 위해서는 금융을 비롯한 지원산업과 정부부문의 경쟁력도 함께 높여 나가야 한다. 제조업분야의 경쟁력 약화는 경상수지 적자를 누적시켜 외환위기를 초래할 수 있으며 금융산업의 경쟁력 약화 역시 자본매개기능을 약화시켜 경제위기를 초래한다.

경제주체들의 의식과 관행의 후진성, 기대 오류 등 시장기구 참여자들의 과오는 잘못된 투자·생산·소비결정으로 자원의 낭비 또는 공급부족을 초래하고 경기순환을 왜곡한다. 오늘날에는 시장에 반영된 상황에 추가하여 미래 상황에 대한 기대가 경제주추들의 행태에 직접적으로 영향을 미친다. 기업인들은 미래의 시장 전망을 바탕으로 투자 및 생산계획을 수립하며 소비자들은 미래의 소득전망에 기초하여 소비와 저축수준을 결정한다. 정부 역시 국내·외 경제상황에 대한 미래 전망을 토대로 경기를 조절하는 정책을 추진한다. 이 과정에서 경제주체들의 기대가 빗나간다면 투자와 소비의 부족 또는 과잉을 초래하고 정부의 경기조절 정책 역시 역효과를 초래할 수 있다.

이밖에 시장경제의 작동을 저해하는 상황을 경제위협으로 파악한다면 시장기구 운영을 적절히 지원하지 못하는 법과 제도의 결함, 정치적 미성숙으로 인한 시장기구의 작동 불량, 시장실패에 대한 대응 미숙, 위기관리 능력 부재 등이 경제위협을 초래할 수 있다. 시장기구는 자원의 효율성을 달성하는 데 적합하지만 분배의 형평성을 제고하고 사회적 약자를 배려하는 장치를 갖추지 못했다. 국가의 경제목표가 경제력과 함께 국민 개개인의 후생을 극대화하는 것이라면 시장기구가 지닌 모순을 보완하는 장치가 필요하다.

시장기구에 참여하는 경제주체들은 완전한 지식과 정보를 무장하고 충분한 권한이 보장된 가운데 합리적 선택을 해야 하는데 그렇지 못해 의사결정이 왜곡된다든지 남의 영역에 부단히 간섭함으로써 합리적 선택을 방해하는 경우 잠재역량을 발휘하기 어렵다. 이런 사례는 정치·경제 발전단계가 낮아 자본주의 발전에 필요한 법·제도·기구를 제대로 갖추지 못하고 정치권과 관료들이 시장에 참가하는 다른 경제주체들의 권한을 압도함으로써 시장경제체제의 장점이 구현되지 못하는 사회에서 공통적으로 발견되는 현상이다.

또한 기업은 규범과 경제윤리가 지배하는 속에서 기업가치를 극대화하고 소비자 역시 법과 질서를 지키면서 소득을 창출하고 효용을 극대화하며 정부는 시장기구가 작동하는 데 필요한 법과 규범들을 만들고 시장실패를 보완하는 장치를 마련하며 경제상황을 바람직한 상황으로 유지하고 국민들이 신뢰하는 예측 가능한 정책을 집행해야 한다. 이러한 경제주체들의 역할이 제대로 지켜지지 않으면 시장은 잘못된 신호를 보내 불확실성과 위험이 확대되고 불필요한 낭비가 발생함으로써 경제적 위협이 초래될 수 있다.

이상의 경제안보 위협은 처음에는 특정분야 또는 지역에 영향을 미치지만 그것이 심화되면 국내의 재정, 통화금융, 산업 등 모든 부문에 파급되어 성장잠재력을 떨어뜨리고 국민생활을 위태롭게 할 수도 있다.

III. 경제안보 위협의 내용 및 파급효과

여기서는 대·내외적 경제안보 위협을 크게 대내적으로는 정치와 정책실패, 경쟁력 약화, 시장기구의 실패, 그리고 대외적으로는 국제질서의 불안정, 국제 자원위기, 국제 경제위기, 통상마찰과 경제제재로 구분하고 각 경제안보 위협의 내용 및 파급효과를 검토하고자 한다.[4]

1. 대내적 경제안보 위협의 파급효과

1) 정치와 정책실패

정치가 발전하지 못하면 정책의 시행착오가 빈발하고 정당치 못한 목적에 지원을 낭비함으로써 자원의 효율적 배분을 방해한다. 시장경제 발전을 위한 제도를 마련할 수도, 시장기구를 효율적으로 운용할 수도 없으며 공정경쟁이 실현되지 못함으로써 시장기구와 장점이 구현되지 못한다. 경제주체들은 경쟁 대신에 정치권 또는 관료와의 야합을 통

---

4) 경제안보의 위협 내용 및 파급효과에 대한 세부적 사항은 김덕영, "경제안보 위협의 유형별 대응방안"(국방대학교 안보문제연구소, 2001); 김수진, 『경제안보 정책론』(국방대학교, 2000); 그리고 김덕영, 『경제안보론』(국방대학교, 1995)을 참조하기 바람.

해 경제적 이득을 얻으려 할 것이므로 창의력과 인센티브 대신에 부패와 비리가 충만한 사회가 등장할 것이다. 정치집단이나 정부가 시장기구에 개입하는 경우 자의적으로 자원배분이 이루어질 것이므로 경쟁력이 약하면서도 정치적 비호를 받는 세력이 자원을 독점하기 쉽고 자원배분을 둘러싼 갈등이 심화될 것이다. 그 결과 자원의 낭비, 생산 잠재력의 감소, 외국인투자의 감소 등을 통한 경제위기, 국민생활조건 악화 및 사회불안에 의한 국민통합 위기 등이 초래될 것이다.

지난 1997년의 외환위기는 정치실패에서 비롯된 측면도 크며 결과적으로 중산층 붕괴, 사회제도 및 정부에 대한 신뢰성 위기가 도래하였고 사회계층 간 갈등이 심화되었다. 특히 외환위기를 예측, 예방하지 못함으로써 정부정책, 관료들에 대한 불신이 증대하였고 경제부문에 정치논리가 개입되어 경제위기를 초래했다는 인식으로 기존 정치제도, 정치인에 대한 불신이 증대되었다. 경제위기 도래와 대통령선거가 시기적으로 중복되면서 정치지도층 간에 위기극복을 위한 협력관계보다, 위기책임론을 둘러싼 대결국면이 형성되기도 하였다. 위기극복을 위한 과정에서 노·사 간 갈등이 심화됨은 물론 대기업의 체질개선을 독려하는 정부와 기업주 간에 갈등관계가 형성되고 노동시장의 유연성을 확립하고자 하는 정부와 고용안정을 주장하는 근로자 측이 충돌하였다. 실업자와 사회적 부랑자, 생계형 범죄 등이 늘어나고 취업자도 실업공포에 시달리면서 사회불안, 도덕적 해이가 만연하였다. 경제력이 급격히 감소하고 실업자가 양산되었으며 빈부격차가 확대되었다. 정치 또는 정책실패가 경제위기로 이어질 수 있음을 실증적으로 보여준 것이다.

정치실패와 정책실패가 초래한 효과를 보면, 무엇보다도 경제와 사회불안을 초래한다. 그 결과 투자와 생산활동이 위축되고 자원낭비를 조장하며 성장잠재력을 하락시킨다. 국제사회의 신인도가 떨어져 내국인투자는 물론 외국인투자가 줄어들고 자금조달 비용을 상승시켜 국내 기업들의 수익성을 악화시킨다.

정치실패는 선거와 정당정치 과정에서 발생하는 부정과 불법행위로 반민주적 정권이 등장하고 지나친 선거비용이 지출되며 정치인들이 정부의 인·허가 과정에 개입하거나 정책사업을 추진하는 데 영향력을 행사함으로써 사적 이익을 추구하고 극심한 정쟁으로 경제활동을 위축시키는 것을 말한다. 이러한 정치실패는 필요한 법과 제도 등 인프라를 구축하는 데 지장을 초래하며 인적·물적 자원의 배분을 왜곡하고 국내 기업들의 경쟁력을 떨어뜨린다.

정책실패는 정치권의 간섭, 관료들의 무능과 부패 등으로 정부가 지닌 거시정책, 산업정책, 무역정책 수단들을 제대로 활용치 못하고 경제발전을 위한 비전과 지원, 경제상황에 부합하는 처방 등을 제시하지 못하며 산업기반을 약화시키고 시장에 부적절하게 개입하여 산업활동을 위축시키는 것을 말한다. 그 결과는 정부불신, 경기조절 실패, 지하경제 만연, 국내 기업들의 경쟁력 하락, 잠재적 비교우위산업의 개발 실패, 국내생산과 투자 위축 등으로 나타난다.

정치와 정책실패로 인한 부정적 경제효과의 파급경로는 다음과 같이 요약될 수 있다. 첫째, 경기조절 실패는 경기변동 심화와 그에 따른 경제불안을 야기시키고, 불안한 경제심리는 투자·생산 및 소비활동의 파행을 초래하면서 낭비와 후생손실을 초래한다. 둘째, 부적절한 산업정책과 감시감독의 소홀은 산업발전을 저해하고 경쟁력을 하락시키며, 이에 따라 생산·소득 감소, 실업증대 그리고 경상수지 악화가 초래된다. 셋째, 정치권의 개입과 정부의 규제는 불공정경쟁, 준조세 및 자원배분 왜곡을 통해 국내산업의 수익성을 악화시키고, 그에 따라 투자와 생산이 위축되면서 지하경제가 확대되는 결과가 발생된다.

정치와 정책실패에 따른 부정적 파급효과는 생산가능곡선의 하방 이동, 생산 및 소비 균형점의 하방 이동에 따른 효용 감소 등으로 설명할 수 있다. 또한 스위스 IMD 등 국제경쟁력 조사기관이 발표하는 정부부문의 경쟁력 지표, 국내사업과 해외 동종산업의 수익성 및 성장성 비교를 통해서도 간접적으로 설명될 수 있을 것이다.

2) 경쟁력 약화

오늘날 모든 국가는 국민들에게 풍족하고 안정된 소비생활을 보장하기 위해 자국 산업의 국제경쟁력을 높이는 산업정책과 무역정책을 시행하고 있다. 국제화, 개방화시대를 맞이하여 재화와 서비스 등 상품의 이동은 물론 자본, 기술, 노동력의 이동이 용이해졌고 교통, 정보기술의 발전은 물류비용을 떨어뜨려 국산품과 수입품, 내수용품과 수출품 간의 차별이 사라졌다. 그 결과 거의 모든 업종에서 경쟁이 심화되고 있으며 무한경쟁에 적응하지 못하는 기업, 소비자들의 기호를 충족시키는 데 실패한 기업은 파산할 수밖에 없으며 경쟁력 있는 기업을 육성하지 못하는 국가는 경제가 침체된다.

기업의 국제경쟁력은 국내외 시장에서 차지하는 그 기업 제품의 시장점유율로 추정할 수 있으며 국가의 경쟁력은 경쟁력 있는 기업을 얼마나 보유하고 있는가, 기업활동 또는 경제활동을 뒷받침하는 제도와 관행, 인프라 등이 얼마나 효율적인가로 측정할 수 있다. 기업이 국제경쟁력을 보유하기 위해서는 다른 기업에 비해 양질의 제품을 값싸게 공급함으로써 소비자들로 하여금 자기 상품을 사도록 유인할 수 있어야 한다. 따라서 가격경쟁력, 품질경쟁력, 디자인과 마케팅경쟁력 등이 앞서야 하며 이를 위해서는 노동자들의 숙련도, 기술수준, 설계 및 디자인 기술이 높아야 하고 마케팅, 애프터서비스 능력도 중요하다. 또한 동태적 관점에서 국제경쟁력을 어떻게 유지·확대해 나갈지가 더욱 중요한데 이를 위해서는 요소 시장 및 환율의 변동, 기술변동, 경쟁업체들의 전략 등에 어떻게 대응해 나가느냐가 관건이다.

국내기업이 외국 경쟁자들보다 저렴하고 우수한 제품을 공급하거나 외국기업이 만들지 못하는 상품을 공급할 때 세계시장에서 차지하는 국내기업들의 시장점유율은 커지고 국내산업의 경쟁력은 상승한다. 그동안 아시아 신흥공업국들이 섬유류, 잡화, 가전제품 등 경공업제품의 수출을 통해 높은 성장을 달성한 것은 상대적으로 풍부한 노동력을 활용하여 이들 제품을 값싸게 공급했기 때문이다. 반면 일본, 독일, 이탈리아 등은 인건비가 비싼 선진국이면서도 섬유류나 전자제품의 경쟁력을 유지하고 있는데 그것은 기술, 품질, 디자인 등이 결정적 역할을 수행하는 고가품 시장에서 비교우위를 지녔기 때문이다.

가격경쟁력을 결정하는 핵심 요소는 제조비용, 환율, 물류 및 거래비용, 경영의 효율성 등이며 품질경쟁력을 결정하는 요소는 기술수준과 노동숙련도 등이다. 이밖에도 디자인 및 마케팅 기술, 국내 연관산업의 발전수준, 애프터서비스 체제, 국내시장 규모 등이 국내 기업들의 경쟁력에 영향을 미친다. 국내 기업들의 경쟁력을 높이기 위한 전략도 이런 방향에서 접근할 수 있다.

국내기업의 경쟁력이 저하되면 손실이 누적되고 투자여력을 상실한다. 기업활동을 지속하기 위해서는 임금 하락과 기술혁신으로 경쟁력을 회복하는 길밖에 없다. 국가가 경쟁력 있는 기업들을 보유하지 못하면 국내에서는 생산과 투자가 위축되고 실업이 증대되며 소득이 감소한다. 소득감소는 소비와 저축 감소로 이어져 저성장과 침체의 악순환을 초래한다.

기업의 국제경쟁력은 그 기업과 경쟁기업 간 유사제품의 가격과 제조원가, 주요 요소의 조달비용, 기술수준, 판매비용 등의 비교를 통해서 파악할 수 있으며 경쟁력의 결과는 시장점유율, 매출신장률, 영업이익률 등으로 나타난다. 반면 국가의 경쟁력은 수출단가지수, 노동 및 기타 요소의 단위당 비용지수, 주요 기술 수준, 요소 생산성, 주요 산업의 세계시장 점유율, 현시비교우위지수(RCAI) 경쟁력계수 또는 무역특화지수 등으로 측정할 수 있다.[5]

경쟁력의 저위 또는 약화는 국산품에 대한 수요를 감소시키고 외국

---

5) RCAI는 특정 상품의 세계무역액 중에서 그 나라의 수출액 비중이 그 나라의 무역규모에 비해 상대적으로 큰지 또는 작은지로 상품(또는 산업)의 비교우열을 측정하는 지수이며, 무역특화지수는 특정 산업의 발전과정이 그 산업 제품의 수입→수입대체→수출의 과정을 거치며 마지막 단계로 갈수록 경쟁력이 커진다는 사실에 착안하여 그 산업이 어떤 단계에 있는지를 파악하여 경쟁력을 측정함.

산 제품으로 수요를 전환시킴으로써 국민들의 소득감소 및 실업증대, 경상수지 악화, 외채 증대 등 경제위기를 초래할 수 있다. 경쟁력 약화로 인한 세부적 파급효과와 경로를 보면, 첫째, 국내기업(산업)의 수익성이 악화되면 가동률이 저하되면서 생산 및 투자가 감소하고 그에 따라 실업 증대 및 소득감소가 발생된다. 둘째, 국산품의 해외수요 둔화 및 외국제품의 국내수요가 증대되면 경상수지가 악화되면서 대외부채가 증대된다. 셋째, 국내기업 수익성이 악화되면 기업가치가 하락하면서 대외신인도가 저하되고 그에 따라 차입비용이 증대되면서 채산성 악화가 가속화된다.

한편 경쟁력 약화로 인한 부정적 파급효과는 국내산업의 수익성 악화, 경상(무역)수지 악화, 성장률의 상대적 저하 정도 등으로 측정될 수 있다.

한국의 제조업체들은 1990년대 들어 인건비가 상승하고 물류비가 증가되며, 경쟁국 기업들에 비해 많은 차입이자를 부담함으로써 가격경쟁력이 뒤지고 기술 면에서도 선진국에 뒤져 품질경쟁력이 약화되었다. 특히 경쟁국에 비해 생산성 대비 임금상승률이 높아지면서 국내기업들의 수익성이 악화되었다. 결과적으로 해외에서 국산품의 시장점유율이 떨어지고 국내시장에서는 수입품 비중이 늘어남으로써 경상수지가 악화되었고 마침내 외환위기를 맞게 되었다. 건설업체, 금융기관, 공기업들도 경쟁력 약화로 수익성이 악화되고 부실화됨으로써 다수 기업들이 파산하였다.

3) 시장기구의 실패

경제이론에서는 모든 개인과 기업이 필요한 정보와 지식을 갖고 최대 효용 또는 최대이윤을 달성하기 위해 행동한다고 가정한다. 정부는 개입의 자유와 창의성이 발현되고 공정경쟁이 이루어지는 제도적 틀을 마련하여 시장기구의 원활한 작동을 지원하고 시장기구가 해결하지 못하는 분배의 형평성 제고 및 사회적 약자의 배려를 위한 사회보장제도를 도입하여 시장실패를 보완한다. 그러나 경제주체들의 이러한 역할이 완벽히 수행되는 나라는 없다. 특히 민주주의가 발전하지 못하고 경제발전 단계가 낮은 나라일수록 경제주체들의 의식과 관행이 불합리하며 시장의 힘이 작용하지 않는 영역이 커진다.

시장기구의 실패는 시장기구의 구조적 취약성에 기인한 시장실패, 경쟁을 제한하는 정치적 · 사회적 장벽, 시장 참여자들의 잘못된 의식과 행동 등을 포함한다. 시장기구의 실패는 정부가 시장실패에 적절히 대응하지 못하거나 공정경쟁이 침해되는 상황 또는 가계와 기업의 무지와 무능력, 비합리적인 전통과 종교적 제약 등으로 경제주체들이 합리적인 의사결정을 수행하지 못함으로써 자원이 비효율적으로 배분되는 상황을 의미한다.

시장실패는 시장기구에 자원배분을 일임했을 때 발생할 수 있는 불완전 경쟁, 정보의 비대칭성으로 인한 선의의 피해자 발생, 규모의 경제에 의한 자연독점, 공공재 생산의 제약, 수인의 딜레마에서 나타나고 있는 것처럼 의사소통 또는 정보교류가 차단됨으로써 서로에게 최선의 결과를 가져다주는 선택을 할 수 없는 상황에 의한 비효율성 등을 의미한다. 내수시장이 제한된 상황에서 이윤을 극대화하려는 기업의 행동이 불완전 경쟁 또는 자연독점을 초래하고 기업 내부자와 외부 투자자, 공급자와 소비자 간에 존재하는 정보의 비대칭성이 투자자와 소비자에게 손해를 안겨줄 수 있다. 또한 시장기구는 국방, 사회간접자본건설, 공해방지와 환경보호 등 공공재를 산출하지 못하며 정보교환과 의사소통 부재에 따르는 비효율을 해결할 수 없다. 이러한 시장실패는 정부의 개입에 의해서만 해결될 수 있다.

기업이 이윤극대화를 통한 기업가치 향상 대신에 매출 극대화나 외형 키우기에 급급하고 임직원들이 사리사욕을 채우기 위해 경영을 왜곡한다든지 또는 기대오류 등으로 잘못된 의사결정을 한다면 자원의 낭비, 수익성 악화 등을 초래할 것이 분명하다. 또한 국민들이 불합리한 전통화 문화에 예속되고 불완전한 정보 및 교통통신의 제약으로 거

래비용이 과대하게 발생하며 공급자 시장 형성[6] 등으로 완전경쟁시장
의 이점이 나타나지 않으면 소비자잉여가 축소되고 시장에서는 가격의
신호기능이 왜곡될 것이다. 정부가 지도자나 여당의 정치적 목적 달성,
관료들의 이권 확보 등을 위해 편파적으로 법과 제도를 시행하고 민간
경제에 부당하게 개입하면 성장잠재력이 축소되고 생산·투자·소비
가 위축된다.

특히 기대 오류는 잘못된 투자·생산·소비결정으로 자원의 낭비
또는 공급부족을 초래하고 경기순환을 왜곡한다. 오늘날에는 시장에
반영된 상황과 더불어 미래 상황에 대한 기대가 경제주체들의 행동에
직·간접적으로 영향을 미치는데 기업인들은 시장이 주는 가격 신호와
미래시장 전망을 바탕으로 투자 및 생산계획을 수립하며 소비자들 역
시 가격의 신호와 미래의 소득전망에 기초하여 소비와 저축을 결정한
다. 정부 역시 국내외 경제동향을 전망하면서 경기를 조절하는 정책을
채택한다. 이 과정에서 경제주체들의 기대가 빗나간다면 투자와 소비
의 부족 또는 과잉을 초래하며 정부의 경기조절 정책이 역효과를 초래
할 수도 있다.

시장기구에 참여하는 경제주체들은 완전한 지식과 정보로 무장하고
충분한 권한이 보장된 가운데 합리적 선택을 해야 하는데, 그렇지 못하
면 의사결정이 왜곡되고 잠재역량을 발휘하기 어렵다. 정치·경제 발
전단계가 낮아 시장경제 발전에 필요한 법, 제도, 기구를 제대로 갖추
지 못한 경우에는 정치권과 관료 등이 시장 참가자들 권한을 압도함으
로써 시장경제체제의 장점이 구현되지 못하는 현상이 나타나게 된다.

또한 기업은 법과 경제윤리의 테두리 속에서 기업가치를 극대화하고
소비자는 노동의 대가로 벌어들인 소득으로 소비의 효용을 극대화하며
정부는 시장기구가 작동하는 데 필요한 틀을 만들고 시장실패를 보완

---

6) 공급자시장 또는 생산자시장은 생산물의 종류, 생산수량 및 분배가 생산지에 의
　해 결정되고 소비자 주권이 행사되지 못하는 시장을 의미함.

하는 장치를 마련하며 국민들이 신뢰하는 예측 가능한 정책을 집행해
야 한다. 이러한 경제주체들의 역할이 제대로 지켜지지 않으면 시장은
잘못된 신호를 보내고 불확실성이 커지며 불필요한 낭비가 발생함으로
써 경제적 위협이 초래될 수 있다.

시장기구의 실패로 인한 부정적 파급영향은 성장잠재력의 하락, 생
산 및 투자의 감소, 무역의 감소, 소비자 후생의 축소 등으로 나타나는
데 그 크기는 앞에서 제시한 것처럼 생산가능곡선의 하방 이동으로 인
한 생산감소, 무역삼각형의 축소로 인한 소비감소, 성장률 갭, 지하경
제의 크기 등으로 측정될 수 있다.

2. 대외적 경제안보 위협의 파급효과

1) 국제질서의 불안정

국제질서는 정치질서, 경제질서로 나누어 생각할 수도 있다. 냉전이
끝난 이후의 국제정치 질서는 유엔이라는 초국가적 대화·협력의 장
이 마련되어 있기는 하나 유엔보다는 미국을 비롯한 소수의 강대국들
이 국제관계의 성격과 쟁점들을 결정하는 강대국 중심의 국제질서이다.
유엔 안보리 상임이사국 또는 G-8의 구성원들이 국제관계를 결정하는
주요 행위자들이며 거의 200개에 달하는 개도국들은 이들이 정한 국제
법과 관행을 수동적으로 받아들여 국가를 경영하고 대외관계를 결정한
다. 강대국 중에서도 미국의 경제력과 군사력이 압도적 우위를 차지함
으로써 오늘날의 국제질서는 미국을 중심으로 영국을 비롯한 유럽 선
진국, 일본, 호주 등이 미국의 리더십에 의존하는 형태를 보이고 있다.
미국은 다자간 기국에서 강력한 영향력을 행사할 뿐 아니라 NATO를
비롯한 지역안보기구, NAFTA와 APEC 등 지역경제협력기구 등에 가입
하여 강력한 발언권을 행사함으로써 유일 초강대국 위상에 걸맞은 글
로벌 영향력을 행사하고 있어 미국의 영향력과 미국 중심의 국제질서

는 상당 기간 지속될 것으로 전망되고 있다.

그러나 현행 국제질서가 불공정하며 구미선진국이 주도하는 세계경영이 균형을 잃었다고 보는 상당수의 개도국, 종교적 뿌리를 달리하는 이슬람 세력들의 불만과 변혁요구가 거세어지고 냉전시대에 감추어졌던 인종, 종교, 지역문제가 수면위로 부상하면서 지구촌 곳곳에서 무력충돌이 계속되고 있다. 미국 중심의 국제질서 속에서 국가 대 국가의 전면적 가능성은 줄었으나 저강도 분쟁은 늘어나고 있다. 특히 글로벌화가 진행되면서 상대적 박탈감을 느끼는 세력이 늘어나고 종교적 동기로 결성된 테러집단의 폭력이 늘어나면서 세계경제의 불안정과 불확실성이 확산되고 있다. 인구 증가, 빈곤, 자원의 희소성 증대, 민족 간 긴장, 인플레와 실업, 부국과 빈국 간의 긴장 증대, 전쟁과 억압으로 인한 난민, 빈국에서 부국으로 이민 증가, 급속한 도시화, 전통적 권위구조의 파괴, 원리주의 종교집단의 증가와 이들의 공격적 종교의식 등은 기존 국제질서의 불안정을 가속화시킬 수 있는 요인들이다. 과거에는 이데올로기와 인종적 내셔널리즘이 전쟁과 테러리즘을 유발하는 두 개의 엔진이었으나 앞으로는 불량국가의 지원, 인종적 갈등 및 종교적 광기가 국제질서를 혼란시키고 국제폭력을 일으키는 원천으로 작용할 전망이다. 경제적으로는 개발격차 확대, 과거에 비해 개도국들에 덜 관대한 선진국들의 태도, 선진국 상호 간의 이견, 다양한 이해관계를 지닌 NGO들의 저항 등이 불확실성과 위기를 초래할 수 있는 요인들이다.

이러한 국제정치 및 경제질서는 각국으로 하여금 다양한 형태의 도전에 대해 스스로를 방어할 수 있는 군사역량, 무한경쟁에서 살아남을 수 있는 국제경쟁력, 해외의 불안정한 경제상황에서 기인하는 경제위기에 대처할 수 있는 위기관리능력 등을 갖출 것을 요구하고 있으며 국내뿐 아니라 지구촌 전체의 평화유지를 위한 경제적 부담과 군사적 역할의 분담을 요구하고 있다.

국제질서의 불안정에서 비롯되는 경제위협의 파급효과와 경로를 보면 다음과 같이 요약될 수 있다. 우선 평화와 공동번영을 촉진하는 장치를 결여한 불완전한 국제질서는 국가 간, 지역 간, 민족 간 갈등을 초래하고 군비경쟁을 유발시킨다. 그 결과 한정된 부존자원의 군사목적으로의 전용, 전쟁복구를 위한 자원소요 유발 등을 통해서 자원의 희소성을 증대시키고 인간의 자유를 제약하며 복지증진을 위한 활동을 위축시킨다. 이것은 전쟁 당사국은 물론 세계의 모든 나라를 피해자로 만든다. 국내에서 발생하는 내전과 정통성과 결여한 정권의 편법적 통치행위도 똑같은 결과를 초래한다. 국제질서의 불안정에서 비롯되는 피해사례는 최근 미국에서 발생한 연쇄테러—보복전쟁—역보복 테러에서 입증된다. 연쇄테러로 인한 인적·물적 피해와 항공, 보험, 관광관련업계 등이 입은 직접적 피해, 이동의 자유와 제한되고 소비가 위축됨으로써 산업 전반으로 확산된 간접적 피해, 군수품에 대한 수요 증대와 보안 강화를 위한 개인, 기업, 정부의 지출로 인한 기회비용 등이 국제질서 불안정에 따른 피해를 구성한다. 불안정한 국제질서는 긴장과 분쟁으로 이익을 보고 나아가 갈등을 조장하는 역할을 수행하는 산업만을 확대시키며 인간의 복지를 증대시키는 대부분의 산업을 위축시키다.

IMF-WTO체제로 대표되는 국제경제질서는 각국의 경제발전 단계를 무시한 채 모든 나라에 무한경쟁을 요구함으로써 지식과 정보, 기술수준 면에서 앞선 선진국과 개도국 간에 경제력 격차를 확대하고 있으며 몇몇 선진국들의 이해관계에 따라 만들어진 국제규범과 관행, 통상마찰 등에서 비롯되는 남북 및 남남 갈등은 국제관계의 긴장을 초래하는 또 다른 요인이다. 특히 무역 측면에서는 고율의 관세율과 긴급수입제한조치를 인정하고 일반 특혜관세제도를 적용하는 등 개도국에 제한적이나마 혜택을 부여하고 있으며 금융 측면에서는 세계은행 그룹을 통해 양허적 조건으로 개발자금을 제공하고 있으나 그 혜택은 수요에 비해 턱없이 부족하다. 이에 비해 개도국이 보유하는 자연자원은 선진국과 다국적 기업의 필요와 요구에 따라 가격과 공급량이 결정되며 자본시장의 개방과 자유화는 선진국 자본가들에게만 혜택이 돌아가는 수단으로 작용하고 있다.

부국들은 자본과 기술의 주요 공급자이자 자연자원의 주요 수요자로서 이들의 국내 경제상황에 따라 국제금리가 등락하고 원자재 가격과 거래량이 결정된다. 자원보유국들의 경제사정은 자원의 수요자인 부국의 경제상황에 예속될 수밖에 없으며 오늘날 일차산품 수출에 의존하는 개도국들이 대부분 이러한 운명에 처해 있다. 현행 국제금융체제 하에서 빈국들은 외국자본을 끌어들여 경제개발을 추진하고 있는데 외채비용이 도입국 상황보다도 채권국 또는 미국의 금융정책에 따라 등락하고 있어 채무국의 금융불안을 가중시킨다. 나아가 지난 1990년대에 아시아 금융위기를 촉발시킨 원인으로 지목되었던 국제투기자금은 금융산업이 상대적으로 낙후된 개도국에 침투하여 주식·부동산 가격과 환율의 급격한 등락을 유발시키고 이러한 경제불안정을 활용하여 이익을 도모하는 착취적 행태를 보이기도 했으며, 또한 개도국 경제상황의 불안정성, 불확실성을 가중시킨다.

지식·자본·기술·정보 면에서 격차를 보이는 선진국과 개도국 간에 공정경쟁이란 이름하에 벌어지고 있는 무차별 경쟁은 사실상 그 혜택이 불균등하게 돌아가는 불공정경쟁이며 선진국들의 국내이익을 절충하여 결정된 오늘날의 국제경제질서는 부국 간 분쟁뿐 아니라 부국에 대한 빈국의 불만, 빈국 상호 간 분쟁을 양산할 수밖에 없는 불공정한 질서이다. 불공정한 국제경제질서의 영향은 부국과 빈국 간 불공정한 자원배분, 불안정성과 불확실성에 따른 리스크 프리미엄, 위기 및 갈등 관리비용, 보호주의와 폐쇄적 블록화 추진 등 자원배분의 왜곡과 낭비로 나타난다.

자원배분의 왜곡은 선진국의 변덕스런 경제정책에 따라 금리가 등락하고 자금이 예측 불가능한 모습으로 이동하며 투자에 따른 수익성 대신에 정치적 고려에 의해 개발자금과 기술을 공여하는 사례, 개도국의 경제발전에 기여하지 못하는 다국적 기업들의 경영전략 등에서 발견된다. 불안정성과 불확실성에 따른 리스크 프리미엄은 주로 개도국들이 부담하는 것으로 인적 자본이 부족하고 생산성이 낮으며 국제신인

도가 낮은 개도국의 국내사정에 일차적 원인이 있으나 부국들의 국내
이익 보호를 위한 경제정책의 산물이기도 하다. 현행 국제경제질서하
에서 개도국들은 경제적 불안정, 불확실성이 확대되고 있으며 부국들
의 경제정책, 경기동향에 따라 영향을 받는다. 갈등관리비용은 빈번한
통상마찰과 경제위기로 발생하는 손실과 이를 예방·해소하기 위해 부
담하는 비용으로서 보다 공정하고 균형된 국제경제질서가 형성되면 지
불하지 않아도 되는 비용이다. 보호주의는 경쟁력 없는 국내산업의 보
호를 통해 소비자잉여를 감소시키고 효율성이 낮은 부문으로 생산자원
이 집중되도록 하며 폐쇄적 블록화 역시 블록에 가입한 국가들에게 인
위적으로 교역과 투자가 집중되도록 함으로써 무역이익과 수익성을 떨
어뜨린다.

따라서 앞에서 언급된 국제질서 불안정에 따른 파급효과는 다음과
같은 경로를 통해 자원왜곡과 낭비를 초래함으로써 인간의 복지수준은
감소시키고 빈국들의 경제적 희생을 유발한다.

첫째, 세계의 자원을 군사, 안보분야로 전용함으로써 인간의 복지를
위해 사용되는 재화와 용역의 생산을 감소시킨다. 재화를 국제질서 불
안정에 기인하는 갈등과 위협에 대비하기 위한 안보재와 인간의 효용
을 향상시키는 순수한 복지재로 분류하면 세계의 모든 자원을 사용해
서 생산할 수 있는 이들 재화의 수량은 생산가능곡선으로 표시할 수 있
다. 국제질서가 불안정하고 안보상황이 불확실한 정태분석에서 안보
재도 인간의 효용을 증대시키지만 국제질서 자체가 가변적인 동태적
상황에서는 안보재는 효용을 산출하지 않거나 극히 미미한 효용을 산
출하는 재화로 간주할 수 있다. 정태적 상황과 동태적 상황에서의 합리
적 선택은 생산가능곡선과 무차별곡선의 접점에서 발견할 수 있다.

만일 국제질서가 각국의 평화를 보장하고 공정한 번영을 약속하는
효율적 체제라면 세계 전체의 복지재 생산이 극대화될 것이다. 그러나
국제질서가 불안정해질수록 분쟁 가능성이 커지고 자원을 안보재 생산
으로 전용함으로써 복지재의 생산은 감소할 것이다. 불안정한 국제질

서하에서 각국은 안보재를 생산하지 않으면 불안할 것이므로 세계 전체로서는 복지재 생산이 제한되게 된다. 만일 국제질서가 극단적으로 안정된 상황이 도래한다면, 즉 세계의 모든 자원을 복지재 생산에 이용하는 상황이 연출될 수 있다. 따라서 국제질서 불안정에 따른 기회비용은 이러한 두 가지 상황에서의 복지재 생산의 차이로 표시될 수 있을 것이다.

둘째, 자원의 효율적 사용을 방해하는 제약요인들이 생산가능곡선상의 점 대신에 곡선 내부의 점에서 생산·소비균형이 이루어지도록 함으로써 생산요소의 불완전 고용 또는 자원낭비를 발생시킨다. 이 경우 경기침체 또는 공황이 발생하며 안보재 생산이 증대하지 않는 상황에서도 복지재 생산은 감소한다. 경제체제의 비효율성에 기인하는 산출량 감소의 크기는 실제 복지재 산출량과 생산가능곡선상의 복지재 산출량 간의 차이로 측정할 수 있다.

셋째, 강력한 발언권을 행사하는 선진국들의 국가이기주의와 다국적 기업들의 영리행위 등으로 경제발전 혜택이 국가 간에 불공정·불균등하게 분배되는 국제질서의 영향은 잠재성장률과 실제성장률 간의 차이를 나타내는, 각국의 성장률 갭의 분포, 무역이익의 분배상황 또는 각국이 직면한 저성장과 경제위기의 귀책사유 분석 등을 통해 측정할 수 있을 것이다. 만일 각국의 자본·기술 도입 및 무역이 자유롭다고 가정할 경우 성장률 갭이 큰 차이를 보이면서 세계평균으로부터 넓게 흩어져 있고 부국과 빈국 간에 구조적 차이를 보인다면 이는 국제질서가 불공정하다는 사실을 증명하는 것이다. 표준적인 무역이론에서는 교역 이전의 국내가격과 교역 이후의 가격차이에 따라 무역이익이 분배된다고 보는데, 무역이익이 불균등하게 분배될수록 불공정성을 나타내는 것으로 간주할 수 있다. 또한 저성장과 경제위기가 외부로부터 기인한 것이라면 이것도 국제질서의 불공정성 척도가 될 수 있다.

넷째, 전쟁이나 테러 등으로 이동의 자유가 제한되고 물류에 장애가 발생함으로써 경제 활동이 위축된다면 민수부문의 총생산이 감소하고 투자와 기술개발도 지연될 것이다. 이러한 영향은 군수산업과 보안관련 산업에 대한 자원배분 증대, 테러대책에 관련된 지출, 민수산업에서 발생한 성장률 갭(잠재성장률—실제성장률)이나 투자감소 정도, 생산요소 조달의 제약 또는 수익성과 성장성 지표의 변화로 측정할 수 있을 것이다. 최근 발생한 미국의 세계무역센터와 국방부에 대한 이슬람 원리주의자들의 테러로 많은 인명 피해와 엄청난 재산피해가 발생했으며 미국의 보복으로 아프간 지역에도 인적, 물적 피해가 발생했다. 세계 항공업계와 여행업계는 물론 항공기 제작, 보험, 금융 분야 등 광범위한 분야에서 엄청난 손실을 초래하였다. 테러와 보복으로 인한 직접비용 외에 경기회복의 지연 및 추가테러 공포로 인한 경제적 활력 상실 등의 간접비용도 포함한다면 그 피해는 수천 억 달러를 넘을 것이다. 단 한 번의 테러사건만으로도 수천 억 달러에 달하는 비용이 발생한다는 사실은 국제질서의 불안정으로 인한 경제적 위협이 얼마나 큰지를 단적으로 보여준다.

2) 국제 자원위기

과거 1, 2차 석유파동은 정치적 동기로 아랍 산유국들이 중심이 된 석유수출국기구가 감산을 실시함으로써 촉발되었는데, 유가인상이 이들에게는 외화수입 확대를 가져다 주었지만 뒤이어 나타난 세계경제 침체는 석유에 대한 수요를 감수시키는 요인으로 작용하였다. 따라서 지금은 유가의 지나친 인상이 석유수출국들에게도 도움이 되지 않는다는 사실을 산유국들도 더 잘 알고 있기 때문에 적정수준 이상으로 유가가 인상되지 않도록 생산량을 조절하고 있다. 또한 과거에는 OPEC국가들이 차지하는 석유산출량 비중이 60%를 넘어 이들이 원유가격 결정에 주도적 역할을 수행했으나 그동안 세계 전역에서 석유탐사가 진행된 결과 지금은 비OPEC국가들이 세계 산출량의 거의 60%를 차지하고 있어 OPEC의 영향력이 상대적으로 약화되었고 유가가 공급량 조작보다는 수요변동에 의해 등락하고 있는 실정이다. 이러한 현상은 다른

전략자원의 경우에도 마찬가지이다. 미국을 비롯한 선진국이 호황을 유지하는 것이 자원수출국에도 유리하다

경기후퇴가 갑자기 대규모로 진행되는 공황이 발생하면 세계의 자본시장과 실물시장이 모두 극심한 침체를 보이면서 기업의 파산이 잇따르고 실업이 급증한다. 1930년대의 대공황이 그러했고 20세기 후반에도 미국의 경기변동에 따라 세계경제 성장률이 등락하는 경기변동의 동조화 현상을 목격하였다. 선진국의 경기상황뿐 아니라 개도국에서 발원한 경제위기도 즉각 세계전역으로 전염되는 결과를 초래한다. 중남미에서 발생한 통화위기는 그 지역과 밀접한 이해관계를 갖고 있는 미국을 비롯한 여러 나라의 금융산업과 투자업체에 손실을 주며 수출을 감소시키고 결과적으로 경기침체를 유발한다. 국가 간 상호의존이 확대되고 세계경제통합이 진전되면서 한편으로는 경쟁에 따른 이익과 효율성 증대를 가져왔지만, 다른 한편으로는 경기침체의 동조화, 경제위기의 전염성을 증대시켰다.

해외 자원위기의 파급효과를 보면, 우선 실물부문이 원자재 조달의 애로로 인한 생산감소, 원자재 수입가격 상승 및 수출감소로 인한 경상수지 악화, 비용인상 인플레이션 등을 초래한다. 실제로 과거 두 차례 발생한 석유파동은 원유가격의 급등을 통해 국내경제에 경상수지 악화, 비용인상 인플레이션, 성장률 하락 등을 초래한 적이 있다. 원유수입국들이 대부분 이러한 영향을 받으므로 교역상대국들의 경기침체를 통한 무역감소 효과도 무시할 수 없다. 원자재를 수입에 의존하는 나라들은 국제 원자재가격의 폭등, 해외의 공급제한으로 인한 수입 애로가 발생할 경우 공급사이드에서는 생산요소의 고용감소가 불가피해지고 수요사이드에서는 소득감소로 인한 국내수요 감소와 해외경기 침체로 인한 수출감소 효과가 발생한다. 해외경기 침체로 인한 국산품 수요감소는 국제분업 이익을 감소시킨다. 이러한 상황에서는 실업이 늘어나고 생산시설의 가동률이 떨어진다.

따라서 해외 자원위기가 국내경제에 미치는 영향은 실업률의 증가나

가동률의 하락, 또는 성장률 갭의 확대 등으로 측정할 수 있으며 국민
들의 후생수준에 미치는 효과는 생산가능곡선과 무차별곡선이 만나는
생산 및 소비 균형점의 변동으로 설명할 수 있다. 공급사이드에서 발생
하는 생산감소는 생산가능곡선의 하방 이동으로 설명할 수 있으며 수
출감소로 인한 무역이익 감소 효과는 더 낮은 효용을 주는 무차별곡선
상에서 소비가 이루어진다는 사실로 설명할 수 있다.

3) 국제 경제위기

오늘날은 국제화 · 개방화의 시대이다. 생산, 투자, 분배, 소비 등 경
제활동의 제분야가 국제화되고 국내에서 생산된 생산물의 상당 부분이
해외에서 소비되며 국내에서 소비되는 자원과 상품의 큰 비중이 해외
에서 수입된다. 국내 기업, 은행, 정부 등의 업무 중 상당 부문이 외국
과의 거래와 관련되고 국가경제에서 다국적기업의 역할이 증대되었으
며 해외투자와 외국인투자, 국제자본이동의 비중도 높아졌다.

특히 한국은 국내시장 규모의 협소, 부존자원의 부족, 자본축적 미흡
등으로 경제개발 초기부터 지금까지 자본, 기술, 원자재와 시장을 해외
에 의존해 왔기 때문에 해외의존도가 높다. 미국을 비롯한 선진국도 해
외의존도가 상승하여 국내 생산, 고용에서 차지하는 국제무역의 중요
성이 커졌고 해외투자 및 외국인 투자의 중요성도 증대되었다. 모든 나
라가 외국인 투자 유치를 위해 경쟁하고 있으며 다국적기업들은 생산
비가 낮고 판매에 유리한 지역으로 투자를 확대해 나가고 있다. 자본과
상품거래의 장벽이 낮아지면서 유리한 투자기회를 찾아 이동하는 국제
자본 규모도 커졌다. 경쟁 및 시장확대가 가져다주는 경제적 효율성을
얻기 위해 FTA를 중심으로 무역과 자본시장 자유화를 확대해 나가면서
인접국간에 블록을 결성하는 경제적 지역주의도 심화되고 있다.[7] 이러

---

7) 세계 통상환경의 변화에 대해서는 신용도, 『미국경제분석』(국방대학교, 2004)을
   참조하기 바람.

한 추세는 무역의존도, 수출입 신장률, 산업별 생산 대비 수출입 비중, 특정 자원의 수입의존도, 총투자액에서 차지하는 외자의 비중, 기술도 입건수 등 다양한 지표에 잘 번영되어 있다.

이처럼 개방적 국제경제질서가 정착되고 세계가 단일경제권으로 통합되는 상황에서는 해외에서 발생한 경기침체는 즉각 국내로 파급된다. 실물부문에서는 해외 수요감소로 국내상품에 대한 수입수요가 줄어들어 생산과 투자가 위축되며 국내 주식시장도 침체됨으로써 소비와 투자가 냉각된다. 무역의존도가 높고 수입원자재 비중이 높은 국가일수록 해외 동향에 민감하게 반응한다. 미국이 신경제[8]를 구가하던 기간에 한국, 중국 및 동남아 국가들이 호황을 누리다간 다시 미국 경기가 후퇴하자 동반 후퇴하는 양상을 보이는 것도 이들의 미국시장 의존도가 높기 때문이다.

국제 경제위기의 파급효과를 보면, 해외에서 발생하는 외채위기나 통화·금융위기 등은 해당 국가에 투자한 모든 채권국에 원리금 회수를 불확실하게 만들고 국제자본시장의 불안 및 금리상승을 초래하여 세계적인 투자, 생산위축을 초래한다. 특히 극심한 경기침체, 환율인상 및 외환시장 불안 등을 겪게 될 위기당사국과 교류가 많은 나라는 실물부문에 직접적 타격을 입을 수 있다. 위기당사국은 통화가치 안정을 달성하고 외채상환 재원을 마련하기 위해 초긴축정책을 채택하면서 국제기구나 외국으로부터 차관을 도입하고 외국인투자를 유지해야 하는데 이 경우 고금리를 지불해야 하고 외국투자자들에게 아주 유리한 조건을 제시하지 않으면 안 된다. 결과적으로 국내의 금리수준이 높아져 소비와 투자가 위축되고 성장이 둔화된다. 뿐만 아니라 경제위기 국가

---

8) 미국경제가 1990년대에 기록한 고성장-저물가를 지칭하며 전통적 거시경제이론으로 설명하기 어려운 호황이 지속되자 그러한 현상을 신경제라고 명명하였으며, 신경제의 주요 원인으로는 IT산업을 중심으로 한 기술혁신과 생산성 향상, 미국 산업에 유리하게 작용한 국제경제환경 및 미국 정책당국의 유연한 대응 등이 제시되고 있음(한국은행,『미국의 신경제론과 정책적 시사점』, 1999).

와 밀접하게 상품, 자본거래를 하는 국가도 기업, 금융기관의 부실요인이 발생함으로써 경제위기에 직면할 수 있다. 기초경제여건이 튼튼하지 못한 국가일수록 인접국가에서 발생하는 경제위기에 매우 취약하다.

경제위기가 국내 실물경제 침체로 파급되는 경로 및 효과를 보면, 첫째, 해외경기 침체는 국내 상품에 대한 수요를 둔화시키면서 수출감소를 초래하고 그에 따라 국내경기가 침체되게 된다. 둘째, 경제위기 국가의 통화가치가 하락하면서 국내 상품의 가격경쟁력이 하락하게 되며, 그에 따라 수출감소가 초래되면서 국내경제 침체 및 경상수지 악화가 발생하게 된다. 셋째, 국제 경제위기로 국제금리가 상승하게 되면 국내금리가 상승하면서 주가하락 및 소비·투자가 감소하게 되고, 이에 따라 국내경기 침체가 초래된다. 한편 국제 경제위기가 발생할 경우, 국내 금융기관이나 기업이 위기당사국에 많은 자본을 투자한 경우 투자 원리금을 회수하지 못할 가능성이 발생함으로써 국내 금융기관이나 기업의 동반부실을 발생시킨다.

한편 해외 경제위기가 국내경제에 미치는 영향은 전통적인 IS-LM 및 AD-AS모델, 생산가능곡선의 이동, 무역이익 감소 등을 통해 그 크기를 분석할 수 있다.

4) 통상마찰과 경제제재

통상마찰은 특정국이 무역에 영향을 미치는 조치를 취했거나 취하려 할 경우 그 조치로 인해 불이익을 받거나 받을 우려가 있는 상대국이 대응조치를 취함으로써 발생하는 분쟁을 말한다. 일반적으로 무역수지가 흑자 또는 균형을 이루고 수입으로 인해 국내산업이 별 영향을 받지 않는 경우에는 무역마찰의 소지가 없으나 그렇지 않은 경우에는 무역마찰이 발생한다. 특히 무역수지가 만성적인 적자를 보이는 국가들은 자국과의 교역에서 수출초과를 보이는 국가로 하여금 수출억제 또는 자국상품 수입확대를 요구하며 수입으로 인해 자국 산업이 피해를 받거나 국내 시장질서가 혼란에 빠지는 경우에는 수입억제를 위한 대응조치를 취한다.

최근에는 상대국의 법규와 제도, 거래관행 등이 불공정하다고 판단되면 상대국에 그러한 관행의 수정을 요구함으로써 내정간섭으로 비칠 정도로 통상마찰의 빈도와 심도가 확대되었다. 이것은 각국의 무역제도와 상거래 관행이 다르기 때문에 나타난 현상이다. 무역으로 인한 이익이 참가국 모두에게 공평하게 분배되기 위해서는 상당한 조정기간과 이로 인한 비용이 수반되는데 고용, 소득, 국제수지 면에서 일방적으로 피해를 보는 국가가 있는 한, 그리고 각국의 무역제도와 관행이 불공정하기 때문에 무역불균형이 발생한다고 판단하는 국가가 있는 한 무역마찰은 계속 확대될 수밖에 없다.

무역규모가 상대적으로 작았던 시대에는 통상마찰의 소지도 없었고 쉽게 해결되었다. 처음에는 개별상품 중심으로 마찰이 야기되었으나 무역규모가 확대되고 교역관계가 복잡하게 얽히면서 제도, 관습에까지 통상마찰의 범위가 확대되고 있다. 또한 처음에는 관세의 조정, 국가 간 협의, 질서유지 협정 등으로 통상마찰이 비교적 원만히 해결되었으나, 1980년대 전후로 무역규제의 양상과 수단이 강화되면서 수입자유화 및 시장개방 압력, 수입과징금 부과, 수출입 수량 규제, 행정상 까다로운 절차 적용 등으로 보복과 마찰의 양상이 복잡해졌다.

통상마찰이 증대된 것은 첫째, 무역을 통한 상호의존도가 증대되었기 때문이다. 무역의존도가 커지면서 무역불균형이 국가경제에 미치는 영향도 커졌다. 국내 고용, 소득수준, 경제성장률, 물가수준 등이 외국의 무역정책·관행에 의해 영향을 받게 되고 많은 나라들이 경쟁적으로 수출증대, 수입억제를 위한 보호주의를 추진함으로써 통상마찰이 발생했다. 둘째, 일본과 동아시아개도국 경제가 발전하고 이들 국가와 구미선진국 간에 경쟁이 심화됨으로써 통상마찰이 증대되었다. 일본과 아시아 신흥공업국들이 생산하는 섬유, 철강, 전자, 자동차 제품의 품질 및 가격경쟁력이 향상되고 구미국가들에서 무역불균형이 확대되자 선진국들은 자국 산업 보호를 위한 공격적 전략을 추진하게 되었고 이에 따라 마찰이 심화되었다.

통상마찰의 유형도 과거에는 관세와 수량제한을 통한 방어적 전략에서 이제는 상대국에 시장개방과 구조조정을 요구하는 공세적 전략으로 전환되었다. 경쟁력을 상실한 일부산업의 산업공동화와 이에 따른 실업자 증대, 성장둔화, 기업의 경영난 심화 현상이 발생하면서 상대국에 내정간섭에 가까운 시장개방 압력을 행사하고 있으며 이러한 마찰은 언제라도 경제전 양상으로 발전할 소지를 안고 있다.

통상마찰의 구체적 유형으로는 상대방의 수입규제에 대응하여 비슷한 규제를 가하는 소극적인 무역제한 유형, 적극적으로 교역 상대방에 무역범위의 확대나 무역조건의 개선을 요구하는 강압유형, 불공정국가에 대한 제재를 가함으로써 수출국에 스스로 시정을 요구하는 더욱 강력한 강압유형, 상대국의 외환정책 또는 거시경제정책에 대한 개입과 간섭을 통해 무역을 제한하는 유형 등이 있다.

무역제한 유형에는 긴급수입제한조치와 수출입 수량제한 등이 포함되는데, 전자는 특정물품의 수입 급증으로 수입국의 경제여건이 악화되고 경쟁산업이 심각한 피해를 입거나 입을 우려가 있을 때 수입국이 실시하는 수입제한조치를 말하며 후자는 쿼터제, 수출자율규제(VER), 시장질서유지협정 등을 포함한다.

무역범위 확대 요구는 상대국에 대한 관세인하나 수량제한 철폐 또는 시장개방 등의 요구로 나타난다. GATT 체제하에서 공산품 관세율이 크게 낮아졌으나 선진국들은 관세 이외의 장벽을 통해서 수입을 규제하게 되었고 신흥공업국들은 가공도가 높아질수록 실효관세율을 높여 원료와 중간재의 경우에는 비교적 낮은 관세율을 적용하면서 완제품에 대해서는 높은 실효관세율을 적용하는 관세체계를 유지하고 있다. 이렇게 되자 선진국의 신보호주의와 개도국들의 불공정 무역관행이 통상마찰 요인으로 등장하였고 선진국들은 그동안 특혜를 받아왔던 신흥공업국에 대해서도 선진국 수준으로 관세를 인하할 것을 요구하고 있다. 또한 농산물, 서비스업종에 비교우위를 지니면서 무역적자를 보이는 국가들은 교역상대국들에게 농산물과 서비스시장의 개방을 강력히 요구한다. 시장개방 요구는 다른 무역제한 조치와 달리 세계무역 확대를 달성할 수 있고 상대국에게는 산업구조의 전환 및 비교열위산업의 경쟁력 강화를 촉구하는 유인책이 된다는 점에서 긍정적 효과도 있으나 상대국의 특수사정으로 개방이 지연되는 경우 보복의 악순환을 초래하여 세계무역을 후퇴시킬 수도 있다.

불공정무역에 대한 제재는 반덤핑관세제도나 상계관세제도 등으로 상대국의 불공정하거나 불합리한 무역관행에 대응하는 것인데 각국이 이 규정을 남용하여 보호무역수단으로 활용하고 있다는 데 문제가 있다. 반덤핑관세는 외국의 수출업자가 덤핑행위를 실행함으로써 수입국에 산업피해를 야기한 경우 수입국이 당해 덤핑물품에 대해 부과하는 특별관세이다. 상계관세제도는 수출국에서 보조금(생산보조금 및 수출보조금)이 지급된 상품을 수입함으로써 수입국이 피해를 입었거나 입을 우려가 있는 경우에 수입상품에 부과하는 특별과세이다. 상계관세의 부과 요건은 보조금이 존재해야 하고 보조금 지급으로 수입국 국내산업이 명백히 피해를 입었어야 한다는 것이다.

마지막으로 교역상대국의 외환정책 또는 거시경제정책에 대해 개입하고 간섭하는 통상마찰은 무역수지 흑자를 보이는 국가에 대한 통화가치 절상 요구, 수입확대, 또는 경기부양책 종용 등으로 나타난다. 미국은 무역수지 적자가 급증하던 1980년대 중반 플라자 합의를 통해 일본에 엔화가치 절상을 요구한 바 있으며 한국, 대만, 싱가포르 등에 대해서도 통화가치 절상을 요구한 바 있다. 또한 교역상대국으로 하여금 재정지출의 확대나 금융완화를 통해 국내경기를 진작시키고 수입을 확대하도록 하며 수입을 억제하는 경제구조의 개혁, 수출주도형에서 내수주도형으로의 전환 등을 요구하기도 한다.

교역국들 간의 통상마찰과 반목이 극단적으로 심화되면 무역전쟁 및 경제제재로 발전할 수도 있다. 그러나 경제제재는 경제적 이유보다도 정치적 동기로 발동되는 경우가 많다. 예컨대 이라크와 북한, 리비아 등 불량국가들에 대한 경제제재나 핵무기 개발을 강행한 인도, 파키스탄에 대한 제재가 그러하다. 그동안 미국이 북한을 비롯한 불량국가들에 취한 경제제재의 내용을 보면 경제·군사원조 중단은 물론 무역거래, 금융거래, 자국기업들의 투자 등을 금지 또는 제한하는 것이었다. 제재의 정도가 심할 경우 인도주의적 원조까지도 중단하고 제재를 받는 국가의 대외자산을 동결하였으며 제3국과의 거래를 방해하기도 하였다.

무역제재조치들의 파급경로 및 효과를 보면, 해외의 자본·기술 이용가능성, 원자재와 자본재 도입 및 무역이익을 차단함으로써 국내경제에는 해외에서 전쟁이나 자원파동이 발생한 경우와 유사한 영향을 미친다. 즉 국내 자원의 완전고용, 효율적 이용을 억제함으로써 생산 및 투자가 줄어들고 소비도 감소한다. 무역의 이익 또는 국제분업의 이익을 향유할 수 없게 됨으로써 소비량은 국내 생산량으로 국한된다. 국내 부존자원이 골고루 분포되어 있을 경우에는 생산가능곡선상에서 생산이 이루어지지만 불균형 분포되어 있을 때에는 일부 자원은 고용되지 못하거나 불완전 고용상태로 유지된다. 예컨대 노동력은 풍부하나 자본이 부족한 나라가 경제제재를 받는 경우, 외국에서 자본을 들여올 수 없게 됨으로써 대량실업이나 불완전고용이 발생한다.

경제제재가 실물부문에 미치는 효과는 생산과 소비의 감소로 나타나고 금융부문에서는 자본거래의 제약으로 나타난다. 생산량의 감소 크기는 생산요소 도입의 제약으로 생산가능곡선이 안쪽으로 이동되는 정도로 측정할 수 있다. 소비자 후생의 감소는 무역의 제약에서 비롯되며 그 크기는 제재 이전의 무차별곡선과 제재 이후의 무차별곡선이 나타내는 효용의 차이로 측정될 수 있다.

IV. 경제안보 위협에 대한 대응방안

지금까지 논의된 대내외적 경제안보 위협에 대한 대응방안으로는 다음과 같은 내용들이 제시될 수 있다.

첫째, 정치실패를 근절하기 위해서는 정치선진화와 민주적 절차 확립, 행정의 투명성 및 감시감독 강화, 민간부문에 대한 정부의 규제와 개입 최소화, 기업경영의 투명성 강화 등이 필요하다. 무엇보다도 국내외 경제환경, 경제주체들이 당면한 제약과 잠재력의 정확한 이해가 선행됨으로써 정치실패의 가능성을 줄여나가는 것이 필요하다. 또한 정부는 시장경제에 관여하여 경제개발, 산업진흥과 수출촉진, 기업의 관리와 감독 등을 주관해야 한다는 환상을 버림으로써 정책 실패를 줄일 수 있다. 정부의 역할은 중립적, 간접적, 조정자적 역할로 한정해야 한다. 경제정의를 실현하기 위해 지하경제 척결, 상속제도 개선과 함께 거시경제의 안정, 재정건전화, 외채관리 및 금융시스템의 효율화, 과학기술 발전 지원, 교육 · 의료 · 사회보장제도 개선 등을 통해 경제적 기반을 강화하는 데 주력하고 불필요한 규제를 철폐하는 대신 갈등의 조정 · 통제 및 위기관리 기능을 강화해야 한다.

둘째, 경쟁력 향상을 통해 국내산업의 성장 및 국산품에 대한 해외수요를 확대해 나가기 위해서는 국산품의 가격, 품질, 디자인 및 마케팅 경쟁력을 높이며 기업이 활동하기 좋은 환경을 만들어야 한다. 가격경쟁력 제고를 위한 제조원가 절감을 위해서는 단위당 투자비용, 생산성 대비 노동비용, 자본비용, 원부자재 조달비용, 에너지 및 원자재 원단위,[9] 물류비용 등을 낮추고 환율을 적정 수준에서 안정시켜야 한다. 투

---

9) 에너지 및 원자재 원단위(原單位)는 총생산액 대비 에너지나 원자재 사용액, 또는 단위당 에너지나 원자재 사용 비용 등으로 측정할 수 있으며 에너지 절감기술, 공정의 효율성 등에 따라 좌우됨.

자비용 절감을 위해서는 저렴한 공장부지 확보, 저렴한 투자재원 및 양질의 자본재 도입, 최신공정 도입, 공기 단축 등이 필요하다. 생산비용 절감을 위해서는 인건비 부담을 상쇄하는 노동 생산성 향상, 원부자재의 적기 조달 및 재고관리 효율화, 에너지 절감기술과 효율적 제조공정 도입 등이 필요하며, 물류비용 절감을 위해서는 마케팅기법의 선진화, 사회간접자본 확충이 필요하다. 품질경쟁력은 경쟁국 기업들이 만들지 못하는 제품을 생산하고 보다 우수한 제품을 공급하는 능력을 의미하는데 이를 제고하기 위해서는 기초과학기술, 응용기술, 설계기술 수준과 함께 노동자들의 숙련도를 높여야 하며 창조적 전문가를 양성하는 데 효과적인 고등교육제도, 연구개발투자 확대, 교육·훈련 강화 및 노사관계 개선 등이 필요하다. 디자인과 마케팅 경쟁력을 높이기 위해서는 산업미술 분야의 전문가 육성, 디자인 분야에 대한 투자 확대 및 첨단 마케팅 기법 도입 등이 필요하다.

한편 기업의 경영환경 개선을 위해서는 규제완화와 함께 각종 투자유인제도, 정보화와 SOC 확충, 효율적인 금융·세제지원, 창업지원제도, 균형잡힌 노동정책, 투명한 경영과 공정한 회계 등이 필요하다. 아울러 편리한 산업입지를 조성하고 근로자들의 주거환경 및 자녀들의 교육여건을 개선하며 산업계의 수요에 부응하는 양질의 인적 자원 공급체계를 확립해야 한다. 또한 정치와 사회 안정, 물가와 부동산 가격의 안정, 예측 가능한 경제정책으로 기업의 투자 및 생산활동에 수반되는 리스크를 최소화하며 자연환경 개선, 정보화 사회 정착, 상거래 질서 확립 등 외부효과를 극대화하며 부패와 비리, 불공정 거래행위 등을 척결하여 국내시장에서 공정경쟁이 정착되도록 해야 한다.

셋째, 시장기구 실패에 대한 대응책은 시장 환경의 개선, 합리적 경제행동에 대한 저해요인 제거, 시장실패를 보완하는 정부의 적절한 개입, 경제범죄에 대한 합리적 처벌제도, 거래비용 절감을 위한 시장인프라 구축 등의 차원에서 접근할 수 있다. 또한 시장기구의 원활한 작동을 보장하기 위해서는 경제활동의 안전, 시장질서 유지, 공정 경쟁체제의 확립, 정부에 의한 수량 및 가격통제 배제 등이 요구된다. 한편 시장 기구의 장점을 제대로 구현하기 위해 정부는 경제주체들이 예측 가능 한 정책을 추진함으로써 기대오류에 의한 손실을 최소화하며 정책과 정의 민주화·투명화 및 적극적인 홍보로 국민들의 알 권리를 충족시 킴과 동시에 정보산업의 육성, 광역 정보망 건설, 지식기반사회의 건설 등으로 거래비용을 절감시키는 시장인프라가 구축되어야 한다.

넷째, 현재의 불안정한 국제질서를 대신하여 정치적 안정과 경제적 번영을 가져다 줄 수 있는 새로운 강력한 국제체제, 이념적·종교적· 인종적 대결과 약육강식의 무차별 경쟁을 지양하는 안정된 국제질서 를 정착시켜 자원의 평화적 이용을 촉진하고 평화의 배당금이 모든 인 류에게 골고루 분배되는 국제정치·경제체제를 형성하는 데 적극적으 로 동참할 필요가 있다. 한편 기존질서하에서 경제안보 위협을 최소화 하기 위하여 대외의존도가 높은 우리로서는 유엔의 평화유지 활동 등 에 적극 참여함으로써 국제사회가 안정되도록 지원하며 인종, 이념, 종 교 등을 달리하는 세계 여러 나라와 선린우호 및 경제협력관계를 확대 해 나가면서 시장, 자본과 기술, 자연자원 등의 대외의존 심화에 대한 대비책을 마련하는 것이 중요하다.

다섯째, 우리나라는 세계 어느 나라보다도 에너지 소비 증가율이 높 고 따라서 해외의 원유시장 동향에 매우 민감한 경제구조가 형성되었 다. 다른 원자재도 유사한 상황이라고 할 수 있는데, 수입의존도를 낮 추는 것은 세계화시대에서 적합한 경제안보전략이라고 할 수 없으며 따라서 원자재 수입에 수반되는 취약성에 대비하는 보완책을 마련하는 것이 매우 필요하다. 국제 원자재 시장의 수급 동향, 특히 주요 공급국 및 공급업체들의 전략에 대한 면밀한 분석과 함께 대체원자재 개발, 자 원절약 공정 개발, 폐자재 활용 확대, 적정량의 비축재고 운용, 원자재 공급국과의 우호관계 유지, 공급선 다변화, 유리한 구매계약 체결, 자 원개발을 위한 해외진출 확대 등이 그 대안이 될 수 있다. 또한 해외 경 제위기의 위협을 예방하기 위해서는 국제자본시장 및 수출시장 동향을 미리 파악하는 것이 필요하다. 국제자본의 이동상황과 통화위기 국가들의 동향을 파악하여 통화위기가 전염되지 않도록 대비하며 외채규모를 적정선으로 유지하고 단기외채 비중을 낮추며 내·외국인투자를 촉진하는 금융정책이 요구된다. 아울러 교역상대국의 경기동향을 추적하여 수출에 미치는 영향에 대비하며 수출품목 다양화, 수출시장 다변화, 주요 수출품목의 경쟁력 강화 등으로 수출액이 급격히 등락하고 수출품의 수요가 불안정하며 수출채산성과 경상수지가 악화되지 않도록 해야 할 것이다.

여섯째, 대외의존도가 높은 한국은 기존 국제질서에 선량한 일원으로 참여하면서 지구촌의 평화와 번영에 기여하는 국가전략을 채택하고 있기 때문에 경제제재를 받을 가능성은 없지만 통상마찰이 빈발하고 교역상대국들로부터 강도 높은 보복을 받는다면 경제제재와 유사한 결과가 초래되므로 통상마찰이 발생하지 않도록 노력해야 한다. 따라서 WTO 등 국제기구에서 합의된 내용을 준수함으로써 공정한 무역거래를 실현하며 보호무역주의보다는 경쟁력 강화를 통해서 경상수지 균형을 달성하고 국내 상품에 대한 수요를 확대해 나가는 대응책이 필요하다.

일곱째, 국가안보는 국가이익에 대해서 공동의 이해관계를 가지면서 안보적 위협에 대응하는 통일된 구성원을 필요로 한다. 국가안보의 구성요소들이 외형적으로 충실하게 갖추어졌다고 하더라도 바로 이러한 국민통합(national unity)이 없다면 국가안보를 유지, 강화한다는 것은 거의 불가능한 과제라고 할 수 있다. 국민적 통합을 이루기 위해서는 모든 시민들이 공평하게 취급받고 있다는, 즉 국민 중 어느 계층도 차별받거나 우대받지 않으며, 희생을 강요당하지 않는다는 인식을 공유하는 것이 매우 중요하다. 경제적 차원에서 이러한 인식은 다수의 국민들이 경제적 번영으로부터 배제되지 않도록 하는, 소득과 복지의 분배를 유지하는 것에 의해서 달성될 수 있다.[10] 현재 우리 사회가 겪고 있는 소득의 양극화는 결과적으로 부문 간, 계층 간 갈등을 심화시킴으로써 물적, 인적 자본의 축적을 저해하여 생산성 향상을 저해하는 동시에 사회·경제적 불안정성을 증대시킴으로써 우리 사회의 경제안보적 능력에 손상을 입힐 수 있다. 특히 소득 양극화는 국가안보의 필수적 기본 요소인 국민통합을 저해시킴으로써 국가안보적 노력에 치명적 손상을 끼칠 수 있다는 점에서 그 심각성이 매우 크다고 할 수 있다. 이를 극복하기 위한 방안으로는 경제정책의 방향을 수출과 내수, 그리고 제조업과 서비스업을 동시에 고려하면서, 세계화에 따른 국가 간 산업 내 분업을 강화하고, 외국인직접투자를 전략적으로 유치하는 것 등을 통해 성장 → 소비·투자증가 → 분배 개선의 고리가 강화될 수 있도록 전환하는 것이 필요하다. 즉 특정 분야의 수출이나 생산량 증가보다는 지식과 혁신을 통한 인적 자본의 축적에 기초한 성장동력을 마련하고, 과거 고성장기의 양적 성장전략을 버리고 글로벌 경쟁력 중심의 선진국형 성장전략으로 전환하는 것이 필요하다.

---

10) 소득과 복지의 분배를 유지하는 차원에서 첨단산업 위주의 정부지원정책보다는 저기술산업이라고 할 수 있는 섬유, 의류 등의 산업에서 생산성과 임금을 향상시킬 수 있는 기술혁신을 촉진하는 정부프로그램을 운용하는 것이 사회적 응집력과 장기적 경제안보의 강화라는 측면에서 더욱 효과적일 수 있음.

참고문헌

김덕영.『경제안보론』. 국방대학교, 1995.

_____. "경제안보 위협의 유형별 대응방안." 국방대학교 안보문제연구소, 2001.

김수진.『경제안보정책론』. 국방대학교, 2000.

신용도.『미국경제분석』. 국방대학교, 2004.

안덕근.『WTO 보조금협정 연구』. 법무부, 2003.

한국은행.『미국의 신경제론과 정책적 시사점』. 1999.

Schweizer, P. 지음, 한용섭 역.『레이건의 소련붕괴전략』. 오롬시스템, 1998.

Neu, C. R., and C. Wolf, Jr. *The Economic Dimension of National Security.* RAND, 1994.

제5장

'사회안보' 이론의 한국적 적용:
도입, 채택, 활용, 보완[*]

김병조

I. 머리말

냉전시대 한국인에게 '국가안보'라는 용어는 매우 익숙하였다. 국가안보는 학교, 신문, 방송, 정치인의 담화 등에서 빈번하게 사용된다. 그리고 냉전시대 국가안보라고 하면 대체로 북한으로부터의 군사적 위협에 대처하여 국가의 안전을 보전하는 것으로 인식되었었다. 국가안보를 위해 국내 안정이 필요하다는 논의도 국내 불안정이 북한으로부터의 안보위협을 가중시킨다는 식으로 연계되는 경우가 많았다.

그러나 국가안보라는 용어가 일상화된 것에 비해 국가안보에 대한 학문적인 연구는 상대적으로 활성화되지 못하였다. '국가안보가 과연 무엇인가?'와 같은 근원적인 질문보다는 단기 및 중기 안보정책 마련

* 이 글은 일부 수정된 형태로 『국방연구』 제54권 제1호에 게재되었다.

에 급급했었다고 할 수 있다. 국가안보이론은 외국에서 개발된 이론을
그대로 차용하는 수준에 머물렀다. 외부로부터의 군사적 위협을 중시
하고, '국가'를 중심 행위자로 보는 전통적인 국가안보 개념을 당연하
게 받아들였다. 1980년대 이전에는 국가안보이론에 대한 한국화 노력
을 찾기 힘들다는 것이 개인적으로 솔직한 의견이다.

하지만 냉전체제가 흔들리면서 새로운 국가안보이론이 절실하게 요
청되었다. 북방정책의 예에서 볼 수 있듯이, 냉전시대 국가안보이론에
기초해서 한국의 안보정책을 수립하는 것은 더 이상 한국현실에 맞지
않음이 분명해졌다. 그러나 서구에서 모색된 안보이론을 한국에 그대
로 적용하는 것도 문제가 있어 보였다. 한국은 어느 나라와도 비교할
수 없는 독특한 안보환경을 갖고 있었다. 제3세계 국가 중에서 산업화
와 민주화를 동시에 성취한 유일한 국가이며, 극단적인 군사대립상태
를 유지하고 있는 유일한 분단국가이다.

이에 1980년대 중반 이후 일군의 학자들이 '한국적' 국가안보이론을
모색하기 시작한다. 이때 '한국적' 국가안보이론이라고 해서 완전히
새로운 이론을 말하는 것은 아니다. 실제 내용은 서구에서 개발된 주요
이론의 한국적 적용과 응용이라고 할 수 있다. 냉전체제 해체는 서구
학자들이 전통적 안보이론을 비판적으로 검토하고, 대안으로 새로운
안보이론 구축을 가속화하는 데 결정적인 계기로 작용하였다.[1] 서구의
새로운 관점, 개념, 이론 들이 시간경과를 거쳐 한국에 소개되고 도입
되고 응용되었다.

이 글은 '사회안보'에 초점을 맞추어, 탈냉전 이후 한국의 국가안
보이론이 어떤 방식으로 발전해왔는지 분석하고자 한다.[2] 글의 구성

---

1) United Nations Development Program(1994)의 "인간안보(human security),"
   Krause and Williams, eds.(1997)의 "비판적 안보(critical security)" 그리고 이 글
   에서 본격적으로 검토하는 코펜하겐 학파의 "사회안보(societal security)" 등이
   대표적이다.
2) 황병무(2004)는 한국안보의 개념, 영역, 정책을 논하면서 정치안보, 외교안보, 군

은 다음과 같다. 첫째, 사회안보 개념을 한국에 도입하게 된 배경으로, 1990년대 국방대학원(당시)에서 활용한 안보개념을 검토한다. 국방대학원이 확대된 국가안보개념을 제시함으로써 사회안보 개념을 도입할 수 있는 여건이 마련되었기 때문이다. 둘째, 한국에서 코펜하겐 학파의 사회안보 개념을 채택하게 된 근거를 제시하고, 한국 안보이론에 적용된 방식을 논의한다. 셋째, 사회안보 개념의 이론적 활용 측면을 분석한다. 사회안보 개념을 제대로 활용하기 위해서는 개념 수준을 넘어서 안보이론 전체를 재검토할 필요가 있었다. 그 과정에서 안보이론 발전에 기여한 측면이 있는 데, 그 부분을 설명한다. 넷째, 코펜하겐 학파의 사회안보 이론이 갖고 있는 한계점을 분석하고, 수정 및 보완점을 제안한다. 다섯째, 맺음말에서는 이 글이 갖는 의미를 정리하고, 사회안보 이론을 활용해서 한국에서 연구해야 할 쟁점을 몇 가지 제안하고자 한다.

II. '사회안보' 개념의 도입

한국에서 발간된 최초의 체계적인 국가안전보장 관련 이론서라 평가할 수 있는 『국가안보보장서론』에서 최경락·정준호·황병무(1989)는 국가안보정책을 "군사, 비군사에 걸친 대내외적 위협으로부터 국가목표와 국가가 추구하는 제 가치를 보전·향상시키기 위한 조치"라고 정의한다. 냉전시대 서구에서 발간된 대부분의 국가안보정책서가 외부로부터의 군사적 위협을 주요 안보위협으로 상정하고, 군사전략 중심

사안보에 대해 각기 독립된 장을 마련해서 설명하고 있다. 하지만 사회안보는 제외되었다. 이 글로 연구의 공백을 일부 보충하고자 한다.

으로 대응책을 마련하였다.[3] 그 점을 고려하면 이들의 연구는 매우 독자적인 관점이 내포된 연구라고 평가할 수 있다.

최경락 등(1989)의 국가안보에 대한 정의는 다음과 같은 점에서 안보개념 '확대파(widener)'에 포함시킬 수 있다. 첫째, 전통적인 국가안보이론이 군사위협을 중심으로 논의하였던 점에 비해, 국가안보에 대한 위협을 군사 부문과 비군사 부문으로 구분하고, 비군사 부문에 군사 부문과 동등한 위상을 부여하였다. 둘째, 대내외적 위협이라는 표현을 통해, 국외로부터 위협뿐만 아니라 국내에서 위협이 발생함을 상정하였다. 특히 대내라는 표현을 사용함으로써 지리적인 의미가 아니라 위협 발생 원인으로서 국내요인을 염두에 둔 점이 주목된다. 셋째, 위협의 발생 부문과 발생 지역을 확대함으로써, 자연스럽게 국가안보정책의 범위도 국방정책을 넘어선 제반 정책으로 확대하였다.

부분적으로는 최경락 등의 국가안보이론은 1970년대 말 일본에서 논의된 '총합안전보장(總合安全保障)' 개념의 영향을 받은 것으로 보인다.[4] 일본의 경우 제2차 세계대전 패전 후 평화헌법을 채택하면서, 국가안보에 군사력을 사용하는 것이 제한되었다. 그러나 자원이 부족한 상태에서 경제발전을 추구하면서 해외자원시장에 안전한 접근을 보장할 필요가 있었다. 이처럼 경제안보를 강조할 수밖에 없는 상황에서 군사적 요소를 최소한으로 하고 비군사적 수단을 최대한 활용한다는 '총합안전보장' 개념이 등장하였다. 총합안보개념은 전통적 안보개념과 마찬

---

3) 따라서 1940년대부터 1980년대까지는 전략연구(strategic studies)와 안보연구(security studies)가 서로 혼재되어 사용되는 경우가 많았다. 이에 웨버와 부잔(Wæver and Buzan, 2010)은 전략연구를 안보연구에 포함시키는 안보이론발전사를 검토하고 있다.

4) 1979년 당시 일본 수상 오히라(大平)의 위촉으로 '정책연구회 · 총합안전보장 연구그룹'이 연구하여 1980년 제출한 『총합안전보장연구그룹보고서』를 말한다. '총합안전보장'은 영어로 comprehensive security로 번역되었다. 그리고 한국에서는 comprehensive security를 '포괄적 안전보장'이라는 용어로 활용하였다. 영문 및 일문 보고서를 http://www.ioc.u-tokyo.ac.kr/~worldjpn/document/indices/JSPC/index.html에서 얻을 수 있다.

가지로 '국가'를 중시한다. 그렇지만 국가안보를 지키는 수단으로 군사력 외에 경제, 식량, 에너지, 재단에 대한 위기관리 등 국가의 종합적 능력을 중시하는 개념이라고 평가할 수 있다.

냉전체제가 와해된 1990년대에 안보연구의 중심지인 서구 국가안보 학자들이 안보개념이 확대되어야 할 필요성을 여럿 제시하였고, 국내에서도 포괄적 안보개념 또는 총체적 안보개념으로 국가안보의 정의가 확대되어야 한다는 논의가 빈번하게 이루어졌다(박상섭 1991; 김석용 1992; 김홍명 1993 등). 이상의 논의를 받아들여 국방대학원은 "군사·비군사에 걸친 국내외로부터 기인하는 각종각양의 위협으로부터 국가목표를 달성하는 데 있어서 추구하는 제 가치를 보전·향상하기 위해서 정치, 외교, 사회, 문화, 경제, 군사, 정보, 환경, 과학기술 등에 있어서의 제 정책체계를 종합적으로 운용함으로써 기존의 위협을 효과적으로 배제하고 또한 일어날 수 있는 위협의 발생을 미연에 방지하며, 나아가 발생할 불시의 사태에 적절히 대처해 나가는 것"(국방대학원 편 1996)이라는 안보개념을 제시하고 사용하였다.

매우 길게 정의된 국방대학원의 안보개념은 한국 안보상황의 복잡성을 반영했다고 할 수 있다. 한국은 탈냉전시대에도 남북대치상황이 지속적으로 유지되었으며 산업화와 민주화를 성공적으로 달성했지만 경제적 불안은 여전했고 시민사회의 국가에 대한 만족도는 매우 낮은 상태였다. 안보위협이 급격하게 증가하였다고 할 수는 없지만, '국가' 전체가 안정되기보다는 불안정한 상황이라고 판단되었다.

국방대학원의 안보개념은 안보위협의 유형과 그에 대응하는 안보정책의 범위를 각각 '각종각양의 위협', '제 정책체계의 종합' 식으로 크게 넓힘으로써 국가안보정책의 종합성과 포괄성을 크게 강조했다는 특징이 있다. 종합성과 포괄성에 대한 강조는 다음과 같은 면에서 국가안보이론 및 국가안보정책 발전에 기여했다고 평가할 수 있다. 첫째, 국가안보이론 및 국가안보정책의 종합성을 실질적으로 증진시켰다. 전통적 국가안보이론에서는 외부의 군사위협에 대해 주로 군사정책으로 대응하였다. 그러나 이제 다양한 위협을 고려해야 하며, 그에 대한 대응정책도 매우 종합적으로 수립해야 한다. 예를 들면, 군사위협에 대해서 군사를 포함한 정치, 경제, 사회 등 다양한 부문에서 군사위협에 대처할 수 있는 정책을 마련해야 하고, 국가안보정책은 군사정책을 포함한 제반 정책의 종합으로 이루어진다. 다른 모든 위협에 대해서도 마찬가지이다. 둘째는, 국가안보개념의 포괄성을 강조함으로써 국가안보정책 수립에 유연성을 확보한 것이다. 이는 종합성과 연계된 측면이기도 하다. 가령 군사위협이 증가했다고 하자. 이상과 같은 국가안보정책의 포괄성을 고려하면, 그에 대한 대비책이 반드시 군사정책이어야 할 필요가 없어진다. 정치, 외교, 경제 등을 포함하여 어느 부문에서건 군사위협에 대응하는 다양한 안보정책을 제시할 수 있게 된 것이다. 셋째, 국가안보이론과 국가안보정책에 평화이론이나 평화증진정책을 포용할 수 있게 되었다. 전통적 안보이론이 군사정책에 집중함으로써, 평화연구로부터 '전쟁론자' 식의 도덕적·윤리적 비판을 받아왔다. 그러나 국가안보이론을 확대함으로써 그런 비난으로부터 벗어날 수 있게 되었다. 더구나 '위협발생 방지'를 지향한다는 점에서 평화연구의 관점도 수용할 수도 있게 되었다. 북한의 군사적 위협에 대비하는 국방정책과 평화통일을 지향하는 통일정책이 서로 모순된 정책이 아니라 국가안보정책이라는 우산 속에 모두 포함시킬 수 있게 된 것이다.

그러나 국가안보 개념 및 정책의 포괄성과 종합성에 초점을 둔 나머지, 다른 한편에서 큰 단점이 부각되었다. 그것은 안보개념을 지나치게 확장함으로써 국가안보 자체의 정체성이 불투명해지는 의문점을 낳았다는 점이다. '각종각양의 위협'을 안보위협이라고 상정한다면, 과연 무엇이 안보위협이 되는가? 반대로 안보위협이 아닌 위협은 존재하는가? '정치, 외교, 사회, 문화, 경제, 군사, 정보, 환경, 과학기술 등에 있어서의 제 정책체계를 종합적으로 운용'하는 것이 안보정책이라면, 안보정책이 아닌 것은 무엇인가? 반대로 무엇이 안보정책의 특성인가?

나아가 국가안보교육의 정체성도 불투명하게 하였다. 국가안보가 무엇인지 불투명한 상태에서 국가안보교육도 불투명해진 것이다. 국가안보교육이 다른 교육과 구분되는 내용상의 특징은 무엇인가? 이상과 같은 의문에 대해 일부 학자들은 남북군사대립이 여전하다는 한국적 특성을 살리기 위해서 군사중심의 전통적 안보이론을 유지하는 것이 어떤가 하는 생각을 하기도 하였다.

그렇지만 남북대립이 여전히 존재한다는 현실에도 불구하고, 냉전시대의 군사중심 안보이론으로 회귀할 수는 없었다. 1990년대 중반 한국을 둘러싼 안보상황은 냉전시대와 비교했을 때 크게 바뀐 상황이었다. 단적인 예를 몇 가지 들면 다음과 같다.

첫째, 국제안보정세 면에서 냉전시대와 구분되는 탈냉전적 안보환경 상황이 도래했다. 한국은 냉전시대 적대국이었던 중국 및 러시아와 수교를 하였고, 이들 국가와 경제, 문화적 교류가 매우 활성화되었다. 국제안보환경이 바뀐 상태에서, 냉전시대 안보이론을 고집할 수 없게 되었다.

둘째는, 세계화 현상이 가속화되면서 국가안보를 유지하는 데, 군사 부문 외의 안보상황이 중요하다는 인식이 확대되었다. WTO 체제의 등장, 지역별 FTA 체결의 증가 등은 경제안보의 중요성을 부각시켰다. 환경오염의 확대나 중국으로부터의 황사 피해 등은 환경안보의 필요성을 제시하였고, 외국인 노동자나 중국 조선족의 국내입국 증가 등은 사회 부문에도 새로운 정책이 필요하다는 생각을 갖게 하였다. 셋째, 남북한 간에 군사적 대립이 여전하게 유지되었지만, 남북관계가 새로운 시대를 맞이하게 되었다고 생각하게 되었다. 북한체제의 불안정성이 노정되면서 북한이탈주민이 발생하고 그 중 일부가 한국으로 입국하는 경우가 늘어났다. 이제 냉전시대처럼 북한을 '하나의 적'이라고 규정하기 힘든 상황이 되었다. 더구나 '통일' 가능성을 진지하게 생각하고 국가통합방안을 모색하면서, 정치통합, 군사통합, 경제통합, 사회통합 등 종합적인 국가정책을 고안해야 했다. 원활한 국가통합을 이루기 위해서는, 군사중심 안보이론만으로는 충분하지 않다고 판단되었다.

결국 확대된 국가안보개념을 유지해야 한다는 결론에 이른다. 시급한 것은 확대된 안보개념을 뒷받침할 수 있도록 국가안보이론을 체계화하는 작업이었다. 그 과정에서 마주친 것이 코펜하겐 학파(Copenhagen School)의 안보이론이다.[5] 코펜하겐 학파의 문제의식 그리고 그들이 구축한 새로운 안보이론은 한국안보에 중요한 시사점을 준다고 평가되었다(황병무 1999).

III. '사회안보' 개념의 채택과 적용

국방대학교가 확대된 국가안보개념을 채택하고, 국가안보에 사회, 문화와 같은 요소를 고려해야 한다고 인식하였지만, 그 근거를 명쾌하게 제시하지 못하였다. 이때 유럽에서 발굴된 '사회안보(societal security)' 개념이 소개되어, 안보이론 구축에 필요한 이론적 자원으로 채택하게 된다.[6]

사회안보 개념을 처음으로 착안한 학자는 부잔(Buzan 1991)이다. 부잔은 국가의 존재를 위협하는 요인을 정치, 군사, 경제, 사회, 환경 등 5부문으로 구분하고, 사회안보를 '특정 집단의 정체성을 위협하는 조건 속에서 언어, 문화, 종교, 민족정체성, 그리고 국가의 관습 면에서 전통적인 유형을 지속적으로 발전시키는 능력'이라고 정의한다. 부잔은 국가안보를 구성하는 5차원의 하나로 사회안보를 설정하였으며, 당시까

---

5) 코펜하겐 학파라는 용어는 Copenhagen Peace Research Institute(CPRI)를 중심으로 활동한 학자 군을 일컫는 것으로 맥스위니(McSeeny 1996)가 처음 사용하였고, 이후 보편화되었다.

6) 'societal security'를 한국어로 변역할 때, 고려할 점에 대해서는 이 절의 마지막 부분에서 언급하려고 한다.

〈표 1〉 안보부문과 안보대상

안보부문(sector)	안보대상(referent objects)
정치	주권(sovereignty), 국가이념(ideology)
군사	국가(state), 정치체(political entity)
경제	국민경제(national economy), 삶의 질(quality of life)
사회	집단정체성(collective identity)
환경	생명 및 문명 보존(survival of life and civilization)

출처: Buzan, Wæver, de Wilde, 1998. pp.22-23을 참고로 작성

지는 국가를 중심으로 안보를 파악하는 현실주의(neorealism) 입장을 취한 것으로 평가되고 있다(Roe 2010, 203). 이후 부잔은 웨버 등과 함께 자신의 5부문 안보이론을 보다 심화시키면서, 부문별 안보대상(referent object)을 〈표 1〉과 같이 제시한다(Buzan, Wæver and de Wilde, 1998).

확장된 국가안보개념을 채택하였으나 그에 적합한 이론적 근거제시가 부족했던 한국적 상황에 국가안보의 하위 부문을 5개로 정리하고 각 부문별로 독자적인 안보대상을 설정한 부잔의 논의는 한국의 국가안보이론, 특히 사회안보이론 개발에 돌파구를 제시한 매우 유용한 이론이었다.[7]

코펜하겐 학파가 개념화한 안보부문, 안보대상 등은 다음과 같은 측면에서 한국안보이론에 기여를 하게 된다. 첫째, 특별한 이론적 근거가 없는 상태에서 별개의 안보요소로 구분되었던 '사회'와 '문화'를 '사회'라는 하나의 범주 속에 통합할 수 있었다. 왜냐하면 사회건 문화건 모두 '정체성' 유지와 관련되었기 때문이다. 사회란 '우리(we)'를 경계

---

7) 당연한 이야기지만 부잔이 구분한 5부문을 받아들이느냐 아니면 받아들이지 않느냐 하는 것은 연구자 개인의 이론적 입장에 달려 있다. 황병무(2001)는 부잔의 5부문을 받아들이되, 정치, 군사, 경제, 사회, 기술로 재정리하는 독자적 입장을 발전시킨다.

지우는 틀이며, 문화는 그 경계 속에 있는 구성원이 갖고 있는 전형적인 '삶의 양식(way of life)'이다. 경계를 달리하는 집단이나 생활양식을 달리하는 집단은 서로 간에 다른 정체성을 갖고 있는 것이 보통이다. 사회와 문화가 서로 다른 개념이지만, 안보이론 속에서 경계(boundary)와 내용물(contents)의 관계로 통합해서 파악할 수 있었다(김병조 2007).[8]

둘째, 사회의 안보대상을 '정체성'이라고 규정함으로써,[9] 그동안 명확하게 구분되지 않았던 정치안보와 사회안보가 다른 것으로 인식되고 별도로 분석할 수 있게 되었다. 사회적 쟁점, 사건 등이 국가정책으로 중요하게 다루어지는 경우는 대부분 해당 이슈가 정치쟁점화되었을 경우이다. 따라서 특정 사안이 사회안보와 관련되는가 아니면 정치안보와 관련되는가에 대해서 구분할 수 있는 기준이 설정되지 않았다. 예컨대, '지역감정 해소'는 정치안보인가, 사회안보인가? 지역감정을 정체성의 문제라고 보면, 이는 사회안보에 해당하는 사안이 된다. 정치안보 위협과 구분되는 사회안보 위협을 식별할 수 있게 되었고, 사회안보를 확보하기 위한 독특한 정책을 제안할 수도 있게 된 것이다.[10]

셋째, 안보대상과 안보수단을 구분할 수 있게 되었다. 두 번째와 관련되지만 구분되는 측면이다. 코펜하겐 학파가 '안보수단'이라는 개념을 별도로 설정하지는 않지만, 안보대상을 설정함으로써 부가적으로 안보수단을 안보 부문과 다른 방식으로 인식해야 함을 알려 주었다. 안보부문으로서의 '사회'안보는 안보수단으로서의 사회 정책/방법과 구분된다. 사회안보를 확보하기 위한 안보수단은 사회 정책/방법에 한정

---

8) 이때 '경계'의 성향은 사회 특성에 따라 다르다. 보다 고정되어 있는 사회도 있고 유동적인 사회도 있으며, 폐쇄된 경우가 있는가 하면 개방된 경우도 있다.

9) 부잔 등이 사회안보의 안보대상을 '정체성'이라고 규정하였지만, 과연 그것이 정당한지에 대해서는 5절에서 비판적으로 검토하고자 한다.

10) 물론 엄밀한 수준에서 명백히 구분되는 것은 아니다. 한편, 정치부문과 사회부문만큼 두드러지지는 않지만, 안보대상 개념은 사회안보와 경제안보를 구분하는 데도 도움이 된다. '양극화 해소 대책'은 경제안보인가, 사회안보인가? 양극화를 통해 정체성이 분열된다면 이는 사회안보 쟁점이라고 할 수 있다.

되거나 구속될 필요가 없다. 사회 정책/방법은 물론 정치, 군사, 경제 등 다양한 정책/방법이 가능하다.

한편 부잔이 사회안보 개념을 처음 제안했을 때는 국가안보의 한 하위부문으로 '사회안보'를 간주하였지만, 부잔의 동료인 웨버(Wæver 1993)는 사회안보를 국가안보에 대응하는 별개 개념으로 발전시킨다. 웨버가 사회안보를 국가안보에 포함시키지 않고 별도의 개념으로 파악한 것은 유럽의 역사적 경험에서 비롯된 것이다. 냉전이 해체되면서 유럽은 한편에서는 서유럽 중심으로 유럽통합이 진행되는 반면, 동유럽은 사회주의국가의 붕괴로 인해 국가 해체 현상이 발생하게 되었다. 유럽통합은 개별국가를 넘어서 어떻게 '유럽인'이라는 공통의 정체성을 창출할 것인가 하는 문제에 직면하게 되었다. 반대로 동유럽에서는 기존에 존재했던 국가에 자신을 일치시키지 않고, 자신이 속한 민족 집단에 자신의 존재를 일치시키면서 전쟁을 야기하고 결국 개별 민족국가로 해체되는 현상이 나타났다.

사회안보가 국가안보의 하위부문이 아니라 독립적인 분석 대상이 된 것이다. 그 과정에서 기존의 국가안보에 대한 대안적 개념으로 사회안보를 간주하게 된다(Roe 2010).[11] 나아가 북구 중심의 일부 학자는 사회안보 개념을 국가안보를 넘어선 초국가안보(trans-state security) 개념으로 활용하려고 시도한다. 예들 들면, 유럽위원회의 지원을 받는 유럽정책연구소(EPC: European Policy Centre)에서는 '국경(national border)'을 넘어서 개인과 사회집단의 안전을 위협하는 제반 위협(국제테러, 전염병, 마약, 지구온난화 등)에 대응하는 초국가적 정책으로 '사회안보' 개념을 사용한다(Boin, Ekengren, Missiroli, Rhinard and Sundelius 2007 등).

그러나 한국적 상황에서 국가안보와 분리된 사회안보를 상정하거나 국가를 초월한 사회안보 개념을 수용하기는 어렵다고 판단된다. 국가

---

11) 특히 이들은 '국제체제' 내에서 사회안보가 국가안보와 달리 독립적으로 작용함을 강조하다.

안보와 사회안보가 개념적으로 구분되는 것은 확실하지만,[12] 국가안보와 분리된 독자적인 사회안보를 논의하는 것이 큰 의미를 갖지 못하는 것이 한국적 현실이다. 그 주된 논거는 다음과 같다. 첫째, 한국인으로서 집단정체성을 유지 발전시키기 위해서는 독립된 국가가 존재하는 것이 선행요건이 된다. 일제의 민족말살정책은 독립된 국가가 없는 상태에서 한국인이 안정적인 집단정체성을 유지할 수 없다는 점을 분명하게 각인시켰다. 둘째, 현재 한국인의 집단정체성 유지에 가장 큰 위협요인은 북한과의 전통성 경쟁에서 온다고 할 수 있다. 한국이 북한과 정치군사적으로 대립하는 한, 국가안보의 범위를 벗어난 별도의 사회안보를 생각할 수 없다. 셋째, 문화적인 측면에서 한국에 한국인이라는 정체성과 대립해서 존재하는 경쟁적 정체성(competing identity)이 존재하지 않는다. 외국인이 증가하고 있지만, 한국인은 수적으로 압도적인 다수(majority)를 점유하고, 정치 경제적으로도 지배적인 집단이다. 민족과 국가는 분명 구분되는 범주이지만, 현실적으로 국가구성원으로서 '한국(國)인'과 민족구성원으로서 '한(韓)국인'은 서로 분리될 수 없는 범주이기도 하다. 국가안보위협과 구분되는 사회안보위협의 대표적인 사례로 거론되는 '문화청소(cultural cleansing)'나 '민족/인종학살(genocide)' 현상이 가까운 장래 한국에서 나타나리라고 상정하기 힘들다.

결국 한국에서 사회안보 개념은 국가안보를 구성하는 하나의 하위 부문으로 도입하는 것이 적합할 것이다. 특히 사회안보가 여타 안보 부문과 밀접한 관계가 있다는 점을 고려했을 때 더욱 그러하다. 군사안보와 사회안보는 일견 관계가 먼 것 같지만 그렇지 않다. 국민들의 국가정체성을 강화하는 것이 외부로부터의 군사적 위협에 대응하는 중요한 수단이 된다. 정치안보가 주권을 포함하여 국가형태 즉 국가기구(state apparatus)를 유지하는 부문이라면, 정치안보가 제대로 이루어지기 위

---

12) 이에 대해서는 다음 절에서 보다 상세히 논의한다.

해서는 사회안보가 충실해야 한다. 사회안보를 통해 국민정체성을 유지하고 있어야 국민을 정치적으로 동원할 때 보다 효과적이다. 국민들의 삶의 질을 높이기 위해서는 빈곤문제 등을 해결해야 하는데, 빈곤층의 증가는 경제안보 문제이면서 동시에 사회정체성의 문제이다. 왜냐하면 경제적으로 극심한 격차로 인해 국민 내부가 '우리'와 '그들'로 구분하기도 하기 때문이다.

사회안보를 국가안보의 대안적 개념으로 보는 코펜하겐 학파와 달리, 국가안보의 한 부문으로 사회안보를 파악한다 할지라도, '사회안보'와 '국가안보' 간의 관계를 어떻게 설정하느냐 하는 것은 실제 분석에서 중요하다고 생각된다. 우선 국가를 하나의 '원'으로 보고, 사회를 그 '원의 한 부분'으로 파악하는 평면적 사고는 하지 않았으면 한다. 코펜하겐 학파가 초기에 사용한 부문(sector)이라는 용어가 그런 오해를 불러일으키는 데 일부 작용한 것 같다.

그러나 사회는 결코 국가의 일부분은 아니다. 국가에 포함되는 부분도 있지만, 국가를 벗어난 부분도 존재한다. 이미지상으로 국가를 다수의 차원(dimension)이나 층(layer)으로 구성된 입체로 파악했으면 한다.[13] 코펜하겐 학파의 5부문을 받아들인다고 가정했을 때, 국가는 5개 층으로 구성된 케익과 같이 형상화할 수 있을 것이다. 이때 사회는 그중 하나의 층에 해당되며, 다른 층과 서로 연계되어 있으나 독자적이며, 층의 높이나 넓이도 다른 층과 동일할 필요가 없는 독특한 층이다.[14]

한편, 'societal security'의 번역은 '사회안보'가 적합해 보인다. 용어

---

13) 부문 대신에 차원이나 층이라는 용어를 사용했다면, 사회안보와 국가안보 간의 관계를 보다 쉽게 이해했을 수 있지만, 이미 부문이라는 용어가 정착되었다는 점에서 그대로 사용하기로 한다.

14) 또 다른 각도에서 보면, 한국에서 '국가안보'와 '사회안보'는 서로 필요조건과 충분조건의 관계가 있다고 파악할 수 있을 것 같다. 즉, 국가안보의 확보는 사회안보가 유지되기 위한 필요조건이다. 국가안보 없이는 사회안보가 확보될 수 없다. 그리고 사회안보는 국가안보를 유지하기 위한 충분조건이다. 사회안보가 확보되지 않고서는 안전하게 국가안보를 유지할 수 없다.

사용에 있어서 다음과 같은 점에 유의했으면 한다. 첫째, 영어로 '사회안보(societal security)'와 '사회보장(social security)'을 혼동하지 않아야 한다. 이 부분은 부잔 등도 유의해야 한다고 지적하고 있다.[15] 사회보장에서 설정하는 분석의 단위는 개인이다. 그러나 개인 삶의 안전을 '개인(personal)'에 의존하는 것이 아니라, 사회구성원 전체를 활용한다는 점에서 '사회(social)'라는 용어를 사용한 것이다. 또한 개인 삶을 유지한다는 점에서, 사회보장은 주로 경제적 측면에서 개인을 보호하는 사회정책이나 사회제도를 지칭한다. 이에 반해 사회안보는 분석대상 자체가 사회이다. 분석의 초점은 개인에 있는 것이 아니라 사회집단에 있다. 사회집단이 다른 집단과 자신을 어떻게 구분하고, 집단의 정체성을 어떻게 보존하고 있느냐에 관련된 것이다.[16]

둘째, 'societal security'를 '사회적 안보'로 번역할 수 있으나, 이는 피했으면 한다. 'societal'이란 인간 삶의 '공동체적 특성'을 함축하고 있는 단어이다. 따라서 'societal security'란 그 자체가 공동체로서의 안정성을 유지하는 것이고, '사회'의 안보를 유지하는 것이다. 그러나 '사회적 안보'라고 사용하면 안보의 고유 대상으로서 '사회'라는 인식이 흐려진다. 나아가 사회적 안보라고 사용하면, 사회적이라는 용어를 통해 자칫 안보수단의 한 유형으로 잘못 오해할 수 있다. 이는 안보대상으로 사회를 명확히 하고자 했던, 코펜하겐 학파의 의도에도 벗어난 것이다.

셋째, 'societal security'을 '인간사회(의) 안전보장'으로 번역하는 경우가 일본에서 발견되었으나 적절하다고 생각되지 않는다. 그는 '사회'

---

15) 한국에서는 'security'가 안보, 보장, 보안, 중권 등 경우에 따라 달리 번역되므로 혼란이 적은 편이다. 동일한 'security'라는 용어를 사용하는 영어권에서 'social'과 'societal'의 구분이 보다 중요하다고 할 수 있다.

16) 그러나 사회안보의 안보대상을 '정체성' 이상으로 확대해서 재정립한다면 '사회보장'은 사회안보를 유지하는 중요한 수단의 하나로 간주할 수 있다. 이에 대해서는 5절을 참조.

라는 용어가 'social'의 번역어로 정착되어 있다는 이유에서 'societal'을 '인간사회(의)'라고 번역할 것을 제안한다(湯淺 2010). 그러나 '인간사회(의) 안전보장'이라고 번역했을 때, 그 용어가 무엇을 의미하는지 이해할 수 없다. 특히 '인간'이 갖는 의미가 부각되지 못하고 있다.[17] 오히려 '인간사회'라고 했을 때, 코펜하겐 학파가 '사회'를 사용하는 용법, 즉 '국가(state)'와 구분되는 '사회(society)'라는 의미부여가 사라져버린다.

IV. '사회안보' 개념의 이론적 활용

사회안보 개념을 도입함으로써 사회부문에 대한 이론적인 입지를 확보할 수 있었다. 이후 개념을 적용하는 과정에서 사회안보 개념이 한국의 국가안보이론 전체에 영향을 미치게 된다. 사회안보 개념을 활용하는 과정에서 나타난 한국 안보이론의 변화를 '안보주체의 다양화'와 '안보위협의 상대화'로 구분해서 살펴보기로 한다.

1. 안보행위자의 다양화: 시민사회의 안보주체화

국가안보가 사회부문을 비롯하여 다양한 부문으로 형성되어 있다는 확대된 안보이론의 채택은 여러 가지 면에서 이전의 국가중심 안보이론을 수정하는 것이었다. 전통적인 국가안보이론은 안보위협을 결정

---

17) 인간안보(human security)의 '인간'은 '국가'와 대비되는 용어로, 안보의 대상이 국가가 아니라 개인이어야 한다는 의미이다.

하고 안보정책을 수립하는 기본 '행위자(agent)'로 국가를 상정하였다. 이때 국가는 국가를 구성하는 국민전체의 이익, 즉 국가이익을 대변하고 보호하는 주체이다. 반면에 국민들은 국가가 판단한 안보위협과 안보정책을 따르는 수동적인 대상이었다. 이상의 국가 중심적 안보이론은 특정 국가이익에 대해 국가구성원이 합의하고 있다는 것을 암묵적으로 전제한 것이다.

그러나 사회안보 개념을 도입함으로써 국가중심 안보이론이 갖는 이론적 전제를 근본적으로 수정하지 않을 수 없게 되었다. 사회안보를 통해 집단정체성을 유지해야 한다는 점은, 역으로 사회를 구성하는 집단 간에 정체성이 다를 수 있음을 의미한다. 그리고 사회집단 간에 서로 다른 정체성을 갖고 있다는 것은 국가 내에 집단 간의 '정체성 정치(identity politics)'가 상존한다는 것을 의미한다. 민주주의사회에서도 이해관계, 개혁정책, 이데올로기와 대비되는 '집단 정체성에 기반을 둔 정치'가 존재한다는 생각이 널리 확산되어 왔다(Kenny 2004).

국가가 국민전체의 이익을 대변하는 주체가 아닐 수 있다는 생각은, 국가가 말하는 국가안보정책이 사실은 국가구성원 전체가 동의하는 국가안보정책이 아닐 수 있다는 논의로 이어진다. '국가안보'라는 용어를 사용하지만 실제는 국가구성원 중에서 일부 집단의 이해관계를 반영한 것이거나 지배엘리트(governing elite) 자신의 안보를 위한 정책일 수 있다는 점이다.[18] '국가안보'라고 말하지만 과연 그것이 '진정한 국가안보'인지 아니면 '정권안보(regime security)'인지는 검토해 보아야 한다. 만일 국가이익이 전 사회구성원이 공유하는 이익이 아니고 지배엘리트의 이익을 반영한 것이라면, 이때 거론되는 국가안보는 진정한 국가안보가 아니라 사이비 국가안보, 즉 정권안보이다.

일반적으로 정권안보는 '약한 국가(weak state)'의 특성이라고 분석된

---

18) 마르크스주의 입장에 서면 국가안보정책도 다른 정책과 마찬가지로 지배계급을 위한 정책이 된다.

다(Jackson 2010). 약한 국가는 국가의 가장 기본적인 속성, 즉 효과적인 제도, 폭력수단의 독점, 국가에 대한 합의 등이 결여된 국가이다. 이러한 국가에서 지배엘리트들은 다양한 형태의 정권안보 정책을 추진한다. 몇 가지 예를 들면 다음과 같다. 첫째 유형은, 정권의 정당성이 약하기 때문에 외부의 위협보다는 내부 집단의 반발을 억제하기 위해 무력을 사용하는 경우이다. 둘째는, 국가 전체의 군사력을 강화시키기보다는 분열시키고, 동시에 자신들의 안전을 유지하기 위한 사적 무력집단을 양산하는 경우이다. 셋째는, 자신들 외에 별도의 특정 엘리트 집단을 인정하고, 그들과 이해관계를 매개로 공존하는 유형이다. 넷째, 경우에 따라서는 국가 외부에 후원자에 의존하거나 동맹관계를 이용해서 정권을 유지하는 것이다. 이처럼 정권안보는 약한 국가에서 전형적으로 나타난다.

그렇지만 사회구성원 사이에 위협인식이 다르고 또한 위협에 대한 대응방식에 대한 의견이 다른 것은, 매우 발전된 민주주의 국가를 포함하여 모든 국가에서 나타날 수 있는 보편적인 현상이다. 약한 국가와 비교하면 질적·양적 차이가 있을 수 있겠지만, 민주주의국가라고 해서 정권안보적 측면이 없으리라는 보장이 있는 것은 아니다. 그런 점에서 '국가안보'가 진정한 국가 구성원을 위한 국가안보인가 아니면 통치엘리트의 '정권안보'인가 하는 것은, 실제로 제시되는 안보위협이 과연 진정한 안보위협인지 아니면 과장된 안보위협인지는 검증해 보아야 알 수 있다. 국가안보정책을 수립하는 데도 어느 정책에 우선순위를 둘 것인가 하는 것도 마찬가지로 국가가 당연히 결정할 문제는 아니다.

이처럼 안보정책 수립에서 국가부문의 절대성이나 우선성을 제거하면, 특정 정책이 정권안보가 아니라 진정한 국가안보를 위한 것이라는 것은 시민사회가 지속적인 점검을 통해 확인하고 판단할 수밖에 없다. 그런 점에서 사회안보 개념의 도입은 안보정책의 주체를 국가에서 시민사회로 확장한 것이 된다. 오랫동안 시민사회는 안보정책의 객체에 머물러 있었다. 그러나 사회영역이 독자적인 안보부문으로 인정되면서,

시민사회가 국가안보 행위자로 등장할 수 있게 된 것이다.[19]

2. 안보위협의 상대화: '안보문제화'의 필요성

물론 시민사회도 하나의 시민사회가 아니다. 시민사회 속에 다양한 집단이 존재한다. 그럼 무엇이 진정한 국가안보위협이며 무엇이 제대로 된 국가안보정책인가? 안보행위자가 다양화되면서 동시에 객관적으로 정해진 안보위협이나 안보문제가 존재한다는 설정이 설 자리가 없어진 것이다. 국가구성원 모두가 당연시하는 안보위협이나 안보문제라는 것은 '사전(a priori)'에 존재하지 않게 된다. 이제는 객관적으로 존재하는 안보위협이 바로 안보문제가 된다기보다, 안보문제로 인식하는 과정이 필요하다. 역으로 안보이슈가 아님에도 안보문제로 인정되는 경우도 있다. 사회안보 개념을 적용하면서, 안보행위자가 다원화되는 동시에 안보문제를 상대화하는 효과가 나타났다.

그러나 안보위협이나 안보문제를 지나치게 상대화하면 역설적으로 제대로 된 안보정책을 수립할 수 없게 된다. 국가안보개념에 대해 군사 중심의 좁은 개념을 유지해야 한다는 전통주의자들은 지나친 안보개념의 확대는 군사나 국제관계 같은 '실질적'으로 중요한 문제와 그렇지 못한 문제를 구분하지 못함으로써 국가안보정책의 초점을 흐린다고 비판한다.

이상과 같은 비판에 대한 대응책이 코펜하겐 학파가 사회안보와 함께 제시한 '안보문제화(securitization)' 스팩트럼이라는 새로운 개념이다(〈표 2〉 참조). 이를 상세히 살펴보자. 코펜하겐 학파에 따르면 사회

---

19) 시민사회 역시 하나의 행위자가 아니라 복수의 행위자이다. 한국에서 국가는 여전히 가장 핵심적인 역할을 하는 안보주체이지만, 이제는 국가가 안보문제를 독점할 수 없다.

〈표 2〉 안보문제화 스펙트럼

비정치화 (non-politicized)		정치화 (politicized)		안보문제화 (securitized)
· 국가가 관여하지 않는 문제 · 공중(public) 토론이나 결정이 필요 없는 문제	→	· 국가의 표준적 정치 체제에서 다루는 문제 · 정부의 결정과 자원 배분이 필요한 공공 정책의 일부(지방자치에서는 드물게 나타남)	→	· '안보문제화'를 통해서 국가안보문제라고 규정된 문제 · 정치화 단계를 넘어 국가 존립에 대한 본질적인 위협으로 인식 · 일상적인 정치과정을 넘어서는 비상수단 강구

출처: Emmers(2010, 138)에서 작성

적 행위나 사건자체의 속성에 의해 안보문제가 결정되는 것이 아니다. 정치화된 이슈 중에서 해당 행위나 사건이 국가안보를 위태롭게 한다고 인식하고 그것을 국가안보문제로 다루는 것, 즉 안보문제화되어야 비로소 국가안보문제가 된다. 어떤 문제가 국가안보문제로 인정되기 위해서는 그 문제를 해결하지 않으면 '국가 존망'에 위협을 준다고 선포되어야 하며, 그 선포에 대해 관련 청중 즉 국가구성원이 동의하여야 한다. 그 결과 국가안보문제로 인정되면 해당 문제는 일상적인 정치행위가 아닌 비상행위(emergency action)를 통해 해결에 임하게 된다. 이처럼 안보문제화가 성공하려면 '안보행위자의 선포', '청중의 인정' 그리고 '비상행위'라는 3단계 과정을 거쳐야 한다.[20] 한편 어떤 이슈는 이상의 3단계를 거치지 않고 당연히 당연한 안보문제로 부각되기도 한다. 이는 성공적인 안보문제화가 반복되면서 '안보문제의 제도화

---

20) 반대로 안보문제를 안보문제가 아닌 것으로 만드는 과정인 '탈안보문제화 (desecuritization)'도 마찬가지로 존재한다(Wæver 1995 참조).

(institutionalization of security)'가 이루어진 부분이라 볼 수 있다.

결국 코펜하겐 학파는 '무엇이 안보문제인가?'라는 질문을 '무엇을 안보문제라고 간주하게 되는가?'라는 질문으로 치환한 것이라 할 수 있다. 행위나 사건 그 자체보다 행위나 사건이 어떤 의미가 있고, 또한 그 행위나 사건이 국가 존립에 미치는 영향이 '매우 크다'는 공감대를 형성하고 있느냐가 중요해진다. 그런 점에서 사회안보 개념의 적용은 한국 안보이론에 구성주의(constructivism) 관점을 도입하는 효과를 낳는다. 구성주의 관점을 도입하면 국가안보에 대한 객관적 평가(objective security)와 주관적 평가(subjective security) 간의 명백한 구분이 사라진다. 국가 안보 상황에 대해 객관적 수치를 통하거나 아니면 국가상황에 대한 주관적 평가를 통해서건 상관없이 구성원 상호 간에 국가안보문제에 대한 공감대를 형성하는 것이 중요하다.

코펜하겐 학파가 제시한 안보문제화 개념에 대해 많은 비판이 존재하는 것도 사실이다(최근 논의로 대표적인 것은 McDonald 2008). 가장 중요하다고 생각되는 두 가지를 지적하면 다음과 같다.

첫째, 웨버(1995)가 '발화행위(speech-act)'에 초점을 맞추어 안보문제화를 설명한 것에 대한 비판이 가장 통렬하다. 발화행위가 안보문제화를 결정한다는 점은 현실주의에서 중시하는 전략 환경의 중요성을 지나치게 간과한 것이다. 엠머스(Emmers 2010)는 예로써 한국이 포함된 동북아시아의 안보문제를 거론한다. 동북아시아의 안보문제는 외부로부터의 안보위협이 본질적인 것이며, 지정학, 억제, 세력 균형, 군사전략 등이 여전히 중요하다는 점이다.

둘째, 또한 안보문제화 과정을 발화행위로 설명하고자 한 것은 실제로 이루어지는 복잡한 의사소통 과정과 제도화 과정을 간과한 것으로, 안보문제화 과정을 지나치게 축소한 것이다(Williams 2003). 특정 상황에서 발화행위가 드러나지 않는 경우도 있다. 특히 정치영역과 사회영역이 구분되지 않는 비민주주의국가에서는 안보문제화 문제제기로서 발화행위를 실천하는 것이 매우 힘들다. 안보위협이 없는 것이 아니라 안보문제를 제기할 수 없는 상황 자체가 안보위협인 것이다. 대표적인 예가 북한이 될 수 있을 것이다.

발화행위 분석으로 '안보문제화'를 분석하는 것은 지나치게 협소한 방법론임에 틀림없다.[21] 그러나 안보위협 자체가 상대적인 개념이라는 점은 인정해야 할 것이다. 안보위협이 존재한다고 해서 그것이 바로 안보문제로 이어지는 것이 아니라는 안보문제화의 문제제기는 매우 중요하게 받아들여야 한다. 적용성에 있어서도 마찬가지이다. 안보문제화 개념은 어느 정도 민주화된 국가, 상당히 발전된 '시민사회'를 전제로 한다.[22] 하지만 한국은 민주화되고 시민사회가 활발하게 활동하는 국가로 안보문제화 개념을 적용할 수 있는 국가에 속한다. 따라서 안보문제가 상대화되어 안보문제화에 성공해야 비로소 안보문제가 된다는 안보문제화 개념은 한국안보를 설명하고 국가안보정책을 수립하는 데 요긴하게 활용할 수 있을 것이다.

V. '사회안보' 이론의 수정과 보완

안보문제화와 마찬가지로 코펜하겐 학파가 제기한 사회안보 이론 전반에 대해 다양한 비판이 존재한다.[23] 많은 비판은 역설적으로 사회안보 이론이 큰 주목을 받고 있음을 알려준다. 다양한 비판이 사회안보

---

21) 다양한 언술행위(discourse), 사회적 행위(social action)와 행위를 제약하는 구조적 상황(structural condition)에 대한 인식 등이 모두 안보문제화 개념에 포함되어야 할 것이다.

22) 이는 역설적으로 미국이나 서유럽 등의 민주주의국가에서는 매우 유용하게 사용될 수 있음을 의미한다.

23) 로에(Roe 2010, 214-216)는 사회안보 이론에 대한 비판을 짧지만 명쾌하게 정리하고 있다.

이론이 갖는 유용성을 부정하는 것은 아니다. 필요한 것은 사회안보이
론을 폐기하는 것이 아니라, 코펜하겐 학파가 설정한 사회안보 이론을
여러 측면에서 수정하고 보완하는 작업이다. 이하에서는 '사회안보의
안보대상 재정립', '사회안보 딜레마 극복', '사회안보의 하위개념 개
발' 등 3가지 측면에서 코펜하겐 학파가 제시한 사회안보 이론을 수정
하거나 보완할 것을 제안한다.

1. 사회안보의 안보대상 재정립: '정체성'에서 '사회응집력'으로

안보문제 형성에 구성원 상호 간의 공감대 형성이 중요하다는 논의
는 사회구성원 내부의 공통정체성을 강조하는 것과 논리적으로 일맥상
통하게 된다. 코펜하겐 학파는 사회안보의 대상을 '집단정체성'이라고
단언한다. 나아가 사회안보를 '정체성 안보(identity security)'라고 표현
하기도 한다(Buzan 외 1998, 120).

그러면 정체성이 왜 중요한가? 공통의 정체성이 있으면 복수의 사람
이 개별적으로 흩어지지 않고 집단을 유지하는 데 큰 도움이 된다. 공
통의 정체성은 집단이 분열되지 않도록 하는 중요한 요소이다. 그러나
정체성이 '사회'가 하나의 공동체로 유지되게끔 하는 중요한 요인임에
틀림없지만, 코펜하겐 학파가 전제로 하는 정체성 개념은 현실 세계에
서 사회구성원이 갖고 있는 정체성과는 여러 면에서 차이가 난다.[24]

첫째, 코펜하겐 학파는 '하나의 정체성(a single identity)'을 전제로 하
고 있지만 실제는 그렇지 않다. 한 사람이 여러 정체성을 갖고 있을 수
있다. 나는 한국인이지만 동시에 아시아인이고 기독교인일 수 있다. 전
체로서의 사회도 마찬가지이다. 하나의 정체성이 아니라 다양한 정체
성이 복합적으로 구성되어 있다.

---

24) 맥스위니(McSweeny 1996) 및 타일러(Theiler 2003)의 비판이 매우 적절하다.

둘째, 코펜하겐 학파는 서로 다른 정체성은 항상 경쟁관계에 있고, 나아가 정체성 간에 서로 적대관계에 있는 것으로 생각한다. 이런 입장을 고수하면 서로 다른 정체성이 공존할 수 있는 가능성을 생각하지 못하고 있다. 그러나 현실은 반드시 그렇지 아니하다. 남자와 여자를 생각해보자. 서로 다른 정체성을 갖고 있지만 공존할 수 있는 것 아닌가? 나아가 복수의 정체성이 서로 타협하거나 융합해서 새로운 정체성을 낳을 수 있다는 점도 생각할 수 있어야 한다.

셋째, 코펜하겐 학파는 정체성 중에서 '종족문화적 정체성'을 매우 중시하고 있다.[25] 종족문화적 민족주의(ethnocultural nationalism)를 중심으로 민족주의를 분석한 스미스(Smith 1991)의 영향을 크게 받았기 때문으로 평가된다. 그러나 이는 민족주의에 대한 다소 편협한 이해에서 비롯된 것이다. 민족주의는 통상 종족문화적 특성과 함께 법적·제도적 시민권에 초점을 둔 '시민적(civic)' 특성을 동시에 보유하고 있다.

여하튼 코펜하겐 학파가 사회안보에 집단정체성이 중요하다는 주장은 매우 오래된 뒤르켐(Durkhiem 1971; 1993)의 집합의식(collective consciousness) 개념을 연상시킨다.[26] 뒤르켐은 사회가 유지되기 위한 조건으로 연대성(solidarity)이 필요하다고 보았고, 과거 원시사회에서 구성원 간에 연대성을 확보하는 기제가 집합의식이라고 분석하였다. 집합의식은 사회구성원 간에 공통의 조상, 공통의 역사, 공통의 신화, 공통의 종교, 같은 생김새, 공통의 문화 등을 통해 형성된다. 사회구성원이 갖고 있는 공통의 특성, 즉 유사성을 통해 사회연대가 유지된다. 이를 뒤르켐은 '기계적 연대(mechanical solidarity)'라고 칭하였다.

하지만 뒤르켐의 논의에서 주목해야 하는 점은, 사회를 유지하기 위한 요건으로 집합의식의 중요성을 제시했다는 점에 국한되는 것이 아

---

25) 그리고 종교적 정체성을 중요시한다.
26) 이 점은 웨버가 국제정치학자라는 점과 관련된다고 본다. 사회학이 뒤르켐의 영향을 크게 받은 것과 대조적으로 뒤르켐이 국제정치학에 미친 영향력은 없는 것 같다.

니다. 뒤르켐은 현대사회에 오면 사회 연대의 기제로서 집합의식의 역할이 점차 줄어들 것이라고 분석하였다. 이는 사회구성원이 공유하는 공통점이 점차 적어지기 때문이다. 그렇다면 현대에서는 어떤 방식을 사회를 유지하는가? 이에 대해 뒤르켐은 '분업(division of labour)'이라고 답한다. 즉 사회 구성원 간에 존재하는 기능적 보완성이 사회로 하여금 분리되지 않고 하나의 공동체로 유지할 수 있게끔 한다. 뒤르켐은 이를 '유기적 연대(organic solidarity)'라고 이름 붙였다.

사회가 유지되는 기제는 집합의식, 즉 코펜하겐 학파가 말하는 정체성만이 아니라는 점이다. 사회구성원 간에 기능적 보완성을 인식함으로써 공동체를 유지할 수 있다는 것은, '서로 다름'이 사회 유지에 중요하다고 인식함으로써 새로운 '우리'를 형성하는 기제로 작동할 수 있다는 점이다. 보다 적극적인 방법으로는 사회구성원을 차별적으로 다루는 제반 사회 제도를 개선하는 것도 새롭게 '우리'를 형성하는 과정이 될 것이다. 이처럼 공통의 정체성 형성, 상호의존성에 대한 인식, 사회적 분리를 방지하는 제반 정책 모두가 사회안보에 도움이 된다.

사회안보의 안보대상으로 정체성을 강조하는 코펜하겐 학파의 주은 수정될 필요가 있다. 대안으로 앞에서 제시한 사회유지 메커니즘 모두를 포괄하는 개념으로 '사회응집력(social cohesion)'을 제안하고자 한다.[27] 사회응집력은 기본적으로 사회구성원이 다양한 정체성, 문화적 다양성을 갖고 있음을 전제로 출발한다. 그리고 그 다양성을 하나의 공동체로 어떻게 통합할 것인가에 관심을 둔다. 그런 점에서 코펜하겐 학파의 단일 정체성 관점에 비해 개방적이며 유연한 접근이다. 또한 코펜하겐 학파가 주장한 안보대상으로서의 정체성이 사회구성원의 의식적 측면을 강조한 것이라면, 사회응집력은 의식적인 측면은 물론 사회응

---

27) 또 다른 개념으로 '사회통합(social integration)'을 고려할 수 있다고 본다. 하지만 사회통합 하면 사회구성원의 특성을 다차원보다 단일차원으로 포착하는 것 같아 이 글에서는 사회응집력이라는 개념을 선택하였다.

집력을 강화시키는 제도적인 측면을 모두 포함한다.[28] 코펜하겐 학파가 설정한 집단정체성이 사회응집력을 유지하는 중요한 기제임에 틀림없지만, 사회응집력을 유지하려면 의식적 측면 외에 사회구성원의 분열을 야기하지 않도록 하는 다양한 제도가 개발되어야 할 것이다.

사회응집력 개념을 실제로 활용하고 있는 예로 유럽의회에서 이루어지고 있는 사회응집력 개발정책을 참고할 수 있다. 유럽의회는 사회응집력을 "구성원의 분열을 최소화하고 양극적 대립을 방지하며, 구성원 전체의 사회복지를 보장하는 해당 사회의 능력(the capacity of a society to ensure the welfare of all its members, minimising disparities and avoiding polarisation)"이라고 개념정의하고, "민주주의적인 방법으로 이상의 공동 목표를 추구하는 자유로운 개인의 상호 지원적인 공동체(a mutually supportive community of free individuals pursuing these common goals by democratic means)"가 사회응집력이 있는 사회라고 본다(European Committee for Social Cohesion 2004).[29] 그리고 사회응집력을 제고하기 위해 인권, 고용, 사회적 보호, 주택 등 사회정책 및 제도적 기반을 중시한 전략을 구상하고 있다. 유럽의회에서 제안된 사회응집력 정의를 사회안보에 그대로 적용할 수는 없겠지만, 사회안보의 안보대상을 사회응집력으로 확대하는 것이 가능함을 보여 준다.

2. '사회안보 딜레마'의 극복: '공동사회(common society)'의 창출

코펜하겐 학파의 사회안보 개념을 논리적으로 연장하면 안보 딜레

---

28) '사회응집력'은 사회학과 심리학에서 오랫동안 다루어진 주제이다. 그러나 사회학 및 심리학에서는 주로 개인 또는 집단 수준에서 주로 분석되었다(이에 대한 검토는 Friedkin 2004 참조). 하지만 이 글은 국가안보 수준에서의 사회응집력을 이야기한다.

29) 원문을 상당히 길게 포함시킨 것은 의미의 정확성을 전달하기 위해서이다.

마(security dilemma)와 유사한 방식으로 사회안보 딜레마(social security dilemma)가 발생한다는 결론에 도달한다. 더구나 문제는 사회안보 딜레마를 해결할 수 있는 방안을 코펜하겐 학파가 제시하지 못하고 있다는 점이다.

하지만 사회안보를 유지하려는 노력이 결과적으로 사회안보 딜레마로 이어진다면 한국에서 사회안보 이론의 중요성을 강조하는 의의가 크게 반감된다. 최근 한국의 많은 학자, 특히 사회학자들은 한국사회에 다문화적 요소가 점차 강화되리라고 전망한다. 그러나 사회안보 딜레마를 피할 수 없다면, 한국에서 매우 활발하게 논의되는 '다문화사회'는 불가능한 프로젝트가 된다. 한국이 향후 사회안보를 유지할 수 없다는 말이다. 과연 그런가? 이러한 질문에 답하기 위해 코펜하겐 학파의 사회안보 개념에서 파생한 사회안보 딜레마를 먼저 살펴보고, 이어서 사회안보 딜레마를 해결할 수 있는 방안이 있는지 모색해 본다.

사회안보 개념에서 사회안보 딜레마 개념을 추출한 자는 로에(Roe 2002)이다. 로에는 자국의 안보를 확보하기 위한 노력이, 그 의도에 관계없이 타국의 불안을 자극해서 타국의 군비증강을 유도함으로써 결국에 자국의 국가안보에 위협이 된다는 안보 딜레마(security dilemma)와 유사한 현상이 사회안보에도 나타날 수 있음을 지적한다. 사회안보를 유지하기 위해 강한 집단정체성이 필요하지만, 특정 집단이 강한 집단정체성을 유지할수록, 사회 내부에 존재하는 다른 집단도 대응하여 자신의 정체성을 강화하고, 종국에는 내란(civil war)으로 귀착하게 된다. 이를 사회안보 딜레마(societal security dilemma)라 한다. 로에(2002)는 이상과 같은 사회안보 딜레마 개념을 활용하여 1990년대 루마니아에서 발생한 루마니아계과 헝가리계 간의 종족 분쟁을 설명하고 있다.

사회안보 딜레마를 통해 종족 간 갈등이 격화되어 분쟁으로 이어지는 과정이 매우 적절하게 설명된다. 그런 점에서 사회안보 딜레마는 존재한다. 그러나 요점은 사회안보 딜레마를 피할 수 없는가 하는 점이다. 사회안보 딜레마에 빠지지 않는 방안에 대한 논의는 아직 없는 듯하다.

그러나 사회안보 딜레마에 빠지지 않을 수 있는 여러 방안을 모색할 수 있다고 생각된다. 여기서는 서로 관련되지만, 분리해서 세 가지 방안을 제시해 보고자 한다.

첫째는, 코펜하겐 학파의 안보문제화 개념을 활용해서 사회안보 딜레마를 피할 수 있는 방안이다. 안보문제화 개념에 따르면 복수의 정체성이 서로 대립하거나 갈등한다는 것 자체가 필연적인 것이 아닐 수 있다. 정체성 자체의 속성에서 대립과 갈등이 발현된 것이 아니라 그렇게 만들어졌을 수 있다는 점이다. 상대방 정체성의 내용을 잘 모르기 때문에 발생한 '오해(misconception)'가 고착되어 대립과 갈등을 낳을 수도 있고, 극단적으로는 대립과 갈등이 인위적으로 조장된 것일 수도 있다. 사회안보 딜레마가 민족중심주의(ethnocentrism) 때문에 발생할 수 있다는 점이다. 이는 역으로 민족중심주의를 벗어나면 사회안보 딜레마는 회피할 수 있는 가능성이 열려 있음을 보여준다.

둘째 방안은, 안보딜레마를 극복하는 방안으로 제안되었던 공동안보(common security) 개념을 사회안보에도 적용하는 것이다.[30] 공동안보 개념은 스웨덴 사민주의 정치가 팔르메(Olof Palme)를 위원장으로 한 '군비축소와 안보문제에 관한 독립위원회(Independent Commission on Disarmament and Security Issues 1982)'의 보고서로 거슬러 올라간다. 보고서의 주요 내용은 냉전시대 안보개념의 특징인 군사중심, 국가중심 안보개념 내에서 군비통제를 실시하기 위한 정책건의이다.[31] 하지만 구체적인 내용보다 중요한 것은 '안보는 적과 대립(against)하면서 추구하고 유지되는 것이 아니라 적과 함께(with) 추구하고 유지해야 한다'는 공동안보 개념이다. 세계화 추세는 앞으로도 보다 강화될 전망이다. 이

---

30) 소련 공산당 서기장 고르바초프가 채택해서 군비통제에 활용했다(Bilgin 2003, 204)고 평가된다.
31) 구체적으로는 중부유럽에 핵무기 없는 전장 설정, 유럽에 화학무기 없는 지대 설정, 재래식 무기 공급자 국가들 간의 대화, 무기 구매국가들에 대한 무기이전 제한 등이다.

는 특정 사회에 서로 다른 정체성에 계속해서 유입됨을 의미한다. 대립하는 상대방을 인정해야 안보문제가 해결된다는 공동안보 개념은 사회안보에 보다 적합한 인식으로 보인다. 서로 다른 정체성이 공존할 수 있고 공존해야 한다는 인식이 중요하다.

셋째는, 미래지향적인 새로운 정체성을 창출하는 방안이다. 공동안보와 같은 인식을 사회안보에 도입하는 것이 필요하지만, 공동안보 개념만으로는 사회안보를 유지하는 데 한계가 존재한다. 서로 다른 정체성을 모두 인정한다면 사회가 공동체로서 유지할 수 있느냐 하는 기본적인 질문을 할 수 있기 때문이다. 사회구성원이 서로 유사한 정체성을 갖고 있어야 사회안보가 유지된다는 것은 사회안보의 기본적인 명제이다.[32] 그런 점에서 모든 정체성을 동일하게 인정할 수는 없고, 경우에 따라서는 특정 집단의 일부 정체성은 포기하도록 해야 한다.[33] 코펜하겐 학파는 과거의 경험을 통해 정체성이 형성된다고 분석한다. 이는 종족적 민족주의를 중요시하는 입장에서 귀결되는 당연한 결과이기도 하다. 또한 언제나 과거가 현재를 결정한다는 자연과학적 인식을 유지하고 있기 때문에 나타난 한계이기도 하다. 그러나 사회현상은 다르다. 사회현상을 살펴보면 과거뿐만 아니라 미래에 대한 기대와 예측을 바탕으로 현재의 인식, 태도, 행위가 결정되는 경우가 많음을 알 수 있다. 한국인의 집단정체성에서 중요하게 다루어지는 민족주의에 대해서도 유사한 주장을 할 수 있다. 과거 경험으로부터 형성된 한국민족주의도 존재하지만, 사회 발전에 대한 전망, 통일한국에 대한 새로운 비전 등을 포함된 열려진 한국민족주의도 가능하다. 현재 다른 정체성을 가진 사회집단이 미래지향적 민족주의를 중심으로 사회응집력을 키워나가는 것이다.

---

32) 집단정체성만으로 사회안보가 유지될 수는 없고, 기타 제반 제도가 필요함은 앞에서 논의하였다. 그러나 집단정체성이 사회안보 유지에 중요한 것은 사실이다.
33) 폐기해야 할 정체성의 가장 단순한 예로 '주체사상'을 맹목적으로 받아들이는 경우를 들 수 있다.

이상의 여러 방안이 종합적으로 추진된다면 사회안보 딜레마에 빠지지 않고 사회안보를 유지할 수 있을 것이다. 이를 '공동사회(common society)' 창출이라는 개념으로 포착해 보고자 한다. 공동사회는 다음과 같은 특징을 갖는다. 첫째, 사회가 추구하는 집단정체성은 고정되어 있다기보다 유동적이며 폐쇄된 것이 아니라 개방되어 있다. 둘째, 사회구성원의 다원적 정체성을 인정한다. 셋째, 미래지향적인 핵심 정체성을 공동으로 창출하며 공유하도록 노력한다.

3. 사회안보의 하위개념 개발: 사회안보 관련 변수 및 지표

사회안보 이론을 활용하여 이민에 의해 발생하는 사회갈등이나 민족분규를 분석한 연구가 증가하고 있다. 그러나 전반적으로 보면 아직까지 경험적 연구가 충분하다고 할 수 없다. 경험적 연구가 보다 활발하게 이루어지기 위해서는, 사회안보 이론을 뒷받침하는 변수나 지표 등을 좀 더 개발할 필요가 있을 것이다.

코펜하겐 학파는 사회안보 위협요인을 제시한 바 있다(Buzan et al. 1998, 121). 사회안보를 위협하는 요인은 이민, 수평적 경쟁, 수직적 경쟁, 인구감소이다. 첫째, 이민은 Y사람들의 유입으로 X사람들이 침입당하거나 희소해지는 것을 말한다. 이민으로 인해 주민구성이 변하기 때문에 X사람들의 정체성이 변한다. 둘째, 수평적 경쟁은 사람의 이동은 없어도 이웃하는 Y문화로부터 넘어오는 문화적 언어적 영향 때문에 X사람의 삶의 방식이 바뀌는 것을 말한다. 셋째, 수직적 경쟁은 특정 정체성을 갖고 있는 사람에게 보다 넓은 정체성을 강요하는 통합계획이나 보다 좁은 정체성을 강요하는 분리주의계획이 진행되는 것을 말한다. 그리고 마지막으로 넷째는, 인구감소로 정체성을 가지는 자의 존재를 위협하는 현상을 말한다. 그리고 인구감소의 원인으로 전염병, 전쟁, 기근, 자연 재해, 인구멸종정책 등을 들고 있다.

그러나 부잔 등이 제시한 사회안보 위협요인은 '폐쇄적 정체성'을 전제했다는 점에서 그대로 수용하기 힘들다. 이민이나 타문화의 유입은 그 자체가 사회안보 위협이 아니라 특정한 이민이나 특정 문화요소의 유입이 사회안보 위협이 될 수 있다. 이민이나 문화교류에 대해 지나치게 보수적인 관점을 취하고 있다. 수직적 경쟁에 대해서도 통합계획이나 분리계획이 사회안보에 위협이 된다고 하였지만, 과연 누구의 관점인가 하는 질문을 할 수 있다. 강요된 통합보다는 분리가 사회안보를 확보하는 것이며, 남북한 주민이 공동 정체성을 형성하는 통합이 현재와 같은 분리보다 사회안보를 확보하는 것이 된다. 그리고 인구감소가 정체성의 위협이라고 하였지만, 전염병, 전쟁, 기근, 자연 재해 등이 원인이 된 인구감소를 '정체성' 위기로 파악하는 것이 적절한지 의문이다. 전쟁, 기근 같은 사회적 위기에 오히려 집단결속력이 강화된다는 논의도 가능하기 때문이다.

사회안보의 안보대상을 사회응집력이라고 확대하였을 때, 사회안보를 위협하는 요인은 부잔 등이 제시한 요인을 포함하여 매우 다양하게 생각해 볼 수 있다. 사회안보를 위협요인을 위협의 발원지와 위협 형태에 따라 구분해서 제시한 것이 〈표 3〉이다(김병조 2007). 먼저 사회안보를 위협하는 요인은 발생지가 국가의 내부인가 아니면 외부인가에 따라 구분할 수 있다. 그리고 위협의 형태가 현재 즉각적으로 나타나는지 아니면 현재는 큰 위협이 아니지만 장차 사회안보를 위협하는 요인이 될 가능성이 있는 것인지에 따라, 현재적(manifest) 위협과 잠재적(latent) 위협으로 구분하였다.[34]

또한 코펜하겐 학파의 사회안보는 정체성을 유지할 수 있는 능력이라고 정의하였지만, 실제 사회안보가 확보된 상태가 어떤 상태를 말하는 것인지 명확하지 않다. 물론 사회안보가 위협받는 예를 들고 있지만,

---

34) 현재적 위협과 잠재적 위협의 구분은 일반적 구분으로 실제상황에 따라서는 다르게 평가될 수 있다.

〈표 3〉 사회안보 위협요소 분류

		위협의 형태	
		현재적(manifest)	잠재적(latent)
위협의 발원지	내부	사회구성원 간 일체감 상실 (불평등 심화, 지역갈등 등) 현존 사회체제 불인정	가치관의 타락 (가족관, 사회관, 국가관 등) 구성원 재생산의 위기 (출산율 저하, 마약 등)
	외부	부적절 외부인의 대량 유입, 기존 사회체제를 부정하는 외부 이념 도입 (다양한 근본주의 등)	외국 문화의 무분별한 도입, 기존 사회체제에서 통제하기 힘든 위협요인 도입 (국제 범죄 등)

출처: 김병조, 2007(163)

부정적인 사회안보 상황만 제시했다는 한계가 있다. 이 점이 코펜하겐 학파의 사회안보이론을 활용한 경험적 연구가 보다 활성화되지 못하는 부분적인 이유가 될 것이다. 사회안보 상태를 나타내는 지표가 다양하게 제시될 필요가 있다.

이에 사회안보가 확립된 상태를 사회통합, 문화발전, 소프트 파워의 관점에서 세분해서 지표화해 보았다.[35] 첫째, 특정 사회의 사회통합 정도가 높을 때 사회 안보가 이루어졌다고 할 수 있다. 즉, 구성원이 내부적으로 유사한 핵심 정체성을 확보한 상태에서 생활에 만족감을 느끼는 경우 사회안보가 이루어졌다고 말한다. 예컨대 국가나 민족에 대한 자의식과 자부심을 보유한 상태에서 생활만족도가 높을 때, 해당 사회는 사회안보가 강하게 확립되어 있다고 할 수 있다.

---

35) 김병조(2007, 16)에서는 사회안보 능력을 사회통합과 문화발전으로 구분하였으나, 이후 소프트 파워 특징을 추가하였다.

둘째, 특정 사회의 문화가 이질적인 타 문화에 대한 수용 능력이 클때, 사회안보가 이루어졌다고 할 수 있다. 타 문화를 자신의 문화 속에 흡수하거나, 타 문화를 활용하여 새 문화를 창출하는 등 문화발전이 활발하게 이루어지는 사회는 사회안보 수준이 높은 사회이다.

셋째, 두 번째와 방향은 반대지만, 특정 사회가 갖고 있는 문화의 소프트 파워(soft power)가 큰 경우도 사회안보가 높은 경우이다. 특정 사회의 문화가 갖는 매력이 크다면, 타 정체성을 가진 집단이 해당 집단의 정체성을 인정하거나, 특정 사회의 정체성과 유사하게 자신의 정체성을 변화시킬 것이다. 예컨대, 한국문화를 지칭하는 '한류(Han wave)'가 주변국을 비롯해서 세계로 뻗어간다면, 한국의 사회안보 수준이 높다고 할 수 있을 것이다.

이와같이 사회안보의 하위개념이 될 수 있는 예를 제시해 보았다. 사회안보를 이론적으로 논의하는 수준을 넘어서서, 사회안보를 강화하는 국가안보정책 수립으로 이어지려면, 사회안보 수준을 측정할 수 있는 지표가 본격적으로 개발되어야 할 것이다. 현재 유럽에서는 유럽의회를 중심으로 사회응집력을 측정하는 지표를 개발 중에 있다(Easterly 2006; Council of Europe 2008 등). 매우 구체적인 내용이라 여기서 제시하지는 않지만, 이들의 연구결과를 참고하는 것도 하나의 방안이 될 수 있을 것이다.

VI. 맺음말

국가안보이론은 현실을 기술하고 설명하는 것을 넘어서 안보정책을 수립하는 데 기여할 수 있어야 한다. 한국적 안보이론을 모색하는 기본적인 이유는 이론의 현실 적합성을 제고하기 위해서이다. 현재 한국적 국가안보이론이 있느냐는 질문을 한다면, 아직까지는 그렇다는 긍정적인 답이 나오지 않는다. 그러나 이제는 단순하게 서구의 안보이론을 차용하는 수준은 벗어났다고 말하고 싶다.

이 글은 사회안보에 초점을 맞추어 서구 안보이론의 한국화 시도를 보여주고자 하였다. 한국적 안보이론의 필요성에 대한 배경 설명을 시작으로, 코펜하겐 학파의 안보이론 일부가 채택되는 과정, 사회안보 개념이 한국 안보이론에 적용되는 방식과 그에 수반하는 안보이론의 관점 변화에 대해 정리하였다. 나아가 코펜하겐 학파 사회안보 이론에 대한 수정 및 보완점을 몇 가지 제안해 보았다.

그러나 개념적 · 이론적 논의에 국한되었다는 본원적 한계를 이 글은 갖고 있다. 한국 사회안보에 실질적으로 기여하려면 경험적 연구가 보완되어야 할 것이다. 사회안보 관점에서 한국을 분석한 연구는 많지 않다. 사회안보 이론의 한국화는 아직 기획단계이다. 하지만 한국사회는 사회안보를 위협하는 다양한 쟁점을 갖고 있다. 안보의식, 남남갈등, 대북인식, 민족주의, 민군관계, 북한이탈주민, 남북통합, 세대 간 인식 격차, 사회양극화, 지역갈등, 외국인 노동자, 결혼이민자 등이 사회안보와 관련된 쟁점들이다. 각 쟁점에 대한 경험적 연구가 활성화되어야 할 것이며, 관련 쟁점에 대한 기존 연구를 사회안보 관점에서 재분석할 필요가 있어 보인다.

참고문헌

국방대학원 편.『안보관계용어집』. 서울: 국방대학원, 1996.

김병조. "국가안보와 사회문화." 국방대학교 편.『안전보장이론』. 안보과정 참고교재(제Ⅰ교과). 2007.

김석용. "국제안보환경의 변화와 한국의 안보전략."『교수논총』1집. 서울: 국방대학원, 1992.

김홍명. "시대환경변화에 따른 안보개념의 재정립."『한국안전보장논총』20: 331-368. 1993.

박상섭. "국가안보개념의 역사적 발전과 새로운 개념정립 가능성에 관한 이론적 연구."『안보학술논집』2 (1): 75-134. 1991.

최경락 · 정준호 · 황병무.『국가안전보장서론』. 서울: 법문사, 1989.

황병무. "탈냉전기 구미에서의 안보연구의 새로운 경향."『교수논총』15집. 서울: 국방대학교, 1999.

_____.『전쟁과 평화의 이해』. 서울: 오름, 2001.

_____.『한국안보의 영역, 쟁점, 정책』. 서울: 봉명, 2004.

湯浅 剛. "ユーラシアの移民と安全保障."『防衛研究所紀要』12: 31-47. 2010.

Bilgin, Pinar. "Individual and Societal Dimensions of Security." *International Studies Review* 5: 203-222. 2003.

Boin Arjen, Magnus Ekengren, Antonio Missiroli, Mark Rhinard, and Bengt Sundelius. *Building Societal Security in Europe: the EU's Role in Managing Emergencies*. EPC Working Paper No. 27. 2007.

Buzan, Barry. *People, States, and Fear: The National Security Problem in International Relations,* 2nd ed. Boulder, CO: Lynne Rienner, 1991.

Buzan, Barry, Ole Wæver, and Jaap de Wilde. *Security: A New Framework for Analysis.* Boulder CO: Lynne Rienner Publishers, 1998.

Council of Europe, ed. *Well-being for All: Concepts and Tools for Social Cohesion.* Trends in Social Cohesion No. 20. Council for Europe Publishing. 2008.

Durkheim, E. *Elementary Forms of the Religious Life*. Trans. J. W. Swain. New York: Free Press(Orig. Pub. 1912), 1971.

_____. *The Division of Labour in Society*. Trans. G. Simpson. New York: Free Press(Orig. Pub. 1897), 1993.

Easterly, William. *Social Cohesion, Institutions, and Growth*. Working Paper No. 94. The Center for Global Development. 2006.

Emmers, Ralf. "Securitization." In Alan Collins, ed. *Contemporary Security Studies*, 2nd ed. New York : Oxford University Press, pp.136-151. 2010.

European Committee for Social Cohesion. *A New Strategy for Social Cohesion: Revised Strategy for Social Cohesion*. The Council of Europe. 2004.

Friedkin, Noah E. "Social Cohesion." *Annual Review of Sociology* 30: 409-425. 2004.

Independent Commission on Disarmament and Security Issues. *Common Security: A Blueprint for Survival*. Independent Commission on Disarmament and Security Issues. 1982.

Jackson Richard. "Regime Security." In Alan Collins, ed. *Contemporary Security Studies*, 2nd ed. New York : Oxford University Press, pp.185-201. 2010.

Kenny, Micheal. *The Politics of Identity: Liberal Political Theory and the Dilemmas of Difference*. Cambridge: Polity Press, 2004.

Krause, K., and M. C. Williams, eds. *Critical Security Studies: Concepts and Cases*. Minneapolis: University of Minnesota Press, 1997.

MaDonald, Matt. "Securitization and the Construction of Society." *European Journal of International Relations* 14: 563-587. 2008.

McSweeney, Bill. "Identity and Security: Buzan and the Copenhagen School." *Review of International Studies* 22(1): 81-93. 1996.

Roe, Paul. "Misperception and Ethnic Conflict: Transylvania's Societal Security Dilemma." *Review of International Studies* 28(1): 57-74. 2002.

_____. "Societal Security." In Alan Collins ed. *Contemporary Security Studies*, 2nd ed. New York : Oxford University Press, pp.202-217. 2010.

Smith, Anthony D. *National Identity*. London: Penguin Books, 1991.

Theiler, Tobias. "Societal Security and Social Psychology." *Review of International Studies* 29: 249-268. 2003.

United Nations Development Program. *Human Development Report: New Dimensions of Human Security*. New York: Oxford University Press, 1994.

Wæver, Ole. "Societal Security: The Concept." In Ole Wæver, Barry Buzan, Morten Kelstrup and Pierre Lamaitre. *Identity, Migration and the New Security Agenda in Europe*. New York: St. Martin's Press. pp.17-40. 1993.

_____. "Securitization and Desecuritization." In Ronnie D. Lipschutz, ed. *On Security*. New York: Columbia University Press. pp.46-86. 1995.

Wæver, Ole, and Berry Buzan, "After the Return to Theory: The Past, Present, and Future of Security Studies." In Alan Collins, ed. *Contemporary Security Studies*, 2nd ed. New York: Oxford University Press. pp. 463-483. 2010.

Williams, Michael C. "Words, Images, Enemies: Securitization and International Politics." *International Studies Quarterly* 47: 511-531. 2003.

한국안보의 국제적 현실

제6장
오바마 행정부의 핵정책과 한국의 안보[*]

김영호

I. 서론

미국의 44대 대통령 버락 오바마(Barack Obama)는 변화의 가능성에 대한 강한 신념을 가진 사회운동가 출신 젊은 정치가답게, 취임 2개월을 조금 넘긴 2009년 4월 5월 체코 프라하에서 "핵무기 없는 세상(a world without nuclear weapons)"을 추진하겠다는 야심찬 비전을 전 세계를 향해 천명하였다. 반핵평화운동 NGO의 시위구호가 아니라, 세계 최강의 핵능력을 보유한 유일초강대국 미국의 현직 대통령이 자국 군사력의 핵심인 핵무기를 완전히 없애겠다고 선언하고 나선 것은 핵무기가 갖는 군사전략적 가치와 역할에 대한 재검토는 물론, 국제안보질서의 근본적 작동원리와 수단에 대한 재고를 의미하는 실로 역사적인

---

* 이 글은『국방연구』53권 1호(2010.4)에 게재된 내용을 일부 수정하였음.

일이다.[1] 그런 커다란 상징성으로 인해 겨우 취임 100일을 조금 넘긴 오바마 대통령에게 노벨 평화상이 수여되기도 했다.

　사실 최초에는 인기를 위한 정치적 구호로 치부되기도 했던 오바마 대통령의 "핵무기 없는 세상" 비전은 단순히 일회성 선언이 아니라 시간이 흐를수록 실제 정책으로 더욱 더 구체화되어 왔고 최근에는 실질적인 이행으로까지 진전이 이루어지고 있다. 즉, 오바마 대통령의 핵무기 없는 세상 비전은 프라하 연설 이후 2009년 7월 이탈리아 G8 정상회담과 9월 유엔안보리 정상회의를 거치면서 재차 확인되었고, 2010년에는 9년 만에 새로 발표된 미국의 『핵태세검토보고서(*Nuclear Posture Review, NPR*)』를 통해 본격적인 중장기 핵정책으로 천명되었으며, 4월에는 러시아와의 역사적인 "새 전략무기감축협약(New START)" 체결과 "핵안보정상회의(Global Nuclear Security Summit)"를 통해 현실화를 향한 정책적 행동으로 구체화되고 있다.

　이런 오바마 대통령의 야심찬 비전과 정책적 행동에 대해 많은 이들이 찬사를 보내고 있긴 하지만, 여전히 그 실현가능성과 구체적인 방법에 대해서는 미국 국내적으로 상당한 논란이 있다.[2] 또 영국과 러시아를 비롯한 국제사회의 반응 역시 일단은 매우 환영하는 분위기이지만,

---

1) 오바마 대통령의 프라하 연설 내용은 White House Office of the Press Secretary, "Remark by President Obama in Prague as delivered"(April 5, 2009), http://www.whitehouse.gov/the_press_office/Remark-By-President-Obama-in-Prague(검색일: 2010.2.15) 참조.

2) 특히 보수진영 쪽의 비판이 심한데 Andrei Shoumikhin and Baker Spring, "Strategic Arms Control for Protect and Defend Strategy," *Backgrounder,* No. 2266, Heritage Foundation, http://www.heritage.org/Research/Reports/2009/05/Strategic-Nuclear-Arms-Control-for-the-Protect-and-Defend-Strategy(검색일: 2010.2.15)와 Andrei Cohen, "Dangerous Trajectories: Obama's Approach to Arms Control Misreads Russian Nuclear Strategy," *Backgrounder,* No. 2338, Heritage Foundation, http://www.heritage.org/Research/Reports/2009/11/Dangerous%20Trajectories%20Obamas%20Approach%20to%20Arms%20Control%20Misreads%20Russian%20Nuclear%20Strategy(검색일: 2010.2.15) 등을 참조.

정책의 현실성에 대해서는 평가가 엇갈리는 경향을 보인다.[3] 그리고 무엇보다도 오바마 대통령의 핵감축정책이 미국의 동맹 및 우방국들에 대한 미국의 안보공약 이행에 미칠 영향과 그들 국가들의 국방전략 변화 등에 대해서도 의견이 분분하다. 특히 일본과 터키, 그리고 한국과 같이 미국의 핵우산이 자국 안보에 핵심적인 국가들의 경우 일부에서는 심지어 자체적 핵무장 가능성이 제기되기도 한다.

그런 논란을 의식해서, 오바마 대통령 스스로도 "나는 결코 천진하지 않다(I'm not naive)"고 강조하였고, NPR을 통해서도 단순한 이상주의적 접근이 아님을 역설하고 있다. 하지만 "핵무기 없는 세상"의 실현은 결코 만만치 않음은 분명하다. 결연한 오바마 대통령의 정책적 의지와 노력에도 불구하고 핵무기의 높은 전략적 효용에 대한 많은 군사전략가들의 평가나 안보 딜레마(security dilemma)로 대변되는 국제안보질서의 구조적 속성이 쉽게 사라지지 않을 것이기 때문이다. 따라서 과연 향후 오바마 행정부가 어떻게 그리고 얼마나 성공적으로 "핵무기 없는 세상"이란 비전을 실천에 옮길 수 있을지는 중요한 정책적 관심의 대상임에 틀림이 없다. 더구나 한국의 경우 미국의 '확장억지(extended deterrence)'[4] 공약이 국가방위의 핵심적 요소 중 하나이고, 현재 핵무기개발에 열을 올리고 있는 북한과 직접적으로 대치하고 있는 상황이기 때문에 오바마 행정부의 핵정책의 향방은 국가안보에 심대한 영향을 미치는 이슈라고 할 수 있다.

---

3) Steve Holland, "Can Obama persuade world on nuclear arms?" REUTERS, April 7, 2009, http://www.reuters.com/articlePrint?articleID=USTRE5364TW20090407(검색일: 2010.2.15) 참조.

4) 영어 'deterrence'의 한국어 번역에 대해선 정확한 의견일치가 없는 듯함. 예를 들면, 한국 합동참모본부 홈페이지(http://www.jcs.mil.kr/main.html)에 수록된 "군사용어해설"에 의하면 'deterrence'는 '억제'로 번역되고 있으나, 학계나 언론에서는 일반적으로 '억지'라는 표현이 더 많이 사용되고 있음. 영한사전도 대개 'restraint'를 '억제'로, 'deterrence'는 '억지'로 해석한다. 따라서 본 논문에서는 『국방연구』가 전문학술지임을 감안하여, '억제'보다는 학계의 관행인 '억지'라는 표현을 사용하였음.

이에 본 논문은 오바마 행정부의 "핵무기 없는 세상"을 향한 정책의 내용과 진전현황을 알아보고, 그에 대한 논란과 의미들을 짚어보고자 한다. 그리고 난 후, 그를 바탕으로 오바마 행정부가 추진하는 핵군축 정책이 한미동맹과 한국 안보에 시사하는 바에 대해 논의하려고 한다.

II. 오바마 행정부 핵군축정책의 내용과 추진현황

오바마 행정부의 핵군축정책은 앞서 언급한 것처럼, 최초 2009년 4월 5일 체코 프라하에서 오바마 대통령이 행한 연설에서 명료하게 제시되었는데, 주된 내용은 세 가지로 요약된다.[5]

첫째는, 핵무기 없는 세상을 향해 핵무기의 감축을 지속적으로 추진하겠다는 것이다. 이를 위해 미국이 먼저 앞장서서 노력을 경주할 것이며, 그 구체적인 예로 미국이 지난 15년간 비준을 미뤄오고 있는 "포괄적 핵실험금지 조약(Comprehensive Test Ban Treaty, CTBT)"의 인준을 강력히 추진하고, 제네바 군축회의에서 제안된 "핵연료 생산중지 조약(Fissile Fuel Cut-off Treaty)" 체결을 위한 협상을 조기에 개시하겠다고 천명하였다. 아울러 2009년 12월로 만기되는 미-러 "전략무기감축조약(Strategic Arms Reduction Treaty, START I)"을 갱신하여 추가로 핵무기감축을 시도하겠다는 의사도 밝혔다. 이들을 통해 당장은 아니더라도 핵무기를 완전히 없애는 방향으로 정책적 노력을 계속해 나가겠다는 강력한 의지를 표명한 것이다.

둘째는, "핵확산방지조약(Nuclear Non-Proliferation Treaty, NPT)" 체제의 강화이다. 지난 10년간 심해진 NPT체제의 약화 경향을 바로 잡고

---

5) "Remark by President Obama in Prague as delivered," 앞의 글.

국제원자력기구(IAEA)의 감시 및 검증기능을 강화하며, NPT조약 위반이나 탈퇴에 대한 제재도 강화할 수 있는 방안을 마련해야 함을 강조하였다. 또한 평화적 목적에 필요한 핵연료의 원활한 공급을 보장하기 위한 IAEA의 역할강화와 새로운 핵연료은행과 같은 다자적 핵연료 관리 및 공급기구의 신설도 제안하였다. 그리고 현재 NPT체제 약화를 부추기고 있는 북한과 이란의 핵개발 시도를 비난하고 그들의 조속한 NPT체제로의 복귀와 핵개발 포기를 촉구하였다. 또 구체적으로 NPT체제의 강화를 오는 2010년 5월에 개최될 5년 주기 "NPT검토회의"를 통해 적극적이고 확실하게 추진해나갈 것임도 분명히 했다.[6)]

셋째는, 테러집단에 의한 핵무기 및 핵연료 습득 저지에 관한 내용이다. 9 · 11을 통해 테러집단과 핵무기와의 결합가능성이 급격히 높아졌음을 재차 강조하고 그에 예방과 대비에 더 많은 노력이 필요함을 역설하면서 국제사회의 폭넓은 동참을 호소하였다. 테러집단의 핵무기 습득을 저지하기 위한 유엔안보리 결의안 1540의 준수 및 동참확대를 재차 강조하고, 대량살상무기(WMD)확산 차단을 위한 확산방지구상(PSI)과 테러활동에 대한 재정적 지원을 차단하는 대테러재정활동TF의 강화를 촉구하였다. 아울러 WMD제조에 관련된 정보 및 기술확산 방지를 위한 다양한 다자간 협력확대도 제안하였다.

프라하 연설이후 이런 오바마 대통령의 핵군축정책은 일회적으로 끝나지 않았고, 연이어 개최된 양자 및 다자협력의 장들을 통해 재차 강조되고 지속적으로 구체화되어왔다. 우선 2009년 7월에 이탈리아 라퀼라에서 열린 G-8정상회의에서는 프라하 연설에서 주창된 내용을 재확인하는 한편 다른 선진 7개국 정상들로부터 지지를 얻어냈으며, 미국은 핵감축을 주제로 한 "핵안보정상회의"를 2010년 개최할 것이라고

---

6) Susan F. Burk, "Defining Success: The Contribution of the 2010 NPT Review Conference to A Reinvigorated Nuclear Nonproliferation Regime," Middle Power Initiative Event 연설문, 유엔 스위스 대표부(October 13, 2009), http://www.state. gov/t/isn/rls/rm/130549.htm(검색일: 2010.2.15) 참조.

발표하였다.[7]

뿐만 아니라, 오바마 대통령은 비슷한 시기인 7월 초 제네바에서 메드베데프(Medvedev) 러시아 대통령과 만나 2002년 체결한 START I, 일명 "모스크바 핵감축조약"의 갱신에 대해서도 논의하였다.[8] 그 결과 전략무기 운반체를 500~1,100대 내로 추가감축하고 핵탄두는 1,500~1,675기 범위 내라는 "기록적 수준(record levels)"으로 감축하는 노력을 경주할 것이며,[9] 궁극적으로 미국과 러시아 양자뿐만 아니라 모든 핵보유국들이 참여하는 핵감축협약 체결을 위해 양국이 힘을 합쳐 노력할 것을 합의하였다.

두 달여 후인 2009년 9월 24일, 핵군축을 향한 오바마 대통령의 노력은 유엔 안보리 회의로 이어졌다. 안보리가 출범한 이래 63년 동안 정상급 회의로서는 다섯 번째이고 미국 대통령이 의장을 맡아 직접 회의를 주재한 것은 최초였던 이 회의에서 오바마 대통령은 자신의 "핵무기 없는 세상" 실현을 의제로 삼아 각국 정상들의 토론을 주도하였고, 그 결과 핵확산 위협에 대한 심대한 우려와 확산방지를 위한 국제적 조치의 필요성을 강조한 안보리 결의안 1887호를 통과시켰다.[10] 이 결의

---

7) White House Office of the Press Secretary, "Addressing the Nuclear Threat: Fulfilling the Promise of Prague at the L'Aquila Summit"(July 8, 2009), http://www.whitehouse.gov/the-press-office/addressing-nuclear-threat-fulfilling-promise-prague-laquila-summit(검색일: 2010.2.15) 참조.

8) White House Office of the Press Secretary, "Joint Statement by Dmitrity A. Medvedev, President of the Russian Federation, and Barack Obama, President of the United State of American, Regarding Negotiations on Further Reductions in Strategic Offensive Arm"(April 1, 2009), http://www.whitehouse.gov/the-press-office/joint-statement-dmitry-a-medvedev-president-russian-federation-and-barack-obama-pre(검색일: 2010.2.15) 참조.

9) Susan F. Burk, "Leadership for a Nuclear Weapon-Free World: Shared Responsibilities, Shared Outcomes," 제21차 유엔군축회의 연설문(August 26, 2009). http://www.state.gov/t/isn/rls/rm/130548.htm(검색일: 2010.2.15).

10) White House Office of the Press Secretary, "Fact Sheet on the United Nations Security Council Summit on Nuclear Nonproliferation and Nuclear Disarmament UNSC Resolution 1887"(September 24, 2009), http://www.whitehouse.gov/

안에서는 핵감축을 위해 프라하 연설에서 자신이 열거한 3가지 중점사
항들을 재차 확인하였고, 나아가 NPT 탈퇴를 억제하는 조항과 원자력
기술의 군사적 전용방지를 강화하는 조항도 추가로 포함시켰다. 아울
러 핵 및 화생무기의 확산방지를 위한 회원국들의 국내적 통제강화를
촉구하는 안보리 결의안 1540호의 이행에 보다 더 박차를 가하자는 합
의도출에도 성공하였다.

오바마 대통령의 "핵무기 없는 세상"이라는 비전은 대통령 자신뿐
만 아니라 클린턴 국무장관을 비롯한 국무부 관료들과 핵무기 비확산
특별대사인 버크(Susan F. Burk)에 의해 더욱 널리 홍보되고 구체화되었
다. 클린턴 장관의 경우는 자신의 인준청문회에서도 핵탄두 보유량을
줄이고 새로운 핵무기개발을 금지하는 국제적 노력을 해야 한다고 진
술함으로써 이미 오바마 대통령의 비전을 지지하는 견해를 피력한 바
있다. 또한 클린턴 장관은 1999년 상원의 인준 거부 이래 지난 10년 동
안 참석하지 않았던 CTBT회의에 2009년 다시 참석함으로써 CTBT에
대한 오바마 행정부의 관심과 인준노력을 증명해보였다. 현재 CTBT는
182개국이 서명을 했고 150개국이 비준을 마친 상태이지만 미국을 포
함한 핵심 9개국이 아직 인준을 하지 않아 발효가 안 된 상황이다. 이
회의에서 클린턴 장관은 미의회 인준을 위한 노력 강화를 약속하였을
뿐만 아니라, CTBT가 발효되면 CTBT기구의 운영예산 분담에도 미국
정부가 기꺼이 참여할 것임을 공표하였다.[11]

2010년에 들어오면서 오바마 대통령의 핵군축 정책은 비전을 넘어
가시적 정책화를 통한 추진단계로 접어들고 있다. 그 대표적 예로 NPR
발간과 러시아와의 새로운 START의 체결을 들 수 있다. 우선 NPR의 내
용부터 살펴보면, 2010년 4월 6일 1994년과 2001년에 이어 세 번째로

the-press-office/fact-sheet-united-nations-security-council-summit-nuclear-nonproliferation-and-nucl(검색일: 2010.2.15).

11) *Arms Control Today*, "Clinton Makes Case for CTBT at Conference," October 2009.

발간된 NPR은 오바마 대통령의 "핵무기 없는 세상"을 실현하기 위한
로드맵 제시가 가장 큰 목적임을 게이츠 미 국방장관이 서문에서 명시
하고 있다.[12] 그래서 NPR의 초점은 중장기적으로 미국이 전략상 어떻
게 하면 핵무기의 역할과 양을 축소하면서도 핵무기가 갖는 억지력과
안정성은 그대로 유지할 것인가에 두었다. 즉, 핵무기 없는 세상을 향
한 핵능력 감축이란 목표와 핵무기의 전략적 억지력과 안정성 유지라
는 목표 사이의 적절한 균형을 찾는 데 주안점을 두고 있다.[13]

좀 더 구체적으로 보면, NPR이 갖는 핵정세 인식은 냉전종식에 따라
전면적 핵전쟁의 발발 위험은 줄어들었고, 대신 테러집단이나 일부 불
만국가들에 의한 핵사용 위험이 증대된 것이 더 큰 문제라는 것이다.[14]
따라서 미국은 러시아나 중국과 같은 핵강대국들과 과감한 핵무기감
축 협력을 해나가는 동시에 NPT체제 강화를 통해 핵무기와 핵물질 및
핵제조 기술의 확산을 저지하고 핵테러에 대한 대비 및 억지에 최선
을 다해야 한다고 주장한다. 또한 비확산을 위해 비핵국가들에 대해 절
대로 핵을 사용하지 않는다는 소위 "소극적 안보보증(negative security
assurance)" 원칙을 재차 강조하고,[15] 생화학무기에 의한 공격에 대해서
도 재래식 전력에 의한 보복원칙을 천명함으로써 "미국이나 동맹국의
사활적 이익을 보호해야 할 극단적 상황"에만 핵을 사용하겠다는 의지

---

12) U.S. Department of Defense, *Nuclear Posture Review*(NPR) (April 2010), p.i.
13) 이 점은 2010년 4월 7일 워싱턴 외신센터에서 행해진 외신기자들을 대상
　　으로 한 정부부처 합동 NPR 브리핑에서 밀러(James Miller) 국방부 정책담
　　당 부차관과 아인혼(Robert Einhorn) 국무부 비확산/핵군축국 특별보좌관
　　에 의해 재차 강조되었다. http://www.defense.gov/npr/docs/FPC%20_4-7-
　　10_%20Nuclear%20Posture%20Review.pdf(검색일: 2010.4.15) 참조.
14) NPR, p.iv.
15) 소극적 안보보증이란 NPT체제에서 핵 미보유국들이 비확산 원칙을 준수하는
　　논거는 핵보유국들이 미보유국들을 핵으로 공격하지 않겠다는 약속을 지칭한
　　다. 1978년 미국이 처음 공식적으로 천명한 이 소극적 안보보증은 1997년 대통
　　령령으로 재차 확인되었다. 그 정확한 의미는 "미국이나 동맹국에 대한 직접적
　　공격이 아닌 경우 핵을 보유하지 않은 NPT 회원국가들에 대해서는 핵공격을 안
　　한다"는 미국의 약속을 지칭한다.

를 명확히 하였다.[16]

그리고 억지력과 확장억지력 유지를 위해서 당분간은 "3원 핵전력(Nuclear Triad)"을 유지하겠지만, 가능하면 핵을 장착하지 않은 미사일방어, 중폭격기, 그리고 장거리미사일 등 "비핵(non-nuclear) 전력"과 "비군사적(non-military) 수단"에 의존할 것임도 강조하였다.[17] 새로운 핵무기의 개발과 실험을 금지하고 핵무기의 양을 급격히 줄이되, 당분간 핵전력의 지속적 유지를 위해서는 기존 핵무기의 수명연장과 재활용 프로그램에 더 많은 예산을 투자하는 방법을 택했다.[18] 요컨대, NPR은 오바마 행정부가 오바마 대통령의 "핵무기 없는 세상"을 실현하기 위해 포괄적이고 다각적인 정책방안들을 동원하여 최대한 노력하고 있음을 다시 한번 확인시켜 주고 있다고 할 수 있다.

오바마 행정부가 문서만이 아니라 행동으로도 핵무기 없는 세상을 실현하려고 함을 보여주는 가장 실질적인 사례가 바로 4월 8일 새롭게 갱신된 미-러 START이다. 이 새로운 START는 1991년 START I에 비해 50%, 모스크바 조약에 비해서는 30%에 해당하는 핵무기의 추가감축을 미국과 러시아가 합의한 것이다. 즉, 새 START에 따르면, 탄두는 1,550기, 실전배치 운반수단은 700기, 그리고 배치 및 미배치 전략무기 발사대는 800기로 제한할 것이며, 모든 미국의 대륙간탄도탄(ICBM)을 다탄두에서 단일 탄두로("de-MIRVed") 바꾸기로 했다.[19] 약속대로 이행된다면 새 START 역시, 클린턴 장관이 역설한 것처럼 오바마 대통령의 "핵무기 없는 세상을 향한 거대한 행보"라고 할 수 있다.[20]

---

16) NPR, pp.viii-ix.

17) 위의 책, pp.xi-xiii.

18) 위의 책, p.xiv.

19) New START의 내용은 "Treaty between the United States of America and the Russian Federation on Measures for the Further Reduction and Limitation of Strategic Offensive Arms," http://www.state.gov/documents/organization/140035.pdf(검색일: 2010.4.15) 참조.

20) Hillary Rodham Clinton, "Our Giant Step Towards a World Free of Nuclear

이런 핵무기 없는 세상을 향한 오바마 대통령의 노력은 4월 12일과 13일 양일간 47개국 정상들과 유엔, EU, IAEA 등 3개의 국제기구가 참여한 가운데 워싱턴에서 개최된 "핵안보정상회의"를 통해 한층 더 구체화되었다. 핵무기 생산과 관련된 핵물질의 안전관리와 핵테러 방지를 목적으로 한 워싱턴회의에서는 참여국 정상들의 결의를 담은 "공동성명서(Communique)"와 그 이행을 위한 가이드라인인 "실천계획(Work Plan)"이 채택되었다. 성명서는 향후 4년 내에 플루토늄과 고농축우라늄과 같은 모든 핵위험 물질들의 안전확보에 최대한의 정책적 노력을 기울이고, IAEA는 재정적 및 전문가적 지원을 받아 핵안전지침서를 개발할 것을 촉구하였다. 또 실천계획에서는 안보리 결의 1540호의 이행을 위한 적극적 협력, 핵물질 관리와 핵물질 밀매에 관한 국내 관련법 정비, 새 핵연료개발을 위한 연구 강화, 핵물질 탐지 및 추적능력 향상, 핵물질 이동차단을 위한 경찰과 세관 간 협력 제고 등 실로 다양한 정책수단들을 담고 있다.[21]

물론 성명서나 실천계획에 담긴 내용들이 법적 구속력이 미약하고 개별국가들의 의지에 실행여부를 맡기고 있다는 점에서 한계를 노정하였다. 또 파키스탄, 중국, 인도와 같은 몇몇 국가들은 보다 강력한 핵물질 관리나 규제에 대해 반대의사를 표명하기도 했다. 그러나 반면에 멕시코, 캐나다, 칠레 등과 같이 이번 정상회의를 계기로 확고한 자국이 보유한 잔여 핵물질의 처분을 약속하거나 이미 실행에 옮긴 국가들도 있다.[22] 게다가 미국과 러시아는 정상회의 기간 중에 합치면 1만 7천 개의 핵무기를 만들 수 있는 분량인 약 34만 톤에 달하는 무기급 플

Danger," *Guardian*(April 7, 2010), http://www.guardian.co.uk/commentisfree/cifamerica/2010/apr/07/world-nuclear-danger-treaty-america(검색일: 20104.15).

21) 워싱턴 핵안보정상회의에 대한 설명으로는, Ben Rhodes, Gary Samore, and Laura Holgate, "Press Briefings"(April 13, 2010), http://www.whitehouse.gov/the-press-office/press-briefing-ben-rhodes-deputy-national-security-advisor-strategic-communications(검색일: 2010.4.15) 참조.

22) "Editorial: After Summit," *New York Times*(April 14, 2010) 참조.

루토늄을 각각 완전폐기하는 의정서에 서명함으로써 정상회의에 가시
적 성과를 보태기도 했다.[23] 따라서 비록 만족스러울 정도는 아니지만,
최근 핵안보정상회의 역시 오바마 대통령의 강력한 핵군축정책 추진의
지를 확인케 해주는 대목이라고 할 수 있다.

 "핵무기 없는 세상" 구현을 위한 오바마 대통령의 정책의지와 실현
가능성은 곧이어 다가올 5월에 열리게 될 NPT검토회의에서 다시 한번
확인되고 구체화될 것으로 보인다. 이번 NPT검토회의에서는 IAEA의
사찰 및 검증기능 강화와 핵연료 공동관리 기구설치 등 비확산을 위한
국제적 협력 강화에 중점이 두어질 것으로 예상된다.

 종합컨대, 오바마 대통령의 핵군축 정책은 단순히 비전이나 선언의
단계를 넘어 대통령의 강한 진정성이 담긴 미국 정부의 공식정책으로
하나씩 실행에 옮겨지고 있는 실정이며, 오바마 대통령의 임기 내에는
상당한 진전을 보게 될 것으로 전망된다.

III. 핵정책에 대한 미국 내 시각과
오바마 핵군축정책의 의미

 오바마 행정부의 적극적인 정책적 노력에도 불구하고, 미국 내 안보
커뮤니티 내에서는 "핵무기 없는 세상"의 실현가능성이나 추진방향에
대해서 아직도 이견이 많다. 이들 상이한 입장들은 크게 4가지로 분류
된다.[24]

---

23) U.S. Department of State, "2000 Plutonium Management and Disposition
 Agreement"(April 13, 2010), http://www.america.gov/st/texttrans-english/2010/
 April/20100413172618xjsnommis0.4895397.html (검색일: 2010.4.15).
24) 4가지 시각에 대한 설명은 Joseph Cirincione, "US Nuclear Policy: The Open

첫 번째는, '핵 영구주의'로 오바마 대통령의 비전에 대해 가장 회의적이고 저항이 큰 견해이다. 주로 핵무기 관련 기관의 관료들이나 생산 및 유지에 관여하는 학자와 군인들이 이에 속한다. 냉전기 미국의 핵전략 개발에 참여했던 보수시각의 안보전문가들과 정당 내에서 이 문제를 정치쟁점화하려는 이데올로그들도 대부분 이 입장을 취하고 있다. 전 국방장관 슬레진저(James Schlesinger)와 부시 행정부 하 나토에 미국의 핵정책을 대변했던 로버츠(Guy Roberts) 등이 대표적 인물로 꼽히는데, 이들은 핵무기의 근절은 종교적 광신자들이나 원하는 것으로 결코 핵무기는 사라지지 않을 것임을 강조하면서, 불안정하고 위험한 현 국제적 여건 속에서 핵무기의 군사적 중요성은 가늠할 수 없을 정도로 크다고 주장한다.[25] 따라서 설령 핵무기 감축을 하더라도 "확장 억지력"을 해치지 않는 범위 내에서 이루어져야 하며, 유럽에 배치된 전술핵의 유지를 지지한다. 결국 이들은 가능한 한 현 수준의 미국 핵능력을 그대로 유지하고, 생화학 무기 공격국에 대한 핵보복 가능성을 부정하지 않는 "계산된 전략적 모호성(calculated strategic ambiguity)" 정책의 유지를 제안한다.[26]

두 번째로, 핵의 완전폐기에 대해서는 회의적이나 꽤 급격한 양적 감축에 대해서는 찬성하는 '제한적 핵유지론' 입장이다. 이는 자유주의자들 중 핵무기가 갖는 전략적 가치를 인정하는 이들이 주로 취하는 시

Window for Transformation," *Harvard International Review,* Spring 2009, pp.42-49을 참조. 이와 유사하게 CSIS, APS Physics, and AAAS, *Nuclear Weapons in 21st Century U.S. National Security*(December 2008)도 미국 군사전략상 핵무기가 갖는 중요성을 기준으로 새로운 핵무기의 개발, 적정수준의 핵능력 유지, 제한적 핵능력만 보유, 핵폐기 등 4가지 시각을 구분하고 있음.

25) Cirincione, 앞의 글, p.45. 아울러 William Perry and Brent Scowcroft, *U. S. Nuclear Weapons Policy,* Council on Foreign Relations Task Fort Report (April 2009), http://www.cfr.org/publication/19226(검색일: 2010.2.15)도 참조.

26) Anya Loukianova, "The Nuclear Posture Review Debate," NTI, *Issues & Analysis* (August 19, 2009) 참조.

각으로 대략 1,000기 정도까지의 핵탄두 보유만을 주장한다.[27] 대량보복이나 확증파괴에 입각한 지나치게 많은 양의 핵보유에는 반대하지만, 핵공격을 받았을 때 충분히 반격할 수 있을 정도의 핵능력, 그리고 그런 이유에서 잠재적 적국의 공격의지를 상실케 만들 수 있는 정도의 핵능력 내지 핵심억지(core deterrence)를 위한 핵보유는 인정하는 것이다.[28] 요컨대, "일차타격력 없이 제한적 보복능력만 보유(one of no-first-use with constrained second-use)"하는 것을 지지한다.[29] 또한 이를 위한 미국과 러시아 및 중국 등 핵보유 국가들의 적극적인 감축협상 추진도 강조한다.[30] 대표적으로 전 국방장관 브라운(Herold Brown) 등이 바로 이 입장에 속한다고 한다.[31]

세 번째는, 오바마 대통령과 비슷한 입장이다. 억지를 위한 핵무기의 가치는 인정하지만 궁극적으로는 핵무기의 제거에 찬성하는 '점진적 핵폐기론'이다. 이 입장은 놀랍게도 슐츠(George Schultz), 키신저(Henry Kissinger), 페리(William Perry), 그리고 넌(Sam Nunn) 등 명망 높은 전직 장관과 상원의원들의 초당적 결합에 의해 제기된 주장과 일맥상통하며, 현재 생존하고 있는 미국의 전직 안보보좌관, 국무 및 국방장관들 중 약 2/3의 지지를 받은 견해이기도 하다. 하지만 미국의 일방적인 감축이 갖는 위험과 비현실성을 잘 인식하고 있기 때문에 이들은 양자 및 다자적 감축추진을 지지한다. 이들은 핵무기의 완전근절이 결코 단기간에 이루어지지 않을 것임을 잘 알고 있고, 그래서 점진적이지만 실질적인 핵폐기 노력과 검증을 강조한다. 핵무기뿐만 아니라 핵물질, 핵기술의 유출방지와 철저한 관리까지도 아울러 중시하는 입장이기도 하다.

---

27) Cirincione, 앞의 글, p.45.
28) Nuclear Weapons Complex Consolidation Policy Network, *Transforming U.S. Nuclear Posture and Weapons Complex*(April 2009), http://docs.nrdc.org/nuclear/files/nuc_09040701a.pdf(검색일: 2010.2.15) 참조.
29) Loukianova, 앞의 글.
30) Perry and Scowcroft, 앞의 글.
31) Cirincione, 앞의 글, p.45.

이는 최근 넌 전 상원의원과 CNN 창업주 터너(Ted Turner)에 의해 제안
된 "핵위협구상(Nuclear Threat Initiative)"에 의해서도 재차 제기된 바
있다.[32]

　네 번째는, 가장 진보적인 입장으로 '급진적 핵폐기론'이 있다. 말
그대로 포괄적이고 빠른 속도의 핵무기 폐기를 주장하는 시각으로 흔
히 "Global Zero"라고 부르는 국제적 연대에 속한 이들이 대표적이다.
이들의 주장은 미국 내에서는 카터(Jimmy Carter) 전 대통령, 그의 전 안
보보좌관 브레진스키(Zbigniew Brzezinski), 레이건 대통령시절 전략무기
협상가 버트(Richard Burt), 전 나토통합군사령관 시한(Jack Sheehan) 등의
지지를 받고 있으며, 국제적으로는 요르단의 누어(Noor) 여왕, 영국 버
진그룹(Virgin Group)의 브랜슨(Richard Branson) 회장 등도 지지하고 있
다고 한다.[33] 전체적으로는 현재 십여 개의 평화운동단체들과 정부들
이 합세하고 있는데, 구체적인 핵무기 폐기의 속도와 방식에 있어서는
개인이나 단체에 따라 다소 입장차이가 존재하고 있다.

　오바마 대통령의 높은 관심과 정책적 우선순위를 감안할 때, 향후 미
국 정부의 핵군축정책 방향이 첫 번째 시각이 주장하는 '핵 영구론' 쪽
으로 다시 극단적으로 선회할 가능성은 낮다. 하지만 핵무기의 가치와
핵폐기 가능성에 대해서 상당히 넓은 스펙트럼의 견해들이 정책커뮤니
티 내에 존재한다는 사실은 오바마 대통령의 인기변화나 대내외적 정
치여건 변화에 따라 정책의 추진강도가 달라질 수 있음을 시사한다. 따
라서 향후 전망은 이제껏 유지해온 정책추진의 모멘텀을 얼마나 계속
해서 살려나가느냐가 관건이 될 것이며, NPR에서 천명한 중장기 핵정
책과 새 START의 실질적 이행 여부, 그리고 향후 미 의회의 CTBT 인준
와 NPT 검토회의의 성공정도 등도 중요한 변수가 될 것으로 보인다.

　아직은 실현가능성을 장담할 수 없긴 하지만 오바마 행정부의 핵군

---

32) 위의 글.
33) 위의 글.

축정책이 미국의 안보전략은 물론, 국제정치질서 전반에 시사하는 의미는 상당하다. 우선 첫 번째 의미로는 미국 핵정책의 대전환을 지적할 수 있다. 냉전종식 이후 일차적으로 미국의 핵정책은 "비확산(non-proliferation)"으로 규정되었다. 하지만 1차 걸프전을 통해 이라크 핵개발 프로그램의 규모와 수준이 의외로 대단함에 놀란 미국은 보다 적극적인 WMD 확산방지정책의 추진을 검토하게 되었다. 그 결과 클린턴 행정부는 "반확산(counter-proliferation)" 정책을 표명하였고, 이는 부시 행정부에 들어와 9·11테러를 겪은 후 본격적으로 추진되기 시작했다.[34)]

또한 9·11테러를 통해 역사상 처음으로 수도를 공격받은 미국은 그 충격으로 인해 외부의 침략을 사전에 탐지하여 자국의 본토와는 가능하면 멀리 떨어진 곳에서 퇴치해야겠다는 국가안보전략을 수립하였다. 그로 인해 비확산정책도 역시 더욱더 공세적이고 적극적인 접근을 취하게 되었다. 그것이 바로 선제공격도 불사한다는 반확산 또는 대확산 정책의 채택을 의미했고, 그를 실제 실행에 옮긴 것이 바로 이라크전이라고 할 수 있다. 그렇게 반확산으로 정책이 전환된 배경에는 WMD의 제조와 획득이 점점 더 쉬워지고 있는 상황에서 합리적이고 신중한 외교적 수단만으로는 결코 WMD의 확산을 막을 수 없다는 인식이 작용하였고, 그 결과 일방주의나 선제공격도 불사할 수 있다는 공세적 국가안보전략을 수립하게 된 것이다.[35)] 외교적 설득이나 협상과 같은 유화적인 수단을 넘어 경제적 제재와 적극적 미사일방어, 그리고 심지어 예방전쟁에 이르는, 확산방지에 대한 강한 정책적 의지를 표명하였다.[36)]

---

34) 반확산정책의 기원과 진화에 대해서는 Herald Muller and Mitchell Reiss, "Counterproliferation: Putting New Wine in Old Bottles," *Washington Quarterly,* 18: 2(Spring 1996), pp.145-149; Thomas G. Mahnken, "A Critical Appraisal of the Defense Countrproliferation Initiative," *National Security Studies Quarterly,* 5: 3(Summer 1999), pp.91-102 등을 참조할 것.

35) White House, *National Security Strategy*(2002), pp.13-15.

36) Jason D. Ellis, "The Best Defense: Counterproliferation and U.S. National

　오바마 행정부의 "핵무기 없는 세상" 구상은 부시 행정부가 강력히 추진되어 오던 "반확산" 정책노선을 부분적으로 다시 "비확산"으로 회귀시켰을 뿐만 아니라, 향후에는 비확산을 넘어 "역확산(de-proliferation)" 정책으로 전환함을 의미한다. 비확산이 "직접적이고 엄격한(direct and tough)" 대화를 통한 설득으로 적들의 확산의지를 포기토록 만드는 정책을 의미한다면, 한발 더 나아가 기존의 핵무기를 모두 없애려는 점진적 노력은 결국 역확산을 의미한다고 할 수 있기 때문이다. 다시 말해, 다자적 합의를 통한 "역확산" 전략이 오바마 행정부 핵정책이 갖는 특성인 것이다.

　둘째로, 오바마 행정부의 핵군축정책은 NPT체제의 정당성과 미국의 도덕적 리더십 회복에 도움을 줄 것이다. NPT 체제의 성립과 유지는 대개 3가지 근간으로 이루어져 있다.[37] 즉, 핵보유국들의 군축노력, 비핵국가들의 비확산 준수, 그리고 평화로운 핵이용 보장 등이 해당된다. 그런데 이들 3개의 근간 중에서 수직적 확산방지라고 불리는 핵보유국들의 군축노력이 별 진전이 없는 가운데 핵 미보유국들의 비확산, 즉 수평적 확산방지만을 강조하는 경향이 커지면서 NPT체제는 핵 미보유국들에게 매우 불공평한 국제레짐으로 인식되게 된 것이다. 그런 상황에서 미국이 CTBT를 비준하고, START의 획기적 갱신에 앞장서서 나섬으로써 과감하게 핵보유국의 군축에 솔선수범을 보이고 있는 것은 손상된 NPT체제의 형평성과 정당성을 회복하는 데 크게 기여할 것이란 말이다. 다시 말해, 이란이나 북한의 핵개발 시도에서 보듯이, 계속적으로 대두되는 수평적 확산 시도 국가들에 대해 직접적으로 맞대응을

Security," *Washington Quarterly*, 26: 2(Spring 2003), pp.115-133과; Jeffrey Record, "Nuclear Deterrence, Preventive War, and Counterproliferation," *Policy Analysis,* No.519(July 8, 2004), pp.7-8.

37) 이 점은 Burk 핵군축 특별대사가 핵보유국의 특별한 책임을 먼저 강조한 후 핵 미보유국들도 그에 못지않은 책임이 있음을 지적함으로써 궁극적으로는 양쪽 모두에게 비확산을 위한 공동 책임이 있다는 논리전개에서도 확인된다. Burk, 앞의 글.

하기보다 핵보유국들의 수직적 확산을 먼저 강조하고 나섬으로써 결국
은 수평적 확산시도를 더욱더 강력하게 비판하고 막아낼 수 있다는 말
이다.[38] 그리고 핵보유국들의 "특별한 책임(special responsibility)"을 강
조하면서 국제평화와 안보를 위해 미국 정부가 자국의 가장 핵심적인
군사력의 기반을 과감히 포기해나가겠다는 태도를 보임으로써 미국의
이미지를 쇄신하는 데 기여할 것이다. 이는 오바마 행정부가 그간 스마
트파워 외교정책을 통해 구현하고자 했던 미국의 도덕적 리더십 회복
에도 오바마 대통령의 핵군축 정책이 일조함을 의미한다.

셋째로는, 다자적 협력이 더욱 더 강화될 것이라는 전망을 하도록 해
준다. 주지하다시피, 지난 부시 행정부의 외교정책에 대한 가장 큰 비
판 중 하나는 일방주의 노선이었다. 특히 유엔안보리의 지지 없이 독단
적으로 강행한 이라크전으로 인해 야기된 미국의 도덕적 리더십 훼손
과 범세계적인 반미감정의 고조 경향은 다른 여러 긍정적 업적에도 불
구하고 부시 행정부의 외교성과를 폄하케 만든 결정적 요인이 되었다.
바로 그런 연유로 오바마 행정부가 하드 파워만이 아니라 소프트 파워
도 같이 적절히 조화롭게 구사하겠다는 "스마트 파워" 외교정책을 추
구하게 된 것이다.[39] 그런데 위에서 살펴본 "핵무기 없는 세상" 구상의
선언과 추진과정을 다시 돌이켜 보면, 이들이 철저히 다자적 방법으로
추진되어 왔음을 알 수 있다. 즉, 오바마 대통령의 핵군축구상은 프라
하 연설에서 시작되어 G-8 정상회의, 유엔 안보리 등 다자적 장을 통해
천명되고 구체화되어 오는 과정을 거친 것이라고 할 수 있다. 그리고
향후 "핵안전정상회의"와 NPT검토회의를 통한 지속적 핵군축 정책추

---

38) 위의 글.

39) 스마트 파워에 대해서는 Richard L. Armitage and Joseph S. Nye, Jr., *CSIS
Commission on Smart Power: A Smarter, More Secure America*(Center for
Strategic and International Studies, 2007), Suzanne Nossel, "Smart Power,"
Foreign Affairs 83:2(Mar/Apr 2004), Center for U.S. Global Engagement, *Putting
'Smart Power' to Work*(2008), http://www.usglobalengagement.org/tabid/3667/
Defautl.aspx(검색일: 2010.2.15) 등을 참조.

진 역시 다자적 협력을 통한 외교적 노력이다. 따라서 오바마 대통령의 핵군축 구상은 다자주의 강조라는 오바마 행정부의 또 다른 외교정책 목표달성에도 기여한다고 하겠다.

끝으로, "핵무기 없는 세상"을 향한 오바마 대통령의 정책적 행보는 오바마 대통령의 외교정책 추진방식이 매우 현실주의적이고 실용주의적이라는 점을 재차 확인시켜준다. 자칫 야심차고 이상주의적 비전으로만 끝날 수 있는 정책구상을 점진적이지만 꾸준히 실천에 옮김으로써 오바마 대통령은 자신의 신중하고 실용주의적인 정책추진 스타일을 다시 한번 대내외적으로 각인시켜준 것이다. 취임 이후 각료 인선이나 의회를 활용한 의료보험 개혁추진 등의 과정을 통해 이미 지나친 이상주의로의 경도에 대한 우려를 불식시킨 바 있긴 하지만, 이 핵군축 구상의 제안과 실천모색에서도 오바마 대통령은 상당히 현실주의적 태도를 견지하고 있음을 보여주었다.

사실 "핵무기 없는 세상"이란 상당히 유토피아적인 발상임에 틀림이 없다. 더구나 현직 미국 대통령이 최우선시 하는 정책으로 보기에는 매우 순진해 보이는 주장이다. 그래서 오바마 대통령 자신도 그런 비판을 의식해서 "나는 천진하지 않다"는 점을 강조하였다. 또 "핵무기 없는 세상"은 결코 단기간에 만들 수 있는 것이 아니라는 점과 미국 단독으로만이 아닌 러시아와 양자적으로 그리고 궁극적으로는 다자적으로 추진하겠다는 점도 명확히 하고 있다. 따라서 자칫 이상주의적으로 보일 수 있는 핵군축 정책구상을 현실에 입각하여 단계적이면서도 실질적으로 추진함으로써, 향후 다른 외교정책 분야에서도 오바마 대통령이 매우 현실적이고 실용주의적인 정책추진 방식을 취할 것임을 시사해준다고 하겠다.

IV. 오바마 행정부의 핵정책과 한국 안보

오바마 행정부의 핵군축 구상이 한반도 안보에 영향을 줄 수 있는 부문은 크게 4가지로 요약된다.

첫째는, 확장억지력과 관련된 것이다. 미국은 동맹과 우방국들이 핵공격을 받게 될 경우 미국은 과감하게 핵공격으로 응징할 수도 있다는, 소위 "적극적 안보보증(positive security assurance)"을 통해 동맹 및 우방국들에게 핵우산을 제공하고 있다. 바로 이런 미국의 핵 및 재래식 전력을 통한 안보지원 공약으로 인해 잠재적 적국들이 미국의 동맹과 우방국들을 공격하지 못하도록 억지한다는 것이 소위 "확장억지력(extended deterrence)"이라고 일컬어진다. 그런데 오바마 대통령의 핵군축 구상이 본격적으로 추진된다면, 결국은 미국의 핵능력에 대대적인 감축이 이루어질 것이다. 그럴 경우 과연 미국이 자국방어 외에 동맹과 우방국들의 방위를 위해 사용할 수 있는 여분의 핵무기가 남아 있겠는가 하는 의문이 제기될 수 있다.[40] 이 문제는 국제사회의 비난과 압력에도 불구하고 계속해서 핵개발을 강행하고 있는 북한과 근접해서 대치하고 있는 한국에게도 중대한 안보이슈이다. 그 때문에 한국은 2009년 양국 정상 간 회담을 통해 공식적으로 핵, 재래식 전력, 그리고 미사일방어를 포함한 "확장억지력 제공"을 명문화하기도 했다.

그런데 새로 발간된 NPR에 따르면, 그런 미국 핵능력 부족에 대한 우려를 충분히 감안하여 러시아와의 핵군축 수준을 정했으며, 감축된 핵무기로도 충분히 핵뿐만 아니라 재래식 전력을 통해 전략적 억지력을 유지할 수 있고, 또 추가로 기존 핵무기의 수명 연장 및 효율성 제고 등

---

40) William Perry and James R. Schlesinger, *America's Strategic Posture*, U.S. Congressional Strategic Posture Commission(May 6, 2009), http://www.usip.org/strategic-posture-commission/view-the-report(검색일: 2010.2.15).

을 통해 계속해서 미국은 "안전하고, 확실하며, 효과적인(safe, secure, and effective)" 핵능력을 확보할 수 있다고 강조하고 있다.[41] 또한 확장억지를 위해서는 '3원 핵전력'뿐만 아니라 추가로 전술핵무기의 전방배치와 우발사태에 대비하여 미국 내 핵무기의 신속배치태세를 확립할 것임도 분명히 했다. 그리고 비록 유럽과 달리 아시아에서는 전술핵이 배치되진 않겠지만 유사시 재배치의 가능성을 열어두고 있음도 밝히고 있다.[42] 뿐만 아니라 비확산을 위한 방편으로 제시된 것이긴 하지만, NPR에서는 북한과 이란과 같이 NPT의 규범과 의무사항을 위반하고 계속해서 핵개발을 강행하는 국가에 한해서는 비핵국가라고 해도 핵공격을 할 수 있다고 천명하고 있다. 이는 북핵에 대한 미국의 확고한 반대입장을 다시 한번 천명한 것이자 한국에 대한 미국의 안보공약을 재차확인시켜주는 대목이기도 하다. 따라서 오바마 행정부의 핵군축 정책이 진전되더라도 한국에 대한 미국의 확장억지력 유지는 계속해서 유지될 것으로 보인다. 다만 약속대로 대북 억지력을 확고히 하면서, 지속적으로 한국군의 정보수집능력 강화와 공고한 한미간 정보공유 체제유지에 힘씀으로써 북한의 오판을 막는 데 주력해야 할 것이다.

둘째는, 북핵해결을 위한 대북압박 공조 부문이다. 오바마 대통령의 핵군축 구상은 수직적 확산방지 노력을 우선적으로 지적하고 있긴 해도, NPT체제의 복원 및 강화를 통한 지속적인 수평적 확산방지 노력도 아울러 포함하고 있다. 즉, NPT 체제의 규범과 의무 위반에 대한 IAEA의 제재와 검증을 강화하는 한편, NPT체제의 탈퇴에 대해서도 규제를 강화하는 방안을 모색하고 있다. 또한 프라하 연설, G-8 정상회의, 유엔 안보리 결의안 1887 채택 등 핵군축 구상을 재확인하는 과정 속에서 오바마 대통령은 빠짐없이 북한의 핵개발을 비난하고 조속한 핵포기를

---

41) *Nuclear Posture Review*(NPR), pp.19-30. 재래식 무기에 의한 억지력 확보의 충분성에 대해서는 Daryl G. Kimball, "Change U.S. Nuclear Policy? Yes, We Can," *Arms Control Today*(September 2009) 참조.
42) 위의 책, pp.xii-xiii.

명시적으로 반복해서 촉구하였다.

뿐만 아니라 위에서도 언급했듯이, 새로 발간된 NPR에서는 북한의 무모한 핵개발 강행에 대해서는 무력을 사용하여 저지할 수도 있음을 명확히 함으로써 북핵불용에 대한 확고한 의지를 밝히고 있다. 이는 대화를 선호하는 성향으로 인해 오바마 대통령이 향후 유화적 대북 행보를 취하고 북핵저지가 아니라 북한의 핵확산 활동 저지 쪽으로 정책을 선회할지도 모른다는 우려를 불식시켜 주는 대목이기도 하다. 비록 오바마 대통령이 그 누구와도, 심지어 적과도 대화할 용의가 있다고 밝히긴 했지만, 그럼에도 불구하고 북핵불용의 원칙은 지킬 것이며, 그 원칙 하에서 북한과의 대화를 추진해나갈 것임을 예견케 해준다. 이런 점들을 종합하면, 오바마 행정부의 핵군축 정책하에서도 북핵해결을 위한 한미간 공조에는 별 문제가 없을 것으로 보인다. 다시 말해, 비록 현재 양국 정부의 이념적 정향이 차이가 있지만, 그렇다고 그로 인해 대북정책 추진에 이견이 생길 것 같지는 않다는 말이다.

셋째는, PSI와 관련된 것이다. 테러집단과 핵무기의 조합을 최대의 재앙적 위협(catastrophic threats)으로 인식한 부시 행정부의 국가안보전략은 오바마 행정부에 와서도 그대로 이어지고 있다. 그래서 오바마 대통령의 핵군축 구상에서도 테러집단에 대한 자금추적 및 동결과 더불어 지속적으로 PSI의 역할을 지지한다.[43] 따라서 2009년 북한의 2차 핵실험 이후 전면참여를 선언한 PSI 활동에 한국도 보다 적극적으로 임할 필요가 있다. 2003년 부시 대통령의 제안으로 결성된 PSI는 현재 95개국이 각기 다양한 수준으로 참여하고 있고, 조직적 제도화가 미비한 상황이라 20개국의 대표들로 구성된 작전전문가팀(Operational Experts Group, OEG)이 수행해야 할 문제를 찾고, 향후 훈련을 계획한다고 한

---

43) "Addressing the Nuclear Threat: Fulfilling the Promise of Prague at the L'Aquila Summit," 앞의 글 참조.

다.[44) 참여의 수준은 PSI의 원칙을 공식적으로 지지하는 선언을 하는 것부터 실제 훈련에 참여하고 실제 차단활동에 동참하는 것까지 다양하다.[45) 다소 북한과의 관계가 긴장상태가 될 수 있겠지만, 일단 참여를 결정한 이상 좀 더 적극성을 띨 필요가 있다. 다만 참여의 수준을 조절할 수 있고 상당 부분 비공식적으로 운영되는 점을 감안하여 사안에 따라 신축적으로 참여의 범위와 정도를 조절해야 할 것이다.

네 번째 부문은, 핵의 평화적 이용을 위한 안정적 핵연료 공급과 관련된 것이다. 오바마 대통령은 핵연료 생산과 관리를 위한 다자적 기구의 설립을 제안하고 있다. 남북한 비핵화공동선언에 따라 핵연료 생산을 일찍이 포기한 한국으로서는 국내 원자력발전소의 효율성과 생산성 제고와 더불어 원전수출의 활성화를 위해 이 다자간 기구의 설립과 운영에 참여하는 것을 면밀히 검토해볼 필요가 있다. 특히 현행 "한미 원자력협정"에 따라 한국은 자체적 핵연료 조달도 허용되지 않고 사용 이후 핵연료의 평화적 이용도 원천적으로 금지된 상황임을 감안한다면 더욱더 그러하다. 비록 2014년 "한미원자력협정"의 개정을 통해 새로운 절차와 방식을 마련할 수 있겠지만 개정된 협정하에서도 한국의 독자적인 핵연료주기 완성이 허용될 가능성은 현재로선 그리 높지 않아 보인다. 따라서 새로 설립될 다자적 핵연료 생산 및 관리기구에 어떤 형태로든지 적극 참여함으로써, 원활하고 안정적인 핵연료 수급의 기반을 마련하고 우회적으로나마 핵연료주기의 완성기술을 보유할 기회를 모색해볼 필요가 있는 것이다. 이는 나아가 원전관련 기술의 향상과 원전수출의 증대에도 기여할 수 있게 될 것이다. 아울러 날로 더욱 중

---

44) OEG에 속하는 20개 국가는 아르헨티나, 호주, 캐나다, 덴마크, 프랑스, 독일, 그리스, 이탈리아, 일본, 네덜란드, 뉴질랜드, 노르웨이 폴란드, 포르투갈, 러시아, 싱가포르, 스페인 터키, 영국, 미국 등이다. Mary Beth Nikitin, *Proliferation Security Initiative(PSI)*, Congressional Research Service RL34327, September 10, 2009, p.2.

45) 위의 책.

시되고 있는 에너지 및 자원 외교를 위한 네트워킹 구축과 노하우 축적
에도 상당한 도움이 될 것이다.

V. 결론

이제까지 오바마 대통령에 의해 제안된 "핵무기 없는 세상" 구상의
내용과 의의, 그리고 한국안보에의 함의에 대해 알아보았다. 그 결과
다음과 같은 결론을 도출할 수 있었다.

첫째, 사회운동가 출신의 젊은 대통령답게 오바마 대통령은 매우 야
심차고 진취적인 정책구상을 제시하였다. 세계 최강의 군사력을 보유
하고 있으면서 그 군사력의 핵심인 핵무기의 전면적 폐기를 주장한 것
은 참으로 참신한 발상이자 변화의 신봉자다운 면모를 확인케 해주는
대목으로 오바마 대통령은 향후 미국 대통령으로서 상당히 높은 역사
적 평가를 받게 될 확률이 커졌다.

둘째, 이상주의적 비전을 담은 정책이지만 그 실현을 위한 접근방식
과 실천수단에 있어서 오바마 대통령은 매우 현실적이고 전략적인 접
근을 취하고 있음을 알 수 있다. 단기간에 독자적으로 이룰 수 있는 구
상이 아니란 점을 분명히 하고, 신중하면서도 꾸준하게 다자적 방식을
통해 대내외적으로 공감대를 형성하면서 적극적으로 정책을 차곡차곡
추진해오고 있는 것이다.

셋째, 오바마 대통령의 강한 정책적 의지와 우선순위로 인해 점진적
진전을 보고 있긴 하지만, 아직도 워싱턴의 안보커뮤니티 내에서는 완
전한 합의가 이루어진 것은 아니며 좀 더 시간을 두고 실현가능성을 지
켜봐야 할 것이다. 핵정책에 대한 미국내 견해의 스펙트럼이 워낙 넓고,
국제안보상황의 변화추이와도 매우 깊은 연관이 있는 정책의제이기 때

문이다.

넷째, 수직적 확산방지에 대한 미국의 솔선수범을 우선적으로 강조함으로써 미국의 도덕적 리더십의 회복과 더불어 NPT체제의 정당성 회복도 동시에 기대할 수 있게 되었다. 즉, NPT체제의 복원 및 강화에 더욱 폭넓은 공감대가 형성됨으로써, 설령 핵무기의 완전한 폐기를 달성하지 못하더라도 NPT체제의 강화, 유지는 가능해질 전망이다.

다섯째, 오바마 대통령의 핵군축정책은 범세계적 차원의 비확산 추진에도 기여할 뿐만 아니라, 북한의 핵개발에 대해서도 재차 경고를 보내고 압박을 가하는 효과를 갖는다. 특히 미국의 솔선적인 수직적 비확산 노력은 북한핵개발 저지에 대한 미국의 도덕적 입지강화는 물론 6자회담을 통한 북핵해결 추진에도 더욱 힘을 실어줄 수 있을 것이다.

여섯째, 오바마 대통령의 핵군축구상의 추진이 한국을 포함한 미국의 동맹 및 우방국들에 대한 미국의 확장억지력 제공을 저해하지는 않을 것이다. 사실 줄어드는 핵무기의 역할과 양으로 인해 확장억지력 제공에 차질을 야기할 수 있다는 우려가 있었다. 이에 대해 미국 정부는 NPR을 통해 확장억지력의 제공의지와 방법을 반복적으로 명시함으로써 우려의 확산을 불식시키고 있다. 따라서 한국의 경우에도 오바마 대통령의 핵군축정책이 대북억지력 유지에는 부정적 영향을 미치지는 않을 것으로 보인다.

일곱째, 핵의 평화적 사용에 대한 안전하고 실질적인 보장을 강조하면서 오바마 대통령에 의해 제안된 핵연료의 다자적 공동생산 및 관리방안은 한국에게는 기회적 요소라고 할 수 있다. 2014년 개정될 한미원자력협정의 협상과 더불어 이 다자적 기구에의 참여를 잘 활용한다면, 한국은 평화적 이용목적의 핵연료처리의 주기를 완성할 수 있게 되고 국내 원전의 가동과 원전기술 수출에도 큰 도움을 받을 수가 있을 것이다.

사실 핵무기를 보유하고 있지 않은 한국의 입장에서 핵무기의 감축과 그 영향에 대해 논하는 데에는 한계가 있다. 특히 한국은 미국 핵우

산의 일방적인 수혜자이고 현행 한미동맹의 군사적 역할분담 상태를
감안할 경우, 핵분야에서 한국이 주도적으로 할 수 있는 것은 별로 많
지 않다. 그렇다고 북한의 핵개발이 급진전을 보이는 현 상황에서 핵확
산과 핵무기의 효용성 문제를 마냥 남의 일로만으로 간주하고 방관할
수는 없다. 언제 갑자기 핵국가가 된 북한을 상대해야 할지 모르기 때
문이다. 그래서 일부에서는 한국의 자체적인 핵개발을 주창하는 이들
도 있다. 그러나 그런 주장은 현재로선 현실적이지도 못하고 바람직하
지도 않다. 오히려 한미공조와 6자회담을 통해 북한의 비핵화에 더욱
더 박차를 가하는 것이 나을 것이다. 물론 북한 비핵화가 실패하는 최
악의 상황에 대한 적절한 대비는 마땅히 해야겠지만 그렇다고 한국도
북한처럼 똑같이 핵개발을 하는 것은 답이 아니기 때문이다. 또 그것은
미국은 물론, 일본, 중국, 러시아 등 주변 4강 모두가 강력히 저지하고
나설 것이 명약관화하기 때문에 어차피 실현가능성이 거의 없을 것
이다.

　그보다 한국의 경우는 오히려 핵의 평화적 이용 쪽에 관심을 더 가
지는 편이 낫다. 앞서 언급했듯이, 한국은 현재 "남북한비핵화선언"뿐
만 아니라 "한미원자력협정"에 의해 평화적 이용을 위한 핵연료의 재
처리에도 제약이 따르는 상황이다. 이는 현재 20기나 되는 원전을 통
해 총 전력의 약 25%를 생산하고 있는 한국으로서는 상당한 핸디캡임
에 틀림이 없다. 또 2009년 400억 달러에 달하는 아랍 에미리트로의 원
전수출을 계기로 관심이 높아진 한국의 원전수출에도 마이너스 요인
으로 작용한다. 물론 "한미원자력협정"이 2014년 만료가 되기 때문에
그 개정협상을 통해 미국과 보다 개선된 새 조건에 합의하는 방법이 있
다. 하지만 그 협상이 역시 현재 오바마 대통령이 주장하는 "핵무기 없
는 세상" 구상이 더욱 진전될 경우 성사가 그리 만만찮아 보인다. 따라
서 "한미원자력협정" 개정 노력도 당연히 추진해야겠지만, 그와 더불
어 다자간 핵연료 생산기구에의 참여에도 보다 적극적인 관심을 가져
야 할 것이다. 그 방법이 오바마 대통령의 야심찬 "핵무기 없는 세상"

구상에 동참하면서 동시에 그 속에서 한국의 국익도 함께 도모하는 길
이며, 또 그것이 바로 한·미가 공통된 21세기의 가치와 전략을 추구하
는 "21세기 전략동맹"의 실현방안이기도 하다.

참고문헌

Armitage, Richard L., and Joseph S. Nye, Jr. *CSIS Commission on Smart Power: A Smarter, More Secure America*. Center for Strategic and International Studies, 2007.

Arms Control Today. "Clinton Makes Case for CTBT at Conference." October 2009.

Burk, Susan F. "Defining Success: The Contribution of the 2010 NPT Review Conference to A Reinvigorated Nuclear Nonproliferation Regime." 유엔 스위스 대표부, Middle Power Initiative Event 연설문, October 13, 2009. http://www.state.gov/t/isn/rls/rm/130549.htm(검색일: 2010.2.15).

_____. "Leadership for a Nuclear Weapon-Free World: Shared Responsibilities, Shared Outcomes." 제21차 유엔군축회의 연설문, August 26, 2009. http://www.state.gov/t/isn/rls/rm/130548.htm(검색일: 2010.2.15).

Center for U.S. Global Engagement. *Putting 'Smart Power' to Work*. 2008. http://www.usglobalengagement.org/tabid/3667/Defautl.aspx(검색일: 2010.2.15).

Cirincione, Joseph. "US Nuclear Policy: The Open Window for Transformation." *Harvard International Review*, Spring 2009.

CSIS, APS Physics, and AAAS. *Nuclear Weapons in 21st Century U.S. National Security*. December 2008.

Clinton, Hillary Rodham. "Our Giant Step Towards a World Free of Nuclear Danger." *Guardian*, April 7, 2010. http://www.guardian.co.uk/commentisfree/cifamerica/2010/apr/07/world-nuclear-danger-treaty-america(검색일: 2010.4.15).

Cohen, Andrei. "Dangerous Trajectories: Obama's Approach to Arms Control Misreads Russian Nuclear Strategy." *Backgrounder*, No.2338, Heritage Foundation, November 9, 2009. http://www.heritage.org/Research/Reports/2009/11/Dangerous%20Trajectories%20Obamas%20Approach%20to%20Arms%20Control%20Misreads%20Russian%20Nuclear%20Strategy(검색일: 2010.2.15).

Ellis, Jason D. "The Best Defense: Counterproliferation and U.S. National Security." *Washington Quarterly,* 26:2, Spring 2003.

Holland, Steve. "Can Obama persuade world on nuclear arms?" *REUTERS,* April 7, 2009. http://www.reuters.com/articlePrint?articleID=USTRE5364 TW20090407(검색일: 2010.2.15).

Kimball, Daryl G. "Change U.S. Nuclear Policy? Yes, We Can." *Arms Control Today,* September 2009.

Loukianova, Anya. "The Nuclear Posture Review Debate." NTI, *Issues & Analysis,* August 19, 2009.

Mahnken, Thomas G. "A Critical Appraisal of the Defense Countrproliferation Initiative." *National Security Studies Quarterly,* 5:3, Summer 1999.

Muller, Herald, and Mitchell Reiss. "Counterproliferation: Putting New Wine in Old Bottles." *Washington Quarterly,* 18:2, Spring 1996.

New York Times, "Editorial: After Summit." April 14, 2010.

Nikitin, Mary Beth. *Proliferation Security Initiative(PSI).* Congressional Research Service, RL34327, September 10, 2009.

Nossel, Suzanne. "Smart Power." *Foreign Affairs,* 83:2, Mar/Apr 2004.

Nuclear Weapons Complex Consolidation Policy Network. *Transforming U.S. Nuclear Posture and Weapons Complex.* April 2009. http://docs.nrdc. org/nuclear/files/nuc_09040701a.pdf(검색일: 2010.2.15).

Perry, William, and James R. Schlesinger. *America's Strategic Posture.* U.S. Congressional Strategic Posture Commission, May 6, 2009. http:// www.usip.org/strategic-posture-commission/view-the-report(검색일: 2010.2.15).

Perry, William, and Brent Scowcroft. *U.S. Nuclear Weapons Policy.* Council on Foreign Relations Task Fort Report, April 2009.

Record, Jeffrey. "Nuclear Deterrence, Preventive War, and Counterproliferation." *Policy Analysis,* No.519, July 8, 2004.

Rhodes, Ben, Gary Samore, and Laura Holgate. "Press Briefings." April 13, 2010. http://www.whitehouse.gov/the-press-office/press-briefing-ben-rhodes-deputy-national-security-advisor-strategic-communications(검색일: 2010.4.15).

Shoumikhin, Andrei, and Baker Spring, "Strategic Arms Control for Protect and

Defend Strategy." *Backgrounder,* No. 2266, Heritage Foundation, May 4, 2009. http://www.heritage.org/Research/Reports/2009/05/Strategic-Nuclear-Arms-Control-for-the-Protect-and-Defend-Strategy(검색일: 2010.2.15).

U.S. Department of Defense. *Nuclear Posture Review.* April 2010.

_____. "DOD's Nuclear Posture Review Rollout Briefing." April 7, 2010. http://www.defense.gov/npr/docs/FPC%20_4-7-10_%20Nuclear%20Posture%20Review.pdf(검색일: 2010.4.15).

U.S. Department of State. "2000 Plutonium Management and Disposition Agreement." April 13, 2010. http://www.america.gov/st/texttrans-english/2010/April/20100413172618xjsnommis0.4895397.html(검색일: 2010.4.15).

U.S. White House. *National Security Strategy.* 2002.

U.S. White House Office of the Press Secretary. "Remark by President Obama in Prague as delivered." April 5, 2009. http://www.whitehouse.gov/the_press_office/Remark-By-President-Obama-in-Prague(검색일: 2010.2.15).

_____. "Addressing the Nuclear Threat: Fulfilling the Promise of Prague at the L'Aquila Summit." July 8, 2009. http://www.whitehouse.gov/the-press-office/addressing-nuclear-threat-fulfilling-promise-prague-laquila-summit (검색일: 2010.2.15).

_____. "Joint Statement by Dmitrity A. Medvedev, President of the Russian Federation, and Barack Obama, President of the United State of American, Regarding Negotiations on Further Reductions in Strategic Offensive Arm." April 1, 2009. http://www.whitehouse.gov/the-press-office/joint-statement-dmitry-a-medvedev-president-russian-federation-and-barack-obama-pre(검색일: 2010.2.15).

_____. "Fact Sheet on the United Nations Security Council Summit on Nuclear Nonproliferation and Nuclear Disarmament UNSC Resolution 1887." September 24, 2009. http://www.whitehouse.gov/the-press-office/fact-sheet-united-nations-security-council-summit-nuclear-nonproliferation-and-nucl(검색일: 2010.2.15).

_____. "Treaty between the United States of America and the Russian

Federation on Measures for the Further Reduction and Limitation of Strategic Offensive Arms." April 2010. http://www.state.gov/documents/organization/140035.pdf(검색일: 2010.4.15).

제7장

일본에 있어서의 집단적 자위권 문제에 관한 연구: 일본 정부의 논리를 중심으로*

김준섭

I. 서론

1990년 11월 이라크의 쿠웨이트침공으로 시작된 걸프위기를 맞이하여, 이라크주변의 다국적군에 대한 후방지원을 위해 자위대를 파견하는 것을 취지로 하는 유엔평화협력법안이 야당뿐만 아니라 자민당 내의 치열한 반대에 부딪쳐 폐안이 되었다. 그런데 그로부터 18년이 지난 현재 일본의 자위대의 해외활동은 일상적인 일이 되었고, 2007년에는 자위대법이 개정되어 국제평화유지활동이 자위대의 본래의 임무가 되었다.

어떻게 이와 같은 변화가 가능해진 것일까. 이와 같은 의문에 대해서는 다양한 시각에서의 해답이 가능할 것이지만, 본 논문에서는 집단적

---

* 이 글은 『日本學報』 제76집(2008)에 실렸던 내용을 일부 수정한 것이다.

자위권에 관한 일본 정부의 논리에 주목하고자 한다. 일본 정부는 현재에 이르기까지 국제법상 집단적 자위권을 보유하고 있으나, 헌법9조의 제약에 의해 그것을 행사할 수는 없다는 공식적인 입장을 취하고 있다. 그런데 미일동맹체제를 외교의 기축으로 하는 일본은 탈냉전 후 변화한 국제환경속에서 미국의 새로운 요구인 소위 '인적공헌'을 행하게 되는데 그것은 바로 집단적 자위권문제를 유발시키는 것이었다. 즉 '인적공헌'을 위해서는 집단적 자위권의 행사에 해당하는 행동을 하지 않을 수 없는데, 이는 지금까지의 일본 정부의 공식적 입장에 비추어보면 위헌에 해당하게 되므로 할 수 없다. 이 딜레마를 해결하기 위해서 일본 정부가 취할 수 있는 길은 세 가지가 있었다. 첫째는, 개헌을 시도하여 집단적 자위권의 행사에 대한 위헌시비를 근본적으로 제거하는 길, 두 번째는, 지금까지의 공식입장을 변경하여 집단적 자위권의 행사가 위헌이 아니라는 입장을 취하는 길, 셋째는, 실제로는 집단적 자위권의 행사에 해당하는 행동을 하면서도, 그것이 집단적 자위권의 행사에 해당하지 않는다고 주장하는 길이었다. 일본 정부에게 있어서 첫 번째와 두 번째의 방법은 너무나 큰 정치적 비용을 요구하는 것이었고, 결국 세 번째 길을 택하게 된다.

이와 같은 일본 정부의 논리에 대해 비판하는 상당수의 문헌이 존재하지만 그 대다수가 특정 법률의 제정을 중심으로 한 것이라고 할 수 있다.[1] 또한 이 테마 자체가 대단히 정치적인 성격을 띠고 있는 것이므로, 일본인 연구자의 경우 연구자 스스로의 정치적 입장에 따라 논의의 방향이 결정된다고 하는 문제도 있다고 할 수 있다.[2]

---

1) 대표적인 저서로서 山米敏弘編, 『日米新ガイドラインと周辺事態法: いま「平和」の構築への選択を問い直す』(社会評論社, 1999); 西沢優・松尾高志・大内要三, 『軍の論理と有事法制』(日本評論社, 2003).
2) 예를 들어, 집단적 자위권 문제를 논한 저서 중에서 집단적 자위권의 행사를 주장하는 것으로 佐瀬昌盛, 『集団的自衛権: 論争のために』(PHP研究所, 2001). 집단적 자위권의 행사를 비판하는 것으로는 豊下楢彦, 『集団的自衛権とは何か』(岩波書店, 2007).

본 논문은 위의 두 가지 기존연구의 문제점을 염두에 두고 탈냉전 후 현재에까지 이르는 역사의 큰 흐름 속에서 일본 정부가 집단적 자위권의 실질적인 행사를 가능하게 하기 위하여 어떤 논리를 개발해왔으며, 앞으로 개발할 것인지에 대해 고찰하는 것을 목적으로 한다. 일본이 집단적 자위권의 행사가 가능해진다는 것은 단순히 안보정책의 변화만을 의미하는 것이 아니라 일본이라는 국가의 성격 그 자체가 변화하는 것을 의미한다. 그런 의미에서 이 집단적 자위권 문제에 대한 고찰은 일본의 변화의 핵심을 파악하는 작업 중의 하나라고 생각한다.

II. 집단적 자위권에 관한 일본 정부의 논리의 원점

집단적 자위권을 보유하고는 있으나 행사할 수 없다는 일본 정부의 기본입장과 논리가 확립된 것은 1970년경부터이며, 1972년 사회당의 미즈구치 히로유키(水口宏之) 의원의 질문에 대한 답변서가 이 논리를 기초로 작성된 최초의 일본 정부의 공식문서이다(佐瀨昌盛 2001, 126-132). 다만 국회에서의 일본 정부의 답변 등을 검토해보면 실질적으로 현재에 이르기까지 이어지는 집단적 자위권에 대한 일본 정부의 논리가 형성된 것은 1960년의 신안보조약의 심의과정에서였다고 할 수 있다. 예를 들어, 당시 법제국장관이던 하야시 슈조(林修三)의 다음과 같은 답변을 보자.

> 소위 타국에 가서 타국을 방위하는 것은 UN헌장상으로는 집단적 자위권으로서 그것을 위법성을 물리치는 사유로서 인정되어 있는 것이지만, 일본의 헌법상은 거기까지 인정되어 있지는 않습니다. 가령 집단적 자위권이라고 하는 것이 UN헌장에서 인정되어 있어도 일본

의 헌법상은 인정되지 않는다는 것입니다.

그런데 기지의 제공 혹은 경제원조라고 하는 이 두 가지 사안은 일본
의 헌법상 금지되어있지 않습니다. 가령 이것을 사람들이 집단적 자
위권이라고 부를지라도 그와 같은 것은 금지되어 있지 않습니다(衆
議院 1960, 28).

비록 위의 답변에서 집단적 자위권의 행사는 헌법상의 제약에 의해
불가능하다고 단언하고 있지는 않지만 '타국에 가서 타국을 방위하는
것'은 헌법상 인정되지 않는다고 함으로써 실질적으로는 현재 일본 정
부의 입장과 동일한 논리가 전개되고 있는 것이다. 그리고 이와 같은
것을 보장하기 위해 당시의 수상 기시 노부스께(岸信介)는 국회답변에
서 해외파병을 하지 않겠다고 반복해서 말하고 있다. 이것은 집단적 자
위권에 관한 더 이상의 논의를 잠재울 수 있는 결정적인 말이었다. 즉
일본 국내에서 일어날 수 있는 집단적 자위권 행사에 관한 문제에 대해
서 일본 정부는 일관된 논리를 고수하였다. 일본 정부는 주일미군기지
에 대한 외부로부터의 공격에 대한 일본의 대응에 대해 주일미군기지
가 일본의 영토 내에 존재하므로, 개별적 자위권의 발동이라는 주장을
관철시켰으며, 타국과의 무력과의 일체화라는 집단적 자위권의 행사에
해당한다는 해석을 하면서 그것이 구체적으로 무엇을 의미하는지에 대
해 국회의 논의과정에서 설명을 하고 있는 것이다. 따라서 집단적 자위
권의 행사의 문제와 관련하여 남아 있는 부분은 자위대가 해외에서 활
동할 경우의 구체적인 상황에 대한 논의가 되는데, 자위대의 해외파병
을 금지한다고 선언했으므로 그 이상의 논의가 필요 없게 되는 것이다.
현재 일본 정부는 무력행사를 목적으로 하지 않는 해외에서의 자위대
의 활동에 대해 해외파견이라는 용어를 사용하며 해외파병은 위헌이지
만 해외파견은 문제가 없다는 입장을 취하고 있지만 당시에 이와 같은
구별을 의식하면서 이와 같은 선언을 했다고는 생각하기 어려우며, 자
위대의 해외에서의 활동 그 자체를 상정하지 않았다고 할 수 있는 것

이다.

그런데 1990년 이후 이 대전제가 무너지면서 일본 정부는 집단적 자위권의 행사와 관련된 새로운 논리를 개발하지 않으면 안 되었으며, 집단적 자위권의 행사를 둘러싼 논의는 활발해지게 되는 것이다. 다음 장에서는 탈냉전 이후 집단적 자위권에 관한 일본 정부의 논리에 대해 살펴보겠다.

III. 탈냉전 후 집단적 자위권에 관한 일본 정부의 논리

1990년의 걸프위기를 둘러싸고 미국이 일본에게 소위 '인적공헌'을 요구함으로써, 자위대의 해외에서의 활동이 현실적인 문제로 대두되게 되고, 그에 따라 집단적 자위권 문제가 논의의 초점이 되었다.

일본 정부는 해외에서의 자위대의 활동이 집단적 자위권의 행사에 연결되지 않는다는 것을 주장하기 위해 다음과 같은 두 가지 논리를 폈다. 첫째는, 해외에서 활동하는 자위대가 무력행사를 하지 않는다는 것이며, 둘째는, 타국의 무력행사와 일체화된 행동을 하지 않는다는 것이다. 일본 정부는 1991년 걸프전이 끝난 이후 파견된 해상자위대의 소해정에서부터 2002년 이후 이라크에서 미군을 위한 수송활동을 하고 있는 항공자위대의 활동에 이르기까지 위의 두 조건을 만족시키고 있으므로 집단적 자위권을 행사하고 있지 않다고 주장하고 있으며, 따라서 자위대의 해외에서의 활동에 대해 '해외파병'이 아닌 '해외파견'이라는 용어를 사용하고 있다. 이하에서 이와 같은 일본 정부의 논리를 보다 자세히 검토해 보기로 하겠다.

1. 일정한 조건하의 무기의 사용은 무력행사에 해당하지 않는다는 논리

걸프전이 끝난 후 해상자위대의 소해정이 페르시아만에 파견되어 기뢰제거 작업을 한 것은 전후 최초로 공식적으로 일본의 군사력이 해외에서 활동했다는 점에서 획기적인 일이었다.[3] 전후 일본의 진로를 크게 변경시키는 출발점이 된 이 역사적인 행위에 대한 일본 정부의 논리는 그것이 무력의 행사에 해당하지 않으므로 집단적 자위권의 행사와는 관계가 없다는 것이었다. 즉 내각법제국장관인 오모리 마사스께(大森政輔)는 1991년 4월 23일 참의원 외무위원회에서 행한 답변에서 다음과 같이 말하고 있다.

> 외국에 의한 무력공격의 일환으로서 부설되어 있는 기뢰를 제거하는 행위, 이것은 그 외국에 대한 전투행위로서 무력행사에 해당됩니다. 따라서 유기(遺棄)된 기뢰라고 한다면 외국에 의한 무력공격의 일환으로서의 의미를 상실하고 있습니다. 따라서 이것을 제거하는 행위라고 하는 것은 그 외국에 대한 전투행위가 아닙니다. 그저 해상의 위험한 방해물을 제거한다고 하는 것으로, 이것은 무력행사에 해당하지 않는 것입니다. 따라서 집단적 자위권에 대한 여러 논의가 있지만, 애당초 유기된 기뢰의 제거라고 하는 것은 <u>무력의 행사에 해당되지 않기 때문에 집단적 자위권에 관계되는 문제도 일어날 수 없는 것입니다</u>(밑줄은 필자)(参議院 1991, 15).

밑줄친 부분과 같이 애초부터 무력의 행사에 해당하지 않는 행위는 집단적 자위권 문제도 발생시키지 않는다는 이 논리는 탈냉전 후 집단

---

[3] 비공식적으로는 1950년 한국전쟁에 있어서 GHQ의 명령에 의해 해상보안청소속의 소해부대가 한반도 연안의 기뢰제거작업을 한 것을 들 수 있다.

적 자위권 행사에 관한 일본 정부의 논리의 출발점이라고 할 수 있다.

한편 육상자위대가 전후 최초로 외국에서 활동하게 된 것은 1992년의 캄보디아에 있어서의 PKO활동인데, 이 활동을 위한 법률이 1991년에 제정된 PKO협력법이다. 이 법률의 제정과정에서도 가장 논의가 집중된 것은 집단적 자위권의 문제인데 이 논의과정에서도 일본 정부는 기본적으로 무력의 행사를 하지 않으므로 집단적 자위권의 행사와는 관련이 없다는 주장을 관철하게 되는데 그 과정에서 무기의 사용은 무력의 행사에 해당하지 않는다는 논리가 등장하게 된다. 이 점에 대한 일본 정부의 공식적인 설명은 다음과 같은 것이다. 즉 1991년 9월 중의원의 PKO특별위원회이사회에 제출된 일본 정부의 답변서에는 다음과 같이 기술되어 있다.

> 헌법제9조 제1항의 '무력의 행사'는 '무기의 사용'을 포함하는 실력의 행사에 관계되는 개념이지만, '무기의 사용'이 모두 이 항이 금지하는 '무력의 행사'에 해당한다고는 할 수 없다. 예를 들어 자기 혹은 자기와 함께 현장에 있는 우리나라 요원의 생명과 신체를 방위하는 것은 소위 자기보존을 위한 자연권적 권리라고 해야 할 것이므로, 그것을 위한 필요한 최소한의 '무기의 사용'은 헌법제9조 1항에서 금지된 '무력의 행사'에는 해당되지 않는다(衆議院憲法調査会事務局 2004, 53).

즉 '자기보존을 위한 자연권적 권리'로서의 무기사용은 무력의 행사에 해당하지 않는다는 논리인데, 이 논리에 따라 최초로 1992년 캄보디아에서 PKO활동에 참가한 육상자위대는 소총만을 소지했으며, 지휘관은 명령에 따라 무기를 사용하는 것이 아니라, 개인의 판단에 따라 무기를 사용할 수 있었다. 그러나 1998년에는 이 PKO협력법이 개정되어 개인적인 무기사용에서 조직으로서의 무기사용으로 변경되었으며, 2001년도의 개정에서는 타국의 PKO요원과 유엔직원 NGO의 직원 등을 무기에 의한 방위의 대상에 포함시켰다. 이와 같이 조금씩 무기의 사용범위가 넓혀져서 2003년도에 이라크에서 활동한 육상자위대는 장갑차까지도 가지고 가게 되었으며 이라크파견에서 취할 수 있는 대처의 한계를 정한 부대행동기준(ROE)[4]도 작성되게 되었는데. 해외에서의 자위대의 활동에 관한 ROE는 육상자위대의 역사에 있어서 처음 있는 일이었다(朝日新聞「自衛隊50年」取材班 2005, 92).

더 나아가 자민당은 이미 해외파병항구법의 초안을 2006년 8월에 작성했는데, 그 중에서 '무기사용권한'의 부분은 다음과 같이 되어 있다. 즉 사람의 방호에 관해서는 '자기 혹은 타인'이라고 간단하게 정리하여, 민간인이나 UN의 요원은 관리 하에 있지 않아도 무기사용으로 방호함으로써, 현행법으로는 소극적으로 수동적으로 지킬 수밖에 없는 상황을 바꾸어, 적극적으로 밖으로 나가서 동료를 지킬 수 있도록 한다는 것이다(松尾高志 2008, 17).

이상에서 살펴본 바와 같이 일본 정부는 일단 무기사용이 무력행사에 해당하지 않는다는 논리를 확립한 이후, 구체적인 무기사용의 기준을 완화하는 형태를 통하여 일본은 실질적으로 상당 부분의 집단적 자위권을 행사할 수 있는 조건을 구비하게 된 것이다.

2. 후방지역, 비전투지역의 논리

1997년 9월 미일 사이에 합의된 소위 신가이드라인을 실시하기 위해 제정된 것이 1999년의 주변사태법이다. 이 주변사태법의 제정과정에서 가장 격렬한 논의가 벌어진 것 역시 집단적 자위권의 문제였다. 주

---

4) Rules of Engagement를 우리는 교전규칙이라고 번역하여 사용하고 있는데, 일본의 경우 교전이라는 용어를 사용할 경우 헌법9조와의 관계에 있어서 문제가 되므로 부대행동기준이라는 용어를 사용하고 있다.

변사태 발생 시에 무력을 행사하는 미군에 대한 지원을 행하는 것을 골자로 하는 주변사태법은 그야말로 집단적 자위권의 행사에 직결될 수 있는 문제를 포함하고 있었던 것이다.

일본 정부는 타국의 무력과의 일체화는 헌법이 금지하고 있는 집단적 자위권의 행사에 해당한다는 스스로의 공식입장을 유지하면서도, 미군에 대한 병참활동을 하지 않으면 안 되는 딜레마에 빠지게 되었다. 군사행동에 있어서 동서고금을 막론하고 병참활동이 얼마나 중요한 것인가는 두말할 나위도 없다. 태평양전쟁에 있어서 일본군의 패배의 가장 큰 요인이 결국 병참부문이 제대로 기능하지 않은 데에 기인한 점을 보더라도 병참활동을 행하면서 이것이 타국의 무력과 일체화되지 않는다고 주장하는 것은 국제적인 기준에서 본다면 있을 수 없는 논리인 것이다. 이와 같은 딜레마를 해결하기 위해 일본이 고육지책으로 고안해 낸 것이 후방지역이라는 개념이다.

즉 주변사태법에 있어서 후방지역은 "우리나라 영역 및, 현재 전투가 행해지고 있지 않으며 또한 그 곳에서 실시되는 활동기간을 통하여 전투행위가 행해지지 않는다고 인정된 우리나라 주변의 공해 및 그 상공의 범위를 말한다"고 정의하고 있는데, 후방지역에서 행하는 미군에 대한 병참활동은, 마치 평시에 일본국내에서 미군에 대해 여러 지원을 하는 것과 마찬가지로 미군의 무력과의 일체화에 해당하지 않는다는 논리를 펴고 있는 것이다. 미군에 대한 동일한 병참활동이 일본이 자의적으로 정한 후방지역에서 행해지는 것은 문제가 없고, 그 후방지역의 선 바깥에서 행해지면 집단적 자위권의 행사에 해당한다는 이와 같은 논리는 그야말로 논리의 유희라고 해야 좋을 것이다. 다만 일본 정부는 결국 이 논리를 고수하여 주변사태법을 성립시켰다. 이로써 일본에 대한 미군의 방위약속과 미군에 대한 일본의 기지제공을 그 기본구조로 하는 1960년의 미일안보조약은 1999년의 주변사태법에 의해 근본적으로 그 구조를 변경시키게 되었다. 즉 이제 일본의 주변에서 군사상황이 발생했을 때, 일본은 미군과 함께 직접적인 전투를 행하지는 않을지라

도, 군사행동에 있어서 가장 중요한 병참활동을 실질적으로 행함으로
써 제한적이기는 하지만 집단적 자위권의 행사를 할 수 있게 된 것이다.

한편 이 후방지역의 개념은 그 이후 제정된 테러대책특별조치법, 이
라크인도부흥지원특별조치법(이하 이라크지원특조법이라 기술) 등에도
그대로 원용되었다. 테러대책특별조치법에서는 일본의 영토 및 현재
전투행위(국제적인 무력분쟁의 일환으로서 행해지는 사람을 살상하고 대상
을 파괴하는 행위를 말한다. 이하 같음)가 행해지지 않고, 또한 그곳에서
실시되는 활동기간 동안 전투행위가 행해지지 않을 것이라 인정된 공
해와 그 상공, 외국의 영역(해당 대응조치가 행해지는 것에 대해 그 외국의
동의가 있는 경우에 한함)에서 대응조치를 취한다고 하고 있다. 이 당시
에 국회에서의 논의 과정에서는 이와 같은 지역에 대해 비전투지역이
라는 용어가 사용되었지만 법조문에는 그 용어가 직접적으로 사용되지
는 않았다. 테러대책특별조치법에서 말하는 대응조치가 취해지는 지
역에 대해 비전투지역이라는 용어를 직접 법률의 문장에 사용한 것이
이라크지원특조법이다. 문제는 이 후방지역, 비전투지역이라는 개념
이 현실에 있어서는 실체가 없는 개념이라는 점이다. 실체가 없는 개념
을 기준으로 집단적 자위권의 행사의 유무를 판정하는 것은 의미가 없
는 일이다. 즉 실질적으로 이미 일본의 자위대는 해외에 있어서의 병참
활동을 통하여 집단적 자위권을 행사하고 있다고 말할 수 있는 것이다.

3. 국가에 준하는 조직이 아닌 무장단체에 대한 반격은 무력행 사가 아니라는 논리

이라크지원특조법안의 국회심의과정에서 비전투지역을 어떻게 설
정할 수 있느냐는 논의 중에 이시바 시게루(石破茂) 당시 방위청장관은
다음과 같은 논리를 전개했다. 즉 국가 혹은 국가에 준하는 조직과의
사이에 발생하는 한 나라의 국내문제를 넘어서는 무력을 동반한 다툼

을 국제적인 무력분쟁이라 정의하고, 이와 같은 무력분쟁이 벌어지지 않는 곳이 비전투지역이라는 것이다(衆議院 2003.6.26, 13). 한편 국가에 준하는 조직이라고 하는 것이 무엇인가에 대해서는 "후세인정권의 부흥을 목표로 미영군에 저항활동을 계속하는 후세인정권의 잔당이라고 하는 것이 있다면 이것은 해당이 될 것"이라고 하면서도, "후세인정권의 잔당이라고 할지라도 매일의 생활에 필요한 것을 얻기 위해 약탈행위를 행하는 것과 같은 집단은 해당되지 않는다고 생각하고 있습니다"라고 말하고 있다(衆議院 2003.7.2, 4). 이와 같은 답변에서 알 수 있는 것은 국가에 준하는 조직이라는 것이 일본 정부의 자의적 판단에 의해 결정될 여지가 있다는 것이다. 이것이 왜 중요한가하면 이로부터 다음과 같은 논리가 이끌어져 나오기 때문이다.

> 주변의 호주군이나 네덜란드군 영국군이 공격을 받으면 도와줄 수 있는가라고 하는 논의가 있습니다만, 그것은 집단적 자위권과는 아무런 관계가 없는 것입니다. 사마와 및 무산나현에 있어서 테러리스트로부터 공격을 받았을 때에 그것은 국가로서의 자위권을 발동할 대상이 아닙니다. 왜냐하면 상대가 '국가'도 아니고 '국가에 준하는 조직'도 아니기 때문입니다. (중략) 네덜란드군이 테러리스트로부터 공격을 받아 그에 대해 반격을 할 경우 네덜란드군은 국가로서 자위권을 발동하는 것이 아닙니다. 따라서 애당초 자위권도 발동하지 않는 곳에 집단적 자위권의 문제는 발생하지 않는 것입니다(石破 2007).

이와 같은 이시바의 논리를 정리해 보면, 다음과 같이 집단적 자위권 행사가 가능한 상황이 발생한다. 즉 개헌이 이루어지지 않는 이상 일본이 다른 국가와의 전쟁에 당초부터 다국적군의 일원으로 참여하는 상황은 허용될 수 없을 것이다. 그렇다고 한다면 향후 일본의 자위대가 해외에서 활동하는 전형적인 형태는 현재 이라크에서 행해지고 있는 것과 같이 이미 전쟁종료가 선언된 지역에서 활동하는 것이 될 것이다. 이 경우 국가의 준하는 조직이 일본 정부의 자의적 판단에 의해 결정되고, 그와 같은 국가에 준하는 조직이 활동하지 않는다고 판단된 지역으로 비전투지역이 설정된다면, 그 비전투지역에서 활동하는 일본의 자위대의 군사활동은 거의 제한을 받지 않는다는 논리가 성립된다. 즉 실질적으로 집단적 자위권의 행사가 가능할 수 있는 여지가 있게 되는 것이다.

IV. 미일동맹의 강화와 집단적 자위권의 행사에 관한 논의의 방향

현재 세계적인 미군의 재편의 일환으로 행해지고 있는 주일미군의 재편과정에서 미일의 군사관계는 더욱 밀접해지고 있다. 따라서 집단적 자위권의 행사문제는 미국이 특히 큰 관심을 보이고 있는 문제이다. 2007년 2월에 발표된 소위 제2차 아미티지보고서 속에서도 이와 같은 미국의 자세는 잘 나타나고 있다. 2000년 10월에 발표된 제1차 아미티지 보고서와 마찬가지로 조셉 나이와 같은 민주당계열의 학자도 집필진에 포함되어 초당파적인 성격을 지닌 미국의 대일정책지침서라고 할 수 있는 이 보고서 속의 다음과 같은 구절은 이와 같은 미국의 자세를 잘 말해주고 있다.

헌법에 관하여 현재 일본에서 행해지고 있는 논의는 지역 및 지구규모의 안전보장에 대한 일본의 관심의 증대를 반영하는 것으로, 마음 든든한 움직임이다. 이 논의는 우리의 통합된 능력을 제한하는, 동맹 협력에 대한 현존의 제약을 인식하고 있다. 이 논의의 결과가 순수

하게 일본국민에 의해 해결되어야만 할 문제라는 것을 우리는 2000
년 당시와 마찬가지로 인식하고 있지만, 미국은 우리의 공유하는 안
전보장상의 이익이 영향을 받을지도 모르는 분야에서 보다 큰 자유
를 가진 동맹파트너를 환영하게 될 것이다.(Armitage Richard L. and
Joseph S. Nye 2007, 22)

　이 아미티지 2차보고서와 호흡을 맞춘 듯이 아베 신조(安倍晋三)가
발족시킨 것이 '안전보장의 법적기반의 재구축에 관한 간담회'이다.
2007년 1월 4일의 연두기자회견에서 집단적 자위권에 대한 유형별 연
구를 하겠다는 의지를 밝힌 아베는, '안전보장의 법적기반의 재구축에
관한 간담회'가 발족된 4월 25일 행해진 아사히신문과의 인터뷰에서는
"법적인 정리에 있어서 어떠한 (헌법의)해석을 할 필요가 있는지에 관
한 논의를 하기를 바란다"(『朝日新聞』, 2007. 4. 25)라고 말하여 헌법해석
을 변경함으로써 집단적 자위권의 행사를 하겠다는 의지를 보였다.
　이 간담회에 제기된 이슈는 집단적 자위권의 행사와 밀접한 관계가
있는 네 가지로서 '공해상에서 일본함선의 가까이에 있는 미국함선이
공격을 받았을 경우의 일본함선의 대응', '우리나라의 동맹국인 미국
으로 향할지도 모르는 탄도미사일을 레이더로 포착한 경우 자위대의
대응', '국제적인 평화활동에 있어서의 무기사용의 문제', '국제적인
평화활동에 있어서의 소위 후방지원 문제'인데 이들 문제들은 현재 집
단적 자위권의 행사와 관련하여 일본 정부가 봉착해 있는 거의 모든 이
슈들을 망라한 것이라 할 수 있다.[5] 앞의 두 이슈는 미일안보체제와 관
련된 것이며, 뒤의 두 이슈는 일본의 군사력의 국제적인 활동에 관련된
것이라 할 수 있는데, 아베는 모든 간담회에 참석하여 직접 위와 같은

---

5) 이 간담회의 논의요지와 참고자료들은 http://www.kantei.go.jp/jp/singi/
　anzenhosyou/index.html에 공개되어 있다. 이하의 논의는 이 인터넷상의 공개문
　서에 의거한 것이다.

스스로의 문제의식을 제기하고 있다. 그런데 그의 발언을 살펴보면, 백지상태에서 전문가들의 의견을 듣겠다기보다는 이미 스스로 이들 문제에 대해 결론을 내린 상태에서 전문가들의 동의를 구하는 모습을 보이고 있다. 예를 들어 제3회 간담회의 다음과 같은 발언을 보자.

> 이번의 테마인 '우리나라의 동맹국인 미국으로 향할지도 모르는 탄도미사일을 레이더로 포착한 경우의 자위대의 대응'에 관해서는, 동맹국인 미국이 탄도미사일에 의해 심대한 피해를 받는다고 한다면, 우리나라 자신의 방위에 심각한 영향을 미칠 것은 틀림이 없으며, 그와 같은 의미에 있어서, 지난번보다도 더욱 더 미일동맹이 보다 효과적으로 작동하도록 한다는 관점에서 중요한 테마입니다. 이 탄도미사일에 의해 피해를 입는 것은 군사목표만이 아니라, 일반 미국시민, 어린아이들까지도 포함해서 위해를 입을 위험성이 있습니다. 그와 같은 의미에 있어서도 동맹에 있어서 대단히 무거운 의미를 가지고 있다고 생각합니다. 위원 여러분들은 각자의 전문적인 높은 식견과 풍부한 경험을 가지고 여러 관점에서 기탄없는 논의를 해 주시기를 기대합니다.

즉 이 발언에서 알 수 있듯이 아베는 "미국시민, 어린아이들까지도 포함해서 위해를 입을 위험성"이 있다는 것을 인지하면서도 일본이 아무런 조치를 취하지 않는다는 것은 미일동맹의 붕괴를 가져올 것이니, 마땅히 대처를 해야 한다는 결론을 내리고 있는 것이다. 게다가 아베가 간담회의 위원으로 위촉한 전문가들은 그 대부분이 평소부터 집단적 자위권의 행사를 주장하던 인물들이었다.[6] 이상과 같은 일련의 흐름을 본다면 아베는 이 간담회를 발족시킬 당시부터 자신의 정권하에서 헌

---

6) 예를 들어, 위원 중에 오카자키 히사히코(岡崎久彦), 사세 마사모리(佐瀬昌盛), 니시 오사무(西修) 등은 일본의 논단에 있어 집단적 자위권행사를 주장하는 대표주자라고 할 수 있을 것이다.

법해석의 변경에 의해 집단적 자위권의 행사를 하려는 의도를 가지고 있었다고 생각된다.

이 간담회에는 물론 다양한 의견이 제시되고 있지만 그 중 대표적인 의견으로 다음 세 가지를 들 수 있다.

첫째, 집단적 자위권을 행사할 수 있도록 하는 방법에는 헌법해석을 바꾸지 않고 행사를 가능하게 하는 방법과 해석을 변경하여 행사를 가능하게 하는 방법이 있는데 후자가 타당할 것이다.

둘째, 헌법9조 1항은 '국제분쟁을 해결하는 수단'으로서의 무력행사를 포기하고 있는 것이지 일률적으로 해외에서의 무력행사를 금하고 있는 것은 아니다.

셋째, 국제평화활동과 개별국가의 무력행사는 구별되어져야 하며, 자위대의 국제평화활동에 대해 집단적 자위권의 개념을 적용하여 제한을 가해서는 안 된다.

이와 같은 논의들을 보면 이 간담회의 결론은 이미 나와 있다고 해도 좋을 것이다. 미일동맹과 관련된 집단적 자위권 행사문제를 논의한 2회, 3회의 간담회가 끝난 이후 행해진 아사히신문과의 인터뷰에서 이 간담회의 좌장인 야나이 슌지(柳井俊二)는 "현실에 맞지 않는 헌법해석은 이제 그만 두어야 하지 않겠는가"라고 하면서 냉전종결 후의 북한의 핵·미사일 문제나 중국의 군비확장을 지적하며 "배경이 변하였으니까 헌법해석도 변해야 마땅하다. 모두의 생각은 그와 같은 방향이다"(『朝日新聞』, 2007. 7. 11)라고 말하고 있는 것을 보아도 이 간담회가 집단적 자위권행사를 위한 수순의 하나였다고 생각되는 것이다.

그러나 2007년 7월 29일의 참의원선거에서 자민당이 참패를 하고 9월 12일 아베 신조가 전격적인 사임을 발표하면서 아베의 시나리오 속에서 활동해 오던 이 간담회 역시 더 이상 열리지 않게 된다. 아베의 뒤를 이어 정권을 담당한 후꾸다 야스오(福田康夫)는 집단적 자위권 행사문제에 대해 아베와 같은 열의를 보이지 않았으며, 후꾸다 정권의 발족 이후 이 간담회는 한번도 열리지 않았다. 소위 '전후체제로부터의 탈피'를 외치던 아베의 국가구상의 핵심 중의 하나였던 집단적 자위권의 행사 문제는 이로써 일단 막을 내린 것으로 보인다.

그러나 이 간담회의 이슈들의 배경에는 미일동맹의 강화라는 흐름이 있으며, 역사적인 정권교체 이후 계속되고 있는 일본 국내정치의 변화에도 불구하고 그 흐름이 지속되고 있다는 점을 감안한다면, 향후 헌법해석의 변경에 의해 일본 정부가 집단적 자위권 행사를 시도할 개연성은 상존한다고 할 수 있을 것이다.

V. 결론

이상에서 살펴본 바와 같이 탈냉전 후 일본 정부는 일정한 제한하의 무기의 사용은 헌법이 금하는 무력행사에 해당하지 않는다는 논리, '후방지역 · 비전투지역'에서의 병참활동은 타국의 무력행사와 일체화되는 것이 아니라는 논리, 그리고 국가 혹은 국가에 준하는 조직이 아닌 단체에 대한 무력사용은 무력행사가 아니라는 논리에 의해, 실질적으로 집단적 자위권을 상당 부분 행사할 수 있게 되었다.

게다가 2007년 아베정권하에서 발족된 '안전보장의 법적기반의 재구축에 관한 간담회'에 있어서는 헌법이 금지하고 있는 무력은 국제분쟁을 해결하기 위한 수단으로서의 무력이므로, 그 외의 무력행사에 대해서는 헌법이 금지하고 있지 않다는 논리 하에 집단적 자위권의 행사가 위헌이 아니라는 논리가 등장했다. 아베의 발언과 간담회의 인적 구성, 그리고 간담회 좌장의 발언들을 종합해 보면, 아베는 기존의 헌법해석에 변경을 가해 집단적 자위권의 행사를 인정하려는 시나리오를 가지고 있었던 것 같다. 이 시나리오는 아베정권의 붕괴에 의해 일단 좌절되지만, 이 시나리오의 배경에는 미일안보체제의 강화라고 하는 구조적인 요인이 존재한다. 따라서 향후 이 시나리오가 현실이 될 개연성은 충분히 있으며, 그렇게 될 경우 일본은 그야말로 '보통국가'에 근접하게 될 것이다.

참고문헌

朝日新聞.「自衛隊50年」取材班.『自衛隊: 知られざる変容』. 朝日新聞社, 2005.

石破茂.「自衛隊海外派遣に関する一考察」.『世界』, 2007년 12월호, 2007.

小沢一郎.「今こそ国際安全保障の原則確立を」.『世界』2007년 11월호, 2007.

佐瀬昌盛.『集団的自衛権: 論争のために』. PHP研究所, 2001.

参議院.『外務委員会会議録』6호, 1991.

衆議院.『日米安全保障条約特別委員会議事録』21호, 1960.

_____.『イラク人道復興支援並びに国際テロリズムの防止及び我が国の協力支援活動等に関する特別委員会会議録』3호, 2003. 6. 26.

_____.『イラク人道復興支援並びに国際テロリズムの防止及び我が国の協力支援活動等に関する特別委員会会議録』7호, 2003. 7. 2.

衆議院憲法調査会事務局.『「憲法第9条特に, 自衛隊のイラク派遣並びに集団的安全保障及び集団的自衛権」に関する基礎的資料』. 衆憲資料第37号, 2004.

松尾高志.『同盟変革: 日米軍事体制の近未来』. 日本評論社, 2008.

『朝日新聞』, 2007. 4. 25.

_____, 2007. 7. 11.

Armitage, Richard L., and Joseph S. Nye. *THE U.S.-JAPAN ALLIANCE: Getting Asia Right through 2020, CSIS REPORT.* 2007.

제8장

이명박 정부의 대중국(對中國) 외교정책: '실용적 보험외교' 관점을 중심으로*

소치형

I. 탈냉전과 동북아

이명박 신정부가 출범하였다. 2008년 2월 25일 이명박 대통령의 취임식이 전 세계에 생중계되었다. 그리고 다음 날 26일 평양에서의 뉴욕 필하모닉 공연이 역시 세계 수십 개국으로 방영되었다. 바야흐로 한반도가 세계의 이목을 집중시키고 있다. 이는 북핵문제의 엄중성을 세계인이 인식하고 있음을 입증해 주는 것이다.

신정부의 구상은 글로벌하다. 안전보장과 경제발전을 동시에 달성하려는 의지도 강력하다. 노무현 정권에서 제대로 다루지 못했던 북한 핵문제를 이명박 정부에서 과연 효과적으로 취급할 수 있을지에 세인

---

* 이 글은 2008년 『국제문제연구』 제8권 제1호(통권 29호)에 실린 내용을 일부 수정 보완한 것이다.

의 관심이 쏠리고 있다. 그 이유는 한국의 대북정책은 탈냉전기에 와서도 좀처럼 진전되거나 개선되지 않고 있다고 여겨지기 때문일 것이다.

'국가의 안전보장은 최상의 법(Salus Populi Suprema Lex Esto)'이라는 라틴어가 한반도문제에서 시사해 주는 것은 남북한이 모두 이 논리를 철저하게 수용해 왔고 현재도 그러하다는 현실이다. 이는 탈냉전 상황이 한반도와 동북아 역내의 불확실성을 여전히 조성하고 있다는 비관론과 연결되고 있다.

한국은 탈냉전시대에 접어들어 핵이 없는 한반도의 현상유지가 강대국들의 이해와 일치한다고 판단하고 있으며, 그들은 한반도에서 상호 간의 이해득실을 저울질하고 있다. 한반도의 안정과 평화유지는 자신들의 이익을 담보해 주는 유익한 원천이 되고 있으므로 남북한 어느 쪽으로부터 취해질지도 모를 현상타파 시도에 대해서는 엄격히 견제한다는 데 암묵적으로 동의하고 있다. 북핵에 대한 4강의 불만과 6자회담을 통한 문제해결에 기대를 거는 이유도 이에 기인한다.

4강의 북핵과 한반도 정세에 대한 기본입장은 비핵화, 현상유지, 핵포기에 따른 지원과 관계정상화 등이다. 한국이 주변 강대국들을 상대로 하는 4강 외교에 중점을 두어야 하는 이유의 하나는 탈냉전시대에 접어들면서 북핵문제로 말미암아 남북한 간의 외교경쟁이 오히려 치열해 지고 있기 때문이다.

한국이 직면하고 있는 외교적 과제는 국가의 생존을 확보하고, 분단상태의 한반도 현상유지를 안정적으로 관리하면서 장기적인 평화통일의 길로 이끌어 나가는 데 요구되는 가장 효율적인 외교적 방안과 수단을 모색하는 일이다. 이러한 외교적 현안은 안보와 통일 두 가지를 가능하면 한국 독자의 역량을 통해 해결해 나가는 것이 바람직스런 까닭에 당위적이기보다 실천적 과제로서 제기되고 있다.

통일문제가 다소 거시적이며 장기적 전략전술을 요하는 만큼 여기서는 안보문제에 국한하여 논의를 계속하고자 한다. 한국의 안보는 북한핵으로 인해 유사 이래 가장 심각한 수위에 다다르고 있다. 북핵은 안보상 지대한 이슈이지만, 한국 독자의 능력으로는 해결될 수 없는 한계를 분명히 하고 있다. 한국은 북핵에 대한 억지력을 단독으로는 도저히 확보하기 어려운 실정이다. 그래서 한국은 4강외교와 6자회담의 성공적 결실을 절실히 필요로 한다.

북핵에 대한 억지력이 부재한 상태에서 한국이 모색할 수 있는 외교적 대안은 4강 가운데 특히 중국에 대한 정책을 재조정하는 게 중요하다. 핵을 포함한 대량살상무기의 단계적 포기를 요구하는 한편으로 북한에 대한 지원을 고려했던 상호주의 구상인 '페리 프로세스(Perry Process)'도 북한에게는 무용지물이었던 과거 사례를 감안 할 때, 대북 핵 무력화와 개혁개방 유도를 위해서는 대중국 외교정책을 전면적으로 재검토하는 일이 필요한 시점이다.

그간 주변국들은 북한에게 외교적 고립을 벗어나고 남북한 간의 긴장을 완화하는 한편 개혁개방을 통해 외부의 자본과 기술투자를 유인하여, 북한이 연착륙(軟着陸, soft landing)하도록 기대해 왔다. 이는 주변국들이 현단계에서는 한반도 통일보다는 평화공존과 안정이 우선시되어야 한다는 공감대에서 비롯되었다. 한반도에서의 평화공존은 바로 핵무기의 무력화와 직결된다. 핵무력화는 북한을 효과적으로 설득할 수 있는 중국의 외교역량에 의존하는 게 현단계에서는 합리적 선택이다. 북한에 대한 강경일변도를 견지하고 있는 미국과 일본은 그 대상이 될 수 없다.

북한은 경제적으로 더 이상 나빠질 수 없는 최악의 상태에 놓여 있다. 한국의 대북 지원 역시 한계가 있다. 그것은 물량적 차원의 한계가 아니라, 북한의 수용자세에서 오는 한계이다. 개혁개방에 대한 북한의 강력한 저항은 한국의 경제협력 및 교류에 불필요한 오해만 남기고 있다. '퍼주기' 논란의 진원지는 한국 측에 있지 않고 바로 북한의 억지부림에 있기 때문이다. 북한의 연착륙은 한반도와 동북아 전반에 걸쳐 의미 있는 변환을 가져올 수 있는 동력이 될 수 있다. 북한의 개혁개방과 경제적 동반성장은 북핵 이미지가 보여준 저간의 의혹과 불신을 거두는 획기적 전환점이 될 것이므로 북한과 중국과의 관계에 주목하는 것이다.

한국은 이러한 정세 변화과 힘의 분포를 제대로 파악하여 중국을 대상으로 '보험외교'를 적극적으로 모색해야 한다. 한국의 안보가 북한에 의해서 좌우되어서는 안 되며, 최악의 경우인 한반도에서의 무력분쟁을 예방하고, 동북아의 안정과 평화를 고려하여 중국의 협력을 구하는 보험가입은 의미 있는 외교방안이라고 사료된다.

신정부는 새로운 외교(Global Korea Diplomacy)를 지향하려고 한다. 한국은 부드럽고 강한 힘을 가진 이미지[1]로 무장하여 외교현안에 도전해야 한다. 신정부의 대북정책의 핵심인 "비핵, 개방, 3000 구상"을 포함한 한·미 전략동맹, 글로벌 에너지 경제외교 등의 신정부 실용외교도 이러한 의미를 띠고 있다고 보여진다. 이러한 과제와 구상이 탄력적으로 실천과정에 들어서고 추진되는 데는 4강관계의 원만한 운영과 협조가 필수적이다. 그리고 특히 중국의 적극적인 이해와 협력은 신정부의 외교역량을 가리는 시험대가 될지도 모른다.

'실용적 보험외교' 용어는 다분히 시론적(試論的) 차원에서 그리고 정책적 관점에서 고려되고 사용되었다. 이를 위해 중국의 한반도에 대한 입장과 한·중 및 북·중 간의 외교정책과 그에 따른 이해관계를 평가해 보고, '실용적 보험외교' 수립에 요청되는 구체적 내용을 정리 제시하여 현실에서 논의되어지고 예상되는 문제점을 살펴봄으로써 '실용적 보험외교'의 가능성 여부를 평가하고자 한다.

---

1) 예를 들어 "747"슬로건의 경우, 7%의 경제성장률과 4만 달러 소득수준 그리고 세계 7대 경제강국이라는 强中國을 표방하는 한국적 이미지로 이해할 수도 있다.

II. 중국과 한반도 이해관계

중국은 강대국을 지향하고 있다. 이는 국제사회에서 중국에 대한 경계와 거시적 대응이 논의되기 시작하면서 대주제가 되고 있다. 중국의 부상이 이미 현실화되었으며, 특히 동아시아지역에서는 매우 중요한 사실이자 정치적 이슈로 표면화되고 있음을 반증하고 있는 것으로 볼 수 있다. 이런 점에서 중국은 탈냉전시기 미국 중심의 일극체제를 다극체제로 전환시킬 수 있는 강력한 후보의 하나로 지목되고 있다.

중국이 강대국으로서의 길에 접어든 것은 덩샤오핑(鄧小平) 집권기에 기인한다. 그는 공산주의 교리에만 집착하여 국가의 생존과 발전을 소홀히 하는 마오쩌둥(毛澤東)의 교조주의를 벗어버리고, 현실주의에 입각한 실용주의를 선택하였다. 이에 따라 국내외정책에는 괄목할 만한 변화를 가져 왔으며, 개혁개방정책을 과감하게 추진하는 기틀을 마련하는 데 성공하였다. 이 과정에서 덩샤오핑은 미국과의 관계를 제일 중시하면서 대미정책의 일환으로서 '증가신임(增加信任)', '감소마번(減少麻煩)', '증가합작(增加合作)', '불고대항(不拷對抗)'이라는 '16자 방침'을 제시하였다. 그의 후임자 장쩌민(江澤民)은 이를 충실히 이행하였고, 다시 이를 '증진요해(增進了解)', '확대공식(擴大共識)', '발전합작(發展合作)', '공창미래(共創未來)'의 '16자 방침'으로 재규정하였다.

이러한 측면에서 중국은 당면한 국제정치상의 과제로서 초강대국 미국에 의한 패권 행사에 반대하는 한편으로, 향후 중국의 국력신장에 상응하여 자국에 유리하게 편성 작용될 수 있는 신국제질서의 기틀을 마련하는 데 관심을 집중해 왔음을 알 수 있다. 이를 위해 중국은 다극화전략을 추구하고 있으며, 이 과정에서 미국의 지위를 부정하거나 미국의 국익을 침해하지 않고, 상호 간의 국익을 존중하는 가운데 가장 중요한 쌍무관계를 협력적인 관계로 발전시키고자 최근 회자되는 '방어적 현실주의'를 취해 왔던 것이다.

중국이 국제문제에 대한 강대국적 관심을 본격적으로 표방한 사례로
는 최근까지 논의되고 있는 중국의 '신안보관'이다. 이는 당시 장쩌민
국가주석이 1999년 3월 26일 스위스에서 개최된 군축협상회의에서 처
음으로 피력하면서 공식화하였다. 그 주요 내용은 '상호신뢰, 상호이익,
평등, 협력'으로 요약할 수 있다. 그에 의하면 '상호신뢰'는 신안보관
의 기초이며, '상호이익'은 신안보관의 목적이고, '평등'은 신안보관의
보장이며, '협력'은 신안보관의 방식을 의미한다.[2] 이와 같은 강대국
염원은 중국이 개혁개방정책을 성공적으로 추진하게 되면서부터였다.
이런 의미에서 이는 북한에게 시사하는 바가 지대한 것이나, 북한은 이
를 제대로 수용하지 못하고 있다.

중국은 덩샤오핑이 집권한 이래 현대화계획의 추진과 대외개방에 성
공적 실적을 쌓으면서 자국이 강대국으로 변신하는 데 상응하는 논리
와 명분을 '도광양회(韜光養晦)', '유소작위(有所作爲)', '부책임적대국
(負責任的大國)', '화평굴기(和平崛起)', '화평발전(和平發展)', '화해세계
(和諧世界)' 등으로 표방해 왔다. 이 가운데 '평화적 부상(和平崛起)'이라
는 주제는 중국의 강대국으로의 부상이 지역 및 세계의 평화와 발전을
위태롭게 할 수 있는 잠재능력을 가졌다는 서구의 비우호적 인식을 불
식시키기 위한 고심한 노력의 일환으로 개발된 전략적 개념이다. 1990
년대 초부터 구미 일각과 일본 우익의 한 쪽에서 부터 중국을 견제하기
위해 제기된 이른바 '중국위협론'을 불식시키기 위해 다년간 중국 정
부는 숙의 끝에 중국의 부상이 평화적일 수밖에 없다는 정당성을 합리
화하는 내용 수정이 불가피하게 되었다. 중국의 평화적 부상에 대한 공
식적 입장은 중국공산당 중앙당교 부교장이던 쩡비젠(鄭必堅)이 2003년
11월 3일 미국 하버드대학에서 행한 〈중국의 평화적 부상의 새로운 길
과 아시아의 미래〉라는 강연내용을 통해 대외적으로 알려지게 되었다.

'평화적 부상론'이 제시하고 있는 주변국가에 대한 정책은, 주변국

---

2) 倪健民·陳子舜, 『中國國際戰略』(北京: 人民出版社, 2003), p.137.

가와 동반자 관계를 정립하고, 주변국가와의 우호적 관계를 유지하며, '안린(安隣)·부린(富隣)·목린(睦隣)'의 방침에 따라 중국의 전통적 대주변국정책을 좀 더 다양하게 발전시켜 나가겠다는 목적과 의도를 담고 있다.[3] 중국의 평화적 부상은 결국 중국의 '신안보관'의 지향가치는 물론 공동발전과 평화적 상호관계 증진이라는 시대적 요구에 부합하는 것으로, 이를 견지하고 발전시킬 경우 주변 국가들에게 오히려 '중국기회론'의 현실화를 촉구할 수 있는 방향으로 진전시킬 수 있다는 것이다.

그리고 '평화발전론'은 2004~2005년 중국공산당 지도부에 의해 제기되었으며, 중국국무원은 2005년 12월 『中國的和平發展道路: 중국 평화발전의 길』이라는 백서로 출간하였다. 동 백서에 의하면, 중국의 평화발전은 중국의 현대화를 위한 불가피한 길이라고 강조하면서 중국의 성장을 통해 세계의 평화와 발전에 기여하는 방법이 주된 내용을 구성하고 있다. 세계평화와 발전에 기여하는 방법으로써 자국의 국력, 개혁, 혁신에 의존하면서 발전하고, 기타 국가와 상호이익과 공동발전을 추구하며, 지속적인 평화와 공동번영으로 어우러진 조화로운 세계(和諧世界)를 구축하는 것이라고 강조하고 있다. 이는 중국의 신지도부가 신중화주의를 조심스럽게 모색하고 있음을 시사해 준다. 강대국으로서 광범위한 국제문제에 대하여 중국의 입장과 자세를 보다 분명히 천명함으로써 공격적이고 전투적인 방법으로 자국의 몫을 추구하겠다는 속내를 의도적으로 숨기지는 않겠다는 자신감에 기인하는 것으로 평가된다.

---

3) 徐堅, "和平崛起是中國的戰略抉擇," 『國際問題硏究』 2004年 第2期, pp.4-5.

1. 중국의 대한반도정책 기조

중국은 경제발전을 위한 대외환경 조성 차원에서 한반도의 평화와 안정유지를 바라고 있다. 중국은 1978년 이래 현대화와 경제건설을 국가정책의 최우선 과제로 설정·추진하고 있는데, 이를 위해서는 장기적으로 안정적인 주변 환경의 유지를 필요로 하고 있다. 육지로 2만㎞와 해양으로는 1만 8,000㎞에 이르는 긴 국경선으로 둘러싸여 있어서 안보상의 취약성을 띠고 있기 때문에, 중국은 주변 환경의 변화에 민감하지 않을 수 없다. 특히 한반도를 포함한 중국의 주변 지역에서의 안정과 평화 상태가 보장 유지되어야만 중국이 절실하게 희구하는 경제발전에 진력할 수 있다는 판단 아래 한반도에서의 현상유지를 희망하고 있다. 따라서 중국은 경제발전에 유리한 안정적이고 평화적인 주변 환경 조성을 대외정책의 핵심으로 간주하고 있다.

후진타오(胡錦濤) 체제가 등장한 이후 중국은 동북아와 한반도에 대하여 조화(和諧)를 강조하는 가운데 한반도의 비핵화와 안정유지를 정책기조로 고려해 오고 있다. 동북아에 대한 중국의 지대한 관심은 자국의 국력이 증대하는 데 비례하여 표명되고 있다. 정상적인 세계강대국을 지향함에 있어 요청되는 조건의 하나는 효율적인 대미정책의 유지이다. 중국의 입장에서 동북아는 세계적 세력균형상 앞마당이다. 따라서 중국은 역내 교역, 에너지 확보, 군비 축소문제, 북핵 해결, 영토분쟁 등과 관련하여 가능하면 미국의 규제를 받지 않고 배타적으로 국익을 추구하려는 적극적인 이해를 가지고 있다고 보아야 한다. 이는 앞서 지적한 것처럼 중국의 새로운 국제정세관과 신안보관이 연계되고 있음을 시사해 준다. 그리고 중국이 강조하는 한반도와 동북아 그리고 세계적 차원의 조화 속에는 반드시 북한을 배제하지 않는다는 전제가 있음을 고려해야 한다.

이와 같은 배경 아래에서 후진타오 지도부는 중국의 대한반도 기본정책을 크게 3가지로 조정했다고 볼 수 있다. 즉 '한반도의 평화와 안정유지', '남북 양측 간의 대화와 협상을 통한 자주적인 평화통일 추진', '한반도 비핵화 실현'이다. 이 외에도 중국이 한반도의 평화와 안정을 구축하는 과정에서 몇 가지 기본정책과 전략목표를 설정하고, 응당한 역할을 수행해야 할 것으로서는 첫째, 북한체제의 유지와 그에 필요한 개혁개방 유도, 둘째, 북핵문제의 평화적 해결 추진과 북한의 대량살상무기 개발 저지, 셋째, 북한 상황에 적합한 발전모델의 모색과 북한의 연착륙 유도, 넷째, 남북 양측에 대한 중국의 지배적인 영향력 확보, 다섯째, 남북한 양측과의 포괄적이며 우호적인 협력관계 유지, 여섯째, 한반도의 자주적인 평화적 통일 지지, 일곱째, 한반도 정전체제(停戰體制)의 평화체제로의 전환 지원 등이다.[4]

중국의 대한반도 전략과 정책을 이해하는 데 있어 이러한 주장으로부터 추론될 수 있는 소결론은 북한의 핵개발과 보유문제도 중국이 궁극적으로 달성하고자 하는 우선적 전략적 목표가 아니라는 점이다. 뿐만 아니라 중국은 장기간이 소요되고 어쩌면 당분간은 실현가능성이 없어 보이는 한반도의 통일보다 전통적 우방인 북한사회주의 체제의 존속과 개혁개방을 중요한 전략적 목표로 간주하고 있다고 생각된다. 즉, 세계적 차원에서 중국의 이해(利害)는 자국의 지속적인 경제발전과 이를 바탕으로 한 세계강대국 건설임을 주지해야 한다. 중국의 한반도 이해관계는 이처럼 복합적이며, 북한체제의 안정적 유지가 중국의 국익에 부합된다는 것과 아울러서 한국에 대한 특별한 관심에서 한반도 문제를 고려하는 것이 결코 아니라는 점을 숙지해야 한다.

---

4) 이러한 중국의 전략은 최근 논의되고 있는 그들의 대전략과도 상관성이 있다. Wang Jisi, "China's Search for a Grand Strategy: A Rising Great Power Finds Its Way," *Foreign Affairs*, Volume 90, No. 2(March/April, 2011) 참조.

2. 북·중관계의 명(明)과 암(暗)

1) 사회주의 이념적 연대성의 지속

후진타오 중국공산당 총서기 겸 국가주석의 특사로 2008년 1월 30일 평양을 방문한 왕자루이(王家瑞) 중국공산당 대외연락부장이 김정일 조선공산당 총서기 겸 국방위원장을 만났을 때 김 위원장은 "중국을 절대로 배신하거나 신의를 저버리지 않겠다"는 말을 했다. 김정일은 "조중(朝中) 우의는(중국공산당과 조선노동당) 두 당과 두 나라의 선배 지도자들이 남겨준 고귀한 재산"이라고 전제한 뒤 "어찌 우리가 중국을 배신하거나 저버리겠느냐"고 했다. 한편 왕 부장은 31일 개성공단과 판문점을 방문했는데, 통일부는 "왕 부장이 오후 1시 30분 개성공단에 도착해 (주)개성부천공업, (주)좋은사람들 개성공장 등 두 곳을 시찰했다"고 밝혔다.[5]

중국이 북한에게 보여주는 이러한 우호적 관심은, 동북아가 아시아의 발칸(Ballkans)이며, 북한이 다음 차례의 세르비아(Serbia)가 될 것이라는 과거의 지적에서도 입증되고 있다. 이러한 중국의 북한에 대한 인식은 중국이 북한체제의 생존에 얼마나 강력한 관심을 가지고 있는지를 대변해 주는 대목이라 할 수 있다.

중국은 '미국위협론(美國威脅論)'이 상존하는 한 북한과의 단결 강화가 불가피하다고 여기고 있다. 그리고 이러한 인식관은 중국 민족주의 성향의 표출과 관련되고 있다. 이러한 이유로 중국은 장기적인 것은 아니지만, 단기적인 관점에서 '미국패권주의(American hegemony)'에 대항하기 위해 북한을 필요로 하고 있었다. 물론 중국이 세계적 강대국을 지향함에 있어 대외정책을 재조정하는 것과 관련하여 북한과 이견이 아주 없었던 것은 아니었다. 예를 들면, 1992년 한·중 수교가 이루어지자 북한은 중국을 "제국주의에 굴복한 변절자·배신자"라고 비

---

5) 『朝鮮日報』, 2008. 2. 1.

난하였다.[6] 하지만 중국은 북한이 유일하게 이념적 유대를 형성하고 있는 국가로서 북한이 느끼는 일시적인 배신감이나 소외감에 의해 기존의 이념적 유대를 완전히 소멸시킬 수는 없었다. 이는 한·중 수교가 이루어진 얼마 후 나타난 북한의 완곡한 표현법에서도 알 수 있다. 북한은 양국관계를 피로써 맺어진 전통적인 우호관계로 규정하고 사회주의 형제국으로서의 협력과 지원을 아끼지 말아야 한다고 선전하였다.

한·중 수교가 북·중 간의 전통적 이념적 유대를 종식시키는 것이 아니었음은 중국의 입장에서도 마찬가지였다. 한국과의 수교 방침이 확정된 직후인 1992년 4월 중국의 양상쿤(楊尙昆) 국가주석이 북한을 방문하여 양국관계는 여전히 순치(脣齒) 관계이며, 피로 맺은 혁명전우의 관계임을 강조하였다. 그리고 한·중 수교가 북·중 간의 전통적 우호관계에 어떠한 영향도 미치지 않을 것이라고 다짐하였다. 이러한 이유로 해서 1992년 한·중 수교 이전까지만 해도 북·중관계는 그런대로 우호적인 관계가 유지되었다. 이는 양국의 최고위급 인사들의 상호방문을 통해서도 드러나는데, 1989년 4월에는 짜오쯔양(趙紫陽) 중국공산당 총서기, 1990년 3월에는 장쩌민 총서기, 1991년 5월에는 리펑(李鵬) 국무원 총리, 1992년 4월에는 양상쿤(楊尙昆) 국가주석이 북한을 방문하였다. 그 외에도 양국의 고위급 군부지도자들의 상호방문이 빈번히 이루어졌다. 1993년 5월에는 외교부장 치엔치천(錢其琛), 동년 7월에는 당시 정치국원이었던 후진타오와 츠하오티엔(遲浩田), 그리고 1994년 6월에는 심양군구 사령관 왕크(王克)가 북한을 방문하였다. 특히 1996년 7월에 중국은 '조중 우호협조 및 호상원조조약' 체결 35주년을 기념하여 사상 최초로 중국 군함을 남포항에 파견하는 등 군사적 동맹관계를 대외적으로 과시하였다. 중국의 입장에서 볼 때, 북한에 대하여는 중대한 이해관계를 가지고 있었다고 봐야 한다.

즉, 북한의 체제붕괴는 중국의 지속적인 개혁개방정책의 추진에 장

---

6) 『중앙방송』, 1992. 9. 27.

애가 될 수 있다. 1991년 10월 김일성이 중국을 방문하였을 때, 장쩌민 주석은 한반도의 통일에 대해 현상유지적인 입장을 표명하면서 아울러 북한의 통일방안을 지지하였고, 다음해 5월 리펑 총리의 북한 방문시 남북한의 동시 유엔 가입을 종용하였다. 이것은 천안문사건을 겪은 후 중국 내에서도 '화평연변론(和平演變論)'이 거세게 대두하던 시기에 북한의 체제유지를 후원하고 당시 일각에서 우려하고 있던 한국에 의한 흡수통일에 대한 중국의 반대 입장을 간접적으로 시사한 것으로 두 개의 한국정책 또는 등거리외교의 일환이었다고 볼 수 있다.

그리고 2001년 9월 3일 북한을 방문한 장쩌민 국가주석은 김정일 국방위원장과의 정상회담에서 향후 21세기의 북·중관계의 기조를 전통계승(繼承傳統), 미래지향(面向未來), 선린우호(睦隣友好), 협력강화(强化合作)라고 표현하는 한편 "양국 우호발전은 중국의 장기전략 방침이다"라고 천명하였는데,[7] 그의 변함 없는 양국 간의 우의(友誼) 강조에도 불구하고 어법상으로 볼 때, 기존의 형제우의와 같은 표현에 비해 이웃간의 우호(睦隣友好)라는 표현에서 나타난 것처럼 양국관계의 긴밀성이 다분히 약화된 것으로 보였다. 이념적 유대를 일정 수준 유지하는 것은 결코 단순한 규범적 요구에서 비롯되는 것만은 아니다. 상호관계의 불변에 대한 외교적·수사학적 강조에도 불구하고, 그리고 이념적 유대가 약화된 것은 사실이라 하더라도 양국의 이념적 유대는 쌍방에게 대내외적으로 상호이익을 보장해 주고, 일정한 효용성을 가지고 있었기 때문에 가능하였다.

대외적인 측면에서 볼 때, 첫째, 중국은 개혁개방정책의 실시 이후 세계자본주의경제에 편입되는 가운데 중국 국민경제의 독자적 영역을 확보함으로써 선진 자본주의국가들에 비해 저발전 중국경제가 종속적인 지위로 전락하는 것을 방지하는 이데올로기적 기반을 마련할 필요가 있었다. 소위 '중국식 사회주의(中國式 社會主義)' 내지 '중국특색의

---

7) 『人民日報』, 2001. 9. 4.

사회주의'라는 이념적 목표는 세계자본주의경제와 일정한 거리를 유지함으로써 중국경제가 세계자본주의 경제체제를 자기중심적으로 활용할 수 있다는 근거를 제공하였다. 이 점은 북한의 경우에도 적용될 소지가 있었다. 북한의 개혁개방정책이 어떠한 방식으로 추진될 것인지는 그때나 지금이나 구체적 모습이 드러나 있지는 않지만, 중국은 결국 북한도 세계자본주의경제로의 편입과 외부로부터의 투자 유치의 필요성으로부터 벗어날 수 없다는 명백한 현실적 고민을 고려하였다. 다시 말해서, 북한이 '우리식 사회주의'라는 사회주의이데올로기를 유지하면서도 북한경제와 세계자본주의경제의 접목에서 오는 충격을 완화시키고 부수적인 문제들을 해결하는 데 유용한 이념적 모델이 중국방식이 될 수도 있다는 판단이 작용하였던 것이다.

둘째, 중국이 북한을 사회주의체제적 연대감 속에 묶어두려 했던 의도는 두 가지로 해석된다. 하나는 미국과 한국에 의해 주도되는 통일한국 지향의 민주주의 이념적 편향을 억제하고, 다른 하나는 미국과의 관계개선이 몰고 올지도 모를 북한의 친미(親美) 움직임에 미리 대비하는 의중으로 파악할 수 있다. 실제 중국은 이른바 '북한요인'에 관심이 많다. 북한이 체제붕괴를 겪게 될 극단적인 경우에는 '북한요인'이 소멸되기 마련이다. 중국이 한반도문제에 보다 적극적으로 개입할 수 있는 명분을 확보하는 데는 이 요인을 경시할 수 없다.[8] 이런 의도와 관련하여 북한의 입장에서도 중국과 사회주의적 이념적 유대를 견지하는 것은 한국에 의한 흡수통일(제도통일) 위협으로부터 체제의 안정을 유지하고, 미국과의 관계개선에 있어 중국과의 유대를 과시함으로써 북핵문제를 비롯하여 미국식 체제 및 규범의 수용 요구를 단호하게 거부할 수 있는 수단을 확보하는 셈이 된다.

한편 대내적으로 볼 때, 북·중 간의 이념적 유대는 양국이 자국 내

---

8) 소치형, "북한 급변사태와 중국의 개입유형," 『중국연구』 제20집(2001. 12), pp. 59-81 참조.

에서 사회주의체제의 정당성을 주장하는 데 유용한 지지세력을 확보하는 수단이 될 수 있었다는 측면도 간과할 수 없다. '중국식 사회주의'와 '우리식 사회주의' 모두 정치체제에 있어 권위주의적 일당통치(一黨統治)를 유지하고 있으며, 당에 의한 권력독점은 기존의 인민동원 방식, 즉 군중노선(群衆路線)에 의해 체제순응적인 강제적 정치참여를 정당화하고 있다. 따라서 양국이 상호 이념적 유대를 강조하는 데는 사회주의체제에 대한 신념상의 거부와 동요를 효과적으로 추수려서 사회주의체제의 존속과 우월성에 대한 정통성을 획득할 수 있다는 판단에 기인하였던 것이다.

2) 실리적 국가이익 견지

북·중 양국이 이념적 유대를 유지하는 것이 일정한 효용성을 가지고 있는 것과 마찬가지로 다른 측면에서는 비효용성도 내포하고 있다. 이는 양국 간의 이념적 유대에는 일정한 단절성의 요인들이 내재하고 있음을 의미한다.[9]

중국의 입장에서 볼 때, 북한과의 이념적 유대를 지나치게 강조할 경우 중국과 여타 국가들과의 탄력적인 관계설정에 장애가 된다. 보다 구체적으로 지적하자면, 첫째, 북핵문제를 비롯하여 북한을 테러지원국으로 규정하고 있는 미국과의 우호적인 관계설정에 걸림돌이 되는 것이 사실이다. 중국이 개혁개방 이전의 양대진영론(兩大陣營論)이나 제3세계론에서 탈피하여 국제정치체제에 통합되어 가는 것과는 대조적으로 북한은 제국주의자와의 타협이 지닌 위험성을 감안하여 개혁개방에 저항적이며, 나아가 북한체제를 사회주의의 완전한 승리를 위한 단계라고 선전하는 등 중국과는 현저한 이념 및 노선상의 격차를 보이고 있다. 북한에게 있어 미국은 과거 중국과 더불어 반제반미노선(反帝反

---

9) 사회주의적 연대감 지속과 개별민족의 자주성 고취는 중소분쟁에서와 같이 국익을 둘러싸고 왕왕(往往) 대립되는 현상을 보여주었다.

美路線)을 공유하던 시절과는 달리 핵보유와 테러지원 문제 등을 중심으로 국가의 사활이 걸린 중대사안의 당사자이다. 그러나 중국에게 있어 미국은 비록 경쟁상대로서 갈등요인을 내포하고는 있지만 북한의 경우처럼 국가의 사활과 관계되는 절박한 현안에 당면하지는 않고 있다.

둘째, 중국에 대한 해외투자와 관련하여 양국간 연대감의 변화를 지적할 수 있다. 중국의 경우 1조 5천억 달러가 넘는 것으로 추산되는 전 세계 화교들의 자산을 결집시키고, 이를 기반으로 거대한 중화경제권(中華經濟圈)을 구축하고자 노력하는 상황에서 냉전지향적 사회주의 이념은 경제통합의 원리로 작용되기 어렵다. 화교들의 경제력은 이미 미국과 일본의 국내총생산 다음가는 세계 3위 규모이며, 이 거대한 자산은 정치적 이념에 의해서가 아니라 전통적인 중국의 문화적 유산을 중심으로 할 때만 그 영향력을 제대로 발휘할 수 있게 될 것이다. 문화적 요인이 새로운 해체와 통합의 원리로 작용할 경우, 중국이 북한과의 사회주의 이념적 유대를 강조해서 얻을 수 있는 대가는 결코 많지 않을 것이다.

북한의 경우도 물론 중국과의 이념적 유대 지속에 있어 어느 정도 한계가 있을 수 있다. 하지만 북한은 중국에 비할 수 없이 국력이 미약하고 무엇보다 당면한 경제난으로 인하여 중국과의 이념적 유대에 상대적으로 더욱 집착해야만 할 실정이다. 우선 핵문제를 둘러싼 북·미 간의 협상에 있어서도 일정 수준 중국의 후원에 의존할 수밖에 없고, 또한 현 북한정권의 지탱에 불가결한 원유 및 식량원조를 중국으로부터 받을 수밖에 없는 절박한 경제난에 봉착해 있기 때문이다.

한편, 북핵은 중국에게 보다 실용적 대응을 촉구하는 계기가 되었다. 북한의 핵개발 의혹과 그에 따른 북·미회담이 전개되는 가운데 경수로 제공 등 북·미 간 대화 및 협의의 범위와 정도가 긴밀해짐에 따라 중국의 우려는 점차 확산되어갔다. 특히 북한의 핵문제는 미국이 강력하게 추진하고 있는 대량살상무기확산방지구상(PSI: Proliferation Security

Initiative)과 미사일방위구상(NMD: National Missile Defense) 계획에 명분을 제공하여 동북아지역에서 미국의 군사력 팽창을 야기할 수도 있으며, 또한 한국, 일본 그리고 대만의 핵보유를 부추길 수도 있다는 우려로 인하여 1992년 1월 남북한 간의 〈한반도의 비핵화에 관한 공동선언〉이후 중국은 지속적으로 한반도 비핵화원칙을 천명하고 있다. 이런 점으로 인하여 중국은 북한의 핵개발을 억제할 수 있는 다자간 협상인 6자회담에 적극적으로 임하게 되었다. 때문에 중국은 다음과 같은 몇 가지 점에서 북한을 견제하려고 했다.

첫째, 북 · 미 접근으로 인해 북한이 보다 많은 외교적 자율성을 확보해 나가고 중국보다 미국이 적절한 우호적 파트너로서 인식된다면 이는 기왕의 중국의 대북정책(對北政策)과 충돌될 수밖에 없는 것이다. 북한의 대외지향이 중국의 이해와 배치된다는 것은 중국의 견제를 유발하는 충분한 조건이 될 수 있다. 북 · 미관계가 진전됨에 따라서 미국은 새로운 교두보를 마련하고 기회를 가질 수 있다. 북한은 미국의 진출에 대해 우호적일 것이며, 뿐만 아니라 미국의 적극적 대북 진출은 자연히 중 · 미 양국의 경쟁을 유발하게 될 것인 바, 북한을 사이에 두고 중 · 미가 충돌하게 된다면 미국은 주도권 장악을 위한 쟁탈에서 당연히 중국을 제지하려 할 것이다. 이는 결국 중국으로부터의 격렬한 반발과 함께 북 · 중관계의 파탄과 중 · 미관계의 극단적 악화를 초래할 가능성에 대한 중국의 우려에 기인하고 있었다.

둘째, 미사일 개발을 둘러싼 입장 대립도 있다. 중국은 북한의 미사일 개발 · 발사문제가 국제사회에서 초미의 관심사로 부각되고 있는 가운데, 북한의 대량살상무기 개발을 반대하지만 강압적인 수단을 통해 북한의 기도를 저지하는 데에는 소극적인 입장을 보이고 있다. 북한의 미사일문제에 대한 중국 지도부의 입장이 최초로 외부에 밝혀진 것은 1998년 9월 장완니엔(張萬年) 중국공산당 중앙군사위원회 부주석의 미국 방문 때였다. 그는 "북한의 미사일발사에 중국도 위협을 느낀다"면서 북한의 미사일 발사를 반대한다는 입장을 천명한 바 있다.[10] 리펑

전인대 상무위원장도 1999년 오부치 일본총리의 중국 방문 시 "북한의 미사일문제에 대해 할 수 있는 일을 하겠다"는 입장을 밝혔고, 장쩌민도 뉴질랜드에서 개최된 APEC 지도자회의에서 "한반도 평화에 불리한 일이라면 저지하겠다"면서 북한의 미사일 재발사에 반대한다는 입장을 분명히 하였다. 이는 바로 중국이 북한으로 하여금 미사일을 발사하지 않도록 역할을 행사하겠다는 의사를 강력하게 시사한 것이다.[11]

그러나 북한은 중국의 이러한 기대와 달리 2006년 핵실험을 감행하였다. 중국이 북한의 미사일 발사를 포함하여 핵실험을 지지하지 않는 이유는 동북아 정세안정을 저해하고 중국의 경제발전에 부정적으로 작용할 수 있다고 판단했기 때문이다. 즉 북한의 핵과 미사일이 중국 자신에게도 도무지 이익이 될 수 없다는 점을 분명히 하였다. 핵의 방기는 이로 인해 한·미·일의 강경책이 전개될 수 있으므로 동북아정세에 심각한 불안을 야기할 수 있다. 특히 중국은 북한과 자동개입조항을 포함하는 군사동맹조약을 유지하고 있기 때문에 한·미·일이 북한에 대해 군사적 제재를 가할 경우 한반도 사태에 개입하지 않을 수 없게 될 것이다. 이 경우 중국은 군사력 증강에 몰두해야 하므로 경제발전에 장애가 될 뿐만 아니라, 더욱이 북한의 미사일발사는 미·일에게 군사력 증강의 구실로 이용될 수 있으므로 중국은 이러한 사태 진전을 결코 바라지 않을 것이다.

중국이 북한의 의사를 한 때 효과적으로 통제 못하는 이유의 하나는 한·중 수교와 김일성 사망 이후 중국과 북한 지도부 간에 긴밀한 의사교환이 이루어지지 않고 있는 등 양국관계가 외부에서 판단하는 것만큼 긴밀하게 유지되고 있지 않다는 사실이다. 양국은 한동안 '당대당(黨對黨)'의 관계에서 벗어나 '정부대정부(政府對政府)'의 차원에서 상대하기도 했다. 중국과 북한 지도부는 상대방을 점차 신뢰하기 어려운 상대

10) 『文匯報』, 1998. 9. 17.
11) 『朝鮮日報』, 1999. 7. 19; 『東亞日報』, 1999. 9. 12.

로 보고 있다는 점도 무시할 수 없는 현실이다. 이러한 상황에서 중국
은 신뢰할 수 없는 북한이 핵을 포함한 대량살상무기를 보유하는 것을
긍정시할 수 없었던 것이다.

3. 한 · 중관계의 변화

북한에서의 돌발사태 발생 시 한 · 중 공동대응 체제가 구축되어야
한다는 최근의 지적은 양국관계의 큰 변화의 한 측면을 시사해 주고
있다.

중국은 2007년의 경우, 미국과 일본에 이어 세계 3위 경제대국으로
부상했다. 2008년 북경 올림픽, 2010년 상하이 엑스포를 치르고 나서
드디어 중국은 보다 더 강력한 강대국의 모습과 위상을 갖추게 되었다.
즉 2010년 말을 기해서 중국이 미국의 GDP를 앞서게 된 것이다.

국내 경제성장을 최우선으로 삼고 있는 중국은 현재로서는 미국과
불필요한 갈등 대신 협력관계를 유지하기를 원하고 있으며, 일본과도
꾸준히 정상회담을 통해 '전략적 호혜관계' 구축을 모색하고 있다.

한국에게도 중국의 중요성은 남다르게 변화하면서 다가서고 있다.
경제적으로 가장 중요한 제1교역 대상국으로서 한 · 중 교역액이 예상
을 앞질러 2008년에 2,000억 달러에 육박하였고, 중국은 북핵 문제, 평
화체제 구축 같은 한반도의 핵심 문제에서도 미국과 함께 중심무대에
서 있는 현실이다.

한국의 신정부가 대중정책에서 가장 우선적으로 고려해야 할 것은
한 · 중 관계를 단순한 양자 차원이 아니라 전략적 관점에서 한 · 미 관
계와 연계해 재정립하는 것이다. 한 · 미 동맹 강화가 한 · 중관계를 소
원하게 만들거나 한 · 중관계 강화가 한 · 미 관계를 약화시키면 한국의
입지는 좁아질 수밖에 없다. 이러한 상황과 관련하여 중국의 최근 변화
와 맞물려 있는 중국의 민족주의적 경향이 대외관계에 영향을 미칠 경

우, 이는 매우 심각한 불안을 야기하게 될 것이다. 중국 측에서 볼 때, 한·미 간의 군사협력과 군사훈련이 강화되는 것은 곧 중국에게 군사적 봉쇄나 압력으로 이해되어 중국에게 우려의 대상이 되고 있는 점을 외면할 수만은 없을 것이다.[12] 따라서 한국은 한·미 동맹을 주축으로 하되 중국과 같은 강대국들과의 네트워크를 전방위적으로 강화하는 이중 그물망짜기 전략을 구사해야 한다는 지적에도 주의를 기울여야 한다. 그리고 한국과 중국은 양국 협력증대가 종국으로는 북한에게 도움이 됨을 계속 주지시켜 나가야 한다.

향후 한·미·일 공조 강화는 중국의 불필요한 의혹을 불러일으키지 않는 방향으로 추진해야 한다. 그리하여 중국이 한국의 전략적 가치를 높이 평가해서 북핵 문제에 대해 한국이 당당하게 할 말을 하고 주도적 역할을 담당하는 데 지지할 수 있도록 해야 한다. 특히 중요한 것은 북한에서의 돌발사태에 대처하고 갈등을 예방, 관리할 수 있는 기제를 중국과 공동으로 구축하도록 해야 한다.

한·중 양국이 수교 15주년을 넘기면서 쌓아온 실적과 성과는 참으로 획기적인 것이었다. 수교 이래 한국 측의 역대 대통령들과 중국 측의 최고 지도자들 간의 정상회담은 지속적으로 개최되어 왔고, 인적 교류 역시 유례를 찾아볼 수 없을 정도로 빈번하게 이루어지고 있으며, 각종의 문화교류 또한 풍부한 성과를 일구어내고 있는 실정이다. 이는 한국의 북방외교와 중국의 선린우호외교가 조화롭게 접목될 수 있었던 데 기인한다. 또한 중국이 북정남경(北政南經)이라는 정경분리정책에서 한발 더 나아가 남북한 균형외교(均衡外交)를 선택한 데 따른 변화이기도 했다.

---

12) 2010년에 발생했던 천안함 폭침사건과 연평도 포격사태 당시 중국이 보여준 태도는 이러한 중국 측의 기본입장을 충분히 이해하는 계기가 되었다. 중국 측 자료는 한중 양국 간의 경제와 군사부문에 비대칭적 발전의 원인으로 한미동맹을 원인으로 지적하고 있다. 王宜勝, "中韓安全關係的現狀及前景展望,"『東北亞論壇』4期(2007), pp. 50-53.

양국이 수교한 이후 상호 호혜적인 측면이 점진적으로 극대화된 양상을 보여 주는 것은 '협력적 동반자관계(合作伙伴關係)'에서 '전면적 협력동반자관계(全面合作伙伴關係)'로 발전적 변화를 경험했다는 데서 입증되고 있다. 중국은 주변 정세의 장기적 안정과 경제협력의 다변적 확대라는 당면 과제를 실현하는 데 한국의 협력이 필요했다면, 한국은 북한의 호전성과 근래의 핵보유 등의 부정적 이미지의 '북한요인'을 불식하는데 중국의 협조가 불가피했던 것이다. 그리고 북한체제의 유지라는 관점에서 중국은 한국의 '햇볕정책'을 환영해 왔고, 한국은 중국의 대북 지원이 한반도 긴장완화에 기여한다는 입장에서 동조 지지해 왔다.

한편 상호 협력과 더불어 상호 갈등과 불신의 쟁점도 증가할 가능성도 상존하고 있다. 부강한 중국의 등장은 위기이자 기회이기도 하다. 양국관계에서 발생할 수 있는 갈등요인은 다음과 같다.

첫째, 문화적-정서적 갈등 요인이다. 상호 호의적인 한류(韓流)와 한류(漢流) 분위기가 있지만, 동시에 한국 측에서 유발한 졸부적 형태와 천민자본주의(賤民資本主義)에 대한 중국 측의 반감에서 비롯되는 혐한(嫌韓) 감정이 갈수록 확산되고 있다는 우려가 있다. 그리고 배타적 중화사상에 대한 경계심과 중국사회의 낙후성에 대한 한국 측의 멸시감도 존재하는 현상을 부정할 수가 없다.

둘째, 경제적인 차원에서도 경쟁 상대로서의 중국경제의 위협 요인이다. 자동차, 백색가전, IT 분야의 기술 등도 약 10년 후면 한국과 비슷한 수준의 기술력을 갖출 것이라는 전망이 이를 뒷받침한다. 또한 중국 리스크에 대한 적절하고 엄격한 분석과 아울러 처방 없이 중국에 진출했던 결과에 따른 경제적 피해가 갈수록 산적하고 있는 사실도 지적하지 않을 수 없다.

셋째, 북한의 변화와 탈북자문제에서 비롯되는 갈등 요인이다. 북한의 안정화는 중국의 한반도정책상 중요한 목표이고, 한국 입장에서도 한반도의 안정과 평화를 위해 북한의 붕괴보다는 안정을 선호하고 있다. 북한이 개혁개방을 통해 변화하는 것이 바람직하다고 판단하여 북한에 대한 봉쇄나 압박보다 북한에 대한 포용정책으로 선회하는 데는 한국과 중국 간의 전략적 협력이 가능해지면 바람직스럽다. 하지만 한국의 입장에서는 북한의 개혁과 개방, 그리고 궁극적으로 북한사회의 민주화라는 목표나 북한 동포에 대한 인도주의적인 의무 및 인권도 역시 포기할 수 없는 주제이기 때문에 북한의 변화와 탈북자문제에 대해 한국과 중국 간의 이견과 마찰이 계속될 소지가 여전히 많을 수밖에 없다.

넷째, 북한핵과 관련하여 양국은 서로 불편함을 수용해야 하는 고민도 도사리고 있다. 핵문제를 예로 들면, 중국은 북한 핵 해체와 불능화를 위해 미·일과 한국이 동참하여 선택할 강력한 제재조치는 북한체제의 붕괴를 촉발시킬 수 있고, 그로 인해 중국의 대한반도정책을 전면적으로 재조정해야 하는 엄중하고도 불리한 사태를 초래할 수도 있다는 점에서 반대하지만, 동시에 북한의 핵보유국 지위를 공개적으로 인정할 수도 없는 입장이다.

북한 핵 포기와 한반도 비핵화가 북한의 끈질긴 반대와 비협조로 계획대로 추진되지 않을 경우에 대비하여 당장 실현하려고 하기보다는 그것을 장기적 목표로 설정하는 방안도 고려될 수 있다. 현단계에서는 핵 동결과 관리에 초점을 두는 대안을 모색함으로써 한국과 중국은 서로 전략적 경쟁관계라든지 갈등의 당사자로 인식하기보다 이해당사국으로서 전략적 협력을 통해 양국의 국익을 상호 도모할 수 있는 가능성이 더욱 많다는 인식을 확대해 나갈 필요가 있다.

'한·중 21세기 협력동반'관계에 영향을 미칠 갈등 요소는 중국의 민족주의와도 관련된다. 이는 특히 북·중관계에서 연유하는 것으로 첫째는, 북한의 자살적인 한국에 대한 공격이다. 이 경우, 중국은 한반도 갈등에 개입되는 것을 원하지 않을지라도 중국내에서 배타적 민족주의가 팽배될 때, 북한을 지원하게 될 것이다. 둘째, 이와 같이 중국내에서의 공세적 민족주의가 비등하는 상황이 지속될 경우, 북한은 중국에게 군사적으로 의존하는 정도가 심화될 것이다. 그리고 북한의 호전적 태도가 전쟁을 유발하게 되면, 중국은 여전히 유효한 중·북 원조동맹조약에 따라 재차 한반도 분쟁에 개입할 것이다.

중국의 개입이 불가피하게 되는 이러한 상황의 이면에는 중국이 통일된 강력한 한국의 출현에 대하여 자국의 국가이익에 반하는 것으로 판단하는 이유가 있기 때문이다. 특히 중국은 미국 후원 아래 한국 주도의 통일을 극력 반대할 것인데, 중·미 간의 긴장이 앞으로도 계속 쌓여갈 경우, 이러한 최악의 시나리오가 발생할 수 있을 것으로 보인다.

III. 실용적 보험외교의 내용

중국이 압록강을 무시로 드나들고 있다. 중국은 만주지역의 한국고대사를 자국의 역사로 편입시키고 있다. 중국의 실력과 국력 그리고 자만심은 안보, 경제, 역사 부문에서 한국인의 관심을 집중시키기에 충분하다.

중국의 대북정책이 핵문제가 발생한 이후부터 이슈별로, 때때로 애매모호하고 이중적인 성격을 띤 것이었음을 인식할 때, 한국의 대중 접근은 매우 전략전술적이어야 할 것이다. 만일 강력한 중국의 등장에 대해서 부정적인 시각·관점이 강조될 경우, 중국은 강경한 배타성에 의존할 가능성이 많다. 그러므로 중국의 역내 안보문제에 관한 자세나 입장도 역시 대국중심(大國中心) 지향에 집착할 것으로 예상된다.

이러한 불안정한 정세가 고착되거나 확산된다면 북·중관계를 냉전기 형태로 되돌릴 소지가 크며, 한·중 간의 관계발전에도 장애물로 작용하게 될 것이다. 그럴 경우, 한국의 입장에서는 중국에 대한 예기치 못한 압박이나 강경책이 가져 올 불이익이나 부작용을 어떻게 효과적으로 추스리느냐 하는 쪽에 보다 많은 외교적 역량을 쏟아야 할 과제를 안게 되는데, 이러한 사태 발생을 사전에 예방하기 위해서 보험외교에 접근하는 것이 가장 효율적이라고 여겨진다.

1. '실용적 보험외교'의 필요성

'보험외교'를 시안(試案) 차원에서 개념화하자면, 국가 간의 관계에서 위험이 발생하는 데에 부정적 태도를 취하여 이를 경계할 뿐만 아니라 유사시의 경우, 위기를 극복할 수 있는 외교적 관리능력을 갖도록 해주는 안전보장의 한 장치라고 하겠다. 이런 시각에서 한국이 '보험외교'를 절실히 요구하는 이유를 한마디로 설명하자면, 그것은 '북한 요인'에 기인한다. 즉 북한의 오판에 따른 무력충돌이라는 위기재발을 사전에 방지하고, 북한이 개혁개방을 선택하여 한반도에서 통일 이전 단계로서의 평화공존을 유지해 나갈 수 있도록 관련 강대국들-특히 중국을 주요 대상으로 하는 대강대국 외교(對强大國 外交)의 일환으로 규정할 수 있다.

그리고 한반도의 평화문제와 안정 유지가 동북아질서 및 국제정치에 미치는 영향과 파장을 감안할 때, 이는 한반도문제의 세계화가 아닐 수 없다. 이러한 까닭에 한반도의 남북한이 공유해야 할 평화와 안정이라는 公共財는 마땅히 국제적 공공재로서도 의미를 부여할 수 있으며, 한반도의 평화와 안정을 위한 국제레짐(international regime)은 물론 국제사회에서 안정되게 통용되는 법률적 · 제도적 보장장치를 마련해 나가는 특성을 '보험외교'에서 찾을 수 있다고 여겨진다.

한반도의 비핵화 실현과 세계평화와 안정의 유지 · 확보는 한국과 중국의 정세관에서 볼 때 절대적 가치를 부여할 수 있다. 중국 입장을 헤아려 보면, 현대화 경제건설, 주변 정세의 지속적 안정, 북핵의 평화적 해결, 북한 정권 지원과 체제 유지, 한국과의 경제교류 협력의 확대가 주요 과제가 된다. 한국의 관점에서는 경제발전을 위한 기조 확립, 비핵화 실천, 강대국들과의 우호관계 유지, 남북한 무력분쟁 예방과 억제, 대북 협력 지속, 평화통일 지향 등이 향후의 과제가 되고 있다.

한국의 입장에서 볼 때, 이는 중차대한 보험 대상이 아닐 수 없다. 한·중 양국이 이러한 문제의식과 중요성을 함께 공유함으로써 위기를 효과적으로 관리해 나갈 수 있고, 기회를 포착하여 적절하게 활용해 나간다면 상호 간의 국가이익을 실질적으로 보장받을 수 있을 것이다. 특히 '북한요인' 때문에 한반도의 평화와 안정을 책임져야 할 일차적 당사국으로서의 한국은 현실적 과제 달성을 위해 4강은 물론 중국과의 긴밀한 협력과 공조는 절대적으로 요청된다. 북핵은 주로 6자회담에서 정책조율이 이루어지겠지만, 북한의 개혁개방은 내정문제이므로 신중해지지 않을 수 없다. 북핵 해결은 중대한 과제이다. 하지만 한국이 독자적으로 배타적으로 해결할 수 있는 대상이 아니다. 따라서 북핵에 갇혀 그에만 치중해 왔던 그간의 자세를 극복하여 핵을 넘어서는 포괄적이면서도 핵심적 인 국가이익과 이해관계를 지향해야 한다. 여기에 전향적·진취적으로 중국을 상대로 '보험외교'를 주도적으로 추진해야 하는 당위성이 존재하고 있는 것이다.

한국 안보정책의 주류·대강이 '보험외교'가 되어야 할 이유는 주변국들과의 선린우호관계를 강화해 나가야 하기 때문이다. 한국이 한반도와 동북아의 평화와 안정을 관리하는 데 주도 역할을 하고 향후 통일을 주도해야 한다는 당위성을 감안할 때, 주변국들과 우호협력을 유지하는 가운데 이들의 지지와 후원을 획득하는 것이 무엇보다 중요하다. 따라서 '보험외교'는 장기적으로는 한반도 통일외교의 일환으로 모색되어야 하며, 정치·군사적인 통일지향 노력과 불가분의 것이라 하겠다.

그러나 '보험외교'는 유사시에 대비하는 일종의 예방외교이므로 주변국들과의 쌍무적 군사안보 및 군사동맹 형태를 지나치게 강화하는 것에 대해서는 신중을 기해야만 한다. 오히려 '보험외교'를 통해서 한

국이 이해당사자(stakeholder) 역할을 적극 담당할 수 있다는 균형 있는
자세를 표방하는 쪽으로 방향을 잡아야 할 것이다.

2. '실용적 보험외교'의 주요 내용

한반도 냉전구조는 아직 해체되지 않고 있다. 핵문제와 정전체제(停
戰體制) 존속은 지속적인 관심과 노력을 통해 해결해 나가야 할 숙제이
다. 중국의 협력유도와 긍정적 반응을 불러오기 위한 한국의 '보험외
교'는 다음과 같은 내용으로 구성되어야 한다.

첫째, 북핵문제 해결과 남북관계 개선 그리고 평화정착을 위한 중국
의 건설적 중재역할 담당을 계속해서 요청해야 한다. 한반도 비핵문제
는 원칙적으로 남북한에 의해서 해결되어야 하는 사안이지만, 북한이
한국 정부와의 직접적인 접촉에 소극적이므로 한국은 주변국을 통한
우회전략을 모색해야 한다. 한·중 수교 이후 북한에 대한 중국의 영향
력이 다소 약화된 것은 사실이나, 중국이 북한에 제공하는 유무형의 지
원이 북한체제 유지에 크게 기여하고 있다는 점에서 보아 중국은 아직
도 북한의 정책변화를 촉구할 수 있는 가장 유력한 위치에 있다고 보여
진다. 따라서 한국은 당면한 북핵뿐만 아니라 남북관계의 재편을 위해
중국의 중재와 협력 등 채널을 계속 효과적으로 활용해야 한다.

둘째, 중국의 창조적 역할은 북한의 대미·대일 관계개선에 대한 중
국의 적극적인 지지를 유도하는 데 집중하도록 한다. 비록 6자회담이
현재 애초 기대한 만큼 순항하지 않고 있지만, 중국에게 지속적으로 건
설적 책무를 촉구하는 적극성과 지속성을 보일 때, 중국의 우호적 반응
을 기대할 수 있게 된다. 다행히 중국은 북한의 대외적 고립이 북한의
대외적 개방을 저지하고, 한국에 대해 적대정책을 지속하도록 함으로
써 한반도의 긴장을 완화하는 데 장애가 되고 있다고 판단하여 북한의
대미·대일 관계개선을 공개적으로 지지해 왔다. 그러나 중국의 일부

전략가들은 미·북, 일·북 관계가 너무 급진적으로 발전되는 데 일찍부터 우려를 표명하기도 했다.[13] 북한이 중국에게 골칫거리로 오랫동안 중국의 발목을 잡지 않도록 만드는 데는 북한의 개혁개방으로 대미관계개선이 실현되는 것이 무엇보다 중요하다.

셋째, 북한의 개혁개방과 정책변화 유도를 위한 중국의 영향력 행사를 촉구한다. 중국은 북한에 대해 불가피하게 매년 평균 식량 20만 톤과 원유 수요량의 90% 그리고 소비재 수입의 80% 등을 제공해 주고 있는 나라로서 북한을 부담으로 여기고 있다. 그렇지만, 중국은 북한에 대한 내정간섭을 꺼리면서 북한의 개혁개방을 유도하는 데 소극적인 자세를 보여 왔던 게 사실이다. 중국으로 하여금 북한의 정책변화를 유도하는 데 보다 적극적인 자세를 취하도록 하기 위해서는, 한국이 북한을 흡수통일하려는 의도가 없다는 점과 오히려 북한의 경제성장을 위한 제반 준비를 갖추고 있다는 각오를 분명하게 강조하고 전달해야 한다. 중국은 동유럽 사회주의와 소련 붕괴 이후 서방국가들의 대중정책을 한 때 '화평연변(和平演變)'으로 간주하여 경계하였으나, 이를 개혁개방으로 극복한 결과 오늘날과 같은 경제발전을 이룩했던 경험을 한국의 성공담과 함께 설득할 필요가 있다. 나아가 북한이 개혁개방을 선택하게 된다면, 북한 지역과 중국의 동북3省에 대한 한국의 투자규모가 대폭 확대되어 한·중 경제교류협력만이 아니라 북한의 동반성장에도 절대적으로 유리하게 작용할 것이라는 점을 주지시키는 외교노력을 발휘해야 한다.

넷째, 동북아 '다자평화협력대화'에 대한 중국의 적극적인 역할을 유도한다. 이전에 논의되어 온 다자안보협력대화가 주로 안보라는 범주에 국한되었던 것이라면, 지역 '다자평화협력대화'는 한반도 안보와 함께 역내의 안보문제를 포함하여 경제교류 및 사회문화 전반에 걸쳐

---

13) 安洪泉, "調整中的美國對朝鮮政策," 『現代國際關係』 1999年 第7期(1999. 7), p. 24.

평화분위기를 정착시키는 데 크게 기여할 수 있다. 특히 한반도의 냉전구조는 동북아 및 세계적 차원의 냉전 대립구조와 연계되어 심화되어 왔다는 점에서 볼 때, 남북한 관계의 재편으로 냉전구조가 해체되어 동북아 역내 평화질서를 안정적으로 제도화하는 것은 보험효과를 극대화하는 결과를 가져올 것이다.[14]

한편, '보험외교'가 한국의 의도대로 추진되어 나간다면, 한반도의 비핵화와 군사적 긴장완화와 관련하여 군사안보의 측면에서도 '보험외교'의 효과를 기대할 수 있을 것으로 보여진다. 중국이 한반도의 정세 안정을 기대하는 이유는 현재의 상황이 유지되는 가운데 등거리외교를 구사함으로써 남북한 쌍방에게 영향력을 심겠다는 의도에 기인한다. 이는 남북통일이라는 거시적 목표에 비추어 보아 바람직하지 못할 뿐만 아니라, 오히려 남북한 간의 제한된 긴장만 계속 야기시킬 뿐이다. 따라서 한국은 중국의 의도에 맞추어 한반도 정세의 안정적 유지에 있어 한국이 최대의 조력자이며 실제 그런 능력을 갖춘 국가라는 이미지를 심어 주고, 나아가서 중국이 이를 수용하도록 군사분야에서의 대안을 제시함으로써 다음과 같은 효과를 볼 수 있을 것이다.

---

14) 중국은 냉전시대의 부정적 자세와 달리 동북아 다자안보협력대화에 원칙적으로 찬동하고, 동북아협력대화(Northeast Asia Cooperation Dialogue: NEACD)와 아세안지역포럼(ARF)과 같은 대화체에 적극 참여하고 있다. 다만 중국은 지역의 평화와 안정을 위해 양자차원의 신뢰구축이 선행되어야 하며, 구속력을 가진 다자안보협력체 형성을 반대하는 입장이다. 또한 중국은 우선 민간차원의 다자안보 논의가 축적된 다음 정부차원의 다자안보 논의가 추진되어야 한다는 논리를 주장해 왔다. 중국은 영토문제와 대만문제 및 인권문제와 같은 내정문제를 다루어서도 안 된다는 입장이다. 다자간 안보협력에 대한 중국 측의 입장·관점에 관해서는 다음을 참조. 中華人民共和國國務院新聞辦公室, 『中國的國防』, 『人民日報』, 1998. 7. 28; 時永明, "亞太安全環境與地區多變主義," 『國際問題研究』 1996年 第1期(1996. 1), pp. 46-47; 閻學通, "亞太地區安全形勢," 『世界知識』 1997年 第19期(1997. 10), pp. 4-5; Guo Zhenyuan, "The Main Problems Affecting the Security in Asian-Pacific & the Principles Governing the Establishment of a Security Mechanism in the Region," CCIS International Review, No. 1(August 1994), pp. 48-55.

첫째, 한·중 간의 정례적인 안보대화 기회를 마련할 수 있게 된다. 안보상의 정례 회동은 다음 몇 가지의 부수 효과를 가져다준다. (1) 북한에 대한 중국의 무기원조 명분을 희석시키게 된다. 이는 북한의 호전성에 제동을 걸 수도 있으며, 예상 불허의 돌출행위를 사전 억제함으로써 한반도 정세 안정에 기여할 수 있다. (2) 군사적 대화체제가 상설화되면 중국이 한국의 군사 지향에 관한 정보를 확인할 수 있는 바, 이때 한국은 북한에 대해 어떠한 군사적 도발의사도 없음을 중국 측에게 정확히 주지시킴으로써 중국의 군사개입 명분 및 기회를 차단할 수도 있다. 이는 향후 북한 내부에서의 돌발적 사태로 인해 중국이 북한 내정에 군사적으로 개입할 수 있는 여지를 줄이는 데도 긍정적으로 기능할 수 있다. (3) 중국의 특수 현상인 인치(人治) 구조를 감안할 때, 양국 군부 고위인사들과의 접촉 및 교류를 통해 인맥을 형성하게 되면 정치분야에서 얻을 수 있는 긍정적 효과를 배가시킬 수 있게 된다. 그리고 한·중 군사교류가 정례화되면, 중·미관계가 만일 파탄에 직면한다 하더라도 군사적 위기를 넘길 수 있도록 한국의 완충지대화(緩衝地帶化)가 가능해진다. 중국이 한국의 군사적 의도를 확인하는 한중·미 갈등이 군사적 위기에까지 접근하더라도 중국이 한국을 적대시할 가능성은 거의 없게 되기 때문이다.

둘째, 한반도에서의 군축(軍縮) 추진에 당면하여 향후 중국 측의 건설적 협력 및 기여를 기대할 수 있게 될 것이다. 군축 과정에 중국이 참여한다는 의미는 외세 개입을 불러온다거나 영향력 확대의 차원이 아니라, 중국이 북한을 설득할 수 있다는 측면에서의 고려 사항이므로 군축의 실천으로 한반도의 정세 안정에 가져올 순기능적 이익을 공유할 수 있다는 희망적 사고에 바탕한다. 이와 관련해서 기대할 수 있는 부수적 효과는 먼저 주한미군의 존재를 북한에 대한 심각한 위협세력으로서가 아니라 군사적 위기를 억제하고, 위기 발생 시 충격을 완화하는 완충 역할 담당세력으로서 인식할 수 있도록 북한의 의식 전환을 도모하는 데 있다. 다음으로는 중국의 역할에 따라서 북한이 군축의 결과가 자신에게 이익으로 돌아온다는 확신을 갖도록 하는 점이다. 중국은 북한에게 군축이 추진됨으로써 군비 삭감 및 군비의 하향 조정이 가능하며, 이로써 북한의 호전적 이미지를 불식시킬 수 있고 또한 경제부문으로의 예산 전용(豫算 轉用)에 따른 실용적 이익을 누릴 수 있다는 이점을 부각시켜야만 실효를 거둘 수 있을 것이다.

셋째, 한반도·평화체제 구축시 필수적인 중국과 북한과의 군사동맹조약의 성격변화를 기대할 수 있다. 한·중 수교 이후 중국과 북한 간의 군사동맹조약의 강도가 약화된 것은 사실이지만, 양국은 아직도 매년 7월 군사동맹조약 체결을 기념하면서 군사적 결속을 대내외에 과시해 오고 있다. 특히 중·북 군사동맹조약 제2조에 자동군사개입 조항을 포함하고 있는 바, 이에 근거하여 북한의 요청이 있을 경우 중국은 북한에 군사력을 파병할 수 있다. 한반도에서의 냉전 유산이라고 할 수 있는 중·북 군사동맹 가운데 특히 자동군사개입 조항의 삭제나 변경이 평화체제로의 전환에 반드시 필요하다. 때문에 한국은 중국에게 중·북 군사동맹을 탈냉전시대에 부합하는 방향으로 변경해야 한다는 점을 설득하는 데 진력해야 한다.

넷째, 한반도 및 동북아의 안정과 평화를 위해 장기적 관점에서 고려되고 있는 다자간 안보협력체제의 형성에 긍정적 효과를 가져올 수 있다. 이는 비단 역내의 비핵화와 군축을 논의하기 위한 대안으로서만이 아니라, 협력안보(cooperative security)의 관점에서도 관심의 대상이 되고 있다. 특히 협력안보는 그 특징상 적(敵)을 가상하지 않고 있으며, 대화를 통해 분쟁발생을 사전 예방한다는 데서 한국은 안보협력체의 형성에 적극 참여할 필요가 있다. 탈냉전시대에는 군사 위주의 전통적 안보 개념 이외에 군사동맹의 성격이 매우 완화된 포괄적 안보 개념을 선호하는 경향이 짙다. 그리고 집단안보보다 느슨한 형태의 협력안보 개념 그리고 자원·인구·환경 등을 포함하는 공동안보 개념 등이 혼용되는 신안보개념이 요청되고 있다.

IV. 실용적 보험외교의 문제점

중국은 전통적인 '세계의 중심' 지위를 고수하면서 어떻게 하면 현대화된 국가로서의 위상을 확립하느냐에 최대한의 관심을 집중하고 있다. 중국은 경제발전과 안보확립 그리고 강대국 지위 획득이라는 목표를 견지하고 있다.

마오쩌둥 노선에서 덩샤오핑 노선으로 전환하는 데 있어, 중국은 반미반소(反美反蘇)로부터 반패권주의로, 자력갱생으로부터 개혁개방을 통한 '사화(四化)' 정책으로, 국제통일전선외교로부터 독립자주외교로의 변신을 시도하였다. 이는 중국이 독자적 세계관으로서 세계적 시스템을 인식하게 되었다는 뜻이며, 자기 인식으로서 세계적 역할을 담당하겠다는 독립자주의 의지를 외교정책노선으로 표명한 것으로 이해된다.

1. 북한의 선군정치(先軍政治)

김정일 위원장을 중심으로 북한의 21세기 강성대국 건설을 주도적으로 이끌어 온 북한의 선군정치세력은 수령옹호체제 견지 이외의 다른 묘안이 등장하지 않는 한, 섣불리 비핵화의 길을 선택할 수는 없다. 체제의 사활이 걸려 있는 신고 단계부터는 미국이 요구하는 핵시설, 물질, 농축우라늄, 핵무기 등의 내용을 분리 신고하되 마지막은 유보하는 '양파까기' 전술을 최대한 활용할 수밖에 없다.

문제의 핵심은 북한의 핵선군정치에 있다. 따라서 새 정부는 참여정부의 맹목적 햇볕정책이 아니라 핵선군정치의 개혁개방정치로의 변환을 가능하게 할 합리적 포용정책을 함께 추진해야 한다는 입장을 견지하고 있다.

　북한의 대남정책이 실질적으로 변화하기 위해서는 김정일의 정세관이 바뀌어지도록 외부 상황이 작용되어야 한다. 어떠한 권력주체도 자신의 생존이 위협받는 방향으로 정책을 선택하지는 않게 마련이다. 김정일은 자신의 권력을 포기하면서 개혁개방을 추진하지는 않을 것이다. 그러나 만일 대외정책에 있어서의 변화가 기득권 유지에 도움이 되고 체제유지에 불가피한 것으로 판단된다면 합리적 정책 선택 쪽으로 치우칠 수도 있을 것이다.

　김정일의 변화는 이러한 측면에서 그 가능성을 엿보이게 한다. 다시 말해서, 한반도를 둘러싼 국제정세의 흐름이 김정일체제의 변화를 촉진시킬 수 있는 여건을 조성함으로써 북한의 대남정책에 실질적인 변화를 가져올 수 있게 만들어야 한다. 여기서 한국의 '보험외교'가 자리 잡을 수 있는 여지가 생겨나게 된다. 북한의 생존문제, 즉 체제의 안정적 유지는 외부 적대세력에 대한 적개심·적대감을 줄여나가는 소극적 방법이 있을 수 있고, 또한 보다 적극적으로 자신을 외부에 개방하면서 우호선린정책을 표방하는 방법이 있다. 북한의 개혁·개방이 체제유지에 있어 확실한 담보가 될 수 있도록 유도하는 데 절실히 요청되는 외교수단이 '보험외교'라고 하겠다.

　핵선군(核先軍) 정치세력이 수령체제의 최후 보루인 핵무기를 포기했다는 결정을 현재까지 가시적으로 찾아보기 어렵다. 그 구체적 검증은 북한의 완벽하고 정확한 핵신고를 통해서 이루어질 것이다. 따라서 새 정부는 북한의 전략적 결단을 확신하는 참여정부의 지나친 낙관론에서 한발 물러서서 핵 신고를 예의주시하면서 사태악화 예방책을 마련해야 한다.[15]

---

15) 북한 핵과 관련된 선군정치에 관해서는 EAI 북한 공진화전략연구 패널보고서 1(2010-07-29) 및 패널보고서 2(2010-08-04) 를 참조.

2. 중국의 이중성

한반도의 안정과 평화 즉, 비핵화와 개혁개방을 위해 중국의 협력이 필요한 이유는 자명하다. 중국 스스로가 세계평화와 지역안정을 보호하는 강력한 주춧돌이라고 자평하는 것은 논외로 치더라도 한반도에 대해 영향력을 행사할 수 있는 범위와 정도는 남북한 모두가 중국의 의지에 관심을 집중해 왔던 데서 익히 알 수 있다. 이러한 의미에서 중국을 상대로 하는 '보험외교'는 애로에 직면할 가능성이 많다.

한국은 중국과 정치·외교 측면에서 밀접한 상호관계를 유지하려 해왔으나, 중국의 이중성이 번번이 한국측의 기대를 무산시켜왔다. 북·미 핵협상 과정에서나 6자회담에서 중국은 북한의 비핵화에는 미국의 입장에서 찬성하나, 대북 제제에는 반대하는 등의 작태를 일관해 왔던 것이 저간의 사정이다. 중국은 한 강대국으로서 독자노선을 지향하고 있으므로 북핵에 대해서도 독자적 목소리를 견지하고 있다. 이는 때때로 북핵에 대한 소극적 태도로 이해되었다.

중국은 북한의 미사일발사 저지를 위해 한·미·일 등 국제사회가 북한에 대해 정치·군사적 압력과 제재를 가하려는 데 대해서는 반대하였다. 1998년 8월 북한이 중장거리 미사일을 발사하여 국제사회를 긴장시켰을 때에도 중국은 탄도미사일이 아니라 인공위성이었다는 북한의 주장을 그대로 수용하였다. 또한 중국은 북한이 인공위성을 발사하였던 것은 북한의 내정에 속하는 사항이라는 입장을 견지하면서, 미·일 내부에서 제기되었던 대북 제재논의에 대해 부정적으로 반응하였다.

중국의 대북정책의 핵심은 북한체제의 현상유지이다. 이러한 까닭에 후진타오와 원자바오(溫家寶)가 집권하면서 북핵에 대해서도 이중적 대응을 일관해 왔다. 중국은 대북 지원을 대미 및 대한 정책과 연계하는 차원에서 추진하고 있다. 그것이 중국 정부수준이든 민간형식이든 관계없이 확대일로에 있다. 중국 자본이 대거 북한으로 진출하면서 거론되기 시작한 '동북4성론' 역시 이런 맥락에서 논쟁을 유발하고 있다.

이러한 이중태도는 대북 경제협력의 규모가 중국의 입장에서는 부담이 되지 않는 정도의 20억 달러에 불과할 뿐만 아니라, 무엇보다 북한의 충성심을 고취하는 유력한 수단으로 활용하는 데 따른 이해와도 불가분의 관계에 있다. 2003년 2차 북핵 위기가 조성되었음에도 불구하고, 중국 지도부는 방북과정에서 관민 차원의 다양한 원조 제공과 경제협력 분야에서의 양국 간의 우호를 과시하였다. 이와 같은 중국의 이중행태는 2006년 핵 및 미사일 실험발사를 둘러싼 논쟁과정에서, 일시적으로 중국정부의 '황당하고 괘씸한' 불쾌감 표현이 관심을 끌기도 했으나 변함없이 견지되었다.[16]

이러한 중국의 이중성은 결국 한국의 손실을 감수하도록 만드는 요인이 되므로 '보험외교'의 효율성을 저하시키는 한 원인으로 작용할 수 있다.

3. 중 · 미문제

한국에게 미국은 맹방이다. 안보와 경제와 관련 미국이 한국에게 주는 함의는 다대하다. 중국도 한국으로서는 중요한 외교 대상이다. 향후 한국의 안보와 교역에 있어 중국의 위상은 재언할 필요가 없다.

중 · 미 양국은 여전히 유동적 정세 속에서 공유할 수 있는 이익이 무엇인가에 대한 의견이 잘 좁혀지지 않고 있다. 미국 내의 일각에서는 중국에 대한 봉쇄(封鎖)가 불가피하다는 여론이 상존하고 있고, 미국 행정부 내에서도 강경한 입장을 견지하는 세력이 상당수 있다. 중국은 나름대로의 이유와 명분으로써 미국에게 반발하고 있으며, 뿐만 아니라 점차 미국에게 'NO'라는 단호한 태도를 보이고 있다.

---

16) EAI안보넷, EAI논평 제9호 및 제10호 참조.

중국의 민족주의가 여전히 중·미관계에서 부정적으로 작용할 소지
가 많다. 탈냉전시대의 국제질서가 개별 국가들에게 보편적 원칙보다
각국의 특수한 이해관계에 집중하는 민족주의적 성향에 의존하도록 만
들고 있다. 이런 상황 속에서 중국은 1990년대 들어서서 아·태지역에
서 명실상부한 강대국으로서의 면모를 일신하여 강대국으로서의 역할
을 수행하려는 자세를 보여줘 왔다. 중국은 역내에서 중심부에 위치하
면서 주변의 많은 국가들과 접경하고 있고, 역내의 다양한 긴장유발 요
소와 관계되어 중국에 대한 관심은 그 어느 때보다 지대하지 않을 수
없다. 중국의 이해관계는 이처럼 국제정치체제의 변화, 국제환경의 요
소, 중국의 대외적 힘의 투사 등과 상관성을 띠고 있으며, 다극적 국제
질서의 확산과 그에 따른 민족주의적 경향과 불가분하게 얽혀 있다. 그
리고 중국이 아·태지역과 세계에서 점하는 지정학적 중요성과 세력균
형자로서의 역할을 적극 담당할 수 있다는 자신감은 스스로의 강대국
으로서의 잠재력에 대한 신뢰감을 더해 주고 있다고 보여진다. 특히 중
국은 독립자주외교를 표방하면서 미국 위주의 신국제질서를 강력하게
부정하고 나섰으며, 이러한 중국의 강성적 이미지의 부각과 이를 둘러
싸고 미국의 중국에 대한 견제 움직임은 중국으로 하여금 보다 강도 높
은 반발을 불러일으킨 바 있다.

중국의 민족주의 확산과 관련하여 미국 일각에서는 중국의 군사적
팽창을 우려해 왔으며, 황화(黃禍, yellow peril)에 바탕한 '중국위험론(中
國威脅論)'을 거론해 왔다. 예를 들면, ① 중국의 계속되는 방위비 증액,
② 중국 경제의 신속한 성장, ③ 러시아로부터 각종의 첨단 무기 구매,
④ 남지나해에서의 영유권 주장과 그에 따른 분쟁 발생, ⑤ 중국의 영토,
인구, 핵보유 등을 이유로 중국이 국제사회에서 더욱 공세적 입장을 취
할 것이라고 지적했다.[17] 한편 이와 달리 중국은 외부에 드러낸 실상과

---

17) 이와 유사한 관점에서 중국을 비판적으로 묘사하고 있는 자료들로서는 Barber
B. Conable, Jr. and David Lampton, "China: The Coming Power," *Foreign*

달리 패권을 추구하지 않을 것이라는 서방측 견해도 다수 있다.[18] 중국은 '중국위협론'이 미국 및 일본 등지에서 자국의 이익에 비추어 대단히 과장되어 있다는 입장을 시종일관 견지하고 있다. 다시 말해서, 특히 미국이 동아시아에서 기존의 주도권·기득권을 보호하려는 차원에서 중국을 압박하려는 의도에 기인하고 있다는 주장을 되풀이하고 있다.

문제는 중국과 미국의 태도가 여전하게 불확실하게 작용하고 있다는 데 있다. 이는 한국의 대외지향에도 부정적 영향을 주고 있다. 주지하다시피 중국은 한·미 관계가 일부 경색된 가운데 북핵 문제 해결을 위한 6자회담 의장국으로서 한반도문제에 관해서는 영향력을 크게 확대하는 성과를 누려 왔다고 해도 과언이 아니다. 그러나 미국과 북한의 직접 대화 시도가 추진될 가능성도 있고, 한국 신 정부가 한·미 동맹 강화를 언급하고 있는 것 등은 그동안 중국이 누렸던 외교적 지위에 충격을 줄 것이 분명하다. 또 새 정부의 대북정책이 주변환경 안정을 위해 중국이 그토록 강조해 온 북한의 체제 안정 및 보증과 상충될 경우 중국의 대북 설득력과 영향력은 일정한 손상을 입을 것이 불가피하게 될 것이다.

현재 상황으로 볼 때, 한국은 미국과 최상의 상태를 유지해야 중국으로부터 전략적 가치를 인정받고, 반면에 중국과의 관계도 계속 밀접하게 이어가야 미국으로부터도 높은 전략적 가치를 인정받게 될 것이다.

Affairs, Vol. 71, No. 5(Winter 1992/93), pp. 148-149; Nicholas D. Kristof, "The Rise of China," *Foreign Affairs,* Vol. 72, No. 5(November-December 1993), pp. 59-74; Kenneth Lieberthal, "A New China Strategy," *Foreign Affairs,* Vol. 74, No. 6(November-December 1995), pp. 36; Richard Bernstein and Ross H. Munro, *The Coming Conflict with China*(New York: Alferd A. Knopf, 1997) 등을 참조.

18) Ross Munro, "Eavesdropping on the Chinese Military," *Orbis,* Vol. 38, No. 3(Summer 1994), pp. 361-366; Michael G. Gallagher, "China's Illusory Threat to the South China Sea," *International Security,* Vol. XIX, No. 1(Summer, 1994), pp. 169-194; Denny Roy, "'The China Threat' Issues'," *Asian Survey,* No. 8(August 1996), pp. 759-765 등을 참조.

감정적이고 조건반사적인 동맹 강화는 피해야 한다는 전제에서 한·미 동맹과 한·중 협력을 강화해야 한국의 전략적 가치를 높일 수 있다.

4. 한·중문제

한·중 수교 이후 양국은 다방면에 걸쳐 관계개선을 통한 실적을 쌓아 왔다. 그러나 이에 못지 않게 '보험외교'의 관점에서 앞으로 더욱 시정되고 보완되어야 할 문제영역도 산적해 있다고 보여진다.

첫째, 중국의 대한반도(對韓半島) 등거리외교의 존속이다. 중국은 한반도 정세의 안정을 희구하고 있으므로 북한의 체제 안정만이 아니라 북한의 기습적인 대남(對南) 돌출 행위를 자제시키는 데도 역할을 담당해야 한다. 북한의 호전성에 대한 견제는 남북한 당사자 원칙 차원에서 직접적 대화 및 접촉을 통해서 어느 정도의 효과를 거둘 수 있으나, 중국은 정경분리(政經分離)에 바탕한 등거리외교를 최적의 대안으로 계속 고려하고 있다.

한편 중국이 한반도 현상유지를 희망하는 데는 중국의 대미정책에서 비롯되는 측면을 간과할 수 없다. 중국의 동북아에서의 역할을 볼 때, 중국은 미·소라는 주요 적대세력을 바꾸어가면서도 직접적으로 전투 행위를 벌일 정도의 위험한 상황에서는 개입을 극력 회피해 왔고, 오히려 전방위 독자적 외교노선을 추진해 왔다. 이를 통해 중국은 동북아의 국지적 분쟁에 초강대국들이 개입할 수 있는 여지를 성공적으로 축소시켜 왔으며, 이는 당분간 중국 외교를 지배할 것으로 보여진다. 그리고 이러한 자세는 한반도문제에도 변함없이 견지될 것으로 여겨진다.

중국이 견지하고 있는 등거리외교는 한반도문제에의 개입 기회의 확보와 영향력 행사범위의 확대를 꾀하려는 것 이외에 외부 제3국의 참여 억제라는 서로 상반되는 작용을 하고 있다. 중국이 한반도문제에 관심을 가질 수록 한·중 간 정치관계에 있어서도 다각적 발전을 통한 상호이익이 보장되어야 함에도 불구하고, 중국은 정치부문에 있어서는 친북화(親北化) 관련 자국의 일방적 이해에 집착하고 있다. 따라서 이러한 추세가 지속된다면 중국은 한국에 대해 친중화(親中化)를 요구할 수 있는 배경을 더 많이 쌓을 수도 있으며, 더욱 우려할 것으로 보이는 것은 '북한카드'를 통해 한국에게 보다 많은 정치적 양보를 요구할지도 모른다는 점이다. 이는 결국 한국의 주권을 침해하는 사태로 발생할 소지가 있으며, 보다 직접적으로 한국 외교의 자율성을 심각하게 저해시킬 것으로 우려된다.

다음으로 중국이 북한의 세습정권을 무조건적으로 그리고 일방적으로 지지해 왔다는 사실이다. 중국은 북한의 사회주의체제가 당분간 더 지속되고 가능하면 김정일 정권이 안정적으로 유지되는 것이 바람직스럽다고 여겨 왔다. 북한의 붕괴가 사실적으로 일어난다면 중국의 대한반도정책은 전면 소멸되고, '북한요인'의 뿌리가 뽑히게 되므로 근본적으로 새로운 정책이 요구된다. 북한이 세계지도에서 사라진다는 것은 중국의 대미·대일정책에 있어서도 근본적인 수정이 불가피하다는 뜻이기도 하다.

중국은 김일성 사후 즉각적으로 김정일 체제의 정통성을 인정하기 시작했다. 장쩌민·차오스(喬石)·리펑 등 중국공산당 지도부는 공동명의로 "우리는 조선인민이 김일성 동지의 유지를 받들어 김정일 동지를 중심으로 조선노동당 중앙의 주변에 일치단결하여 자신의 조국을 건설하고 조선반도의 항구적인 평화를 쟁취하기 위해 계속 전진할 것으로 믿고 있다"[19]는 조의를 전달했다. 같은 날 덩샤오핑은 조전(弔電)에서 "김일성의 생애는 조선민족의 해방을 위해 헌신하고, 중·조 친선을 마련하고 발전시키기 위해 투쟁한 것이었다"고 애도의 뜻을 표현했다. 이러한 중국의 수사는 단순한 립-서비스 차원을 넘어서는 것이다.

끝으로, 중국은 한반도문제와 관련하여 가능한 한 영향력을 확대하

---

19) 『人民日報』, 1994. 7. 10.

려고 노력해 왔다. 강대국의 경우 보통 개입의 기회가 많을수록 영향력 행사의 범위도 상대적으로 넓어진다. 중국이 의도하는 만큼의 기회와 범위를 확보하는 데 있어 가장 큰 걸림돌이 되고 있는 존재는 미국이다. 중국은 북한이 미·일과 관계를 개선하려는 데에 대해 원칙적으로 찬성하고 있으나, 그로 인해 북한에 있어서 중국의 기득권이 잠식될지도 모른다는 우려도 가지고 있다. 남북한 당사자 해결원칙도 따지고 보면 중국의 한국에 대한 이해와 직결되고 있다. 이러한 주제들은 모두 한반도에서 중국을 제외한 다른 외세가 영향력을 행사할 수 있는 기회를 차단하고 중국이 남북한과 개별적 접촉을 증대시킴으로써 자신의 우월권 확보는 물론이고 배타적인 세력권을 형성하려는 저의와 관련되고 있다.

중국 지도부의 한반도 등거리외교는 일시적 현상유지를 보장해주는 외교술의 하나인 것은 분명하다. 그러나 중국이 6자회담 과정에서 대북 이해관계를 우선시하여 북한의 대중 의존을 장기적 차원에서 모색할 가능성도 있는 만큼 이에 대응하는 차원에서 한국의 대중 '보험외교' 도 본격적으로 세련미를 더해갈 필요가 있다고 여겨진다.

V. 결론

참여정부 아래에서 미래 한국의 대전략의 일환으로 설정했던 것으로 평가되는 균형자론과 지역공동체론은 중국의 부상에 편승하여 한반도의 안보적 현안을 해결하려는 '중국편승론'에 다같이 뿌리를 두고 논의되었다. 균형자론은 미·중 양자의 대결국면을 상정하고, 그 사이에서 일정 역할을 담당하는 데 중국의 힘을 빌려 미국의 대북 강경노선을 견제하려는 전략으로 비춰졌다. 그리고 지역공동체론은 한·중·일 FTA는 중국에 편승하고 미국을 배제하는 지역 블록의 구축이라는 논리로 해석되기도 했다. 한국의 외교는 이처럼 미국과 중국을 주요대상으로 수행되었다.

미국과 중국은 모두 강대국이다. 따라서 양국의 정책변화는 한국에게 그에 상응하는 조치를 요구하게 된다. 강대국을 상대하는 마당에서 한국의 선택은 한국의 의지만으로는 역부족이다. 한국은 약소국으로서 그간 나름대로 교훈을 얻었다고 하겠다. 그것은 독자적 안보능력이 없는 상황에서 외부의 협조 없이는 안보유지가 불가하다는 현실주의 안보관이었다. 따라서 한국이 독자의 힘으로 동북아 평화질서 모델을 표방 운영할 수 없는 현실을 인정하면서 한반도의 평화와 안정 유지를 위한 외교대안의 한 유형으로 '보험외교'를 모색할 필요성이 제기되었다.

보험은 커다란 손실에 대비하기 위한 목적에 기인하며, 기대값 계산에 의해 손익이 결정된다. 보험장치를 필요로 하는 까닭은 '햇볕정책'이 기대치에 이르지 못했기에 향후의 경우에 대비하는 데 적절할 것으로 사료된다. 그리고 이 장치가 잘 작동된다면 북한측 의도의 불확실성에 따른 위험을 최소화시킬 수 있는 장점도 기대되기 때문이다.

지정학적 측면에서 볼 때, 한국은 특정 국가와 '영원한 동맹'을 맺고 그에 안주하는 원칙 없는 외교를 지양해야만 한다. 더욱이 남북한의 분단 실상을 냉정히 관찰하여 한국 자신의 향로를 새롭게 모색해야 할 것이다. 한국은 여러 가지의 제약 속에서나마 '보험외교'를 추진함에 있어 목표가 확실치 않은 전방위외교(全方位外交)도 경계해야 한다. '보험외교'는 방향과 목표가 분명한 실용적 전방위외교이어야 한다. 이는 통일을 전제하고, 현재의 분단상황 관리를 목표로 하는 것이므로 관련 강대국들과의 대외교섭에 임하는 외교의 한 방법이자 전술이다.

한국이 특정 국가와 영원한 동반자로서 존립해 나간다는 뜻은 매우 비자주적이고 비창조적이다. 어느 일국과의 영원한 동맹보다는 분단 현실을 극복하려는 차원에서 한반도 관련 국가들과의 관계에서 실질적인 이해당사자 또는 정직한 조정자(調停者)로서의 지위를 획득하고, 그에 걸맞는 역할과 기능을 담당해 나가는 편이 국가이익상 특히 안보상 최선의 전략이 될 수 있다. 남북관계 못지 않게 중·미관계나 중·일관계는 때때로 유동적이며 불확실성을 많이 내포하고 있다. 그리고 이들 간의 상호관계는 모두 한국의 안보와 한반도 전체의 안보와도 직결된다는 측면에서 중차대한 관심사가 아닐 수 없다. 이런 의미에서 '보험외교'는 4강관계에서 한국의 안보와 국익을 지켜나가는 수단이 되기도 한다. 북·미 및 북·일 수교가 달성된 이후에도 남북한 간에 어떠한 실질적 관계개선이나 진전이 없을 경우에 대비해서라도 중국으로부터 남북한 당사국 간의 대화, 협력, 교류 등에 있어 실질적인 개선을 보장 받을 수 있도록 하는 형태가 '보험외교'이다.

안보라는 최상위법을 실행하는 데는 반드시 일정의 노력이 수반되어야만 그 성과를 기대할 수 있다. 한국이 여전히 주변 강대국들과의 관계에서 국외자(局外者)로 머문다거나, 자신의 사활적 이해를 다른 동맹세력에게만 담보한다거나 아니면 이들 세력의 담합의 결과를 무기력하게 받아만 들이는 자세는 마땅히 지양되어야 한다. 강대국들은 항상 보다 많은 몫을 요구하게 마련이다.

강대국을 지향하는 중국이 점차 배타적 중화사상(中華思想)으로 복귀하면서 정치·군사적 영향력을 극대화하려는 유혹에 빠져든다면 이는 기필코 북한을 자극할 것이다. 이는 북한의 핵선군 정치세력을 고무해 주는 한편 주한미군의 철수 요구라는 현실로 나타날 수 있다. 이러한 사태로의 진전은 한국에게 커다란 불이익이자 안보상 중요한 위기 국면에 몰리게 만든다. 한국은 중·미 관계가 이런 형태로 악화되지 않도록 적절한 중재자로서의 거중 역할(居中 役割)을 수행해야 한다. 예를 들면, 미국에 대해서는 중국을 겨냥한 봉쇄정책이 한·중관계를 훼손시킴은 물론 나아가서 남북관계에도 결정적 타격을 가하게 되며, 급기야 한·미 관계에도 부정적 결과를 초래하는 것임을 설득하는 일이다.

향후 중·미관계가 대결국면으로 접어 들 경우, 한국은 현 상황적 조건 아래에서는 불가피하게 매우 어려운 선택을 강요받지 않을 수 없을 것이다. 이때 한국은 지정학적 요인을 살필 겨를도 없이 과거 냉전체제 아래에서 '제3의 길'이 없는 막다른 골목에서 어느 한쪽만을 선택했던 것과 꼭 같은 처지에 몰릴 것이 분명하다. 막바지 순간 아무 대안을 마련하지 못한 상태에서 숙명적으로 특정 강대국에 종속되는 우(愚)를 범해서는 안 된다.

향후 한국은 이러한 전철을 밟지 말아야 한다. 굴욕적 강요를 당하면서 숙명론에 빠져 한탄만 하기 전에 미리 보험에 가입해야만 한다. 주변 강대국들과의 관계에서 민족적 자존을 지키고, 국가 주권을 확보해 나가며, 또한 통일한국이라는 대하(大河)를 건너 한반도를 넘어서는 생존권 영역 확대를 건설해 나가야 한다. 이 과정에서 한민족의 자주성과 역량을 과시할 수 있는 불가피한 선택으로 요청되는 것이 '실용적 보험 외교'라고 생각된다.

참고문헌

徐堅. "和平崛起是中國的戰略快擇." 『國際問題研究』 2004年 第2期.

소치형. "북한 급변사태와 중국의 개입유형." 『중국연구』 제20집(2001. 12).

時永明, "亞太安全環境與地區多變主義," 『國際問題研究』 1996年 第1期(1996. 1).

倪健民・陣子舞. 『中國國際戰略』. 北京: 人民出版社, 2003.

安洪泉. "調整中的美國對朝鮮政策." 『現代國際關係』 1999年 第7期(1999. 7).

閻學通. "亞太地區安全形勢." 『世界知識』 1997年 第19期(1997. 10).

壬宜勝. "中國安全關係的現狀及前景展望." 『東北亞論壇』 4期(2007).

中華人民共和國國務院新聞辦公室. 『中國的國防』, 『人民日報』, 1998. 7. 28.

『文匯報』, 1998. 9. 17.

『人民日報』, 1994. 7. 10.

_____, 2001. 9. 4.

『朝鮮日報』, 1999. 9. 12.

_____, 2008. 2. 1.

『중앙일보』, 1992. 9. 27.

Bernstein, Richard, and Ross H. Munro. *The Coming Conflict with China*. New
        York; Alferd A. Knopf, 1997.

Conable, Jr. Barber B., and Dvaid Lampton. "China: The Coming Power."
        Foreign Affairs, Vol. 71. No. 5(Winter 1992/93).

Gallagher, Michael G. "China's Illusory Threat to the South China Sea."
        International Security, Vol. XIX, No. 1(Summer, 1994).

Guo Zhenyuan. "The Main Problems Affecting the Security in Asian-Pacific &
        the Principles Governing the Establishment of a Security Mechanism in
        the Region." *CCIS International Review,* No. 1(August 1994).

Kristof, Nicholas D. "The Rise of China." *Foreign Affairs,* Vol. 72, No.
        5(November-December 1993).

Lieberthal, Kenneth. "A New China Strategy." *Foreign Affairs,* Vol. 74, No.
        6(November-December 1995).

Munro, Ross. "Eavesdropping on the Chinese Military." *Orbis,* Vol. 38, No. 3(Summer 1994).

Roy, Denny. "'The China Threat' Issues'." *Asian Survey,* No. 8(August 1996).

Wang Jisi. "China's Search for a Grand Strategy: A Rising Great Power Finds Its Way." *Foreign Affairs,* Vol. 90, No. 2(March/April, 2011).

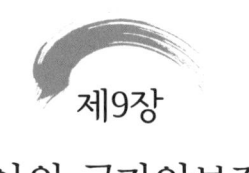

제9장
러시아의 국가안보전략[*]

이홍섭

I. 서론

　러시아는 소비에트체제 해체 이후 국가의 주체성 확립과 국가목표를 실현하기 위하여 〈국가안보개념〉, 〈군사독트린〉, 〈외교개념〉등을 발표하였다. 옐친을 이어 권좌에 오른 푸틴은 임기 초 이를 국제환경 변화에 맞게 새롭게 수정, 발표하였으며 임기 말에는 〈국가발전전략〉, 〈에너지안보 2020〉 등을 발표하였다. 이어서 권력을 계승한 메드베데프도 2009년 5월, 새로운 〈국가안보개념〉을 발표하였다. 이 문건들은 안보를 바탕으로 러시아의 국가발전을 위한 전략적 구상을 밝힌 것으로서 이를 통해 러시아의 국가전략을 읽을 수 있다. 탈냉전 이후 안보

---

[*] 본 글은 졸고 "러시아의 국가전략과 협상행태"(국방대학교 안보문제연구소, 『안보연구시리즈』 제10집, 2009년 12월)를 일부 수정·보완한 것임.

개념의 확대는 각 국가마다 국가발전전략을 안보전략과 상호 유기적으로 연계하여 전개하고 있는 실정이다. 특히 러시아의 경우 '위대한 러시아의 복원'이라는 목표를 이룩하기 위해 강한 국방의 필요성을 강조하고 있으며 이러한 안보를 바탕으로 국가발전전략을 추구해 나가고 있는 점을 분명히 하고 있다. 이러한 점에서 러시아의 국가전략은 안보전략을 포괄하는 광의의 개념으로 이해할 수 있다.[1]

II. 러시아의 국가전략

지난 2008년 가을 이후 세계를 휘몰아친 국제경제위기로 위축된 기간이 있었지만 최근 국제무대에서 러시아의 입김이 거세지고 있다. 소비에트체제 붕괴 이후 10여 년간 이행기의 혼란을 겪어왔던 러시아는 푸틴이 등장한 2000년 이후 연 6~7%라는 고도의 경제성장을 거듭하여 2007년에는 GDP 1조 달러 클럽에 들게 되었으며 구매력평가(PPP)에서는 세계 7대 경제대국의 지위를 확보하게 되었다. 외환보유고에 있어서도 2008년 말 6천억 달러를 넘어 세계 3위를 기록하였다. 이를 바탕으로 러시아는 자국의 영향력 확대 및 강국으로의 부상이라는 국가목표를 성취하기 위해 많은 전략을 구사하고 있다. 이런 전략에는 대외전략으로서 천연자원을 활용한 에너지전략 및 다자주의 확대가 있고, 대내적으로 군개혁 및 부패척결 등을 포함한 엘리트의 군사화 경향이 있다.

---

1) 본 글에서 러시아의 '국가전략'은 안보를 바탕으로 한다는 점에서 '국가안보전략'과 동일한 의미로 서술됨.

1. 국가목표와 국가전략

푸틴은 2000년 취임과 함께 강력한 러시아의 건설을 위해서는 경제 발전이 선행되어야 한다는 점을 분명히 하였다.[2] 집권 2기에 들어서는 경제여건이 개선됨에 따라 대외정책에서 안보이익과 경제이익을 거의 대등하게 추구하는 경향으로 변화되었다.[3] 푸틴의 뒤를 위어 권력을 승계한 메드베데프 정부도 푸틴시기의 권력엘리트가 여전히 주요 직에 포진하고 있으며 무엇보다 푸틴 전 대통령이 총리를 맡고 있다는 점에 서 푸틴의 구상이 그대로 이어질 전망이다.

푸틴은 경제발전과 강국 건설을 통한 강대국 지위회복을 우선적인 국가목표로 설정하고 이에 대한 강한 의지로서 "국가권력의 중앙집중화"를 국가지도의 새로운 이념으로 내세웠다. 또한 중앙아시아 지역에 서의 영향력 회복 등 안정적인 외부환경의 필요성을 역설하며 주변 국가들과의 관계 확대 및 다자협력체제에서의 활동을 확대하였다. 또한 서방이나 미국에 대한 불만의 표시로 1980년대 말 이후의 국제관계를 부정하고 미국 및 유럽의 국제행위에 대하여 강한 불만을 토로하기도 하였다.[4] 예컨대 2007년 국제통화기금(IMF) 총재 인선과 관련하여 러시 아는 EU가 추천한 도미니크 스트라우스 칸(Dominique Strauss-Kahn) 대 신에 체코 중앙은행장인 요세프 토소프스키(Jozef Tosovsky)를 강력 지 지하였다. 이는 자국의 경제력 회복을 바탕으로 미국과 EU 중심의 국

---

2) Inrmar Oldberg, "Foreign Policy Priorities under Putin," Jakob Hedenskog, Vilhelm Konnander et al., *Russian as a Great Power: Dimensions of Security under Putin*(New York: Routledge, 2005).

3) 고재남, "러시아 에너지 외교와 동북아," 기연수 편, 『러시아, 위대한 강대국 재 현을 향한 여정』(서울: 한국외국어대학교 출판부, 2009), p.144.

4) 트레닌은 이행기 러시아와 서방의 관계를 양보를 통한 파트너십(고르바초프시 기), 복종을 통한 파트너십(옐친시기), 그리고 힘을 통한 파트너십(푸틴시기)으로 구분하고 있다. Dmitri Trenin, "Russia's Strategic Choices," *Policy Brief*(Carnegie Endowment for International Peace, May 2007).

제여론 형성 및 정책결정에 대한 거부감을 공개적으로 표출한 것이다. 이는 2005~2006년 이후 대외적으로는 열린사회를 지향하되 외부의 개입을 차단하는 '주권 민주주의'라는 어휘가 러시아 정가에 등장한 것과도 무관하지 않았다.[5)]

한편 푸틴의 등장 이후 대외정책의 주요수단으로 에너지 자원이 적극적으로 활용되고 있다. 러시아는 세계 최대의 천연가스 및 석유 공급국이라는 지위를 이용하여 국제 에너지 시장에서 막대한 지배력을 행사하고 이를 무기로 중국과 인도를 끌어들여 미국의 일방적 독주에 제동을 걸고 있다. 뿐만 아니라 구소련권 국가들로 공급되는 가스가격의 조정을 통해 친서방 정책으로 흐르지 않도록 통제하고 있으며 국제 관계에서도 에너지를 주요 압력수단으로 활용하고 있다. 메드베데프 대통령은 푸틴 집권하에서 세계 최대 가스회사 가스프롬의 이사장을 역임하면서 회사의 규모를 키우고 국제시장에서의 지배력을 강화하여 유럽을 포함한 국제사회에서 에너지를 러시아 대외정책의 무기로 사용할 수 있는 기반을 다졌다는 평가를 받고 있다. 러시아는 중앙아시아 국가들과 공동으로 새로운 '석유 · 가스 동맹(Oil-Gas Union)'을 창설하려고 한다. 이러한 구상이 성공한다면 이는 에너지자원을 무기로 21세기 국제정치에서 막강한 영향력을 행사하는 새로운 국제기구로 등장하게 될 것이다.[6)]

그런데 푸틴의 국가전략에 대하여 일부에서는 러시아가 방향을 잃고 있다고 평가하고 있다. 예컨대 셉쪼바(Shevstova)는 러시아는 서로 다른 방향으로 향하는 스키를 신은 스키선수와 같다면서 다만 러시아가 그럴듯하게 보이는 것은 교묘한 모방(imitation) 덕분이라는 것이다. 그러면서 서방세계와 유사하게 보이는 의회, 정당, 시민사회, 그리고 거리

---

5) Clifford G. Gardy and Andrew C. Kuchins, "Putin's Plan," *The Washington Quarterly* 31:2(Spring 2008), p.124.
6) 유철종 · 박상남 · 채인택 지음, 『두 개의 권력, 러시아의 미래』(서울: 플래닛미디어, 2008), pp.135-138.

에 등장한 젊은이들의 행진 및 시위조차도 모두 위조품이라고 지적하였다.[7]

2007년 5월, 통합러시아당의 그리즐로프(Gryzlov) 의장은 '푸틴의 계획(Putin's Plan)'이란 용어를 처음으로 소개하였다. 그는 푸틴의 계획이란 푸틴의 정책노선을 의미한다면서 국가전략을 책임지고 있는 지도자인 푸틴의 아이디어는 모두 '푸틴의 계획'이라고 설명하였다.[8] 그런데 푸틴은 자신의 학위논문에서 밝히고 있듯이 전략을 일반 계획과는 분명히 다른 차별성을 강조하고 있다.[9] 전략적 계획은 일반 계획과는 달리 예측불가능하고 끊임없이 변화하는 환경에서 세우는 계획이라는 것이다. 즉 전략적 계획은 하나의 단순한 계획을 만들어내는 것이 아니라 문제들이 맞이하게 되는 여러 다른 국면들을 다룰 수 있는 하위계획들의 위계적 체계를 설립하는 것이라고 설명한다. 즉 전략가는 국가가 나아갈 방향을 제시하고 그 목적들을 공식화한다는 것이다. 이에 따라 푸틴은 러시아가 안전성을 확보하면서 사회의 단합을 도모할 수 있도록 강대국 및 복지국가로서의 위상을 회복할 것을 목적으로 제시하였다. 이것이 전략가의 역할인 반면 경영자는 목표와 프로그램을 제시하고 일일업무를 관장한다. 러시아의 경우 GDP를 2015년까지 포르투갈 수준으로 끌어올리는 목표를 제시하였고 농업 · 주택 · 교육 · 의료 분야에서의 세부계획을 제시하였다(〈표 1〉).

푸틴은 대통령 시절 자신의 역할을 미션과 목적 영역까지를 주로 담당하였고 때에 따라 목표 영역까지 확대하는 경우가 있었으며, 메드베

---

7) Lilia Shevstova, "Russia: In Transition or Intransigent?"(미 의회 '유럽 안보 및 협력위원회'에서의 증언, 2007년 5월).

8) Gardy and Kuchins, *op. cit.*, pp. 117-129.

9) 푸틴은 자신의 학위논문 "Strategic Planning of the Reproduction of the Mineral Resource Base of Regin"의 상당 부분을 William R. King 과 David I. Cleland가 저술한 *Strategic Planning and Policy*(New York: Nostrand Reinhold, 1978)를 참조하였다.

〈표 1〉 전략가와 경영자의 차이

행위자	역할	계획과정	러시아의 경우
전략가	국가의 미션을 정의내리고 그 목적들을 공식화시킨다	미션 (Mission)	· 안정, 명확성, 그리고 미래를 대비한 계획 · 러시아 사회의 조화 및 단합
		목적 (Objectives)	· 강대국 및 복지국가로서의 러시아의 위상 회복
경영자	일일 업무를 관장	목표 (Goals)	2015년까지 러시아의 GDP를 포르투갈 수준까지 올림*
		프로그램 /프로젝트 (Programs/ Projects)	농업, 주택, 교육, 의료 분야에서 계획들을 추진

* 2003년, 푸틴은 2010년까지 GDP를 2배로 성장시킬 것이라고 목표 수정

데프 총리는 푸틴하에서 프로그램 및 프로젝트를 주로 담당하였다. 이제 권력이 메드베데프에게 넘겨진 상황에서 푸틴은 메드베데프가 '푸틴의 계획(Putin's Plan)'을 단순히 수행하는 경영자적 능력만이 있는지, 아니면 변화하는 환경에 독자적으로 적응할 수 있는 진정한 전략적 계획가의 재능을 갖고 있는지를 지켜보게 될 것이다.

2. 푸틴의 국가전략

푸틴은 집권과 함께 위대한 러시아의 재건을 위한 일련의 조치들을 순차적으로 발표하였는데, 그것은 '러시아연방 국가안보개념(2000.1.10)', '러시아연방독트린(2000.4.21)', '러시아 대외정책개념(2000.6.28)' 등으로 표현되었다.

1) 러시아연방 국가안보개념[10]

러시아는 2000년 1월, 새로운 국가안보개념을 발표하였는데, 여기서 푸틴 정부는 세계질서 재편의 특징을 기존의 다원주의적 질서에다 국제규범을 회피하는 국가들의 행태가 복합적으로 나타나고 있다고 보았다. 또한 스스로 반서방적 성향을 강하게 띠고 있으며, 외부로부터의 심각한 군사적 안보위협을 강조하고 있다. 안보위협에 대한 구체적 대응책으로서 과거의 소극적이고 수동적인 '축소지향형' 핵전략에서 적극적이고 공세적인 '확대지향형' 핵전략을 제시하였다. 이와 같이 신안보개념은 탈서방 외교성향과 핵사용권 강화로 요약된다. 따라서 푸틴 정부의 안보전략에는 옐친시대의 외교적 낭만주의가 제거되었고, 철저히 국익에 의거해 힘에 의존하는 현실주의적 측면이 강화되었다.

1997년 국가안보개념에는 러시아 국가안보의 외부적 위협에 대한 긴급한 현실적 인식이 없었고, 러시아가 인식한 전략적 목표를 달성하기 위한 수단이란 측면의 명확한 개념과 방향제시가 없었다. 반면 2000년 1월에 발표된 신개념은 세계안보에 대한 전체적인 시각, 그리고 러시아 안보의 강조점 및 그 보장의 구체적인 원칙·방향·전략의 일관성을 보여주었다. 주요 특징은 첫째, 냉전 후 국제안보 체제의 형성을 바라보는 시각에는 상호배타적인 두 경향이 있다고 지적하였다. 하나는 국제적 문제들에 대한 다자간 운영메커니즘을 강조하는 경향이고, 다른 하나는 국제법의 기본규범을 외면하고 일방적으로, 무엇보다도 군사력 위주로 해결하려는 경향이라는 것이다.

둘째, 국제무대에서 러시아의 국가이익은 주권을 확보하고 다극적

---

10) 푸틴은 집권과 동시에 "위대한 강국 재건을 보장하는 일련의 조치를 발표하였다. 먼저 2000년 1월 10일에 발표된 '러시아연방 국가안보 개념(**Концепция национальной безопасности РФ**)'은 전 생활 영역에 걸친 국내외적 위협으로부터 러시아의 개인, 사회, 국가의 안전을 보장하기 위한 견해의 체계로서 세계전략 차원의 대내외 정책구상을 밝히고 있다. 전문은 다음을 참조. http://nvo.ng.ru/concepts/2000-01-14/6_concept.html(검색일: 2008. 4.30).

세계의 한 축을 맡는 위대한 국가로서의 입장강화, CIS국가들 및 전통적인 동반자들과의 호혜 평등한 관계발전, 인간의 권리 및 자유를 광범위하게 보장하는 것이라고 규정하였다. 군사영역에서 러시아의 국익은 독립, 주권, 영토의 완전한 방어, 러시아와 동맹국에 대한 군사침략의 방지, 국가의 평화적 · 민주적 발전을 위한 조건들의 확보라 명시하였다.

셋째, 러시아의 국가안보에 대한 위협요인으로 기존의 국내적 · 비군사적 위협에 덧붙여 외부로부터의 심각한 군사적 위협을 강조하였다. 즉 나토의 동진을 비롯한 군사 · 정치블록과 동맹의 강화, 대량파괴무기와 운반수단의 확산 등을 우려하였다.

넷째, 국가안전보장의 구체적인 대응책으로서 과거의 수동적인 '축소지향형' 핵전략이 아니라 적극적이고 공세적인 '확대지향형' 핵전략을 제시하였다. 이와 함께 러시아연방의 국가이익은 방위를 위한 '충분한' 군사력을 요구하며, 군은 러시아의 군사안보를 보장하는 데 주된 역할을 수행해야 한다고 분명히 하였다. 이는 무력침략을 격퇴할 필요성이 있을 경우 핵무기를 포함하여 보유하고 있는 모든 무력과 수단을 사용할 것이며, 시민들의 생명과 국가의 영토적 완전성에 대한 위협이 닥칠 경우 국내에서도 군사력의 사용을 허용하는 것을 의미한다. 그리하여 '신개념'에서는 핵무기 사용의 문턱을 낮추었을 뿐만 아니라, 국내분쟁에 대한 광범위한 군사력 사용을 규정함으로써 향후 독자적 노선을 걷겠다는 의지를 대외적으로 선포하였다.

2) 러시아연방 군사독트린

2000년 4월 21일 대통령령으로 승인된 '러시아연방 군사독트린'은 새로운 핵전략의 기본원칙과 지침을 제시하였다.[11] 새로운 군사-정치

---

11) '러시아연방 군사독트린(**Военная доктрина РФ**)'의 전문은 *Российская газета*(25. 04, 2000) 참조.

적 안보전략의 핵심은 핵무기 사용의 규제완화, 핵무기 체계의 현대화, 신세대 전술핵무기의 개발 및 강화로 특징지어진다. 군사독트린은 국가안보개념에 비해 무엇보다 군사-정치적, 군사-전략적 안보영역의 기본개념, 원칙, 과제 및 목표에 초점을 두고 있다.

(1) 신군사독트린의 채택 배경

강력한 러시아의 재건을 내세웠던 푸틴 대통령은 2000년 1월의 '러시아연방 국가안보개념,' 6월에는 '러시아연방 대외정책 개념'[12] 등에서 러시아가 당면한 대내외 문제를 지적하고 이를 해결하기 위한 대처 방안들을 제시하였다. 여기서 러시아의 세계 환경 변화에 대한 인식을 읽을 수 있는데, 그 내용은 다섯 가지로 요약된다. 첫째, 현대세계는 근본적인 변화를 겪고 있으며, 유엔안보리 상임이사국으로서 러시아는 새로운 세계질서 형성에 중요한 영향력을 행사하고 있다. 둘째, 냉전종식과 러시아 개혁의 진전은 세계무대에서 협력을 위한 가능성을 확대시켰다. 셋째, 세계적인 핵분쟁의 위협은 최소한으로 축소되었고, 군사력이 국가 간 관계에서 아직도 중요하나 더 큰 역할은 경제적, 정치적, 과학기술적, 생태적, 정보기술적 요인들에 의해 수행되고 있다. 넷째, 세계적으로 단일한 정보환경을 형성하는 과학기술의 발전, 국제경제 관계의 심화와 다양화는 국가 간 상호의존의 특성을 더하고 있다. 다섯째, 더 안정되고 위기 억제적인 세계구조의 형성을 위한 전제조건들이 형성되고 있다는 것 등이다.

(2) 신군사독트린의 내용 및 특징

2000년 4월, 안보위원회에서 승인된 신군사독트린은 서론과 본론(군

---

12) "Foreign Policy Conception of the Russian Federation," Andrei Melville and Tatian Shackleton, *Russian Foreign Policy in Transition*(Budapest: Central European University Press, 2005), pp.89-103.

사-정치적 기초, 군사-전략적 기초, 군사-경제적 기초) 및 결론으로 구성되어
있다. 서론에서는 군사독트린이 국제관계 체제의 역동적 변화 시기의
문서라는 점을 밝히고 1993년에 발표된 러시아연방 '군사독트린의 일
반규정들'[13]을 발전시키고 러시아연방 국가안보개념의 지침에 따라 군
사부문을 구체화하였다는 점, 그리고 방어적 성격을 띠고 있다는 점을
서술하고 있다. 본론의 〈1. 군사-정치적 기초〉에는 군사-정치적 상황,
주요한 군사안보위협, 군사안보, 군사안보의 지휘, 국가 군사조직, 국
가 군사조직 건설 및 준비가 포함되어 있고 주요 내용은 아래와 같다.

첫째, 현대의 군사-정치적 상황의 전개 상태 및 전망은 두 가지 경향
이 갈등하면서 이루어진다고 보고 있다. 즉 한편으로는 세계 정치의 핵
심적인 문제를 군사력으로 해결하고, 하나의 초강대국이 지배하는 세
계의 단극화가 진행되고, 다른 한편으로 국민과 민족의 평등, 국가이익
의 균등 보장, 국제법의 기본적인 규정 실현에 바탕을 둔 세계의 다극
화가 형성된다고 판단하고 있다. 그리고 사회적 진보 · 안정 · 국제안보
는 다극화된 세계에서만 보장될 수 있다는 입장이다.

둘째, 다음 사항들을 군사-정치적 상황의 기본적인 특징들로 인식하
고 있다. ① 세계전쟁, 특히 핵전쟁의 발발 위협 감소, ② 세계화 및 지
역화되는 여건에서 세계평화와 안보를 지지하는 메커니즘의 발전, ③
지역 중심의 세력 형성 및 강화, ④ 민족 인종적 및 종교적 극단주의 증
대, ⑤ 분리주의의 강화, ⑥ 국지전과 무장갈등 확대, ⑦ 지역적 군비경
쟁 심화, ⑧ 핵 및 기타 대량살상무기와 그 공급 자금의 확산, ⑨ 정보전
의 심화, ⑩ 조직적인 범죄 · 테러 · 무기 · 마약의 불법유통 규모 확대
및 초국가적 특성 심화 등이다.

셋째, 군사-정치적 상황의 주요 불안정 요인으로는 ① 극단적 민족-
인종적 · 종교적, 분리주의와 테러행위 · 조직 · 기구 지원, ② 파괴적인

---

13) "Основные положения военной доктрины," *Известия*, 18
  ноября 1993 г.

군사-정치적 목적을 달성하기 위해 정보 및 여타(특히 비전통적인) 수단과 기술 이용, ③ 현 국제 안전보장 메커니즘, 특히 유엔과 유럽안보협력기구(OSCE)의 효율성 감소, ④ 유엔 안보리의 승인없이 공통의 원칙과 국제법 규정을 불이행 하는 군사-무력 책동, ⑤ 군비제한 및 군축 관련 국제조약·협정 위반 등이다.

넷째, 주요한 군사안보 위협을 대외적 위협과 대내적 위협으로 구분하여 서술하고 있는데, 대외적 위협으로는 ① 러시아에 대한 영토요구, ② 러시아의 내부문제 간섭, ③ 국제안보 문제 해결에 있어 러시아의 참여 방해, ④ 러시아와 동맹국들의 국경 부근 무장투쟁 발발, ⑤ 러시아 및 동맹국들의 국경부근과 인접 해양에 세력균형을 파괴할 수 있는 병력 증강, ⑥ 러시아 및 동맹국들의 군사안보에 손상을 주는 군사블럭과 동맹 확대, ⑦ 외국군이(유엔안보리의 승인없이) 러시아와 인접해 있는 우호국의 영토에 투입되는 것 등이다. 대내적 위협에는 ①헌법기구의 강제적 전복 시도, ②극단적 민족·인종, 지역적 분리주의자, 테러 조직 및 기관들이 러시아 내부의 불안정을 야기하려는 범법행위, ③불법 무장단체의 창설, ④조직 범죄, 테러, 러시아 군사안보를 위협하는 기타의 대규모 밀수와 범법행위 등이다.

다섯째, 군사안보의 중요한 목적을 "러시아의 존재와 발전에 긍정적인 외적 조건을 조성하고, 러시아 및 그 동맹국들의 안보와 국익에 대한 현재 및 잠재적인 군사위협에 적절히 대처할 수 있는 수준에서 국가 군사력을 유지함으로써 군사공격을 예방하는 것"에 두고 있다. 군사안보와 관련, 러시아 또는 그 동맹국이 공격을 받지 않는 한 선제공격 금지, 억지를 위한 핵 보유국의 위상 보존, CIS의 집단안보체제 강화, 미국과 양자 간 협상 및 다자간 협상에 의한 핵무기의 장기적 축소, 1972년 ABM 조약의 유지 및 강화, 평화유지 활동참여 등을 지적하고 있다.

여섯째, 러시아는 핵무기를 러시아 및 그 동맹국의 군사안보, 국제안정 및 평화유지의 실제적인 요인으로 간주하고 있다. 그리고 러시아는 핵무기를 보유하지 않는 NPT 가입국에 대하여 핵무기를 사용하지 않는다. 그러나 핵무기를 보유하고 있지 않은 국가라 하더라도 그 국가가 핵무기 보유국과 동맹의 의무가 있으면서 혹은 핵 보유국과 공동으로 러시아나 그 동맹을 공격하는 경우에는 예외라고 주장한다. 이에 따라 러시아와 그 동맹국에 대하여 핵무기와 기타 대량살상무기나 재래식 무기로 대규모 공격이 가해졌을 경우에는 핵무기 사용권을 유보한다고 천명하고 있다.

본론의 〈2. 군사-전략적 기초〉에는 ① 전쟁 및 무력충돌의 특성, ② 군대 및 기타 병력의 사용기반, ③ 군대 및 기타 병력의 업무가 규정되어 있다. 또한 〈3. 군사-경제적 기초〉에는 ① 군사-경제적 군사안보, ② 국제군사 및 군사-기술 협력이 서술되고 있다. 이 중 '국제군사 및 군사-기술 협력'과 관련, 러시아는 CIS 집단안보조약 참여국과의 군사 및 군사-기술 협력발전에 우선적인 의미를 부여하고 있다. 그리고 국제 군사 및 군사-기술 협력의 주요 방향을 ① 세계 여러 지역에서 러시아의 군사-정치적 입지 강화, ②국가의 수요에 의한 외화유입, 군수산업 발달, 무기 및 군사장비의 민수화 · 정리 · 재활용, 방위산업기업의 건설적인 구조조정 등의 증대, ③ 재래식 무기 및 군사장비 분야의 국가 수출능력에 대한 지원으로 설정하고 있다. 마지막 결론은 러시아 군사안보 활동이 방어적 성향임을 밝히고, 러시아가 전쟁 및 무력충돌의 예방과 제거, 군축 및 군사블럭의 폐지, 지역 및 세계적 차원의 안보체제 형성, 균형 잡히고 평등한 다극세계 등을 지향하고 있음을 언급하고 있다.

신군사독트린은 다음과 같은 특징을 갖고 있다. 첫째, 신군사독트린도 1993년에 채택된 '군사독트린(의 일반규정들)'과 마찬가지로 러시아 군 개혁과 발전을 위해 향후 10년간의 다양한 요인들을 고려한 과도기 군사독트린이다. 둘째, 신군사독트린은 옐친 대통령의 군사독트린이 채택된 이후 많이 변화된 러시아의 지정학적, 군사정치적, 경제적 상황을 반영하고 있다는 점이다. 러시아의 관점에서 볼 때, 세 분야의 변화가 그동안 자국에 불리하게 전개되었다고 판단하였다. 이는 ① 지정학적으로 CIS 통합과정에 대한 어느 정도의 반대가 있고 일부 국가들은 코카서스와 중앙아시아에 대한 러시아의 영향력을 제한하려 하고 있다. 또한 NATO 팽창이 러시아 안보를 위협하고 있다. ② 체첸과 코소보 사태에서 보는 바와 같이 새로운 실질적 군사위협이 노정되었고 러시아 국경 및 국경부근 분쟁지역에서 긴장이 지난 3년간 증대되었다. ③ 사회·경제적 상황이 악화되어 일부 부서들의 구조변화와 그들의 질적 한계에 대한 검토를 요구하고 있다. 국경수비대와 비상사태부의 군사력을 강화해야 한다. 또한 군대의 전투 태세와 능력이 충분하지 못한 재정 때문에 점차 약화되었다.

셋째, 현대의 군사·정치적 상황의 전개 상태 및 전망과 관련, 신군사독트린은 두 개의 상반되는 경향에 대한 개념을 제시하고 있다. 즉 초강대국 미국의 지배를 의미하는 단극체제와 러시아를 포함해 영향력 행사가 가능한 다수의 중심들을 암시하는 다극체제이다. 신군사독트린에서 러시아연방은 사회발전, 안정 및 국제안보가 단지 다극세계의 틀 속에서 보장될 수 있다고 생각하며 모든 방법으로 이를 달성하고자 한다고 밝히고 있다.

넷째, 러시아 안보정책에서 핵무기의 역할 증대를 규정하고 다양한 시나리오로 기존의 규정들을 수정하고 있다. 옐친 대통령 시기인 1993년에 발표된 군사독트린은 핵무기 사용에 대한 제한과 관련이 있었다. 2000년에 발표된 신군사독트린도 러시아연방은 자신이나 그 동맹국들에 대한 핵무기 또는 기타 대량파괴무기의 사용에 대한 반응으로, 또한 러시아연방과 그 동맹국들의 국가안보에 중대한 상황에서 재래식 무기를 포함하여 대규모 침략에 대한 반응으로 핵무기를 사용할 권리를 남겨둔다고 규정함으로써 핵무기의 방어적 성격을 밝히고 있다. 그러면서도 화학무기와 같은 다른 대량파괴무기에 대한 대응으로 핵무기 사용을 허락하고 있으며 핵무기가 핵보유국에 대해서만 아니라 상황이 러시아 안보에 중대하다면 어떠한 국가나 그 동맹에 대해서도 사용될 수 있다는 점을 분명히 하고 있다. 즉 재래식 군사력만이 핵 비보유국에 대처할 수 있는 수단으로 이제 더 이상 생각되지 않는 것으로 변경하였다. 이는 신군사독트린에서 제시하고 있는 새로운 군사전략의 방향이 "제한 핵전쟁을 수행할 수 있는 신세대 전술핵무기의 개발 및 강화라는 것"으로 요약된다.[14]

다섯째, 1993년 군사독트린에서와 같이, 신군사독트린은 러시아가 핵무기를 먼저 사용하지 않을 것이라고 언급하지 않음으로써 핵무기의 선제사용을 인정하고 있다.[15] 그러나 1993년 군사독트린은 핵무기가 사용될 수 있는 정확한 조건들을 명백히 상술하지 않은 반면, 신군사독트린은 핵무기가 사용될 수 있는 시나리오들의 범위뿐만 아니라 그러한 사용의 목적들을 더 잘 정의하고 있다. 또한 신군사독트린은 세계전쟁, 지역전쟁, 국지전쟁이라는 세 가지 형태의 전쟁을 구분하고 있는데, 이 중 핵무기 사용은 첫 두 가지 형태와 관련지었다. 러시아의 재래식군이 지역전쟁에서 이길 수 없는 경우, 공격자에게 제한된 핵공격이 가능하다는 입장인 것이다.

여섯째, 신군사독트린은 군이 외부침략을 격퇴할 뿐만 아니라 '러시아의 영토보전을 위협하는 반헌법적 행위와 불법적 무장폭력'으로부터 국가를 보호하기 위하여 사용될 수 있음을 최초로 밝히고 있다. 즉 신군사독트린에 의하면 군사력은 다섯 가지 형태의 작전에 이용될 수 있다. ① 전략적 분쟁(대규모 및 지역 전쟁), ② 무력분쟁(국지전쟁 및 국제무력분쟁), ③ (대내 무력분쟁에서 다른 군과) 공동작전, ④ 반테러 작전, ⑤ 평화유지 등이다.

3) 대외정책개념

냉전체제의 종식 이후 러시아는 미국 중심의 단극체제로 형성된 국

---

14) 강봉구, "21세기 러시아 정치와 국가전략," 홍완석 편, 『21세기 러시아정치와 국가전략』(서울: 일신사, 2001), p. 398.
15) 러시아는 소련 시기인 1982년, 핵비선제공격정책(nuclear no-first-use policy)을 천명하였다.

제질서를 비판하고 일관되게 다극체제를 선호하여 왔다.[16] 이는 미국에 의한 일방체제를 견제하기 위한 러시아의 전략으로서 2000년 6월 푸틴 정부가 발표한 〈러시아연방 대외정책개념〉에도 잘 나타나 있는데, 여기서 러시아는 미국이 주도하는 세계질서에 대하여 부정적 평가를 내리고 있다. 즉 러시아가 국제질서의 균형자로서 중요한 역할을 담당할 수 있는 다극주의를 주장하고 있다.[17] 이러한 경향은 동북아지역에서도 예외가 아니어서 러시아는 다자주의적 안보체제의 구축을 표방하고 있다. 물론 다자주의적 협력체의 필요성에도 불구하고 여러 정치경제적 상황으로 보아 이러한 협력체가 구속력있고 효율적인 체제로 발전하는 데는 상당한 시간이 필요하다는 견해도 지적되었다.[18]

이와 같이 〈러시아연방 대외정책개념〉은 미국 중심의 단극체제를 비판하고 있음에도 불구하고 서방과의 협력을 모토로 하고 있다. 따라서 이 문건은 핵 선제 사용권 강화의 신안보개념이 몰고 온 국제사회의 파장을 최소화하고 서방의 우려를 불식시키기 위한 러시아 정부의 노력이 배어있다고 볼 수 있다.[19] 경제개혁을 위한 유리한 대외적 여건 조성을 희망하고 있다는 점, 바람직한 안보환경의 창출을 바라고 있다는 점, 대외정책의 우선순위를 러시아 국내발전과 연계시키고 있다는 점, 재외 자국민 보호와 자국기업의 이익 옹호를 특별히 강조하고 있다는 점, 지속적인 경제성장을 추구하고 있다는 점 등 그 어디에도 반서방적 냄새가 없다. 유난히 경제라는 단어에 많은 부분을 할애하고 있다. 이렇게 볼 때, 〈러시아연방 대외정책개념〉에서 나타난 러시아의 외교노

---

16) Light Margot, "Post-Soviet Russian Foreign Policy," in Archie Brown, ed. *Contemporary Russian Politics: A Reader*(Oxford: Oxford University Press, 2001), p. 426.

17) 정은숙,『미중일러의 대북정책: 주변4강 2000』(서울: 세종연구소, 2001), p.112.

18) Alexei Zagorsky, "Cooperative Security in Northeast Asia: A Russian Vision," 고성윤 · 이민영(편),『다자안보 협력의 모색』(서울: 한국국방연구원, 1999), pp. 235-236.

19) 홍완석,『21세기 러시아 정치와 국가전략』(서울: 일신사, 2001), p.365.

선은 당면한 최우선의 경제이익 확보를 위해 서방과의 협력노선을 견지하되, 러시아의 지정학적, 안보적 이익을 침해하는 문제에 있어서는 결코 양보하지 않겠다는 점을 천명한 것이다.

4) 국가자본주의

푸틴의 경제정책은 '국가자본주의'라고 불리고 있는데, 이는 시장경제의 작동원리를 왜곡한다는 비판도 있지만 혼란기에 국가의 기능을 강화하여 최단 시일 내에 정치적 안정과 경제적 고도성장을 이룰 수 있는 효율적인 통치방식이라고 러시아 집권세력들은 주장하고 있다. 즉 국가산업의 국유화 정책과 국가 주도의 경제운영, 국영기업들의 규모 확대를 통한 단시간 내의 경제성장 추구, 강력한 중앙집권을 통한 정치 안정과 일사불란한 추진력 등으로 요약되는 푸틴의 국가자본주의가 없었다면 러시아의 경제회복은 불가능했다는 평가가 지배적이다.[20]

옐친 대통령 시기 신자유주의 정책으로 인한 경제파탄을 경험한 푸틴은 옐친시기에 사유화된 주요 산업의 재국유화 정책 등을 통해 국가의 경제적 역할을 다시 강화하였다. 특히 석유·가스 에너지 산업에 대한 국민들의 전통적인 안보우려를 반영하여 실로비키들을 묶은 에너지-실로비키 복합체를 통해 러시아 부활의 추동력을 얻으려 했다. 푸틴의 이러한 국가자본주의는 정부가 국가발전을 위한 정치·경제 정책을 제시하고 이를 실현하기 위해 권위주의적이고 강압적인 정책수단을 동원하는 통치방식이다.[21]

이런 경제전략의 기조하에 2007년 10월, 러시아 경제발전통상부(현 경제발전부)는 '러시아연방 장기 사회·경제발전 구상'을 발표하였다. 이는 2020년까지 러시아 장기 경제발전 전략을 제시한 것으로서 푸틴의 뒤를 이은 메드베데프 대통령이 이 구상을 승인함으로써 러시아 대

---

20) 유철종·박상남·채인택, 앞의 책, p.133
21) 위의 책, p.135.

내외 경제발전 정책의 기조가 될 것으로 예견된다. 이 구상은 '강한 러시아'로 나아가기 위해서 그에 부합하는 국가발전 경제전략이 필요했기 때문에 나온 것으로 해석된다. 역동적인 경제발전을 추진하고, 지속적인 국민복지 향상을 도모하며, 국가안보를 강화하고, 세계 사회에서 러시아 지위를 강화하기 위하여 발표된 이 문건은 7가지 달성 목표를 제시하였다.[22] 첫째, 국민소득 및 생활수준의 지속적 향상을 통해 서방 선진국 수준에 상응하는 복지국가를 건설한다. 이를 위해 구매력평가(PPP) 기준 1인당 국내총생산(GDP)을 2020년까지 3만 달러, 2030년까지 4~5만 달러 수준으로 향상시킨다. 둘째, 경쟁우위와 국가안보를 확보하는 방향으로 경제정책을 추진함으로써 과학, 기술부문에서 강국으로서의 러시아 지위를 확보한다. 셋째, 선도적인 연구개발과 첨단기술 개발을 통해 세계경쟁에서 러시아의 특화를 확보한다. 이를 바탕으로 세계 하이테크 제품 및 서비스 시장에서 러시아의 시장점유율을 10% 이상(세계순위 4~6위)으로 높인다. 넷째, 글로벌 에너지부문 인프라구축에서 러시아가 지닌 우월적 지위를 공고히 한다. 다섯째, 운송 및 트랜지트(transit)부문에서 러시아가 지니고 있는 글로벌 경쟁우위를 실현한다. 여섯째, 러시아 전역에 독자적인 금융 인프라를 구축하고, 독립국가연합(CIS), 유라시아경제공동체(EurAsEc), 중동부유럽 금융시장에서 선도적 지위를 확보함으로써 세계 지역금융센터의 하나로 탈바꿈한다.

일곱째, 효율적인 민주제도를 확립하고 영향력 있고 활동적인 시민사회 기관 및 단체의 형성 및 발전을 도모한다.

푸틴은 퇴임을 몇 개월 앞둔 시점인 2008년 2월 "2020년까지의 국가발전전략"을 발표하면서 지난 8년간 국민들의 단합으로 많은 난관을 극복했다고 치하하고 향후 발전방향을 제시하였다. 여기서 우선 자신이 재임했던 기간의 성과를 자찬하였는데 첫째, 높은 경제성장을 제시

---

22) 이종문 "러시아 경제발전의 미래," 고재남 · 엄구호, 『러시아의 미래와 한반도』 (서울: 한국학술정보, 2009), pp. 241-242.

하였다. 총투자규모는 7배 성장하였고 주식 총가치는 600억 달러에서 1조 3,300억 달러로 약 22배 증가하였다. 국가부채는 GDP의 3% 수준으로 떨어졌으며 구매력기준으로 러시아경제는 세계 7위권으로 부상했다는 것이다. 둘째, 지속적인 출생률 저조현상이 2007년 극적으로 회복되었다는 것이다. 그에 따르면 2007년에 태어난 신생아의 숫자가 이전 15년간 태어난 모든 신생아 숫자보다 많아졌다고 한다. 셋째로는 형편없이 저하된 군의 역량이 2000년 이후 회복되어 가고 있다는 사실을 지적하였다. 넷째로는 재벌의 나팔수 역할을 하면서 국익에 손상을 입힌 일부 미디어를 국유화하여 정화작업을 하였다고 평가하였다.

이와 함께 향후 러시아의 발전방향(과제)으로서 다음 정부에서도 푸틴의 "2020년까지의 국가전략"을 실천해야 한다고 역설하였는데, 그 내용은 첫째, 에너지의존 경제발전 우려하고 제조업분야의 투자를 격려하였다. 둘째, 인적 자원에 대한 대대적 투자를 통해 지식산업 육성을 역설하였다. 셋째, 수명을 75세로 연장시킬 것을 지적하였다. 이는 현재 남성인구의 절반 가량이 60세 이하에서 사망하는 심각한 상황을 반영한 것이다. 넷째, 중산층을 육성하여 2020년까지는 전체인구의 60~70%선으로 확대해야 한다고 제시하였다. 마지막으로 지역균형발전을 제시하였다.

3. 메드베데프의 국가전략

2008년 5월, 새로운 대통령으로 부총리 출신의 메드베데프가 취임하였다. 그런데 특이한 점은 전임 푸틴대통령이 총리로서 권력을 공유하고 있다는 점이다. 따라서 푸틴이 추진하던 '강력한 러시아의 건설'은 메드베데프하에서도 계속 추진될 것이 현 시점에서는 자명해 보인다.

1) 메드베데프 정부 출범

메드베데프는 2008년 3월 2일 실시된 대선에서 70.28%라는 압도적 지지율로 당선되었고 5월 7일 제5대 대통령으로 취임하였다. 이미 2007년 12월에 실시된 총선에서도 친여 성격의 정당인 통합러시아당이 압승을 거둠으로써 메드베데프 후보의 당선은 충분히 예견되었다. 메드베데프는 1965생으로 푸틴의 대선본부장(2000), 대통령비서실장(2003), 제1부총리(2005, 경제·사회부문 주요 프로젝트 담당) 등을 역임함으로써 푸틴의 인물로 간주되어왔다.

전임 푸틴대통령은 지난 8년간 대내적으로는 법과 질서를 확립하고 높은 수준의 경제성장을 이룩하였으며, 대외적으로는 실추된 러시아의 국제적 지위를 향상시키는 등 러시아의 국력과 국제적 위신을 크게 신장시킨 것으로 평가받고 있으며, 최근까지 70% 이상의 높은 국민적 지지를 받는 확고한 정치적 기반을 구축하여 왔다.

이러한 정치적 기반 하에서 푸틴은 자신이 지명한 후계자인 메드베데프를 대통령에 당선시켰으며 자신은 총선에서 통합러시아당이 제1당이 된다면 총리직을 수행할 수도 있다고 천명함으로써 대통령 퇴임 이후에도 러시아 정치의 중심적인 역할을 수행할 수 있는 여건을 마련하였다. 이러한 러시아의 정치적 특수성은 신임 대통령 취임식에서 전임 대통령인 푸틴과 신임대통령인 메드베데프가 대통령 취임식에서 나란히 주인공이 되는 특수한 상황을 연출하였다.

푸틴은 이임사에서 자신이 대통령 재임 중에 국민에게 공개적으로 그리고 충심으로 국민과 국가를 위해 봉사하겠다는 약속을 지켰으며, 러시아를 돌보는 의무가 시민으로서 자신에게 부여된 가장 큰 의무였으며 앞으로도 그렇게 하고 싶다고 말하고 이 의무감이 수년간 대통령으로서 자신을 이끌어 왔으며 남은 전 생애 동안 자신을 이끌게 될 것이라고 함으로써 정치지도자로서의 자신의 역할이 끝나지 않았음을 암시하였다.

메드베데프 대통령은 취임사에서 인간의 권리와 자유에 대한 존중과 보호가 국가정책의 방향과 실체를 결정한다고 말하고 국가와 시민사회의 주요한 주춧돌인 법이 무엇보다도 중요하며, 법의 존엄성에 대한 확신을 가지고 법률적 허무주의를 극복해야한다고 언급함으로써 국민의 인권과 자유의 보장, 법치주의의 확립 등을 크게 강조하였다. 또한 지난 8년 동안 앞으로 다가올 세대가 자유롭고 안정적인 발전을 이룩할 수 있는 확고한 토대를 구축했으며, 이 나라를 세계최고의 국가의 하나로 만들 수 있는 특별한 기회를 완전히 이용해야 한다고 말하고 국민들에게 그들의 생애 동안 최고의 편익과 신뢰와 안전을 부여하는 것이 우리를 이끌어갈 전략이며 목표라고 언급하여 국정을 이끌어 나갈 목표와 방향을 제시하였다.

메드베데프 대통령은 취임 직후 푸틴 전 대통령을 총리에 지명하고 총리인준 동의안을 국가두마(하원)에 제출하였으며, 러시아 국가두마는 다음날인 5월 8일 푸틴총리 임명동의안을 찬성 392대 반대 56으로 가결함으로써 푸틴은 새 정부의 총리가 되었다.

2) 메드베데프 정부의 대내 정책 방향

메드베데프 대통령은 국정과제로 4대 분야(4I)를 강조하고 실행계획으로 7개 중점추진과제를 제시하였다. 자신이 추구할 러시아의 경제, 사회정책 방향을 4I로 설명하였는데, 여기에는 제도화(institutions), 인프라건설(infrastructure), 혁신(innovation), 투자(investment)의 4I를 통한 러시아 사회와 경제의 고도화, 선진화를 주창하였다.[23] 또한 메드베데프는 러시아의 금융산업 육성과 영향력 강화를 위해 에너지자원 거래시 루블화 결제를 요구하는 등 루블화의 국제통화 작업에도 나설 것임을 시사하였다.

제도화 및 제도개혁은 부패의 원천을 근본적으로 개혁하기 위해서 필요하다는 입장에서 비롯되었다. 메드베데프는 이를 위해 관료 및 행

---

23) *Известия*(2008.2.13), *Moscow Times*(2008.2.14).

〈표 2〉 7대 중점추진 과제

과제	주요 내용
법치주의 실현	• 사법부의 독립 • 법의 지배 • 개인의 자유, 경제적인 자유, 표현의 자유 실현
부패 척결	• 관료주의 청산 • 반부패운동 실행계획 수립, 실행 • 사유재산권 보장을 위한 법안 마련(토지의 담보물건 인정 등)
세금 감면	• 사업관련 세금 축소 • 세제개혁(부가세율 단일화, 유가증권 매매이익 면세 등)
금융시스템 개혁	• 통화안정 및 루블화의 국제통화 추진(원자재 수출 시 루블화 대금결제 등) • 강력한 금융시스템 및 글로벌 금융중심 추진 • 안정화기금과 연금을 관리할 시스템 구축
인프라 구축	• 운송 및 에너지 인프라 현대화 • 첨단통신 네트워크 구축
정부 혁신	• 공무원 감축 • 공무원의 기업 임원 겸직 제한 • 기업들의 독립적인 임원 선임
사회보장프로그램	• 교육, 보건, 연기금, 주택정책 개혁 등

자료: *Interfax, Moscow Times, Russian Today* 등

정제도 개혁 그리고 사법개혁이 필요하다는 입장이다. 또한 외국 투자가들의 심리적 불안감을 해소하기 위하여 WTO 등 국제기구의 가입을 통한 제도의 선진화에도 깊은 관심을 보이고 있다.

혁신은 장기간의 고도성장과 이에 따른 인플레이션의 압력, 소득 불평등의 개선을 위한 실천 전략으로서의 개념이다. 메드베데프는 소득

불평등 및 경제의 부문별 불균형 성장 등을 해소하기 위해서는 러시아 경제의 근본적 구조개편이 정부 주도로 이루어져야 한다는 입장을 표명하였다. 천연자원에 의존하는 러시아 경제 체질을 혁신적으로 변화시키고, 광범위한 중산층 양산을 통해 소득 불평등 개선 및 사회안정화의 달성을 추진하자는 취지로 이해할 수 있다.

투자의 확대는 에너지산업 분야의 생산성 향상 및 영향력 유지를 위해서는 신규 매장지에 대한 탐사와 기존 유정의 생산성 증대를 위한 자본과 첨단기술의 도입이 필수적이라는 판단에서 비롯되었다. 매년 GDP의 3% 이상이 물류망 노후화 등의 원인으로 유실되고 있는 점을 감안하여 이를 투자로 해소하겠다는 전략이다. 러시아 경제개발통상부의 엘비라 나비율리나 장관은 FDI 및 민간투자 활성화를 위해 제도개혁과 함께 행정 비용을 낮추고, 법인세 감면 등 조세개혁을 통한 세 부담의 감면이 필요하다고 주장하였다.[24)

현재 러시아에는 중장기 국가발전계획으로서 에너지분야 발전계획인 2020과 이의 보완책인 2030계획이 있고, 또한 국방 및 군수산업 분야 개혁을 위한 중장기 프로그램, '2013년까지의 극동 및 자바이칼 발전프로그램' 등 각 지역별 발전 프로그램들을 발표하였다. 러시아의 중기계획은 대부분 2005~2006년 사이에 채택되었고 그에 따른 예산은 모두 2010년까지의 중기 예산운용 계획에 반영되고 있다.

3) 대외정책

세르게이 라브로프(Lavrov) 장관은 2007년 12월에 발표한 글에서 푸틴 대통령이 2007년 2월 독일 뮌헨 국제안보회의에서 한 연설을 러시아 자주 외교정책의 전기라고 규정하였다.[25) 푸틴은 당시 미국은 국경

---

24) *Коммерсантъ*(2008.4.10).
25) "Внешняя политика России: новый этап"(러시아 대외정책: 새로운 단계) *Эксперт*, no.47(Dec.17, 2007).

을 넘어 다른 국가에 자신의 입장을 강요하는 일극체제를 지향한다고 비판하고 이제는 일극체제 대신 다극체제가 자리잡게 될 것이라고 말했다. 푸틴의 외교구상을 구체화한 라브로프의 논문은 러시아는 더 이상 서방에서 배울 필요를 느끼지 못한다며 서방은 러시아를 비정상적인 국가라고 비난하지만 왜 그런지는 설명하지 못하면서 러시아를 가르치려 한다고 비판했다. 미국의 외교정책도 비판대상에 올렸다. 라브로프는 명분없는 이라크 전쟁은 결국 미국의 외교정책에 철학적 기초가 결여돼 있음을 보여준다. 이란 핵문제도 앞으로 무력 수단이 아니라 반드시 대화를 통해 해결해야 한다고 주장했다.

라브로프 장관은 러시아와 유럽연합 관계가 러·미 관계에 너무 영향을 받는다며 EU는 미국과 관계없이 자주적으로 러시아와 협력틀을 구축해야 할 것이라고 강조했다. 향후 국제무대에서 러시아의 역할에 대한 언급도 했는데, 라브로프 장관은 2000년 이후 우리는 옛 소련이 파리클럽에 지고 있던 채무 237억 달러를 모두 갚았고 GDP 1조 달러 돌파로 세계경제의 톱10에 진입했다며 민주주의와 시장경제를 바탕으로 한 우리는 앞으로 국제무대에서 우리의 책임과 역할을 다 할 것이라고 했다. 그는 또 이제 냉전과 함께 일극주의는 종식됐고 다극주의 시대가 도래했다며 우리는 중동평화나 코소보 독립 등 어떤 사안이든지 당사국의 입장을 듣고 설득할 준비가 돼 있고 개방·정직에 기초한 외교정책을 펴겠다고 선언했다. 중국·인도와의 3각 협력, 옛 소련의 11개국으로 구성된 CIS의 단합, 46개 회원국을 둔 아프리카연합(AU)과의 유대 강화 등도 제시했다.

메드베데프는 선거기간 내내 안정성과 연속성을 강조하며 푸틴 대통령의 정책을 이어갈 것이라고 밝힌 바 있어 향후 러시아 정부의 정책은 큰 변화가 없을 것으로 예상되고 있다. 또한 외교적으로 국가의 이익과 강대국으로서의 지위 확보를 위해 사안별로 서방과 대립과 유화정책을 병행할 것으로 예상되고 있다. 따라서 WTO가입을 위해 서방과 개별국가에 대한 외교적 노력을 계속할 것이며, 미국의 코소보 독립 지지와 유럽의 미사일 방어계획, NATO 확장 계획에 대해 반대의사를 분명히 하고 있고 이란의 핵무기 프로그램, 카스피해 연안의 에너지 선점을 위한 가스관 건설 등 서방과의 긴장관계를 지속하고 있다.

메드베데프 러시아 대통령은 2008년 7월 15일 주요국 대사들이 참여한 공관장회의에서 행한 연설을 통하여 러시아의 신외교정책을 발표하였다.[26) 러시아의 신외교정책은 이보다 앞서 7월 12일에 대통령의 사인을 받아 확정되었는데 이날 회의를 통하여 대외적으로 발표된 것이다. 메드베데프가 발표한 신외교정책 개념(foreign policy concept)은 2000년에 푸틴이 발표한 외교정책에 이어 8년 만에 발표된 것으로 러시아 정부가 추진할 외교정책의 목표와 기본방향 및 계획을 규정하고 있어 향후 러시아 외교정책의 방향을 가늠하는 기준이 될 수 있다는 점에서 중요한 의미가 있다.

메드베데프 대통령이 연설에서 푸틴 전 대통령의 외교정책과의 연속성을 계속 유지할 것이라는 지금까지의 주장을 되풀이한데서도 알 수 있는 것과 같이, 메드베데프 대통령이 제시한 러시아의 신외교정책 개념은 2000년에 푸틴이 수립한 외교정책 방향과 기본적인 방향에서 일치하며, 그동안 상황변화에 따라 변화가 필요한 부분의 내용을 수정하거나 보완하는 내용을 담고 있는 것으로 평가되고 있다.

2000년도에 푸틴은 러시아는 유엔과 국제법에 최상의 가치를 부여하고 다극화 시대의 국제질서 담당자로서의 역할을 수행할 것이며 미국의 일방주의를 결코 따르지 않을 것이라는 강경 외교정책 노선을 천명했는데, 8년이 지난 지금 메드베데프도 신외교정책 개념에서 이와 유사한 주장을 되풀이하고 있다.

그동안 서방에서는 새로 취임한 메드베데프 대통령이 푸틴보다 온건 합리적으로 외교정책을 펼칠 것을 기대하는 견해가 많았으나 그동안 메드베데프 대통령이 보인 행보는 서방분석가들의 이러한 기대와는

---

26) *Российская газета*(July 16, 2008).

거리가 먼 것으로 평가되어 왔다. 그런데 이번에 메드베데프 대통령이 신외교정책을 발표하면서 기존의 주장을 되풀이하고 있고, 외교정책의 수행과정에서 푸틴의 영향력이 막강한 것으로 평가되고 있어, 향후 러시아 외교는 푸틴시대의 외교정책방향이 더욱 고수되는 방향으로 전개될 것으로 보인다.

4) '신외교정책'과 '2020국가안보전략보고서'

(1) 메드베데프의 신외교정책

메드베데프 대통령은 2008년 7월 15일 러시아의 신외교정책을 발표하였다. 러시아의 신외교정책 개념(foreign policy concept)은 2000년에 푸틴이 발표한 외교정책에 이어 8년 만에 발표된 것으로 푸틴 전 대통령이 수립한 외교정책 방향과 기본적인 방향에서 일치하며, 그동안 상황변화에 따라 변화가 필요한 부분의 내용을 수정하거나 보완하는 내용을 담았다. 2000년도에 푸틴은 러시아는 유엔과 국제법에 최상의 가치를 부여하고 다극화 시대의 국제질서 담당자로서의 역할을 수행할 것이며 미국의 일방주의를 결코 따르지 않을 것이라는 강경 외교정책 노선을 천명했는데, 8년이 경과한 후에 발표된 메드베데프의 신외교정책 개념도 이와 유사하였다.

그 주요 내용을 보면, 러시아는 지금 지역적인 규모와 국제적인 규모로 전개되는 문제를 해결할 수 있는 강한 힘과 능력을 가지고 있다면서 세계가 러시아의 말을 경청할 뿐만 아니라 문제를 적극적으로 해결하기를 기대한다는 것이다. 이에 따라 메드베데프 대통령은 세계 다른 국가들에게 새로운 국제체제를 건설하기 위한 공개적이고 정직한 토론에 나설 것을 권고하고 안전보장문제를 포함한 모든 국제적 이슈의 해결을 위하여 러시아와 함께 일할 것을 요청하였다. 그러면서 아직도 일부 국가들이 문제를 힘으로 해결하려는 경향이 있다면서 이는 좋지 않은 결과를 가져올 뿐이라고 경고하였다. 이러한 상황에서 러시아는 대결을 피하고 자신들의 국가이익을 지키는 것이 중요한 과제라면서 독자적으로 또는 파트너들과 함께 집단적인 행동을 준비해야 한다고 지적하였다. 그리고 개별국가나 집단의 이익을 위해 국제법이 파괴되어서는 안 되는데, 예컨대 코소보의 일방적인 독립선언과 이를 국가로 승인하는 행위는 명백히 국제법 위반이라고 주장하였다. 메드베데프 대통령은 유엔의 역할을 강화하면서 국제적인 상황을 개선할 필요가 있다면서 유엔은 지난 수십 년간 국제적인 안전보장 문제에 우리인류가 대처해 온 유일한 실체라고 강조하였다. 메드베데프 대통령은 국제적인 차원에서 군비축소와 군비에 대한 통제를 계속해서 유지할 필요가 있다면서 이러한 과정에 러시아와 미국의 역할이 중요하지만 다른 국가도 동참할 것을 호소하였다. 메드베데프 대통령이 지적한 러시아의 또 다른 과제는 '유라시안경제공동체(EurAsEC)'와 '집단안전보장기구(CSTO)'를 통하여 CIS의 통합과정을 강화하는 것이다. 이를 위해 CIS 국가들은 경제, 문화, 교육 분야에서 협력 역량을 강화해야 하며, 유라시아 지역의 광범위한 통합과 관련하여 상하이협력기구(SCO)의 역할 강화 필요성을 역설하였다.

메드베데프 대통령에 의해 발표된 러시아의 신외교정책개념은 2000년에 발표된 푸틴 대통령의 외교정책의 기본적인 골격을 유지하면서 지난 8년간 달라진 러시아의 정치경제적 위상을 반영하여 국제외교무대에서 적극적이고 주도적인 역할을 담당하겠다는 의지를 강력히 표명하고 있는 것으로 평가된다. 기본적으로 푸틴의 외교정책을 그대로 고수하면서 변화된 환경에 적응하는 방향으로 기존의 외교정책기조를 부분적으로 수정하고 있다.

다극적 국제구조를 강조하면서 유엔과 국제법의 준수의 중요성과 미국의 일방주의를 반대하는 기본입장은 푸틴 대통령 이래 되풀이되어 온 러시아 외교의 기본 방향으로서 신외교정책 개념에서도 크게 강조되고 있다. 러시아는 미국 위주의 일방주의에 대한 강력한 반대의사를 표명하면서, 미국와 NATO의 확대에 반대하고, 유럽의 재래식 무기제한협정의 결함을 강력히 비판하였으며, 유럽의 안전보장을 위한 새로운 협정을 제안함으로써 유럽의 평화정착을 위해 새로운 질서를 창출할 필요성을 강조하였다. 또한 동부 유럽에 전략미사일을 설치하려는 미국의 시도에 강력한 반대의견을 피력하면서, 이러한 시도에 대하여 강력한 대응조치를 마련할 것임을 공공연히 밝히고, CIS국가인 그루지야와 우크라이나의 나토가입에 대한 강력한 반대입장을 확고히 하였다.

메드베데프가 발표한 신외교정책의 이러한 기본방향의 재강조를 놓고 러시아의 일부 정치·외교평론가들은 미국 등 서방국가에서 메드베데프 대통령이 등장하면서 좀 더 부드럽고 자유주의적인 외교정책을 펼칠 것을 기대했으나 신외교정책의 발표로 이러한 기대가 무너지게 되었으며, 향후 러시아의 외교는 푸틴 대통령시대 외교정책의 연장선상에서 보수적인 방향으로 전개될 가능성이 커졌다는 분석도 나왔다. 그러나 2000년의 외교정책방향에서는 미국과 관련하여 2개의 문장으로 커다란 격차를 해소할 필요성을 언급하는 데 그쳤으나, 신외교정책에서는 최근에 악화된 러·미 관계에도 불구하고 안전보장과 경제 그리고 다른 분야에서의 커다란 잠재적 가능성을 언급하고 '전략적 동반자관계'로의 발전 필요성을 강조하면서 대미국관계의 개선의사를 표명하고 있다.

그런데 러시아의 신외교정책 발표와 관련하여 러시아를 비롯한 전세계 언론의 주목을 받은 것은 "러시아 행정부가 외교정책 이행을 위한 조치들을 수행한다"는 조항이다. 이 내용은 종전의 외교정책문서에는 없었으나 신외교정책 문서에 새로 등장한 것으로 이를 근거로 일부 언론은 헌법상 대통령에게 부여된 외교정책 수행권한이 푸틴 총리에게 상당부분 이양된 것으로 크게 보도하였다.[27] 동 내용이 러시아 헌법상에 명기된 내각책임 관련조항을 그대로 옮겨왔음에도 불구하고 이러한 주목을 받고 있는 것은 푸틴대통령이 러시아 정치에서 차지하는 위상

---

27) *Wall Street Journal*, 2008.7.16.

과 메드베데프 대통령 취임 이후 전개된 푸틴 총리의 권력강화 조치와 맞물려서 생겨난 현상이라고 할 수 있다.

(2) 2020국가안보전략보고서

러시아 안보회의는 2009년 5월 12일 보고서를 공개하였다. 보고서는 국제관계가 에너지 자원 확보문제를 두고 형성될 것이며 자원 확보 경쟁 속에 군사력을 이용하려는 시도도 배제될 수 없다고 경고했다. 현재 러시아는 구소련 국가의 천연가스 수출 루트를 대부분 장악하고 있지만, 서방이 중앙아시아, 카스피해, 북극해 등으로 접근을 시도하면서 강력한 도전을 받고 있다는 것이다. 또 보고서는 군사분야에서 압도적 우위를 점하려는 특정 국가의 주요 정책들이 러시아 안보에 위협이 되며 거기에는 미국의 미사일방어(MD) 계획도 포함된다고 지적했다. 이어 보고서는 미국이 MD 시스템을 유럽에 배치한다면 국제안보 및 지역 안보 유지가 상당히 어려워 질 것이라고 강조했다. 이와 함께 보고서는 러시아와 국경을 접하며 나토가입을 희망하는 우크라이나와 그루지야를 지목하면서 나토 지향적인 유럽·대서양 지역의 불안정은 국제안보에 점차 위협이 되고 있다고 지적했다. 보고서는 러시아의 장기 국가적 관심사는 민주주의와 시민사회 발전, 국가경쟁력 강화에 있으며 러시아는 합리적, 실용적 외교노선을 취하고 새로운 무기 경쟁을 피하는 정책을 추구하게 될 것이라고 덧붙였다.

미국의 일방주의적 외교방식, 대량살상무기 및 테러확산 등을 부정적 안보요인으로, 에너지자원 확보전과 환경분야를 새로운 위협요인으로 평가한 본 보고서는 예상과는 달리 화해적인 메시지를 담고 있다. 현재 세계의 경향을 얘기하고 러시아의 국가이익과 전략적 우선사항을 정의하였는데 새로운 전략은 위협과 도전을 넓은 의미의 안보개념 하에서 정리하였다. 여기서 명기된 개별 제목들은 '국방''국가안보 및 시민보호''생활환경의 개선''경제성장''연구, 기술, 교육''건강관리''문화''생태,' 그리고 '동등한 조건으로의 전략적 안정 및 파트너십'등이다. 이를 통해 볼 때 새로운 국가전략에서는 군사적 안보위협에 대한 관심이 낮아진 것을 볼 수 있다. 국방업무는 다소 모호하게 표현되고 있는데, 러시아의 핵정책에 대한 본격적인 논의는 피하고 단지 핵억지와 미국과의 핵균형을 재확인하고 있다.

4. 에너지전략

러시아는 21세기를 천연자원 고갈의 시대로 규정하고 세계적인 자원고갈 위기로 인해 서양의 여러 국가들이 부족한 천연자원을 러시아에서 획득하려는 변화에 대해 민감하게 반응하였다. 영토의 보전과 함께 천연자원의 적절한 관리와 서양자본에 의한 자국 천연자원의 침탈을 막아야 한다고 느끼고 에너지자원을 안보문제와 직결되는 중요한 요소로 평가한 것이다. 이에 따라 러시아는 미국과는 협력과 견제, 중국 및 일본과는 자원분배를 통한 영향력 확대를 도모하였다. 이러한 에너지 정책의 배경으로는 냉전 후 유럽의 새로운 안보구도에서 나토의 동진을 러시아가 자국의 안보에 대한 위협 요인으로 판단한 것이 지적되고 있다.

BP가 추정한 러시아의 석유 확인매장량은 95억 톤으로서 전 세계에서 차지하는 점유율이 6.0%로 세계 7위(중동 제외할 경우 베네수엘라에 이어 2위)를, 천연가스 확인매장량은 47조㎥로서 전 세계 점유율 26.7%로 세계 1위를 기록하고 있다. 이 외에도 석탄의 경우 확인매장량은 약 1,570억 톤으로서 세계 2위에 위치하고 있다.

1) 에너지산업의 재국유화

소련해체 후 2002년 말까지 계속되던 석유분야의 민영화 흐름은 이후 크게 변화하여 재국유화 현상이 나타났다. 러시아는 '장기 에너지 전략'이라는 제목의 문서를 1995년 이후 3개나 작성하였다. 이는 1995

년에 승인된 '2010년까지의 러시아의 에너지전략,' 2000년에 기본 승인된 '2020년까지의 러시아의 에너지 전략,' 2003년에 승인된 '2020년까지의 러시아의 에너지 전략' 등 3개다. 현실에 맞지 않는다는 이유로 오래된 에너지 전략이 폐기되고 새로운 전략이 작성되었다. 이는 국가 장기 에너지 전략 문서가 지침문서나 규범문서가 아니라 선언문이기 때문이다. 즉 에너지 분야 주체들의 활동을 법적으로 구속하는 문서가 아니라 국가의 에너지 전략 우선 과제와 목적, 기타 과제를 보여주기 위한 문서인 것이다.

러시아의 에너지 전략에는 외교상의 수단으로서 에너지를 이용하려는 의도나 로스네프찌와 가스프롬 등 국영기업을 강화시키려는 의도를 발견할 수 있으나, 이들 국가의 의도가 조정역할을 다하고 있다고는 생각되지 않으며, 오히려 혼란요인이 되고 있다는 인상조차 받는다. 예를 들어, 가스프롬과 로스네프찌를 축으로 한 석유분야의 재국유화 과정은 국영기업의 재무상황 악화나 석유분야에서 설비투자 의욕의 감퇴라는 부정적 경향과 연결된다.

푸틴 정부가 지속적인 경제성장을 바탕으로 강대국 지위회복을 달성하기 위해서 에너지 산업에 대한 국가통제의 강화가 필요하다고 인식 하에 준비한 것이다.[28] 그 근본 취지는 에너지의 효율적 사용을 통해 경제성장을 달성하여 결과적으로 국민들 삶의 질을 높이는 데 있다고 명시하고 있다. '에너지 전략 2020'은 국내 에너지 산업 및 사회·경제적 발전 전망, 국제에너지 시장의 여건 등을 고려하여 작성되었으며, 다음과 같은 대외 에너지 정책을 강조하였다. 첫째, 국가 경제 발전의 핵심 부문인 에너지 산업을 국제 에너지 시장에 통합하는 등 국제적인 에너지 협력 필요성을 지적하였다. 둘째, 국제에너지 시장에서의 러시

---

28) 2000년부터 준비된 에너지전략은 2003년 5월에 기본내용이 수정 완료되어, 2003년 8월 인준을 받았다. http://www.gazprom.ru/eng/articles/article15253. shtml(검색일: 2007. 9.15).

아의 입지 강화, 에너지 분야의 수출 능력 최대화, 해외시장·기술·금융에 대한 에너지 기업의 동등한 접근 등을 위한 국가차원의 노력이 필요하다는 점을 강조하였다. 셋째, 해외 모든 지역은 물론 국내 각지로 에너지를 수출 또는 공급할 수 있는 충분한 인프라를 구축해야 하고 이를 위한 러시아의 특별한 지리적, 지정학적 입지를 활용해야한다고 제시하고 있다.

에너지 전략 2020은 에너지는 러시아의 외교에서 근본적인 요소임을 강조하며, 해외에서 러시아 에너지 기업의 이익보호와 증진, CIS, EU, 동북아 국가, 미국 및 기타 국가와 국제기구 등과 파이프라인 건설, 에너지 분야에서의 협력을 적극적으로 확대시켜 나가야 한다고 제시하고 있다. 동 보고서에는 또한 동시베리아 개발정책을 포함하고 있는데, 여기에는 ①석유, 가스의 수출을 유럽 중심에서 아태지역으로 공급다변화를 추진하며, ②석유, 가스를 전략물자로 간주, 국가의 통제를 강력히 추진하며, ③중·장기적으로 동시베리아 송유관, 가스관을 병행 건설하는 것을 내용으로 해서 국토균형 발전 및 아·태지역으로의 공급선 다양화 차원에서 "동시베리아 개발정책" 추진을 지적하고 있다. 이는 아직 미개발 상태인 동시베리아와 극동지역의 에너지 수송 간선망을 확충해 기존 시설이 편중된 서시베리아 에너지 수송 간선노선과 연결하고, 특히 그동안의 유럽시장 편향을 탈피해 동북아 지역에 대한 수출을 늘려나가는 것을 뼈대로 하고 있다. 2020년까지 동북아 지역 석유 수입의 3분의 1, 천연가스 수요의 6분의 1을 공급할 것을 목표로 서태평양 지역까지 대규모 송유관과 가스파이프라인 건설을 추진하겠다는 것이다.

러시아 정부는 천연자원의 전략무기화를 겨냥하여 천연자원에 대한 중앙정부의 통제 강화를 뼈대로 한 천연자원법 개정을 추진하였다. 이에 따라 2003년 10월에는 러시아 최대의 석유재벌이던 유코스의 호도롭스키 회장을 탈세, 사기, 횡령 혐의로 구속하는 등 에너지 산업에 대한 국가통제를 강화하는 조치를 취하였다. 이후 푸틴 정부는 상대적으로 풍부한 에너지 자원 보유국의 입지를 이용하여 국제사회에서 러시아의 위상 제고 및 지정학적 영향력 확대를 위한 '에너지 외교'를 강화시키고 있다. 또한 푸틴 정부는 옐친 정부 초기 외국기업의 러시아 에너지를 포함한 광물자원 개발에 대한 투자를 촉진시키기 위하여 1993년 12월 공포된 「생산물 분배계약법(Law on Production Sharing Agreement, PSA법)」을 2003년 개정시켰다. 즉 에너지관련법의 개정을 통해 에너지 관련 산업에 대한 국가통제의 강화 및 국부유출을 최소화하기 위한 조치를 취했다. 이는 개발비용과 이에 따른 리스크를 외국기업에 전가하고 옐친시기와는 달리 일반세법을 적용함으로써 외국기업에 불리하게 만들었다. 이에 따라 이후 PSA법의 적용을 둘러싼 푸틴 정부와 외국계 회사간 분쟁이 빈발하고 있는데, 예를 들어, 2004년 광구개발 사업에 진전이 없다는 이유로 미국의 엑슨모빌(Exxon Mobil)이 참여하고 있는 사할린 프로젝트Ⅲ에 대한 면허를 회수하였다.

푸틴 대통령의 에너지자원에 대한 국가의 통제강화 의지는 이미 오래전 발표된 그의 논문에서 찾아볼 수 있다. 푸틴은 1999년 「쌍트뻬쩨르부르그 국립 광물연구소」의 저널에 발표한 논문 "러시아 경제발전을 위한 전략에 있어서의 광물 자연자원"에서 러시아의 막대한 부존 광물자원, 특히 석유와 가스는 러시아의 지속적인 경제성장을 보장할 뿐만 아니라 러시아의 국제적 위상을 제고해 줄 것이라고 주장하였다. 이러한 막대한 광물자원의 부를 국가발전에 활용하기 위해서는 국가가 자원분야를 통제하고 개발하여야 한다는 의견을 피력하였다.[29] 푸틴은 러시아가 서방의 다국적 기업과 동등한 입장에서 경쟁하기 위해서라도 광물자원 분야에서 정부가 다수의 지분을 차지하면서 수직적으로 통합된 에너지 대기업을 형성, 발전시켜야 한다고 강조하였다. 이상과 같은 푸틴의 에너지에 대한 전략적 사고는 푸틴이 1990년대 중반 쌍트뻬

---

29) 고재남, "푸틴정부 에너지 전략의 국제정치적 함의"(외교안보연구원, 『주요국 제문제분석』, 2006. 10. 16), p.3.

쩨르부르그의 대외경제관계국에 근무할 때 확립된 것으로서 당시 푸틴과 함께 근무했던 밀러(Alexei Miller), 메드베데프(Dmitri Medvedev), 세친(Igor Sechin) 등은 각각 '에너지위원회(Energy Commission)'와 가즈프롬(Gazprom, 러시아 국영가스회사) 사장, 부총리 겸 가즈프롬 이사장, 로즈네프트(Rosneft, 러시아 국영석유회사) 이사장 등을 맡아서 푸틴의 에너지 전략을 실천에 옮기고 있다.

푸틴 정부는 이미 2006년 7월 상트뻬쩨르부르그에서 개최된 G8 정상회담의 의장국 지위를 활용하여 국제에너지 안보를 핵심논의 중 하나로 제안한 바 있고, 여타 G8 국가들이 이에 동의, 긴밀한 논의를 거쳐 '글로벌 에너지 안보(Global Energy Security)'에 관한 결의안을 채택하는데 성공하였다. 동 결의안은 국제사회가 직면한 에너지 문제로 비싸고 유동적인 에너지 가격, 에너지 수요의 지속적인 증가(2030이 되면 현재 보다 50% 증가하고 당시에도 화석연료가 전 세계 에너지 공급의 80%를 차지할 것으로 예측), 수 많은 국가들의 점증하는 수입 의존도, 전 에너지 체인에 대한 막대한 투자 필요성, 환경 보호 및 기후변화 저지의 필요성, 에너지 인프라의 취약성, 정치적 불안정과 자연재해 등을 열거하고 이러한 문제는 글로벌한 성격을 갖기 때문에 공동의 해결 노력이 필요하다고 주장하였다.

푸틴 정부는 한편으로는 노후화된 국내 원유 및 가스 수송을 위한 파이프라인 교체 작업을 진행하고, 다른 한편으로는 에너지 공급의 다변화, 지정학적으로 중요한 국가들과의 에너지 협력의 확대를 위한 파이프라인 연결 사업을 적극적으로 추진하고 있다. 이를 위해 푸틴은 EU, 미국과의 에너지 협력을 확대시키려는 정상외교를 적극 추진하면서도 CIS내 중앙아시아 국가들, 동유럽 국가들, 동북아 지역 국가들, 서남아시아 국가들, 심지어 아프리카 및 라틴 아메리카 국가들과의 정상외교를 통하여 에너지 협력을 촉진 또는 확대시키기 위한 노력을 경주해 오고 있다. 예컨대 2005년 11월 푸틴대통령은 한국, 일본을 방문하여 한국에 2008년부터 6백만 입방미터의 가스공급을 약속했으며, 일본에게

는 사할린 프로젝트 I 에서 생산되는 가스의 30%를 공급하기로 약속했
고 블루스트림 사업 참여를 권유하였다.[30]

에너지의 재국유화가 실시된 이후 2005년 10월 현재 국가(국유기
업)가 러시아에서 생산되는 전체 석유의 30%를 담당하고 있다.[31]
이미 2001년 5월 푸틴은 정부 소유주식을 활용하여 체르노미르딘
(Chernomyrdin)에 이어 바히레프(Vyakhirev)를 회장직에서 제거하였다.
대신 이 자리에 메드베데프와 알렉세이 밀러(A. Miller)라는 당시 젊은

〈표 3〉 2007년 현재 국유화된 주요 에너지관련 기업

회사명	재국유화	새 소유주	국가소유분(%)
Yugansneftegaz	2004.12	Rosneft	100%
Sibneft Oil	2005.10	Gazprom	51%
Transneft Pipeline	N/A	N/A	100%
United Energy Systems Electricity	N/A	N/A	52.7%

출처: Goldman(2008), *Petorstate, op.cit.*, p.100에서 재작성

관료를 임명하였다. 이로써 푸틴은 체르노미르딘과 바히레프가 10여
년간 무소불위의 권력과 각종 비리를 저질렀던 가스프롬을 완벽하게
국가가 통제하게 만들었다.[32]

푸틴은 신임사장 밀레르를 통하여 기업 내 통제강화, 사실상 가스프
롬 관계자가 찬탈했던 자산의 회수와 관리, 늘어난 부채의 축소 등을

---

30) 블루스트림(Blue Stream)은 러시아에서 흑해를 거쳐 터키, 이탈리아를 연결하
는 천연가스 파이프라인 프로젝트로서 2005년 11월 합의되었다.
31) *Financial Times*, October 11, 2005.
32) Marshall I. Goldman, *Pertostate: Putin, Power, and the New Russia*(Oxford:
Oxford University Press, 2008), p.134.

먼저 실시했다. 이러한 개혁의 목표는 방만한 경영때문에 기업으로서의 기능을 상실해가고 있던 가스프롬의 재건이었다. 개혁의 결과, 외부에서도 새로운 경영진을 이전 경영진과 비교할 때 실적 유지와 확대를 지향하는 경향목표의 대강을 외부에서도 어느 정도 이해할 수 있게 되었다.

2) 에너지의 무기화

최근 러시아가 에너지를 무기로 삼아 패권국가를 지향하고 있는 것은 아닌가 하는 의구심이 생긴다. 이는 푸틴정권이 에너지를 비롯한 주요 자원산업의 국가관리를 강화하고 대외적으로도 강권적인 국가사업을 추진하려는 점에서 그러하다. EU 27개국의 석유와 가스수입에서 러시아가 차지하는 비율은 각각 50%와 30%로 EU 역내 소비량의 각각 26%와 29%(2004년)를 차지한다. 러시아와 우크라이나, 벨로루시 사이에 벌어진 가스와 석유 분쟁은 일시적이기는 했지만 프랑스와 이탈리아, 오스트리아, 헝가리 등지에서 공급부족을 초래했다. 러시아의 대유럽 수출용 천연가스의 80%가 우크라이나를, 20%가 벨로루시를 통과하고 있기 때문이다. 양국은 지금까지 국제가격의 1/4 정도의 특혜가격으로 러시아로부터 천연가스를 구입해 왔지만, 러시아는 이러한 특별조치를 중단했다. 푸틴 대통령은 우크라이나에 값싼 가스를 공급하기 위해 러시아가 15년 이상이나 매년 50억 달러를 손해 보았다고 주장하였다. 그럼에도 불구하고 에너지 특혜가격은 오렌지 혁명을 저지하는 역할도 하지 못했다. 이에 따라 러시아는 정치적 이익을 수반하지 않는 특혜가격을 포기하고 시장가격으로 판매하며 파이프라인의 관할권을 확보하고 외국의 자원개발 부문으로 진출하는 등 실리를 추구하려 하고 있다. 석유자본주의(petro-capitalism)를 앞세운 경쟁국가로 탈바꿈하고 있는 것이다.

우크라이나와 러시아의 가스분쟁은 2005년말, 러시아가 우크라이나에 1,000㎥당 50달러에서 160달러로 가격인상을 통고한 데서 시작하였다. 우크라이나가 이를 거부하자 가스프롬은 230달러로의 인상을 제시하고 이것이 거부되자 가스 공급 중단을 선언했다. 우크라이나는 이에 대항하였으나 러시아는 우크라이나로 향하는 가스 공급을 줄였고 그 결과 이탈리아, 헝가리, 오스트리아 등에서 가스 부족 상태가 발생했다. 그 뒤 국제여론의 비판이 거세지자 러시아는 가스프롬뱅크와 오스트리아의 라이파이젠뱅크(Raiffeisen Bank)가 설립한 로스우크르에네르고(RosUkrEnergo)를 통해 중앙아시아산 저가 가스와 자국산 가스를 혼합하여 95달러라는 가격으로 우크라이나에 수출함으로써 일단 해결을 보았다. 그 결과 러시아는 자기 의도대로 로스우크르에네르고에 230달러로 가스를 팔았으며, 이 회사를 통해 시행되는 우크라이나에 판매하는 가스가격은 두 배로 뛰어 올랐다.[33]

벨라루시와 러시아의 가스분쟁은 2006년 말에서 2007년 초에 걸쳐 벌어졌다. 1990년대부터 벨로루시는 러시아산 석유를 무관세로 수입하여 이를 정제한 후 유럽에 판매함으로써 이익을 올렸고 여기서 얻어진 수출관세를 러시아와 벨로루시가 나누어 갖는 구조였다. 그러나 벨로루시는 몇 년 동안이나 러시아에게 지불해야 할 수출관세를 지불하지 않았다. 이에 대한 대항조치로서 러시아는 2007년 1월 1일, 벨로루시에게도 타국과 마찬가지로 180.7달러의 석유수출세를 부과했다.

소련시기부터 40년 이상 신뢰할 수 있는 에너지 공급자였던 러시아로부터의 공급이 일시적이나마 중단된 사건은 유럽국가들에게는 충격적이었다. 이러한 가스분쟁을 계기로 에너지 안보가 긴급한 과제로 제기된 것이다. 현재 EU의 에너지 수입의존도는 50%이나, 북해 등 역내 생산이 감소하고 있기 때문에 2030년에 에너지 수입의존도는 65% 이상에 달할 것으로 예상된다. 더구나 석유와 천연가스의 주요 수입처는 노르웨이, 알제리, 러시아 3국으로 모두 EU 가맹국이 아니다. 2006년

---

33) 일본유라시아연구소 편저, 현승수 · 이웅현 옮김, 『부활하는 러시아의 자원외교』(서울: 전략과 문화, 2007), pp. 169-171.

NATO의 경제전문가는 러시아가 알제리, 카타르, 리비아, 중앙아시아 국가들, 그리고 아마도 이란까지 끌어들여 가스카르텔을 창설하려 하고 있다고 경고했다.[34] 2007년 4월 도하에서 열린 제6회 가스수출국포럼회의(GECF)에는 14개국이 참가했다.[35] 이들 나라는 전 세계 천연가스 매장량의 70% 이상, 수출량의 50% 이상을 차지하는데 러시아 대표로 참가한 인물은 산업에너지부장관인 흐리스텐코와 가스프롬 사장 밀레르였다. 이미 2006년 8월 러시아의 가스프롬과 알제리 국영 탄화수소공사 소나트랙은 자산 스와프, LNG사업, 제3국에서의 개발 안건에 대한 공동입찰 등 분야에서 협력한다는 각서에 조인했었다. 이들 두 나라만으로도 EU 27개국가스 소비의 40% 이상을 차지하기 때문에 EU 국가들이 불안을 느낄만했다.

에너지자원에 대한 통제를 강화함으로써 자국을 중심으로 에너지자원의 동서축(유럽-러시아-동북아시아)과 남북축(러시아-중앙아시아-중동)을 결합하는 에너지 초강대국의 위상을 확보하려 하고 있고, 유라시아 경제공동체를 통한 경제적 통합을 강화하려는 경제적 이익과 목표를 가지고 있다.[36]

5. 다자안보전략

러시아는 안보구축을 위하여 다자안보협력기구의 역할 증대를 모색하고 있다. 이런 맥락에서 러시아는 유럽안보협력기구(OSCE)와 상하이

---

34) *Financial Times*, 2006. 11. 13.
35) 참가국: 알제리, 이집트, 이란, 리비아, 카타르, UAE, 인도네시아, 말레이시아, 나이지리아. 볼리비아, 트리니다드토바고, 베네수엘라, 러시아, 노르웨이(옵서버 참가)
36) 신범식, "러시아의 강대국 복위와 유라시아 지역질서 변동," 고재남 · 엄구호, 앞의 책, 206쪽.

협력기구(SCO)의 역할에 크게 기대하고 있다. 여기서 특히 주목하는 기구는 상하이협력기구인데, 이는 1996년 구소련 국가와 중국의 오래된 국경문제 및 국경수비대 문제를 해결하기 위해 중·러 양국 및 카자흐스탄, 키르기스스탄, 그리고 타직스탄 5개국으로 설립되었다. 이들의 공동관심사인 국경문제가 잘 해결되자 이들은 관심영역을 점차 확대해 왔고 2001년 6월, 상하이에서 열린 '상하이 포럼'에서 우즈베키스탄을 포함하는 6개국으로 구성된 SCO로 새롭게 설립된 것이다. 이 기구는 회원국 간에 안보, 경제, 운송, 문화, 재난구호 및 법집행에 있어서 협력을 증진할 것을 목표로 하였는데, 이 중에서도 안보와 경제협력을 최우선 과제로 설정하였다. 북경에 소재하는 사무국은 주로 경제·무역 문제의 조정을 담당하고 있으며 '2020년까지의 경제발전프로그램' 책정을 위한 준비작업이 이루어지고 있다.

또한 SCO 산하에는 비즈니스 위원회나 은행간 연합 등의 기구도 정비되고 있다. 아프가니스탄 정세가 불안정해지고 중앙아시아 지역에서 테러리즘 활동이 활발하게 된 이후, SCO 가입국은 테러나 분리·과격주의, 불법이민이나 마약밀수 등 국경을 넘나드는 위협에 대처하려는 입장을 취하고 있다. 우즈베키스탄의 수도 타슈켄트에는 테러문제를 전문으로 취급하는 '지역 반테러기구(RATS)'가 설치되어 있다. 또한 가입국에 의한 합동군하훈련도 실시되고 있다. 2007년에도 합동군사훈련이 지난 8월 9일부터 17일까지 9일간 실시되었다. 6개국에서 파병한 6천5백여 명의 병력과 폭격기를 포함한 80여 편의 항공기가 참가한 이번 합동군사훈련은 '평화사명 2007(Peace Mission 2007)'로 명명되었는데 이는 지난 2005년에 실시된 '평화사명 2005'를 지속한다는 의미도 있다. 지난 2005년의 훈련에는 러시아와 중국 2개 국가만 참여하였지만 이번 2007년 훈련에는 SCO에 가입한 6개국이 모두 참여했다는 점에서 진정한 의미의 첫 번째 합동군사훈련이라고 볼 수 있다. 이번 합동군사훈련의 목표는 중앙아시아 지역에서 대두되고 있는 '3대 악의 세력,' 즉 테러리즘, 분리주의, 그리고 극단주의를 분쇄하기 위한 것으로 설정되었다.

III. 결론

메드베데프 첫 내각 및 대통령행정실의 인선을 보면 푸틴 전 대통령의 측근들이 대거 포진되어 있음을 볼 수 있다. 특히 푸틴의 가장 가까운 측근으로 알려진 세르게이 나리슈킨 전 부총리와 블라디슬라프 수르코프 전 푸틴 정치수석을 대통령 행정실 실장과 부실장에 임명함으로써 메드베데프 신임대통령의 모든 일정과 행동이 푸틴의 감시하에 있다는 분석도 있다. 메드베데프 시대에도 건재한 푸틴 인맥들은 푸틴이즘을 공유하고 있기 때문에 계속해서 동일한 정책 노선을 성실히 이행할 것으로 보인다.

메드베데프 정부의 국가전략은 푸틴 정권 내부의 권력승계라는 차원에서 정책기조의 큰 변화는 없을 것으로 예측된다. 즉 자신의 정치적 대부인 푸틴 현 총리와는 갈등보다는 존중과 협력의 기조를 이어갈 것으로 보인다.[37] 메드베데프는 이미 2008년 2월 15일, 크라스노야르스크 경제포럼 연설에서 푸틴 대통령이 며칠 전 연설(2008. 2.5)에서 밝힌 2020년까지의 국가발전전략 재강조하였으며, 법치주의와 동시에 시민의 자유권 강조, 공무원의 책임성 강조, 중소기업 발전의 필요성, 교육 및 건강(보건)의 개선, 주택난 해소를 해결해야 할 과제로 설정하였다. 이는 메드베데프 대통령 자신이 부총리시절부터 추진해온 교육, 보건, 주거환경 분야 프로그램을 유지, 발전시키면서 모든 러시아인이 혜택을 받을 수 있는 현대적인 사회 안전망을 구축해야 됨을 의미한다.

---

37) 유철종 · 박상남 · 채인택, 앞의 책, 147쪽.

아울러 대외정책에서도 대결적 구도를 피하고 다자안보협력기구를 활용하여 국익을 위해 균형 잡힌 외교정책을 추구할 것으로 보인다. 즉 러시아의 안정적 경제성장을 유지하면서 경제적 자유를 신장하고, 사회복지 프로그램 개발을 통해 전 국민의 생활수준을 향상시키는 동시에 국제무대에서 러시아의 지위를 확고히 하기 위한 전략을 지속적으로 추진할 것이다.

참고문헌

강봉구. "21세기 러시아 정치와 국가전략." 홍완석 편. 『21세기 러시아정치와 국가전략』 서울: 일신사, 2001.

고재남. "러시아 에너지 외교와 동북아." 기연수 편. 『러시아, 위대한 강대국 재현을 향한 여정』. 서울: 한국외국어대학교 출판부, 2009.

_____. "푸틴 정부 에너지 전략의 국제정치적 함의." 외교안보연구원, 주요국 제문제분석. 2006.10.16.

고재남 · 엄구호 엮음. 『러시아의 미래와 한반도』. 서울: 한국학술정보, 2009.

심경욱. "러시아의 군사력 변화와 미래 안보전략." 고재남 · 엄구호 엮음. 『러시아의 미래와 한반도』. 서울: 한국학술정보, 2009.

유철종 · 박상남 · 채인택 지음. 『두 개의 권력, 러시아의 미래』. 서울: 플래닛 미디어, 2008.

정은숙. 『미중일러의 대북정책: 주변4강 2000』. 서울: 세종연구소, 2001.

_____. "러시아의 그루지야 군사개입: 배경 · 쟁점 · 전망." 『정세와 전망』. 2008.9.

이종문. "러시아 경제발전의 미래." 고재남 · 엄구호 엮음. 『러시아의 미래와 한반도』. 서울: 한국학술정보, 2009.

일본유라시아연구소 편저. 현승수 · 이웅현 옮김. 『부활하는 러시아의 자원외교』. 서울: 전략과 문화, 2007.

홍완석. 『21세기 러시아 정치와 국가전략』. 서울: 일신사, 2001.

Acheston, D. *Present at the Creation: My Years in the State Department*. New York: Norton, 1969.

Bialer, S. *The Soviet Paradox: External Expansion, Internal Decline*. New York: Knopf, 1986.

Berdyaev, Nicolas. *The Russian Idea* New York: Lindisfarne Press, 1992.

Gardy, Clifford G., and Andrew C. Kuchins. "Putin's Plan." *The Washington Quarterly* 31:2(Spring 2008).

Goldman, Marshall I. *Pertostate: Putin, Power, and the New Russia*. Oxford: Oxford University Press, 2008.

Hingley, R. *The Russian Mind.* New York: Charles Scribner, 1997.

King, William R. & David I. Cleland. *Strategic Planning and Policy.* New York: Nostrand Reinhold, 1978.

Margot, Light. "Post-Soviet Russian Foreign Policy." In Archie Brown, ed. *Contemporary Russian Politics: A Reader.* Oxford: Oxford University Press, 2001.

Melville, Andrei, and Tatian Shackleton, eds. *Russian Foreign Policy in Transition.* Budapest: Central European University Press, 2005.

Oldberg, Inrmar. "Foreign Policy Priorities under Putin." Jakob Hedenskog, Vilhelm Konnander et al. *Russian as a Great Power: Dimensions of Security under Putin.* New York: Routledge, 2005.

Schecter, Jerrold L. *Russian Negotiating Behavior: Continuity and Change.* Washington, D.C.: United States Institute of Peace Press, 1998.

Shevstova, Lilia. "Russia: In Transition or Intransigent?"(미 의회 '유럽 안보 및 협력위원회'에서의 증언, 2007년 5월).

Sloss, L. & M. S. Davis, eds. *A game for High Stakes: Lessons Learned in Negotiating with the Soviet Union.* Cambridge, MA: Ballinger, 1986.

Smith, R. *Negotiating with the Soviets.* Bloomington: Indiana University Press, 1989.

Smith, Hedrick. *The Russians.* New York: Quadrangle, 1976.

Trenin, Dmitri. "Russia's Strategic Choices." *Policy Brief.* Carnegie Endowment for International Peace, May 2007.

Whelan, J. *Soviet Diplomacy and Negotiation Behavior: Emerging New Context for U.S. Diplomacy.* Special Studies Series on Foreign Affairs Issues, 1, Committee on Foreign Affairs, House of Representatives. Washington, D.C.: U.S. Government Printing Office, 1979.

Zagorsky, Alexei. "Cooperative Security in Northeast Asia: A Russian Vision." 고성윤 · 이민영 (편). 『다자안보 협력의 모색』. 서울: 한국국방연구원, 1999. pp. 235-236.

〈인터넷 자료 및 일간지〉

"Внешняя политика России: новый этап"(러시아 대외정책: 새로운 단계)
　　　　Эксперт, no.47(Dec.17, 2007).
http://nvo.ng.ru/concepts/2000-01-14/6_concept.html (검색일: 2008. 4.30).
http://www.gazprom.ru/eng/articles/article15253.shtml (검색일:2007. 9.15).
Interfax, Moscow Times, Russian Today, Wall Street Journal.
Financial Times, New York Times.
Известия, Коммерсантъ, Российская газета, Новая газета.

제3부

한국안보의 과제

제10장
국제법과 국가안보

김병렬

I. 서론

국방대학교에서 발간한 안보관계용어집에 의하면 안보란 안전보장의 준말이며 국가안전보장이란 "정치, 외교, 사회, 문화, 경제, 과학기술 등 국가의 제 정책분야를 종합적으로 운용하여 국내외로부터 기인하는 군사, 비군사에 걸친 각종 각양의 직·간접적 위협을 억제·방지·배제하고, 유사시 적절히 대응하여 국가와 국가가 추구하는 제 가치를 보전하고 향상시키는 것을 말한다."고 되어 있다.[1]

이 정의에 의하면 국제법이 주요 정책분야에서 제외되어 있다. 물론 국제사회가 아직 덜 조직화되어 있기 때문에 아직까지는 국제법의 비중이 그리 높지 못하다고 말할 수도 있다. 하지만 최근 국가 간에 첨예

---

1) 국방대학교, 『안보관계용어집』(국방대학교, 2006), p.13.

한 갈등을 빚고 있는 경제문제는 물론이고 최후의 수단인 전쟁으로도 해결하지 못한 영토문제까지를 국제법에 의존하여 해결하는 사례가 증가하고 있는 것으로 보아 결코 다른 분야에 비해 그 중요도가 낮다고만은 할 수 없을 것이다.

물론 전쟁이 발발하게 되면 국제인도법이 직접적으로 적용되며, 또 평시에도 전쟁을 억제하기 위하여 국제연합을 비롯한 각종의 기구들이 국제법을 근거로 활동하고 있다.

본고에서는 이러한 무력충돌과 관련된 사항은 제외하고, 국제분쟁의 평화적 해결분야에서의 국제법의 역할과 국가안보에 미치는 영향을 중심으로 살펴보고자 한다.

II. 국제법의 개념

1. 국제법의 어원(語源)

국제법의 영어식 표현인 'International Law'라는 용어는 로마의 'Jus gentium(萬民法)'에서 유래된 것이다.[2]

1864년 중국에서 선교사로 활동하던 마틴(William Martin)이 *Elements of International Law*(1836년 Henry Wheaton 저술)를 한자어로 번역하면서 '만국공법(萬國公法)'이라고 번역하여 한동안 '만국공법'이라는 용어가 한국과 중국, 일본에서 사용되었다. 그러다가 1873년에 일본인 미즈꾸리린쇼우(箕作麟祥)가 울시(T.W. Woolsey)의 International Law를 '국제

---

2) Gerhard von Glahn, *Law Among Nations*, 4th ed.(New York: Macmillan, 1981), p.42.

법'이라는 용어로 번역한 이래 한국과 일본에서 일반적으로 사용되고 있다.[3]

2. 국제법의 정의

이러한 국제법은 종래의 통설에 의하면 '국가간의 법' 즉 국가 간의 관계를 규율하는 법이라고 했다.[4] 하지만 국제법의 규율대상이 국가 상호 간의 관계뿐만 아니라 국제기구와 국가 간의 관계, 국제기구 상호 간의 관계, 개인과 국가 간의 관계, 개인과 국제기구 간의 관계 등을 모두 포함하게 되자 국제법을 단순히 국가간의 법이라고만 규정하기가 곤란하게 되었다. 뿐만 아니라 국제법과 국내법과의 관계가 모호해지는 현상까지 발생하게 되자(EU법, 인권법 등) 새로운 정의를 내릴 수밖에 없게 되었다. 따라서 오늘날에는 국제법을 '국제사회를 타당기반으로 하는 국제사회의 법이며, 그 규율대상은 주로 국가간의 관계이지만 제한적으로는 국제기구나 개인의 관계도 규율대상으로 하는 법'이라고 일반적으로 정의하고 있다.

3. 국제법의 특성

국제법은 국내법과는 달리 주권국가가 병존(竝存)하며 중앙집권적 권력관계가 존재하지 않는 국제사회에 적용되는 법이기 때문에 다음과 같은 특성을 갖는다.

---

3) 日本國際法學會, 『國際法講座』 第1卷(東京: 有斐閣, 1957), p.14.
4) Robert Jennings & Arthur Watts(ed.), *Oppenheim's International Law*, 9th ed. Vol.1(London: Longmans, 1992), p.4.

1) 정립(定立)의 분권성(分權性)

국내법의 경우는 국민의 대표기관인 의회가 법을 정립하며, 국민은 그가 직접 참여하지 않았더라도 모든 법에 당연히 구속된다. 하지만 국제법의 경우에는 주로 국제사회를 구성하는 주권국가의 합의에 의해 법이 정립되기 때문에, 국제법의 정립에 관여하지 않은 국가는 이에 구속되지 않는 것을 원칙으로 한다. 최근 국제기구가 국제입법에서 중요한 역할을 하고는 있으나 국제기구가 작성한 조약일지라도 그것이 국가를 법적으로 구속하기 위해서는 다른 조약과 마찬가지로 국가에 의한 구속을 받겠다는 서명 · 비준 등의 절차를 필요로 한다. 이는 국제기구가 국내법상의 입법기관과 같은 지위를 아직까지는 획득하지 못했기 때문이다.

2) 적용의 분권성

국내법은 중앙집권적인 행정 · 사법기관에 의해 일괄적으로 적용되지만 국제법은 각각의 당사자에 의해 적용된다. 최근 국제사회의 조직화에 따라 국제법의 적용도 중앙집권적인 성격을 많이 갖게는 되었다. 하지만 국제연합이나 국제사법법원도 결국 당사국의 합의에 의한다는 점에서 궁극적으로 분권적이라고 할 수밖에 없다.

3) 집행의 분권성

국제재판의 판결은 법적 구속력을 갖는다.[5] 그러나 당사국이 판결을 이행하지 않는 경우에 있어서의 강제집행제도는 갖추고 있지 못하다.

국제사법법원의 판결을 어느 당사국이 이행하지 않으면 타방 당사국은 안전보장이사회에 제소할 수 있으며, 이사회는 필요하다고 인정할 경우 판결집행을 위해서 권고하고 또는 취해야 할 조치를 결정할 수는

---

5) 국제연합 헌장 제94조 제1항, 국제사법법원 규정 제59조.

있다.[6] 그러나 이 경우에 이사회가 판결의 집행만을 목적으로 헌장 제7장에 의한 강제조치를 취할 수 있는지 여부는 의문이다. 안전보장이사회의 강제조치는 "국제평화 및 안전을 유지 또는 회복하기 위한" 것이기 때문에[7] 반드시 법을 집행하기 위한 것이라고 볼 수는 없으며, 비록 그렇다고 하더라도 그 실효성이 현재로서는 확실하다고 할 수 없다.

III. 국제법의 법원(法源)

법원(法源)이란 법으로 사용될 수 있는 자료를 의미한다.

1. 국제조약

조약법에 관한 비엔나협약에 의하면 조약이란 "국제법 주체간에 문서의 형식으로 체결되고 국제법에 의하여 규율되는 국제적인 합의"[8]를 의미한다. 조약은 체약국(締約國) 간에 적용되는 규범을 창설한다. 또한 관습국제법을 보완하고 그것을 수정하기도 한다. 조약 중 이른바 입법조약은 국제사회의 일반적 규범을 정립하는 것으로서, 법원으로서 매우 중요한 의미를 갖는다. 예컨대 국제연합헌장, 제노사이드조약, 우주조약 등이 이에 속한다.

양자조약(兩者條約)에 있어서도 체약국 사이에 있어서 법규범의 설정

---

6) 국제연합 헌장 제94조 제2항.
7) 국제연합 헌장 제39조.
8) 제2조 제1항.

기능이 인정되며, 시실리전자공업회사사건(1989)[9]에서 미국·이탈리아 간의 우호통상항해조약이 국제사법법원의 재판기준이 되었던 바와 같이 양자조약이라고 하여 그 법원성이 부인되는 것은 아니다.

조약은 일반적으로 체약국이 아닌 제3국에게 권리와 의무를 창설하지 않는다. 그러나 다자간 조약의 규정이 관습국제법화하는 경우 또는 관습법규를 법전화한 조약의 경우에는 제3국에게도 그 법적 효과가 미치는 경우가 있다. 국제사법법원은 북해대륙붕사건(1969)에서 대륙붕협약의 제1조 내지 제3조의 규정이 대륙붕에 관한 관습국제법의 규칙을 성문화한 것이라고 했다.[10] 따라서 이 규정은 당연히 비체약국에게도 구속력을 갖는다고 할 것이다.

2. 관습국제법

관습국제법(慣習國際法)은 국제법으로서 인정된 일반적 관행을 의미한다.[11] 이러한 관습국제법은 국제법의 법원으로서 아주 중요한 지위를 차지하고 있다. 관습국제법의 내용은 국제사회의 모든 국가들에게 보편적으로 적용된다. 국제사법법원은 국제관습법규를 설명하면서 "바로 그 성질상 국제사회의 모든 구성국에 대하여 꼭 같은 효력을 가지지 않으면 안 되고, 어떤 국가도 자기의 편의를 위해서 임의로 일반적으로 그 적용을 배제할 수 없는 것"[12]이라고 했다. 어떤 관습국제법규의 형성과정에서 그에 줄곧 반대해 온 국가에게는 구속력이 없다는 주장도 있으나, 이러한 주장이 아직까지 국제재판 등에서 명백하게 인정된 바는 없다.

---

9) *ICJ Reports,* 1989, p.15.
10) *ICJ Reports,* 1969, p.39.
11) Jennings & Watts, *op.cit.*, *supra* n.4.
12) *ICJ Reports,* 1969, p.38.

　국제사법법원은 관습국제법의 형성요건으로서 ‘국가실행(state practice)'과 ‘법적 신념(opinion juris)'이라는 2개의 요소를 들고 있다. 각각 객관적 요건, 주관적 요건이라고 부를 수 있다. 국가실행이란 그 행위가 여러 국가의 일반적 관행이 쌓여서 이루어진 것을 의미한다. 하지만 그것이 완전한 획일성과 일관성을 요구하는 것은 아니다. 니카라과에 대한 군사적 활동요건에서 국제사법법원은 관습법규의 형성에는 국가실행의 ‘완전한 일관성'은 필요하지 않으며, “국가의 행동이 일반적으로 그러한 규칙과 일치하고 있고, 만일 국가의 행동사례가 일치하고 있지 않은 경우에는, 그것이 새로운 규칙의 승인표시가 아니라 일반적으로 그 규칙의 위반으로만 취급되면 충분하다"[13]라고 했다. 비호사건(庇護事件)에서 외교적 비호권의 존재를 인정한 법원은 비호권의 존재에 반대하면서 콜롬비아 정부가 든 국가실행의 예는 ‘불확실성과 모순', ‘동요와 불일치'가 있기 때문에 받아들일 수 없다고 지적했다.[14]

　국가실행의 형성에 필요한 시간적 요소의 기준은 일정하지 않다. 국제사회가 긴밀화함에 따라 최근에는 비교적 단기간 내에 관습법이 성립되는 일이 적지 않다. 북해대륙붕사건에서 법원은 “단기간의 변화일지라도 그것 자체는 새로운 관습국제법규의 형성을 방해하지 않는다."라고 하면서 “중요한 것은 그 기간 내에 ‘특별한 이해관계를 갖는 국가를 포함한' 국가의 실행이 ‘광범위하게 또한 실제상의 일치'를 보이는 것"이라고 하였다.[15] 배타적 경제수역제도를 그 일례로 들 수 있다. 배타적 경제수역의 설정은 1970년대 후반부터 시작되어 1982년의 유엔해양법협약에서 법제화되었다. 국제사법법원은 1985년의 리비아·몰타대륙붕사건에서 “거리를 권원(權原)의 기준으로 하는 배타적 경제수역제도는 제국가(諸國家)의 실행으로 관습법의 일부가 되었음이 밝혀졌

---

13) *ICJ Reports*, 1986, p.98.
14) *ICJ Reports*, 1950, p.277.
15) *ICJ Reports*, 1969, p.43.

다."라고 판시했다.[16]

주관적 요건인 '법적 신념'은 그 행위의 실행 또는 억제가 법적 권리 의무의 관념을 갖는다고 하는 규범적 인식이다. 학설 중에는 일반관행의 증명으로 충분하며, 그 주관적 요건은 불필요하다는 견해도 있기는 하다. 그러나 이러한 견해에 따를 경우 그 위반이 위법행위를 구성하는 관습국제법과 그러한 효과를 수반하지 않는 '사실상의 관행'과를 구별하기가 어렵게 된다. 상설국제사법법원(PCIJ)은 로터스(Lotus)호 사건에서 "국가가 어떤 행위를 억제할 때 '그러한 억제가 만일 어떤 행위를 삼가야 한다고 하는 의무감의 생각에 바탕을 둔 것'이라면, 그 경우에만 국제관습이라고 말할 수 있다."고 하였다.[17] 국제사법법원 또한 비호사건에서 외교적 비호에 관해서 그 일반적 관행의 증명 외에 "이 관행이 비호의 공여국(供與國)에 속하는 권리를 나타내고, 또한 영역국에게 부가된 의무의 표명이라는 것을 증명하지 않으면 안 된다."고 했다.[18] 이러한 입장은 북해대륙붕사건에서도 계속되어 법원은 법적 신념의 필요성을 지적하면서, 모든 국가는 법적 의무에 따르고 있다는 감각이 있어야 한다고 하고, 그것은 단순히 '의례, 편의 혹은 전통의 고려'에 의한 것이 아니라 '법적 의무의 감각'에 바탕을 두지 않으면 안 된다고 하였다.[19]

이와 같이 법원은 법적 신념을 관습법의 성립요건으로 유지하고 있으나, 한편으로 그러한 인정이 쉽지만은 않다는 것이 분명하다. 위의 3가지 사건에서는 어느 경우에도 그것이 증명되지 않았다고 하여 당사국들이 각기 주장한 피해선적국의 형사재판권의 부존재, 외교적 비호권의 존재, 등거리선 방식의 의무성 주장 등이 모두 기각되었다.

일반적으로 이러한 요건의 인정은 국가실행의 분석을 통해서 판단

---

16) *ICJ Reports*, 1985, p.33.
17) *PCIJ Series* A, No. 10(1927), p.31.
18) *ICJ Reports*, 1974, p.23.
19) *ICJ Reports*, 1969, p.44.

된다. 그 경우 그 실행이 확고한 일관성을 가질 때는 법적 신념의 존재에 유리한 추정이 내려질 수 있을 것이다. 인도령통행권사건(印度領通行權事件)에서 국제사법법원은 포르투갈의 사인(私人)·민간인 관리에 의한 "일관된 통일적 실행이 100여 년 동안에 걸쳐 있었고, 또한 인도의 독립 후에도 유지되었으며, 모든 사정을 감안하면, 이 실행은 양 당사국에 의해서 법으로서 받아들여짐으로써 권리와 그에 대응하는 의무를 낳은 것으로 인정된다."고 하였다.[20]

한편, 니카라과에 대한 군사적 활동사건에서 법원은 "신중한 주의를 필요로 한다."고 하면서 국제기구나 국제회의의 결의·선언을 법적 신념의 표명으로서 중요시하였다. 예컨대 무력불행사(武力不行使)의 관습법성에 관해서는 특히 1970년의 우호관계원칙선언에 대한 각국의 동의가 "이 규칙에 관한 법적 신념을 표명하는 것"이라고 하였으며, 1975년의 헬싱키 선언 또한 이 규칙을 강행법규로 본 국제법위원회(ILC)의 보고서를 언급하였다.[21] 그러나 법원의 이와 같은 견해에 대하여, 현실세계에서의 국가의 실제적 행동이 아니면 법적 신념의 증명력을 갖지 못한다라고 하는 비판도 있다. 이와 같은 비판을 감안한다면, 국제문서는 그 자체를 법적 신념의 표명이라고 보기보다는 오히려 그를 위한 보조적 의의를 갖는 것으로 보는 것이 적당할 것이다.

관습국제법은 그 성립 시기와 내용이 명확하지 않으므로, 이것을 조약으로 성문화하는 작업 즉 법전화 사업이 유엔을 중심으로 추진되고 있다. 국제법의 법전화는 오래전부터 시도되어 왔지만, 제2차 세계대전 전 두 번의 헤이그평화회의에서 체결된 전쟁법 분야의 조약들을 제외하면 그다지 볼만한 성과를 거두지 못했다. 그러다가 1947년 유엔총회가 설치한 국제법위원회(ILC, 총회에서 선출되는 34명의 위원으로 구성)가 지금까지 해양법 4개협약(1958), 외교관계조약(1961), 영사관계조약

---

20) *ICJ Reports*, 1960, p.40.
21) *ICJ Reports*, 1986, pp.99-101.

(1963), 조약법협약(1969), 조약승계조약(1978), 국가재산 등 승계조약 (1983) 등의 조약안을 마련하였으며, 현재도 계속 새로운 조약안을 심의하고 있다.

3. 법의 일반원칙

법의 일반원칙이란 각국에 공통되는 국내법상의 일반원칙 중에서 국가 간의 관계에도 적용될 수 있는 원칙들을 말한다. 이러한 법의 일반원칙이 국제사법법원의 재판근거로 채택된 동기는 이른바 재판불능 (non liquet) 즉 적용법규의 부존재 내지 불명료 때문에 재판이 불가능하게 되는 것을 회피하는 데 있었다. 유럽국가들에서는 사법(私法)과 절차법의 규칙에 공통성이 인정되며 또한 19세기 말의 국제중재재판에서는 공통의 국내법 원칙이 적용된 선례가 있다는 것 등이 이 원칙이 채택된 배경을 이루고 있다.

법의 일반원칙의 적용은 성숙된 국내법 원칙을 국제법체계 속에 도입함으로써 국제법에 의한 판결내용을 질적으로 충실화하는 데 기여하고 있다.

상설국제사법법원 및 국제사법법원은 지금까지 몇 번에 걸쳐 법의 일반원칙을 적용했다. 위법행위로 인한 책임발생의 제원칙(諸原則), 금반언(禁反言)의 원칙, 신의성실의 원칙, 거증(擧證)책임·증거능력의 원칙, 소(訴)의 이익의 원칙, 기판력(旣判力)의 원칙 등이다. 이러한 원칙을 적용하는 빈도가 그리 많다고는 할 수 없으나 법원은 필요에 따라 이러한 것들을 적용해왔다. 법의 일반원칙을 적용할 것인가 아닌가는 말할 필요도 없이 법원의 판단에 맡겨지나, 일반적으로는 그 사건의 처리에 요긴하고 또한 국제법의 제원칙과 일치하는 경우에만 한정된다고 할 것이다.

4. 국제판례

국제사법법원규정은 국제판례를 판결의 보조수단으로 규정했다(제 38조 제1항 ⓓ). 그러나 국제사법법원의 판결이 선례에 반드시 구속되는 것은 아니다(제59조). 따라서 판례를 형식적 법원이라고는 할 수 없다.

일반적인 판례의 기능은 다음과 같다.

첫째, 조약의 해석에 영향을 미친다. 예컨대, 비엔나 외교관계협약의 외교특권의 내용과 적용조건 혹은 유엔의 평화유지활동과 유엔헌장의 틀과의 관계 등에 관하여 법원이 내린 법적 판단은 그 조약의 해석에 하나의 지침이 된다.

둘째, 관습국제법의 내용을 확정하는 기능을 한다. 예컨대, 코르푸해 협사건에서 국제해협에서의 군함의 무해통항권(無害通航權)의 인정,[22] 혹은 니카라과에 대한 군사적 활동사건에서의 집단적 자위권의 관습국제법성과 그 요건의 인정[23] 등은 제3국에 대해서도 큰 의의를 갖는다.

셋째, 법규 창조적 기능이 있다. 예컨대, 노르웨이 어업사건에서 법원이 인정한 직선기선방식[24]은 1958년의 영해협약에서 일반적인 제도로서 채용되었고(제4조), 또한 제노사이드조약 유보사건에서 법원이 새로이 승인한 유보의 허용성에 관한 원칙은 1969년의 조약법에 관한 비엔나협약에서 채용되었다(제19조 (c)).[25] 법원이 일련의 해양경계획정사건에서 발전시켜온 형평의 원칙도 이 유형에 포함될 수 있을 것이다. 국제사법법원은 참조가 가능한 때는 매우 빈번하게 이전의 판례에 의거해 오고 있으며, 또한 각국도 그 판례를 중시·존중하고 있다. 그러한 의미에서 이들 판례는 실질적으로 국제판례법을 형성하고 있다고 할 수 있다. 또한 법원의 이러한 판단이 국내 법원의 국제법 해석에 미

---

22) *ICJ Reports*, 1949, p.28.
23) *ICJ Reports*, 1986, pp.102-106.
24) *ICJ Reports*, 1951, p.116.
25) *ICJ Reports*, 1951, p.24.

치는 영향도 적지 않다.

5. 학설

학설에 관해서 법원규정은 판례와 마찬가지로 권위 있는 학설을 판결의 보조수단으로 하고 있다(제38조 제1항 ⓒ). 하지만 법원은 실제로 특정 학설을 직접 인용하지는 않는 것이 관례로 되어 있다. 그렇다고 이것이 학설을 참조하지 않는다는 것은 아니다. 이것은 각 판사의 의견이 상당히 자세히 학설을 검토하고 있는 점으로 보아도 분명하다. 노티봄(Nottebohm)사건에서 법원은 이중국적자의 보호에 관한 판례를 검토한 후, "같은 경향은 국제법 학자의 학설과 국가실행에 있어서도 지배적이다."라고 하였다.[26] 전통적으로 학설은 국제법의 발전에 커다란 영향을 미쳐왔다. 미국의 파케트하바나(Paquete Habana)호 사건에서 전시(戰時)에 있어서의 어선의 포획이 문제가 되었을 때, 연방최고법원은 조약과 법령·판례가 존재하지 않는 경우에는 문명제국의 관행의 증명으로서 "다년간의 연구와 경험으로 그 주제에 정통한 법학자의 업적"에 의거해야 한다고 했다. 그것은 "무엇이 참으로 법인가에 대한 신뢰할 수 있는 증거"가 되기 때문이라고 하였다. 그리하여 법원은 많은 학자의 견해와 약간의 판례를 분석한 후에, 어선의 포획을 합법이라고 판결한 하급심 판결을 파기하였다.[27]

일반적으로 학설이 갖는 의의는 사건에 따라 다르다. 더군다나 그 주제에 관하여 학설이 여러 가지로 대립되고 있을 때는 학설의 가치는 더욱 제한적인 것이 될 것이다. 하지만 학설은 법적 검토를 가하는 데 필요한 개념상의 틀을 제공하며 법이론적인 관점에서의 입법론을 전개하

---

26) *ICJ Reports*, 1955, p. 22.
27) The Paquete Habana, 1900, 175 U.S. 677, 700.

고 국가실행을 종합적 또는 공정한 관점에서 평가하는 등 중요한 역할을 다하고 있다.

학설 그 자체는 아니나 학술단체에서 기초한 조약의 초안 등도 학설과 같은 지위가 부여되고 있다.

6. 국제기구가 채택하는 결의 · 선언

국제기구가 채택하는 결의 · 선언은 국제기구의 내부문제에 관한 결정 이외에는 일반적으로 회원국을 구속하는 효력이 없다. 그것은 권고적 성질의 것이며, 국제법의 형식적 법원을 구성하지 않는다. 그러나 이들 결의 중에는 현행 국제법의 발전을 도모하는 것과 일반적 성질의 규범 내지 질서의 수립을 도모하는 것이 있다. 예컨대, 유엔총회의 영역내 비호선언(1967년 총회결의 제2312호), 우주활동법 원칙선언(1963년 총회결의 제1962호), 심해저 원칙선언(1970년 총회결의 제2749호), 경제적 권리의무헌장(1974년 총회결의 제3281호) 등의 결의는 그 자체로서 법규범성을 갖는 것은 아니지만 그 후에 우주조약(1967)이나 유엔해양법협약(1982)에 받아들여짐으로써 법적 의의를 갖게 되었다.

우호관계 원칙선언(1970년 총회결의 제2625호)이나, 침략의 정의에 관한 결의(1974년 총회결의 제3314호) 등은 유엔헌장이나 일반국제법의 내용을 명확화하고 있다. 이들은 헌장규정 내지 그 국제법규의 해석에 중요한 지침을 제공하게 된다. 국제사법법원은 우호관계 원칙선언상의 무력불행사 규정을 관습국제법 형성에 필요한 '법적 신념'의 표명으로 보았다. 동일한 내용의 결의가 반복하여 채택되면(아파르트헤이트비난 결의, 천연자원의 영구주권 결의 등) 그것이 후일의 조약화를 촉진할 뿐만 아니라(아파르트헤이트조약(1973), 국제인권규약(1966)) 그 내용이 관습국제법규화할 가능성이 있다. 그럼으로써 각국을 구속하는 규범이 되는 것이나, 다만 그러한 경우 결의의 집적이 구속력을 갖게 되는 것이 아니고, 제국의 실행을 통하여 거기에 새로운 관습국제법이 형성되어지는 것으로 보아야 할 것이다.

IV. 점증하는 국제법의 역할

전통적인 국제법은 전쟁과 정복, 식민지 획득과 관련된 법들이 전부였다고 해도 틀린 말은 아니다. 하지만 현대 국제법은 평화, 인권, 군축 등의 문제가 중심과제가 되고 있으며, 경제, 환경, 바다 및 하늘, 지적재산권 등 포함하지 않는 분야가 없다. 마치 국내법에 의해서 국내사회의 모든 부분이 규율되듯이 이제는 국제법에 의해 국제사회의 모든 부분이 규율되는 시대가 된 것이다. 이처럼 국제법의 영역이 확장되었지만 그 기능은 크게 두 가지로 요약할 수 있다.

1. 행위규범으로서의 기능

법은 일반적으로 행위규범으로서 또는 재판규범으로서의 양면의 기능을 다함으로써 사회질서의 유지 회복이라고 하는 궁극의 목적을 달성한다. 즉 법은 한편으로 행위규범으로서 사회 구성원에게 행동의 룰(rule)을 제공함으로써 그 행동결정의 지침이 되고, 또한 사회구성원 사이에서 상대방의 행동에 대한 예측성을 높이고, 그럼으로써 사회에서 분규발생을 미연에 방지하는 기능을 영위한다.

또한 한편으로 법은 재판규범(분쟁해결규범)으로서 법으로부터의 일탈행동(逸脫行動)을 강제적으로 교정하기 위한 제재결정의 기준이 됨으로써 분쟁을 해결하고, 사회질서를 회복하는 기능을 영위한다. 이것은 국제법에 있어서도 원리적으로는 전적으로 동일하다. 그러나 강제의 독점을 배경으로 하여 중앙집권적으로 정비된 근대 국가법체계에 있어서는 법의 분쟁제어기능이 중시되고 있음에 반하여, 국제사회는 주권국가의 다원적 병존이라는 분권적 질서구조를 갖고 있기 때문에 통일적 제재결정기구도 사실상 존재하지 않고 있다. 따라서 국제법의 기능도 실제로는 주로 그것이 행위규범으로서의 사회제어기능에 한정된다고 할 것이다.

국가 간의 일상적 교류가 일반화되고, 국민생활의 구석구석까지 직접적인 영향을 미치고, 국제적 상호의존성이 강화되고 있는 현대 국제사회에 있어서는 국제법이 행위규범으로서의 역할인 사회제어기능의 중요성이 현저히 증대되고 있다. 따라서 제국가 간의 행동 룰(rule)로서 기능하는 국제법에 대한 기대가 급속히 높아지고 있다.

일반 국제법으로서의 관습국제법은 물론 오늘날에 있어서도 중요성을 갖고는 있으나, 그것만으로 모든 국제관계에 있어서의 요청을 충족시키기는 어렵다. 왜냐하면 첫째로, 상호의존성의 증대로 관습국제법으로서는 커버되지 못하는 다양한 상황이 새로운 국제법적 규제를 요구하게 되며, 둘째로, 종래의 국제법적 규율이 기본적으로는 각 국가의 주권적 자유를 전제로 하여, 그 관할 권한의 상호적 한계를 긋는 것을 목적으로 하는 형식적 룰(rule)이었음에 반하여, 현대에 있어서는 제국가의 국제법에 대한 기대 자체가 각각의 사항에 관하여 국가에게 명확한 행동지침을 부여하고, 그로써 타국의 행동에 관한 예측의 정확도를 높일 수 있도록 기능적으로 특정된 실질적 룰(functional rule)을 요구하고 있기 때문이다.

이러한 실질적 룰의 발전은 국제법의 역할을 서서히 변화시키고 있다. 즉 전통국제법이 현상유지라는 정치적인 면이 많았음에 비추어 현대 국제법은 국가 간의 통상적(通商的) 관계의 원활화를 기하고자 하는 경제적 측면이 증대되고 있기 때문이다.

2. 분쟁해결기능으로서의 기능

국제법이 재판규범으로서 분쟁해결기능을 하는 것은 국제사법법원의 존재에도 불구하고 지금까지는 그다지 큰 비중을 차지하지 못하였다.

그러나 국제사회의 상호의존성의 확대·심화와 이에 따른 국제사법법원 등 각종 국제 법원의 창설로 분쟁해결기능은 점점 강화되고 있다. 일천한 역사에도 불구하고 국제해양법법원이 바다와 관련된 수많은 사건들을 해결하고 있는 것이 그 좋은 예이다. 더군다나 최근에는 WTO 체제의 발전으로 국제 상거래와 관계된 많은 분쟁들이 WTO에 의해 용이하게 해결되고 있다. 이제 국제법의 분쟁해결 기능은 앞으로 더욱 확대·강화될 것으로 보인다.

V. 국제법 집행기관으로서의 국제법원

1. 국제사법법원(ICJ)

법원은 임기 9년인 15명의 판사로 구성되어 있다. 동일한 국적의 판사가 2명 이상이 될 수는 없다.

판사의 자격과 관련하여 법원규약 제2조는 "국적과 관계없이 도덕적으로 높이 평가될 수 있고 자기 나라에서 최고법관이 될 수 있는 자격이 있는 사람 또는 국제법에 특히 조예가 깊은 법률고문 중에서 선출한다."고 규정하고 있다.[28]

---

28) 국제사법법원 규약 제2조, 제3조.

판사의 선출에는 유엔총회와 안보리가 모두 관여한다. 안보리의 상임이사국도 판사의 선출 시에는 거부권을 행사할 수 없다. 국제사법법원규약 제9조에 의하면 판사 선출 시 전 세계 주요 문명형태 및 주요 법률제도를 모두 대표할 수 있도록 해야 하기 때문에 안보리 상임이사국들이 각 1명씩의 판사를 배정받고 기타 국가들은 유엔의 정부간 기관 구성원 임명 시 사용되는 지역 안배 규칙에 의해 판사의 수를 배정받아 선출하고 있다.

국제사법법원의 기능에는 분쟁을 해결하는 재판기능과 권고적 의견을 내는 자문기능이 있다. 재판기능은 국가들의 요청으로 실현되며, 자문기능은 국제기구의 요청으로 실현된다. 재판의 당사자는 국가만이 될 수 있다.

법원에 소송을 제기하기 위해서는 당사자들의 합의가 선행되어야 한다(임의관할권). 하지만 당사자들이 분쟁을 국제사법법원에 부탁하기로 미리 조약을 체결하였거나 법원규약 제36조 제2항의 이른바 선택조항을 수락한 경우에는 법원의 강제관할권이 성립한다.

판결은 강제적이며 종국적이다. 다만 법원규약 제60조와 제61조는 해석요청이나 새로운 사실의 발견에 따른 판결수정 요청에 한하여 허용하고 있다. 판결의 집행과 관련하여 유엔헌장 제94조는 다음과 같이 규정하고 있다.

제94조 제1항: 유엔의 회원국은 자기가 당사자로 되어 있는 분쟁에
관한 국제사법법원 결정에 순응할 것을 서약한다.
제2항: 만일 다른 어느 분쟁당사자가 법원판결이 부과하는
의무를 이행하지 않을 경우, 다른 당사자는 이를 안보리
에 제기할 수 있고, 안보리는 판결집행을 위하여 필요한
조치를 권고하거나 결정할 수 있다.

2. 국제해양법법원(ITLOS)

9년 임기 21명의 판사로 구성되어 있다. 동일한 국적의 판사가 2명 이상 임명될 수 없으며, 법원은 원장과 부원장을 3년 임기로 선출한다. 재판정이 개정되기 위해서는 11명의 판사가 출석하여야 하지만 필요에 따라 3~4명의 판사로 구성된 특별재판부를 둘 수 있다.

모든 판결은 참석한 재판관 과반수로 결정한다. 가부동수인 경우에는 소장이나 소장의 직무를 수행하는 재판관의 재결권이 인정된다.

분쟁당사국의 판사도 재판에 참가할 수 있으며, 이러한 경우 다른 당사국가도 재판에 참여할 자기 국적의 판사를 임시로 임명할 수 있다.

판결은 최종적이며 모든 당사자를 구속한다. 기판력의 상대성이 적용되는 관계로 이러한 구속력은 관계당사자와 사건에 대해서만 미친다. 판결의 의미에 관하여 분쟁이 있는 경우 법원은 당사자들의 요청에 따라 이를 해석한다.

3. 국제형사법원(ICC)

집단살해죄, 인도(人道)에 반하는 죄, 전쟁범죄, 침략범죄를 재판대상으로 하기 위해 2002년 7월에 설립되었다. 국내법원과의 관계에 있어서는 보충성의 원칙에 의해 국내법원에서의 재판을 우선적으로 인정하고 있다.

9년 임기 18명의 판사와 1명의 검사, 수명의 검사보로 구성된다.

관할하는 범죄는 다음과 같다.

1) 집단살해죄
민족적, 종족적, 인종적 또는 종교적 집단의 전부 또는 일부를 파괴할 의도를 가지고 행하여진 아래의 행위

- 집단의 구성원 살해
- 집단의 구성원에 대한 중대한 육체적 또는 정신적 위해 야기
- 육체적 파괴를 목적으로 한 생활조건 강제
- 집단내 출생의 의도적 방해
- 집단내 아동을 강제적으로 타집단으로 이동

2) 인도(人道)에 반한 죄

- 살해
- 절멸
- 노예화
- 주민의 추방 또는 강제이동
- 국제법의 근본규칙을 위반한 구금 또는 기타 신체적 자유의 중대한 박탈
- 고문
- 강간, 성적 노예화, 강제매춘, 강제임신, 강제불임, 기타 중대한 성폭력
- 동일 집단이나 집합체에 대해 정치적, 인종적, 민족적, 종족적, 문화적, 종교적, 성적 사유 등에 근거하여 가해진 박해
- 강제 실종
- 인종격리죄
- 신체, 정신적 건강에 중대한 고통 또는 손상을 초래하는 기타 비인도적 행위

3) 전쟁범죄

(1) 1949년 제네바협약의 중대한 위반행위로서 아래와 같은 것들이 있다.

- 고의적 살해
- 고문 또는 생물학적 실험을 포함한 비인도적 대우

- 고의로 신체 또는 건강에 고통, 상해 야기
- 군사상의 필요에 의하지 아니한 재산의 파괴, 도용
- 포로 등을 자국의 군대에 복무하도록 강요
- 포로 등의 공정하고 정규적인 재판을 받을 권리를 고의로 박탈하는 행위
- 불법적인 추방, 이송, 구금
- 인질행위

(2) 관습법(陸戰法規 등)에 대한 중대한 위반행위로 다음과 같은 것들이 있다.

- 민간인에 대한 의도적 공격
- 군사적 목표가 아닌 민간인 물자에 대한 의도적 공격
- 국제법에 따라 보호되는 요원(유엔요원, PKO요원), 시설, 물자에 대한 의도적 공격
- 민간인 또는 민간물자에 살상, 손해를 야기한다는 사실을 알고도 한 의도적 공격
- 방어되지 아니한 군사적 목표물이 아닌 도시, 마을, 거주지, 건물에 대한 공격
- 항복한 전투원의 살상
- 제네바협약상의 식별표장, 휴전기, 적 또는 유엔기, 계급장과 제복의 부적절한 사용에 의한 살상
- 자국주민을 점령지역으로 이동시키거나 점령지 주민의 강제추방 또는 이동
- 군사적 목표물이 아닌 종교, 교육, 예술, 과학 또는 자선을 위한 건물, 역사적 기념물, 병원, 병자와 부상자들이 모인 장소에 대한 의도적 공격
- 포로 또는 점령지 주민에 대한 의학적 또는 과학적 실험
- 적군을 속임수로 살상하는 것

- 전쟁수행에 필수적이지 아니한 적 재산의 파괴, 압수
- 적대국 국민의 소송상 권리 불허 선언
- 적대국 국민의 군사작전 참여 강제
- 도시 또는 시설의 약탈
- 독 또는 독무기의 사용
- 신경가스, 독가스 등의 사용
- 인체 내에서 쉽게 확장되거나 평평해지는 총알의 사용
- 과도한 상해나 불필요한 고통을 야기하는 무차별적 무기(부속서에 포함된 무기)의 사용
- 개인의 존엄성에 대한 폭행, 모욕적이고 품위를 손상시키는 대우
- 강간, 성적 노예화, 강제매춘, 강제임신, 강제불임 등
- 민간인 등을 방패로 사용
- 제네바협약상의 식별표장을 사용하는 건물, 물체, 의무부대, 수송수단에 대한 의도적 공격
- 제네바협약상의 구호품 공급의 의도적 방해, 민간인을 의도적으로 기아에 빠뜨리는 행위
- 15세 미만 아동의 징병

(3) 비국제적 무력충돌의 경우 제네바협약 공통 제3조 위반행위
- 생명 및 신체에 대한 폭행, 살인, 신체의 절단, 학대 및 고문
- 개인의 존엄성 유린, 모욕적이고 품위를 손상시키는 대우
- 인질행위
- 재판 없이 형을 선고하거나 집행하는 행위

(4) 비국제적 무력충돌 시 적용되는 법과 관습에 대한 위반
- 민간인에 대한 고의적 공격
- 제네바협약상의 식별표장을 사용하는 건물, 물체, 의무부대, 수송수단에 대한 의도적 공격

- 제네바협약상의 구호품 공급의 의도적 방해, 민간인을 의도적으로 기아(飢餓)에 빠뜨리는 행위
- 군사적 목표물이 아닌 종교, 교육, 예술, 과학 또는 자선을 위한 건물, 역사적 기념물, 병원, 병자와 부상자들이 모인 장소에 대한 의도적 공격
- 도시 또는 시설의 약탈
- 강간, 성적 노예화, 강제매춘, 강제임신, 강제불임 등
- 15세 미만 아동의 징병
- 필수적인 군사적 이유가 없는 데도 민간주민의 퇴거를 명령하는 것
- 상대방전투원의 신의칙(信義則)에 반한 살상
- 항복한 적에게 생존권박탈선언
- 적 지배하에 있는 자에 대한 의학적, 과학적 실험
- 필수적인 군사적 이유가 없는데도 적의 재산을 파괴, 압수

4) 침략범죄

VI. 국제법을 통한 국가안보문제의 평화적 해결 사례

1. 지구정지궤도의 이용

지구적도 상공 35,786㎞ 지점을 연결하는 원형의 궤도를 지구정지궤도라고 부른다. 이 궤도의 천체물리적 특성 때문에 인공위성을 진입시키면 지구의 남북극의 축을 중심으로 회전하면서 지구와 같은 방향, 지구의 자전속도와 같은 속도로 회전하기 때문에 지구상에서 보면 항상

같은 곳에 정지하여 있는 것처럼 보인다.[29]

지구정지궤도가 이처럼 특이한 성질을 갖는 것은 지구의 중력, 지구의 편구성, 지구 적도의 타원성, 달과 태양의 인력, 태양의 방사압력 등의 복합적 작용에 의하기 때문이다.

인공위성을 이 궤도에 진입시키기 위해서는 강력한 추진역적이 필요하며 일단 궤도에 진입시킨 후에도 궤도에서 이탈하지 않도록 주기적인 조작이 필요하기는 하다. 하지만 이 궤도의 특성이 주는 이점이 아래와 같이 크기 때문에 위성발사비용이 많이 드는 데도 불구하고 이 궤도를 이용하려는 국가들의 경쟁이 심하다.

> 지구정지궤도는 안테나를 조정하지 않고도 지상기지와 위성 간의 계속적인 접촉을 가능하게 해주는 유일한 궤도이다. 일반적으로 다른 궤도는 대부분 타원형인데다가 지구와 상응하는 지점이 끊임없이 변하기 때문에 위성과 지상기지의 안테나를 모두 끊임없이 조정해야 하지만 이 지구정지궤도는 원형인데다가 지구의 자전방향·속도와 같은 속도로 회전하기 때문에 지구에서 보면 항상 같은 위치에 정지되어 있는 것으로 보여 안테나의 조정이 불필요하다. 이 궤도상의 위성에서는 지구의 동일한 지역을 항상 내려다보고 접촉할 수 있기 때문에 통신이나 TV방영 등의 전제조건을 충족시켜준다. 또한 한 개의 위성이 지구표면의 1/3에 해당하는 광범위한 지역을 커버할 수 있기 때문에 지구표면의 1/3과 무선신호를 송수신할 수 있다. 극단적으로 3개의 위성만 가지면 지구전체를 커버할 수 있다.

이 지구정지궤도는 둘레가 약 26만㎞에 달하는 원주 모양인데 중심각 1도의 호 길이는 약 720㎞이다. 이처럼 유한한 지구정지궤도에 많은

29) Siegfried Wissner, "The Public Order of the Geostationary Orbit: Blueprints for the Future," *The Yale Journal of World Public Order*, Vol.9, No.2(Spring 1983), pp.218-219.

위성을 각국이 경쟁적으로 띄우다 보니 위성 간에 충돌위험이 발생하게 되었다. 현재의 기술수준으로는 위성 간의 거리를 70㎞ 이상만 이격시키면 충돌을 회피할 수 있지만 사용하는 전파의 스펙트럼 부족과 이로 인한 간섭현상 때문에 많은 제약이 따른다. 따라서 우주과학 선진국들은 이 궤도를 선점한 후 다른 국가들의 궤도 이용을 방해하고자 하였으며, 후발 국가들은 후발 국가들대로 이를 확보하고자 하는 치열한 경쟁을 벌이게 되었다.

이러한 문제점이 발생하자 적도 근처 국가들은 지구정지궤도가 자신들의 천연자원이라고 하면서 주권을 행사하겠다고 주장하였다.

결국 유엔과 ITU의 노력에 의해서 first come first service도 아니고, 적도 근처 국가들의 전유물도 아닌 인류 공동의 유산으로 ITU협약에 의해 필요한 국가들이 공평하게 신청·등록 후 사용할 수 있도록 함으로써 대한민국도 무궁화위성을 쏘아 올릴 수 있게 되었던 것이다.

2. 금반언(禁反言)의 원칙(프레아비아사원 사건)

프레아비아(Preah Vihear)는 캄보디아와 태국의 국경지대에 위치한 지역인데 이곳에 고대 성역이자 사원인 한 유적의 소유권을 둘러싸고 양국 간에 분쟁이 발생되어 1962년에 국제사법법원에 부탁하여 해결된 사건이 있다.

1904년 샴(Siam)왕국(지금의 태국)은 프랑스(캄보디아는 당시 프랑스의 식민지)와 조약을 체결하여 양국 간의 경계를 획정하였다. 하지만 프레아비아 지역에 있어서는 강 등의 명확한 지형지물도 없고 현지 거주인도 없어 경계가 분명하지 못했다. 캄보디아는 그 후 샴왕국의 요구에 따라 프랑스 당국이 작성한 1907년의 지도를 믿고 행동하였는데, 그 지도에는 그 사원지역이 명백히 프랑스-인도차이나 즉 지금의 캄보디아의 영토로 표시되어 있었다.

그 후 태국은 이 지도의 해당 지역에 오류가 있다고 주장하면서 프레아비아사원(The Temple of Preah Vihear)이 자국의 소유라고 주장하게 되었다. 즉 당시 국경위원회가 1904년 조약에서 규정된 방법대로 분수령을 따라 국경을 획정한 것이 아니라 당시 측량을 담당했던 공병장교가 임의로 측량·획정한 것이기 때문에 무효라는 것이다.

하지만 법원은 "1908년 샴이 이 지도를 수락했는가에 관하여 약간의 의문이 있을지라도, 따라서 지도에 표시된 국경의 수락에 의문이 있을지라도, 법원은 그 후의 사건의 경과에 비추어 태국이 그 행동에 의하여 자신이 그것을 수락하지 않았다고 주장하지는 못하게 되었다고 생각한다.

태국은 15년 동안 그에 부여된 1904년의 조약과 같은 이익을 받아왔으며 안정된 국경의 이익까지도 받아왔다. 프랑스와 프랑스를 통한 캄보디아는 태국에 의한 지도의 수락에 의존해왔다. 어느 측도 오류를 주장할 수 없기 때문에, 이러한 의존이 지도가 정확한 것이라는 신념에 기초되었느냐의 여부는 중요치 않다.

따라서 태국이 청구를 계속하고 해결의 이익을 받으면서 자신이 일찍이 이에 대한 동의국이었다는 사실을 부인할 여지는 없다."[30]고 하면서 태국의 주장을 배척하였다.

즉 법원은 지도의 정확 또는 부정확은 어떠하든지 간에 태국 정부가 아무런 항의나 비판없이 그 지도를 수락했다고 하는 사실을 중시한 것이다. 사실 샴의 왕자 담롱(Damrong)은 프랑스왕에게 그 지도에 대하여 감사의 뜻을 표명하였고, 15부를 추가로 더 청구했었던 사실이 있다. 태국 측은 태국 정부가 지도의 오류를 항의할 필요가 없었으며, 항의가 없었다는 이유로 주권의 변경에 영향을 줄 수는 없는 것이라고 주장했다.

그러나 법원은 "사정상 샴당국이 지도에 동의하지 않았거나 또는 이

---

30) *ICJ Reports*, 1962, p.32.

에 관하여 중대한 문제를 제기하고자 원했다면 합리적 기간 내에 약간의 반작용이 요구되는 것이었다. 당국은 그 당시 또는 수년 동안 그것을 하지 않았다. 이것으로써 묵인한 것이라고 생각되지 않으면 안된다."[31]고 하면서 qui tacet consentire videtur(who is silent is deemed to consent)를 인용하였다.

더군다나 담롱은 1930년에 사원을 공식으로 방문하였는데 당시 인접 캄보디아령의 프랑스주민으로부터 공적 영접을 받았으며 사원에는 프랑스의 국기가 게양되었다. 이에 대하여 법원은 "왕자는 이러한 성격의 영접의 의미를 알지 못했을 리가 없다. 프랑스-인도차이나 측의 권원을 이보다 더 명백하게 확인한 것을 예상할 수가 없다. 그것은 하나의 반작용을 요구하였다.

그렇지만 태국은 아무것도 하지 않았다. 뿐만 아니라 담롱왕자는 방콕으로의 귀국 도중에 프랑스주민에게 그 당시의 사진을 보내면서 프랑스가 그 주민을 통하여 호스트(host)국으로서 행동한 것을 인정하는 용어를 사용하였다. 이 사건을 전체적으로 볼 때 명백한 경쟁적 청구에 당면한 국가가 권원을 확인 또는 보존하기 위하여 반작용이 요구되는 기회에 있어서 어떠한 방법으로도 반작용하지 못함으로써 사원에 대한 캄보디아의 주권을 샴왕국이 묵시적으로 승인한 것으로 보인다."[32]라고 판시하였다.

다시 말해 자신의 영토라고 하더라도 타국이 점령 또는 이용하는 것을 방관하였을 경우에는 나중에 이에 대한 영유권주장을 할 수 없다라고 하는 금반언의 원칙(The Principle of Estoppel)을 인용한 판결인 것이다.

---

31) *Ibid.*, p.23.
32) *Ibid.*, pp.30-31.

3. 금반언의 부정(챠드-리비아 국경분쟁)

오토만제국과 프랑스, 영국, 이탈리아의 각축이 극심했던 아프리카 지역은 이들의 진퇴에 따라 그 경계선이 수시로 변하였다. 특히 챠드와 리비아 지역은 프랑스와 영국 간에 있었던 1890년의 런던선언, 1898년 파리협약, 1899년의 런던선언, 프랑스와 이탈리아 사이에 있었던 1900년과 1902년의 교환 서한, 이탈리아와 영국 간의 1902년의 교환 서한, 튀니지와 오토만제국 간의 1910년 협정, 1919년 프랑스와 영국 간의 협정, 1923년의 로잔느(Lausanne)협정, 1935년 프랑스와 이탈리아 간의 조약 등 수많은 조약에 의해 수없이 변하였다.

이러한 상황에서 1951년 리비아가 영국으로부터 독립하게 되자 리비아는 프랑스에 대하여 1935년에 프랑스-이탈리아 간에 체결된 협정을 근거로 아오조우(Aozou)지방의 양도를 요구하게 된다. 이 요구가 관철되지 않자 리비아는 1954년부터 프랑스령 챠드를 공격하면서 친리비아계 반군을 지원하게 된다. 분쟁 끝에 양국은 1955년에 우호 및 선린조약을 체결하게 되었다. 이때 리비아는 프랑스가 행정적 권한을 행사하는 지역까지를 경계선으로 인정하게 되는데[33] 이 선은 1919년에 영국과 프랑스가 경계선으로 인정한 선이었다.

1960년에 챠드가 프랑스로부터 독립하게 되자 1955년의 조약에 불만을 품고 있던 리비아는 챠드에 대하여 이 지역에서의 국경선이 명확하게 확정되지 않았다면서 북위 15도선 이북의 땅을 요구하였다. 챠드가 이에 응하지 않자 리비아는 챠드의 반군을 적극 지원하였고, 리비아의 지원을 받은 친리비아계 톰볼바예가 정권을 잡자 1972년에 아오조우지역을 리비아에 이양하고, 1935년 프랑스와 이탈리아가 체결한 조약에

---

33) Case Concerning The Territorial Dispute(Libyan Arab Jamahiriya v. Chad), para. 21(http://www.icj-cij.org/icjwww/icases/idt/idt ijudgements/idt ijudgement 19940203.pdf).

의한 경계선을 국경선으로 인정하게 된다.

하지만 1975년에 반대파인 말로움이 집권하게 되자 챠드는 리비아에 대하여 아오조우지역의 반환을 다시 요구하게 되었고, 리비아는 챠드의 반군을 지원하면서 적극적으로 군사개입을 시도하게 된다. 이후 1978년부터 1981년까지 리비아는 챠드의 반군세력과 연합하여 챠드정부군과 본격적인 전쟁을 벌이게 되며, 리비아군의 승리로 챠드에 친리비아계 정권이 수립된다. 하지만 1년 후 반리비아 하브레 정권이 등장하자 다시 리비아와의 관계가 악화되기 시작하여 1983년부터 1987년 사이에 아프리카연합기구(OAU), 프랑스, 챠드 연합군과 리비아군 사이에 재차 전쟁이 발발하게 된다. 결국 이 전쟁에서 리비아군이 패배하게 되자 챠드와 리비아는 1989년에 휴전협정을 체결하게 되며, 국경선 분쟁을 국제사법법원에 부탁하기로 합의한다.

법원에서 챠드는 1919년 프랑스와 영국사이에 체결한 조약에 의한 국경선이 1955년 조약에서 인정한 국경선이라는 주장을 하게 되고, 리비아는 어떤 조약도 국경선을 명확하게 획정하고 있는 것은 아니라고 하면서 경계선 지역에 있는 원주민, 시누시교도(Senoussi Order) 등이 리비아 계통일 뿐만 아니라, 동 지역이 오토만제국에서 이탈리아로 그리고 최종적으로 리비아로 이양되었다면서 북위 15도선 이북 지역의 권원을 주장하였다.[34]

법원은 1955년의 우호 및 선린조약 제3조와 동 조가 참조하고 있는 부속서의 모든 조약들(1898년 프랑스와 영국 간의 협약, 1899년 프랑스와 영국 간의 선언, 1902년 프랑스와 이탈리아 간의 협정, 1910년의 프랑스와 서브라임 포르테 간의 협약, 1919년의 프랑스와 영국 간 협약, 1919년의 프랑스와 이탈리아 간 약정)을 검토한 후 1955년 조약이 국경선을 획정짓는 조약인가 여부를 검토하게 된다.[35]

---

34) *Ibid.*, paras., 20, 21.
35) *Ibid.*, para., 40.

　　모든 조약을 검토한 후, 법원은 1955년의 조약이 튀니지와 리비아 사이의 국제기구에 의해 설정된 경계선만 인정할 뿐 리비아와 챠드 간의 경계선을 인정하는 것은 아니라고 주장한 리비아의 주장을 배척하였다. 즉 1955년 조약에 "양 당사자는 이러한 국제기구로부터 나온 결과인 경계선을 인정하고……" 라는 용어에 주목하면서 "경계선을 인정한다(recognize)라는 것은 본질적으로 경계선을 수락한다(accept)라는 것이고, 이것은 현재의 상황을 합법적인 결과로 인정하고 미래에 있어서 다툴 수 있는 권리를 포기하는 것이다." 라고 한 후,[36] "리비아가 북위 15도선을 경계선으로 요구하는 것은 1955년 조약 혹은 어떠한 국제기구에 의해서도 지지되지 못하고 있다." 고 하면서,[37] 1955년 조약은 리비아와 챠드 간의 경계선을 완벽하게 결정짓고 있다고 판시하였다.[38]

　　결국 1994년 5월 리비아 정부가 점령하고 있던 동 지역을 챠드 정부에 반환함으로써 분쟁이 종결되었다.

4. 응고(凝固)의 원칙의 부정(챠드호 주변 경계획정문제)

　　1994년 카메룬은 나이지리아에 대해 자신들의 영토를 나이지리아 주민들이 침범하고 있다며 챠드호 주변지역에 대한 경계선 문제를 명확히 하기 위해 국제사법법원에 부탁하자고 제의하게 된다.

　　카메룬은 챠드호 주변지역에서 나이지리아와의 경계는 분쟁 당사국들의 이전 식민 통치국가들인 프랑스와 영국 간의 경계획정에 관한 협약, 챠드호 분지 위원회(Lake Chad Basin Commission)에 의한 경계획정 등에 의해 결정된 사항이라고 하면서 관련 근거로 1919년의 밀너-사이

---

36) *Ibid.*, para., 42.
37) *Ibid.*, para., 74.
38) *Ibid.*, para., 76.

먼 선언(Milner-Simon Declaration)의 제1조, 1929-1930년의 톰슨-마챈드 선언(Thomson-Marchand Declaration of 1929-1930), 1931년 헨더슨-플러리오 각서교환(Henderson-Fleuriau Exchange of Notes of 1931) 등을 제시했다.[39]

이에 대해 나이지리아는 챠드호 지역이 과거 한번도 경계 획정의 대상이 된 적이 없었으며, 1929~1930년의 톰슨-마챈드 선언은 챠드호와 관련 영국과 프랑스 간 경계 획정의 최종 결정이 아니며, 1931년 헨더슨-플러리오 각서 교환도 절차적인 성격을 가진 것일 뿐 해당 지역의 경계를 획정짓는 것은 아니라고 주장하였다. 따라서 챠드호 지역에는 완전하게 획정된 경계선이 존재하지 않기 때문에 권원의 역사적 응고 이론과 카메룬의 묵인에 의하여 자국의 권원이 생성되었다고 주장했다.[40] 특히 나이지리아는 ①해당지역에 대한 나이지리아와 나이지리아인의 오랜 점유는 권원의 역사적 응고에 해당하며, ②나이지리아에 의한 효율적인 행정은 주권의 행사이며, 이에 대한 어떠한 항의도 존재하지 않았고, ③다락(Darak) 지역과 인근 챠드호 주변지역에 대한 나이지리아의 주권행사에 대한 카메룬의 묵인과 함께 나이지리아는 주권행사를 명백히 하였다고 주장하였다.[41]

이러한 주장을 입증하기 위해 나이지리아는 ①다락 지역과 인근 챠드호 주변 지역에 거주하고 있는 주민들의 태도와 유래, 상기 지역에 거주하고 있는 거주민들의 나이지리아 국적, ②해당 지역의 나이지리아와의 역사적인 관계의 존재, 특히 전통적인 족장… 체제의 유지, ③근대 나이지리아의 국가체제 내에서 여전히 중요한 요소로 간주되는 전통적인 족장에 의한 권위의 행사, ④해당 지역에 있어 나이지리아 국

---

39) *Land and Marine Boundary between Cameroon and Nigeria*(Cameroon v. Nigeria: Equatorial Guinea intervening), para.41(http://www.icj-cij.org/icjwww/idocket/icn/icnframe.htm).
40) *Ibid.*, para., 47.
41) *Ibid.*, para., 62.

민들의 오랜 거주, 그리고 ⑤나이지리아 연방정부 및 보르노주(State of Borno)에 의한 분쟁 지역 촌락에 대한 평화적인 행정집행 등을 열거하였다.[42]

종합하자면, 나이지리아는 분쟁 지역에 대한 경계선이 획정된 적이 없고, 1987년 카메룬의 무력 침공을 해당 지역 나이지리아 거주민과 보안 요원들이 격퇴시켰으며, 나이지리아 정부의 평화적인 주권 행사에 대해 카메룬은 1994년 4월 이전까지는 어떠한 항의도 없이 묵인하였고, 이 묵인은 권원의 역사적 응고라는 과정에 있어서 중요한 요소를 구성하기 때문에 해당 지역이 자신들의 영토라고 주장하였다.

이에 대하여 카메룬은 조약에 의해 분쟁지역에 대한 영토권원을 소유하고 있으며, 이러한 조약에 의한 권원은 이에 반하는 어떠한 효율적인 권한 행사보다 우월하기 때문에 상기 분쟁 지역에 대한 효율적인 주권 행사를 입증할 필요가 없다고 하였다.[43] 즉 어떠한 형태의 권원의 역사적 응고도 조약에 의한 영토 권원보다 우월할 수는 없다는 주장이다.

카메룬은 나이지리아의 분쟁 지역에 대한 권리 주장에 대하여 ①나이지리아 당국의 조치에 이은 나이지리아인에 의한 카메룬 지역에서의 촌락의 건설은 정복 행위이기 때문에 국제법상 유효한 영토 권원으로 기능할 수 없고, ②카메룬은 나이지리아와의 협약에 근거한 경계선의 변동에 대해 묵인한 적이 없다, ③해당 국가를 구속하기 위해서는 경계선 변동에 대한 묵인은 권한을 가진 당국의 행위이어야만 하며, 이러한 점에서 중앙 정부의 태도는 지방 정부의 태도보다 우월해야만 한다고 반박했다. 특히 카메룬은 카메룬의 중앙 정부가 나이지리아의 권리 주장에 대해 인식하게 되었을 때 카메룬의 권리 보호를 위해 즉시 적절한 조치를 취했음을 강조했다.

이러한 양국의 주장에 대해 국제사법법원은 "역사적 응고이론은 법

---

42) *Ibid.*
43) *Ibid.*, para., 63.

과 사실관계에 있어 다른 모든 중요한 변수들을 고려해야만 하는 논란
의 여지가 많은 이론이기 때문에 국제법상 이론적으로 확립된 권원의
취득에 관한 유형들을 대체할 수는 없다고 지적하면서,[44] 몇몇 나이지
리아의 행위들, 즉 공공보건, 교육시설 그리고 사법행정의 조직 등은
나이지리아가 주장하는 바와 같이 국가주권행사의 하나로서 일반적으
로 간주되기는 하지만, 나이지리아에 의해 제공된 이러한 사실관계와
상황들은 약 20여 년의 기간에만 한정된 것으로 설사 나이지리아가 제
시한 이론에 의한다고 하더라도 나이지리아의 주장을 입증하기에는 너
무 짧은 기간이라고 판단했다.[45]

　법원은 관련 조약들에 의해 해당 지역에 대한 권원은 카메룬에 있다
고 판단한 후 이미 존재하고 있는 카메룬의 권원이 카메룬에서 나이지
리아로 이전하는 과정에서 카메룬에 의한 묵인이 입증되었는지의 여부
가 법적 쟁점의 관건이라고 하였다.[46]

　법원은 분쟁 당사국들에 의해 제공된 그 어떠한 증거들도 상기 분쟁
지역에 대한 자국의 권원을 포기함에 카메룬이 묵인했다는 사실을 입
증하고 있지는 않다고 분석한 후 나이지리아에 의해 제기된 주권의 행
사로서의 효율적인 행정은 본질적으로 법에 상응하지 않는 것이기 때
문에 권원의 적법한 소유자에게 우선적인 권리가 부여된다고 판시하였
다.[47] 결론적으로 법원은 해당지역에 대한 국경선은 1931년 헨더슨-플
러리오 각서 교환에 의해 확정되었으며, 이 지역의 주권은 여전히 카메
룬에게 있다고 하면서 나이지리아와 나이지리아인에 의한 오랜 점유는
권원의 역사적 응고에 해당한다는 나이지리아의 주장을 배척하였다.

---

44) *Ibid.*, para., 65.
45) *Ibid.*
46) *Ibid.*, para., 68.
47) *Ibid.*, para., 70.

5. 실효적 점유 인정(망키에 및 에크레오 사건)

이 사건은 망키에 및 에크레오의 도서 및 암초에 대한 영국과 프랑스 간의 영유권 분쟁으로서 독도문제와 유사한 면이 있어 많이 인용되고 있다.

이 사건에 있어 영국과 프랑스는 다 같이 이 섬에 대하여 11세기부터 원시적 권원을 취득하여 그 후 계속적으로 이를 유지하여 왔으며 결코 이를 상실한 적이 없다고 주장하였다.

영국은 이 섬에 대한 원시적 권원의 취득이 1066년의 노르만디공에 의한 영국 정복에 있다고 주장하였다. 즉 영국은 이 정복에 의하여 이 섬이 해협 안에 있는 여러 섬과 더불어 노르만디 공국에 통합되었으며, 이 통합은 프랑스왕 필립 아우구스투스(Philip Augustus)가 대륙 노르만디를 점령한 1204년까지 계속되었다. 그러나 필립왕의 해협 내 여러 섬의 점유 기도는 실패하였으므로 망키에와 에크레오를 포함하는 해협 내 여러 섬들은 여전히 영국이 보유하고 있었으며, 이러한 상태는 그 후 영국왕과 프랑스왕 사이에 체결된 여러 조약에 의하여 법적 뒷받침을 갖게 되었다고 주장하였다.

그리고 또 영국은 이 섬에서 발생한 사건에 대하여 해협 내 여러 섬을 관할하고 있는 저지(Jersey)섬의 법원이 1826년부터 1921년에 이르는 동안 수차에 걸쳐서 형사 재판권을 행사하였다는 사실, 1820년경에 저지섬의 주민이 이 섬에 건립한 가옥이 과세 대상이 되었고, 이 섬에서의 부동산 매매 계약은 저지섬 행정당국의 통제를 받았다는 사실, 1875년의 영국 국고 지불 명령서에서 지정한 해협 내 여러 섬의 항구에 이 섬이 포함되었다는 사실 등을 증거로 제시하면서 이 섬에 대한 실효적 점유에 의한 권원을 주장하였다.

이에 대하여 프랑스는 노르만디공이 프랑스왕의 가신이었다는 점, 1066년 이래 영국왕은 노르만디공의 자격으로 프랑스왕이 수여한 봉토를 관리하고 있었다는 점, 해협 내 여러 섬은 933년 이래 프랑스왕의 봉토로서 관리되었으며, 노르만디공은 해협 내 여러 섬을 포함하는 노르만디 전체를 대표하여 프랑스왕에게 신하로서 종속하였다는 점, 1202년에 영국왕 존(John)은 프랑스 법원의 판결에 의하여 노르만디 전체를 포함하는 프랑스왕의 봉토로서 그가 보유하고 있던 전토지를 몰수당하였다 등을 원용하여 이 섬에 대한 고유의 권원을 주장하였으며, 또 프랑스 시민에 의한 이 섬의 수로 측량, 861년 이래 75년 동안에 걸친 조명과 부표의 관리, 1938년의 수상과 공군상의 시찰, 최근의 수력발전계획 등을 원용하여 실효적 점유에 의한 권원을 주장하였다.

　이러한 쌍방의 주장에 대하여 법원은 영국이 내세운 주장과 증거가 프랑스의 그것에 비하여 보다 더 신빙성이 있는 것으로 인정하고 다음과 같이 판시하였다.

　　프랑스가 해협 내 여러 섬에 대하여 봉건적 권원을 보유하였다고 하더라도 그것은 1204년 이래 여러 사건의 결과로서 실효된 것이 틀림없다고 말함으로써 충분하다. 이러한 봉건적 권원은 대체시의 법에 따라 다른 유효한 권원으로 대체되지 않는 한 금일에 와서는 아무런 법적 효과가 없으며, 대체의 입증책임은 프랑스에 있다고 하겠다. 그리고 또 프랑스가 원용하는 1202년의 판결은 그 존재, 효력, 범위 및 결과가 어떻게 생각되든지 간에 해협 내 여러 섬에 관한 한 집행되지 않은 상태에 있으며, 7세기나 경과한 금일에 와서 그 법적 효력을 소생하게 한다는 것은 법적 고려의 합리적 테두리를 훨씬 넘는 것이다. 그러므로 중요한 것은 중세기에 있었던 사건으로부터 추출되는 간접적 추정이 아니고, 이 섬의 점유에 직접 관계되는 증거이다. 또 이 섬에 대한 수로 측량, 조명 및 부표의 관리, 수상 및 공군상의 시찰, 수력발전계획 등의 사실은 프랑스가 이 섬에 대한 유효한 권원을 가지고 있다는 것을 표시하기에는 충분하지 못하다. 이 작은 섬들의 암초 외측에 있어서의 부표 설치를 포함한 이러한 행위는 이 섬의 주권자로서 행동하는 프랑스 정부의 의사의 충분한 증거라고 할 수 없으며,

또 이러한 성질의 행위는 이 섬에 대한 국가권능의 발현이라고 볼 수 없다. [48]

6. 역사적 권원의 이전(페드라 브랑카 사건)

페드라 브랑카는 길이 137m, 평균 폭이 60m(저조시 약 8,560㎡)인 무인의 화강암석이다. 인도양과 남중국해를 잇는 싱가포르 해협의 동쪽 입구에 위치하고 있다. 싱가포르에서는 동쪽으로 약 24해리 떨어져 있고, 말레이시아에서는 약 7.5해리, 인도네시아의 빈탄섬에서 약 7.6해리 떨어져 있으며, 남쪽으로 약 0.6해리 떨어져 미들 락스가, 2.2해리 떨어져 사우스 레지라는 간출지가 위치해 있다.

말레이시아가 1979년에 발간한 지도에 페드리 브랑카섬을 자국의 영해 내에 속하는 것으로 표시를 하자, 싱가포르가 1980년 서면 항의를 제기함으로써 분쟁이 발생하였다. 2003년 양국이 국제사법법원 회부를 위한 특별협정을 체결하고 소장을 접수시킴으로써 국제사법법원에서 2008년 5월 23일 최종 판결하였다.

싱가포르는 무주지인 페드라 브랑카에 1847년에서 1851년 사이 호스버러 등대를 건설한 영국에 의해 영유권이 확립되었으며, 이를 싱가포르가 승계하였다.

특히 1953년에 영국 식민 당국이 양국의 영해경계획정을 위해 페드라 브랑카섬의 법적 지위를 묻는 서한을 말레이시아의 이전 국가인 조호르국에게 보낸데 대하여 조호르국의 국무장관 대행이 페드라 브랑카섬에 대한 소유권을 부인했던 것과 1962년에서 1972년까지 말레이시아 정부가 발행한 일련의 공식 지도에서 이 섬을 싱가포르에 속하는 것으로 표시해왔으며, 1977년에 군사시설을 설치하고 싱가포르 국기를 게

---

48) 김병렬, 『독도논쟁』(서울: 다다미디어, 2001), pp.234-237.

양했을 때도 말레이시아 정부의 항의가 없었다는 것을 주요 논거로 제시하였다.[49]

이에 대하여 말레이시아는 기억할 수 없는 오래전부터 술탄령이었다고 하면서 고유영토론을 주장했다. 특히 17세기 중반 네덜란드 동인도회사가 싱가포르해협에서 선박을 나포한 것에 대해 조호르 국왕이 항의 서한을 제출한 사실과 싱가포르 자유신문(1843.5.25.)에 술탄령으로 기술했던 사실, 1851년의 등대건설 역시 조호르국의 승인하에 이루어진 것이며, 1828년 영국 당국이 작성한 「크로퍼드(John Crawfurd)보고서」에 "동 해역에 살던 오랑 라우트(Orang Raut) 부족이 조호르 국에 복속하였다."고 기술한 것을 논거로 삼았다.[50]

법원은 싱가포르가 서면 항의서를 전달한 1980년 2월 14일을 결정적 기일로 판단하였으며, 페드라 브랑카 섬이 무주지였다는 싱가포르의 주장을 배척하였다.[51] 계속해서 법원은 크로퍼드 보고서, 조호르 국왕의 항의서한, 싱가포르 자유신문 기사 등을 이용하여 말레이시아의 고유영토론을 인정하였다.[52]

하지만 법원은 1953년 조호르 국무장관 대행의 서한을 근거로 금반언의 원칙에 의하여 페드리 브랑카의 영유권은 싱가포르에 있고(12:4), 미들락스의 영유권은 말레이시아에 있으며(15:1), 사우스 레지는 양국의 영해 중첩 수역에 있으므로 추후 경계획정에 따라 결정될 것이다(15:1)라고 판결하였다.[53]

---

49) *ICJ Reports*, 2008, para., 39-42.
50) *ICJ Reports*, 2008, paras., 37, 38, 47, 54, 57.
51) *Ibid.*, para., 61.
52) *Ibid.*, paras., 54, 55, 57.
53) *Ibid.*, para., 300.

7. 해안에서 떨어진 작은 섬의 지위(뱀섬 사건)

뱀섬(Serpent's Island)은 루마니아에서 46.5km, 우크라이나에서 60.2km 떨어진 흑해상에 위치하고 있으며, 표면적이 약 17만㎡이고[54] 해안선은 약 2km 정도 된다. 본래 루마니아의 영토였으나 1948년 구 소련에 양도되었다가, 1991년 구 소련 해체 이후 다시 우크라이나로 귀속하게 되었다. 우크라이나와 루마니아 간의 대륙붕과 배타적 경제수역의 경계획정에 있어서 양국은 뱀섬의 법적 지위에 대해 이견이 있었다.

뱀섬에 대한 영유권을 가지고 있지 못한 루마니아는 뱀섬을 암석이라고 하면서 12해리 영해는 인정할 수 있지만, 그 외에 대륙붕과 배타적 경제수역은 가질 수 없고 기점으로 이용되어서도 안 된다는 주장을 하였다.[55] 반면에 우크라이나는 뱀섬에는 물도 있고 야생식물도 존재하며, 제121조 3항 상의 요건인 '인간의 거주'와 '독자적인 경제생활'을 만족시키기 때문에 섬으로서의 요건을 가진다고 하였다.[56]

법원은 뱀섬의 법적 지위에 대해서는 판단을 하지 않은 채, 뱀섬이 우크라이나의 해안선의 일반적 형상이 아니므로 잠정적 등거리선의 기점이 될 수 없다고 하면서,[57] 이를 반영해 잠정적 등거리선을 수정할 필요도 없다고 하였다.[58]

이 사례에서 법원이 뱀섬의 법적 지위에 대해 명확한 판결을 하였다면 독도문제 등에 좋은 참고가 될 수 있었겠지만 아쉽게도 법원은 이에 대한 판단은 유보한 채 대륙붕 및 배타적 경제수역의 경계선만 획정하는 판결을 하였다.

---

54) 독도는 187,554㎡이다.
55) *ICJ Reports,* 2009, paras., 12, 13.
56) *Ibid.*
57) *Ibid.,* 149.
58) *Ibid.,* paras., 185-188.

8. 분쟁발생 이후의 행위(리기탄, 시파단섬 사건)

리기탄(Ligitan)과 시파단(Sipadan)섬은 말레이시아의 사바(Sabah)주 남동해안인 셀레베스해(Celebes Sea)에 위치하고 있는 섬이다.

이들 섬에 대한 영유권 분쟁은 1969년 인도네시아와 말레이시아 간의 대륙붕경계획정에 대한 논의 과정에서 최초로 발단되었다. 양 당사국은 당시 두 분쟁 도서의 법적 지위에 대해 합의점에 이르지 못하고 1969년 9월 22일자 양해각서로 두 분쟁 도서에 대한 법적 지위를 현상유지할 것으로 원칙적으로 합의하게 된다.[59]

이러한 상황은 말레이시아가 1979년 12월 21일 발행한 말레이시아 지도에 리기탄과 시파단을 포함시키고 1980년대 중반부터 말레이시아의 투자가에게 두 섬을 관광지로 개발할 권리를 허가할 때까지 평온하게 지속되었다. 하지만 말레이시아의 일단의 행위에 대해 인도네시아가 항의를 제기하고 이를 해결하기 위한 수년간의 교섭이 실패로 돌아가게 되자 양국은 1997년 5월 31일 동 분쟁을 국제사법법원에 부탁하기로 합의하게 된다.[60]

인도네시아는 1891년의 보르네오의 경계 획정에 관한 영국과 네덜란드 간의 협약 제4조에 근거하여 동 도서들에 대한 영유권을 주장하였다. 동 협약에 의하면 영국과 네덜란드는 보르네오와 칼리만탄(Kalimantan) 사이로 경계선을 획정했고, 따라서 현재의 분쟁도서들은 네덜란드에 편입되게 되어 있었다. 그 후 양국은 1915년과 1928년의 후속조약에 의해 상기 경계선을 변경, 획정하였으며, 1945년 인도네시아가 독립하게 됨에 따라 네덜란드의 식민통치하에 있던 모든 지역들에 대해 인도네시아의 영토 주권이 인정되는 것으로 해석되었다. 게다가 네덜란드는

---

59) *Sovereignty over Pulau Ligitan and Pulau Sipadan*(Indonesia v. Malaysia), paras.,15-31(http://www.icj-cij.org/icjwww/idocket/iinma/iinmaframe.htm).
60) *Ibid.,* para., 31.

두 섬이 영국의 영토에 포함되지 않음을 명시한 지도를 발행하기도 했다고 주장했다.[61] 뿐만 아니라 영국과 네덜란드 간의 협약에 의한 두 섬의 지위가 양 당사국에 의한 다음과 같은 행위―즉 영국 북부 보르네오 회사(British North Borneo Company)에 의한 지도의 간행, 네덜란드 해군 소속의 전함 링스(Lynx)와 그 부속 비행정에 의한 작전 활동 등을 포함하여 분쟁 도서 수역에서의 자국군의 해군 정찰활동 및 시파단에의 상륙활동 등―에 의해 확인되었다고 주장하였다.[62]

이에 대하여 말레이시아는 1878년과 1903년에 각각 당시 말레이시아의 케술타난 술루(Kesultanan Sulu)와 영국 간에 이루어진 영토할양과 함께 스페인에서 미국, 미국에서 영국, 그리고 마침내 1963년 7월 9일 체결된 영국으로부터의 말레이시아의 분리 독립에 관한 런던협정에 의해 두 섬은 자신들의 영유가 되었다고 주장하였다.[63]

말레이시아는 역사적 권원과 실효적 점유를 동시에 주장하였다. 먼저 역사적인 권원과 관련해서 당시 사바섬에 대해 통치권을 가지고 있던 술루의 술탄이 1878년 두 명의 사업가에게 동 분쟁 도서를 양도한 것이 영유권의 행사였으며, 그 후 1963년에 체결된 영국으로부터의 말레이시아의 독립에 관한 런던협정에 근거하여 영국은 말레이시아의 전체 영토를 말레이시아에게 돌려주게 되는데, 비록 동 협정 자체에 분쟁

---

61) *Reply of the Republic of Indonesia,* vol.1(2 March 2001), Chap. Ⅲ. The Subsequent Conduct of the Parties Confirming Indonesia's Title to the Islands, paras., 3.29-3.43(http://www.icj-cij.org/icjwww/idocket/iinma/iinmapleadings rep in 20010302 03).

62) Memorial of the Republic of Indonesia, vol.1(2 Nov. 1999), Chap. Ⅲ. A Summary of State Relations in the Area(1824-1969), paras., 3.72-3.74(http://www.icj-cij.org/icjwww/idocket/iinma/iinmapleadings/iinma ipleadings men in 19991102 03).

63) *Memorial of Malaysia,* vol.1(2 Nov. 1999), Chap. Ⅳ. The Diplomatic History of the Dispute between Indonesia and Malaysia, paras., 4.2-4.5(http://www.icj-cij.org/icjwww/idocket/iinma/iinmapleadings/iinma ipleadings mem ma 19991102 04).

도서인 리기탄과 시파단이 포함되어 있지는 않지만 사바섬이 포함되어 있기 때문에 말레이시아는 두 섬도 또한 포함된 것으로 간주해왔다는 주장과 함께[64] 술루의 술탄이 스페인으로부터 두 섬을 취득했다는 주장도 제기했다.[65] 실효적인 점유와 관련해서는 1980년대 중반부터 시작되어 현재까지 평화적으로 운영되고 있는 말레이시아 기업에 의한 두 섬 특히 시파단의 휴양지 및 항구의 개발을 증거로 제시하였다.[66]

이들 섬의 분쟁사건에 있어서 인도네시아와 말레이시아는 양국 모두 역사적인 증거에 많이 의존하고 있음을 알 수 있다. 말레이시아는 술루의 술탄에 의한 점유사실을 역사적 권원의 근거에 대한 핵심으로서 상당한 의미를 부여하였다. 하지만 말레이시아 스스로도 어느 정도는 인정하고 있듯이 술루의 술탄에 의한 점유사실은 명확하게 문서로 기록되어 있는 것이 없다. 말레이시아와는 달리 인도네시아는 영국과 네덜란드라는 당시의 두 유럽 제국주의 국가 간에 체결된 협약을 그 역사적 권원의 근거로 하고 있기 때문에 말레이시아가 제시한 근거의 증빙력보다는 표면상 우월하다는 인상을 준다. 신생 독립국가들 간의 영토 및 경계획정과 관련된 사례에 있어서 관련 제국주의 국가간에 체결된 협약은, 당시의 협약 체결 국가가 해당 지역의 영토 및 경계획정에 관한 상당한 지식을 가지고 있었다는 사실 때문에, 증거로서의 증빙력이 충분하다고 판단되어 왔다. 이러한 추정은 당시 그 지역의 지배자였던 술루의 술탄의 해당 지역의 영토 및 경계 획정 문제에 대한 충분하지 못한 인식과 대비해 볼 때 더욱 중요한 의미를 가지고 있다고 해석된다. 당시 1891년 협약에 부속된 동 협약의 해설을 위한 지도 역시 인도네시

64) *Ibid.*, paras., 5.46.
65) Counter-Memorial of Malaysia, vol.1(2 Aug. 2000), Chap.2. The 1891 Boundary Convention Did Not Affect the Disputed Islands, para., 2.2(http://www.icj-cij.org/icjwww/idocket/iinma/iinmapleadings/iinma ipleadings c-m ma 20000802 02).
66) *Supra* note 50, para., 129.

아가 동 협약을 법적 근거로 활용하는 데 유용하게 활용되었다.

실효적인 점유와 관련하여 1980년대 중반부터 시작되어 현재까지 평화적으로 운영되고 있는 말레이시아의 분쟁 도서에 대한 휴양지 및 항구의 개발에 대해 인도네시아가 1991년에서야 강하게 항의를 제기하기 시작하였다는 사실은 묵인과 관련하여 중대한 의미를 띈다고 할 수 있을 것이다.

국제사법법원은 1891년의 협약을 분석한 후 동 협약의 제4조 본문, 전후 문맥 및 대상과 목적 등에 비추어 볼 때 동 협약이 세바틱(Sebatik)의 도서 동쪽에 위치한 도서의 영유권을 결정하는 경계선을 설정한 것으로 해석될 수는 없다는 입장을 밝혔다.[67] 즉 동 협약이 분쟁 도서들에 대한 인도네시아의 권원을 형성하는 것이라는 인도네시아의 주장을 배척한 것이다. 법원은 이러한 결론이 동 협약의 준비작업 문서와 체약 당사국들의 추후 행위에 의해 확인되었다고 언급했다.[68]

법원은 또한 양국이 두 섬을 승계에 의해 권원을 취득했는지의 여부도 심사했다. 법원은 근원적 권원의 소유자인 부룽간의 술탄(Sultan of Bulungan)과 체결한 계약을 통하여 네덜란드의 승계국가로서 동 분쟁 도서들에 대한 권원을 향유한다는 인도네시아의 주장도 배척했으며[69] 술루의 술탄에 의한 원시적인 권원이 스페인, 미국, 북부 보르네오 국가를 대신한 영국, 대영제국을 거쳐 최종적으로 말레이시아로 이전되었다는 말레이시아의 주장도 인정하지 않았다.[70]

이처럼 양국의 역사적 권원의 승계 주장을 배척한 법원은 해당 지역에서의 양국의 행정적 권한의 행사에 근거하여 분쟁 도서에 대한 권원을 취득할 수 있는지를 분석하였다. 법원은 인도네시아가 주장한 분쟁 도서 주변 해역에서의 네덜란드 및 인도네시아 해군의 활동과 관련하

---

67) *Ibid.*, paras., 52, 92.
68) *Ibid.*, paras., 58, 80.
69) *Ibid.*, paras., 94, 96, 125.
70) *Ibid.*, para., 124.

여 이들 해군 당국이 분쟁 도서인 리기탄, 시파단과 그 주변 해역이 자신들의 주권하에 있다고 인식한 사실을 도출할 수 없다고 하였으며,[71] 인도네시아 어민들에 의한 전통적인 어로활동도 사인(私人)들의 행위는 그들의 행위가 공식적인 규정에 의한 것이거나 또는 정부의 권한 하에 이루어진 것이 아니라면 주권의 효율적인 행사의 증거로서 인정될 수 없다고 하면서 인도네시아의 주장을 인정하지 않았다.[72]

한편 법원은 말레이시아의 효율적인 행정조치와 관련하여, 해당 지역에서 말레이시아에 의해 바다거북 알의 채취를 규율하고 통제하기 위한 조치, 즉 1917년의 바다거북 보호령을 주목했으며, 북부 보르네오 당국이 1962년 시파단에, 1963년 리기탄에 각각 등대를 설치하였는데 이들 등대를 오늘날까지 말레이시아 당국이 유지하고 있다는 말레이시아의 주장도 주목하면서 당시 인도네시아 또는 그 이전 국가인 네덜란드가 그러한 행위에 대해 어떠한 항의 또는 저항도 표출하지 않았다는 점을 고려하였다. 결과적으로 법원은 말레이시아에 의해 주장된 행위들이 수량적인 측면에서는 많지 않으나 입법, 사법, 행정 그리고 준사법적인 행위들을 포함하는 등 다양한 성격을 포함하고 있다고 하면서 말레이시아의 주권을 인정하였다.[73]

9. 판결의 이행문제(채마이잘 사건)

미국의 서부개척시대에 텍사스주의 남서경계를 따라 미국과 멕시코 사이에 마찰이 발생했으며 1846년 전쟁으로 발전하였다. 이 전쟁에서 일방적으로 승리한 미국은 1848년과 1853년의 조약에 의해 리오그란데

---

71) *Ibid.*, paras., 137-139.
72) *Ibid.*, para., 141.
73) *Ibid.*, para., 149.

(Rio Grande) 강의 중심선을 따라 국경선을 정하게 된다. 이후 1864년부터 1868년까지의 대홍수에 의해 리오그란데 강의 수로가 남쪽으로 이동하게 되어 채마이잘(El Chamizal)이라고 부르는 약 600에이커의 토지가 북쪽으로 부속하게 되는 사태가 발생하게 된다. 1884년 양국은 자연의 힘에 의해 하천의 수로가 변경되는 데 기인한 분쟁을 방지하기 위해 리오그란데 및 콜로라도 강 경계조약을 체결한다.

그로티우스(H. Grotius) 이래 하천을 국경선으로 정하는 경우 수로의 점진적인 변화에 의한 첨부(accretion) 또는 침식(erosion)의 경우에는 당초의 국경선이 이동하는 것을 원칙으로 하지만, 대규모 홍수에 의해 종래의 하상이 급격히 변화하여 생기는 분리(avulsion)의 경우에는 당초의 국경선이 유지되는 것으로 생각되어져 왔다. 따라서 미국과 멕시코 간의 1884년 조약 역시 제1조와 제2조에서 이러한 원칙을 확인한 바 있다.

1889년 양국은 리오그란데 강을 따른 국경문제를 해결하기 위해 양국에서 각기 1명씩의 위원을 임명하여 국제국경위원회를 설치했다. 채마이잘 문제는 1895년에 이 위원회에 부탁하였으나 쉽게 결론이 나지 않았다.

이리하여 양국은 1910년에 이 사건을 중재재판에 부탁하기로 하는 조약을 체결하고, 양국인 이외에 제3국인을 추가하여 3명으로 구성된 국제국경위원회에 사건의 해결을 부탁하게 된다.

본 건에서의 쟁점은 ①1864년부터 1868년까지의 홍수에 의한 하상의 변화가 미국이 주장하는 첨부에 해당하는 것인지 아니면 멕시코가 주장하는 분리에 해당하는 것인지와 ②미국이 1848년 이래 방해받지 않고(undisturbed), 중단 없이(uninterrupted), 다투어지지 않고(unchallenged) 점유함으로써 분쟁지역의 권원을 시효취득하였는지의 두 가지였다.

법원은 1911년에 전기한 홍수에 의한 하상의 변화는 분리임을 인정하고 이전의 강 중심선이 국경선을 형성한다고 판시하였다. 미국의 시효취득 주장에 대해서도 시효취득의 권리가 국제법상 수락된 원칙인가 아닌가라는 극히 논의가 많은 문제를 논하는 것이 필요하다고는 생각지 않으나 위원회는 시효취득의 조건을 확정하는 어떠한 조약도 존재하지 않음에 비추어, 본건에 있어서의 미국의 점유는 시효취득에 의한 권원을 창설하는 것과 같은 성질의 것이 아니다라는 결론에 도달하였다······ 이에 반하여 1848년 조약 체결 당시부터 1895년 동 문제가 위원회에 부탁되는 시기까지의 기간 중 동 지역에 대한 미국인들의 물리적 점유, 연방정부에 의해 행사된 정치적 통제에 대해서는 멕시코 정부가 외교사절을 통하여 항상 다투어왔고 문제시하여 왔다고 말할 수 있을 것이다. 특히 1867년부터 리오그란데 강의 변경에 관하여 양국의 권리를 결정하기 위한 노력의 성과로 1884년 조약이 체결된 것이 바로 멕시코 정부의 중요한 항의이므로 시효의 성립은 방해받은 것이며, 평온한 점유의 요건도 갖추지 못했다고 판시하였다.[74]

하지만 이러한 법원의 판결에 대하여 미국은 즉각 이를 이행하지 않고 50년 이상을 버티다가 국제사회의 비난에 의해 1967년 10월 마침내 위원회의 판결을 인정하고 동 지역을 멕시코 측에 양보하였다.

VII. 국제법의 변화와 정책수립(이어도 개발)

이어도는 1868년 영국의 상선 코스타라카(Costaraca)호에 의해 발견되었으며, 이후 다시 1900년에 소코트라(Socotra)호에 의해 재발견되어 소코트라 암으로 명명된 마라도 서남방 152㎞ 수역의 해면하 4.5m에 위치하고 있는 암초이다.

제주도 서남방 해역에서 수면하 섬이 발견되었다는 소식을 들은 일본은 파랑도라는 이름으로 수로지에 기입하고 이 섬에 직경 15m, 해면

---

74) 山本草二・古川照美・松井芳郎, 『國際法判例百選』(東京: 有斐閣, 2001), p.72.

위 높이 35m의 콘크리트구조물을 건설하여 중계기지로 이용하고자
하는 계획을 1938년에 수립하였다. 하지만 이 계획은 제2차 세계대전
의 발발로 착수조차 하지 못하였다.

광복 이후 우리정부는 최남선 선생의 제안에 의하여 이 섬에 대한 영
유권을 확립하기 위해 대일강화조약 본문에 이 섬을 삽입시키려고 시
도하였다가 실패하게 된다. 그 후 1987년에 이 해역에 등부표를 설치하
였으며, 2003년에 철골구조물을 건설하였다.

이어도는 해양법협약에서 의미하는 섬이 아니고 수중 암초이기 때문
에 원칙적으로 배타적 경제수역이나 대륙붕을 갖지 못하며, 인공섬으
로 개발된다고 하더라도 현행 해양법하에서는 500m의 안전수역 이외
에는 가질 수가 없다.

이러한 인공섬에 대하여 다른 견해를 가진 학자도 물론 있다. 지델
(Gidel) 같은 학자는 "인공섬의 자연조건이 자연적인 섬과 같이 인간의
안정적 거주를 유지할 수 있는 것인 경우" 인공섬을 자연적인 섬으로
인정하자고 주장하고 있으며, 중국의 경우에는 해면 위로 들어나는 섬
이 하나도 없는 남중국해의 중사군도 수역에 영해를 설정하였기 때문
에 경계획정에서 아무런 영향도 미치지 못하는 것이 아니라 오히려 미
칠 수도 있다고 보는 것이 타당할 것이다. 다시 말해 중국에 대하여 너
희가 중사군도에 영해를 설정하였으니 우리도 이어도에 대하여 영해를
인정해 달라고 하면서 서해 배타적 경제수역의 경계획정시 유용한 협
상의 지렛대로 이용할 수 있다는 것이다.

이어도와 관련하여 우리에게 교훈을 주는 것이 일본의 오키노도리지
마(沖の鳥島)이다. 이 섬은 도쿄만에서 서남쪽으로 2,400km 이상 떨어진
태평양상에 있는 수면 위 높이가 약 70㎝ 정도 되는 작은 암초인데 일
본은 이 암초에 약 300억 엔의 돈을 쏟아부어 반경 25m, 높이 3m의 인
공섬을 만들었다. 이 공사를 하는 중에 미국 하와이 대학교의 존 반다
이크(Jon Van Dyke) 교수를 포함하여 전 세계인들이 일본의 해양영토 확
장을 위한 음모를 비난하였지만 당시 일본의 나카소네(中曾根康弘) 수상

은 "귀중한 영토문제의 근간에 관계되는 문제"라며 공사를 강행하였다. 물론 현행 해양법에 의하면 오키노도리지마는 배타적 경제수역을 가질 수 없다. 하지만 일본은 "암초를 섬으로 인정할 경우 조약을 달리 해석할 수 있는 여지가 있다"라고 잘라 말하면서 이 섬을 인공섬으로 개발했고, 그 후에는 이 섬을 기점으로 하여 배타적 경제수역을 선포, 지도를 발행해 오고 있는 것이다.

지금부터 30년 전만 하더라도 연안국의 권한이 12해리를 벗어나리라고 생각한 사람은 거의 없었다. 해양 강대국들의 좁은 영해, 넓은 공해 원칙에 의해 3해리부터 길어야 12해리를 넘지 않는 범위였다. 그러나 지금은 어떠한가? 식민지 확장이 중단된 금세기에 들어서면서 강대국들이 땅으로 뻗어나가지 못하기 때문에 바다와 우주로 뻗어나가는 것은 자명한 것으로 이는 진작부터 예견할 수 있었던 일이다. 하지만 우리는 유엔해양법협약의 협상이 진행되는 가운데서도 무관심했고, 유엔해양법협약이 발효된 이후에도 무관심한 채로 있는 것은 아닌가 하는 생각이 든다.

지난 2001년 한일 양국은 제2차 어업협정을 체결하였다. 이 협정에서 양국은 독도 주변 해역에 중간수역을 설정함으로써 많은 한국인들로부터 독도의 영유권이 훼손당하였다는 비난을 받았다. 하지만 이 협정에서 우리가 쉽게 간과하고 넘어간 것이 있는데 그것은 바로 7광구 상부수역의 80%가 일본의 배타적 경제수역으로 넘어가버렸다는 사실이다.

사실 7광구는 한국보다는 일본의 오키나와에 훨씬 가까운 지역이다. 그런데 어떻게 한일 양국이 공동개발을 하기로 하였을까. 그것은 결코 일본인들이 마음이 좋아서 그렇게 된 것이 아니고 당시의 국제법이 그렇게 되어 있었기 때문이었다. 즉 당시에는 1967년의 북해대륙붕사건에서 국제사법법원이 자연적 연장이론을 인용하여 판결한 영향으로 자연적 연장이론이 대세를 이루고 있었다. 7광구의 경우 대륙붕이 제주도에서부터 서서히 발달하여 내려가다가 오키나와 가까이에서 마리아

나해구를 형성하고 있기 때문에, 한국의 입장에서는 당연히 해구까지 한국의 대륙붕이라고 주장할 수 있는 근거가 있었던 것이다. 따라서 일본은 울며 겨자먹기로 공동개발협정을 체결할 수밖에 없었던 것이다. 하지만 유엔해양법협약에서 중간선 원칙이 채택된 이후로는 자연적 연장이론이 힘을 잃게 되었고, 결국 상부수역의 80%를 잃게 된 것이다. 그리고 나머지 20%도 우리의 배타적 경제수역이 아니라 공동관리수역으로 설정되어 있다. 따라서 공동개발협정이 종료되는 2028년에는 7광구 대륙붕의 분할은 물론 나머지 20%의 상부수역도 분할해야만 하는데 한국으로서는 불리한 입장일 수밖에 없다.

그렇다면 여기에 어떤 방법은 없을까? 바로 이어도를 인공섬으로 개발하는 것이다. 해양법협약상 인공섬이 기점으로 사용되지는 못한다고 하더라도 일본에게는 오키노도리지마라고 하는 아킬레스의 건이 있는 바 충분히 협상의 지렛대로 사용할 수가 있기 때문이다.

VIII. 결론

국내사회에서의 모든 행동이 국내법에 의해 규율되듯이 이제는 국제사회에서의 모든 일들이 국제법에 의해 규율되는 시대가 되었다. 전통적인 무력의 사용부분은 물론 바다와 하늘의 이용, 인권, 통상, 환경 등 국제법이 관할하지 않는 부분이 없기 때문이다.

이러한 가운데 국제법의 재판규범성도 과거와는 비교도 안될 만큼 확장되었다. 우리는 앞의 사례연구에서 국제법원이 금반언의 원칙을 채택한 경우도 보았고, 또 이를 배척한 경우도 보았으며, 어느 경우에는 실효적 지배를 인정하지만 또 어느 경우에는 이를 인정하지 않는 경우도 보았다.

다시 말해 비슷한 사안으로 보이지만 경우에 따라서 법원이 증거로 채택하는 것들은 상이하다는 것을 알게 되었다. 이는 부탁국들의 힘의 차이도 아니고 영향력의 차이도 아니다. 부탁국들이 얼마나 국제법적 지식을 가지고 있느냐의 차이였을 뿐이다.

우리나라도 최근 WTO에 제소하기도 하고 제소당하기도 하는 경우가 많아졌다. 뿐만 아니라 독도문제를 비롯하여 간도문제, 녹둔도문제 등 분쟁으로 발전할 수 있는 영토도 많이 있다. 이들을 힘으로 지키고 힘으로 되찾아 온다는 것은 결코 쉽지 않을 것이다. 지금부터라도 국제법적 지식을 가지고 하나 하나의 정책을 계획하고 추진해 나가야만 할 것이다.

참고문헌

국방대학교. 『안보관계용어집』. 국방대학교, 2006.
김병렬. 『독도논쟁』. 서울: 다다미디어, 2001.

日本外交法學會. 『國際法講座』 第1卷. 東京: 有斐閣, 1957.
山本草二・古川照美・松井芳郎. 『國際法判例百選』. 東京: 有斐閣, 2001

Gerhard von Glahn. *Law Among Nations,* 4th ed. New York: Macmilan, 1981.
Jennings, Robert, & Arthur Watts(ed.). *Oppenheim's International Law,* 9th ed.
　　　Vol.1, London: Longmans, 1992.
Wissner, Siegfried. "The Public Order of the Geostationary Orbit: Blueprints for
　　　the Future." *The Yale Journal of World Public Order,* Vol.9, No.2(Spring
　　　1983).

ICJ Reports, 1949.
ICJ Reports, 1969.
ICJ Reports, 1950.
ICJ Reports, 1951.
ICJ Reports, 1955.
ICJ Reports, 1960.
ICJ Reports, 1962.
ICJ Reports, 1969.
ICJ Reports, 1974.
ICJ Reports, 1985.
ICJ Reports, 1986.
ICJ Reports, 1989.
ICJ Reports, 1994.
ICJ Reports, 1998.
ICJ Reports, 2002.
ICJ Reports, 2008.
ICJ Reports, 2009.

제11장

조선 초기 세종대 군사적 상황과 전쟁 수행 양상: 1, 2차 파저강 야인 토벌 사례를 중심으로

노영구

I. 머리말

14세기 말 고려의 멸망과 조선의 건국은 단순한 한반도 왕조의 세력 교체가 아니었다. 조선의 건국은 중국 원·명 교체의 동아시아 세계사적 변화의 파동이 한반도와 만주, 몽고 등 중국 주변 지역에 격렬한 영향을 미치던 유동적인 국제 상황에서 이를 적극적으로 극복하고 새로운 사회를 건설하고자 하였던 고려말 신흥 세력의 혁명적 노력의 결과였다.[1] 건국 이후에도 유동적인 국제 정세는 계속되었고 이러한 상황에서 조선의 대응도 아울러 전개되었다. 그 과정에서 국내의 정치적 변동과 함께 외교적, 군사적 양상도 매우 역동적으로 나타났다. 이러한 양상은 1392년 조선 건국 이후 거의 한 세대가 지난 15세기 전반기 30

---

1) 김영수, 『건국의 정치—여말선초, 혁명과 문명 전환』(이학사, 2006).

여 년 동안의 세종대(1419~1450)에도 그대로였다.

세종대는 일반적으로 정치, 사회, 경제의 안정 위에 유교정치가 펼쳐지고 민족문화의 꽃을 피운 시기로 알려져 있다. 그러나 이러한 인식은 세종과 그 시대에 대한 온전한 이해의 방향은 아닐 수 있다. 세종은 집권 후반기 여러 질병에 시달리면서도 한글을 창제하고 각종 서적 편찬 등을 독려하는 등 문화의 군주로서의 면모도 보이지만, 철원 등에 행차하여 강무(講武, 사냥 훈련)를 통해 직접 군사 훈련을 주관하고 4군 6진 등 북방의 영토를 개척하여 오늘날의 우리의 판도를 확보하는 등 군사적, 영토적 측면에서도 많은 업적을 쌓았다. 특히 세종은 여러 신하들의 요구에 수동적으로 대응하여 정국의 전반을 운영한 것이 아니라 주요한 사안에 대해서는 강한 추진력을 바탕으로 결단하고 신하들을 설득하여 이들의 적극적인 참여를 이끌어 내는 등 일반적으로 알려진 것과는 다른 면모를 보이기도 하였다.[2]

또한 세종대는 국내적으로도 형 양녕대군 문제 등으로 인해 정국이 자주 소란스러웠고, 국제 정세도 몽골 세력의 팽창에 따른 명의 적극적인 개입과 대응으로 군사적 충돌이 나타나는 등 상당히 유동적이었다. 몽골 세력에 대한 대응에 많은 국력을 소비한 명은 1425년 영락제가 사망한 이후인 세종 중반기에는 소극적인 대외정책을 채택하여 만주 지역 등에서 세력의 위축 현상이 나타나기도 하였다. 급변하는 국제정세 하에서 한반도 주변의 여진, 왜구 등의 세력도 심상치 않은 움직임을 보였다.[3] 세종 재위 32년 동안 조선은 대마도, 파저강 등에 3차례 대규모 군사적 원정을 실시하였고, 4군 6진의 개척 과정에서 여진족과 적지 않은 군사적 충돌이 일어났다. 세종대에 이룩한 여러 업적과 성취는 이러한 대내외적인 위기 상황을 극복하면서 이룩한 것이었다.

---

2) 박현모, 『세종처럼』(미다스북스, 2008), 6-7쪽.
3) 15세기 전반기 명과 몽골의 갈등과 영락제의 몽골 원정에 대해서는 岸本美緒·宮島博史, 『明淸と李朝の時代』(中央公論社, 1998), 57-59쪽 참조.

본 논문은 세종대 변화하는 동아시아의 대외 정세 속에서 조선의 군사적인 측면의 대응 양상을 살펴보는 것을 목적으로 한다. 아울러 이를 통해 세종의 전쟁 수행 방식의 특징을 살펴보고자 한다. 그 구체적인 사례로 조선의 북방 영토 확보에 중요한 획을 그었을 뿐만 아니라그 추진 과정에서 세종의 뚜렷한 리더십이 엿보이는 2차에 걸친 파저강 야인 토벌전을 검토해 보고자 한다. 이 토벌전은 당시의 대외 정세의 변화 속에서 조선이 취하였던 군사적 대응 양상 및 전쟁 수행 방식, 그리고 영토에 대한 인식의 일단을 보여준다는 점에서 의미가 적지않다.

파저강 야인 토벌전에 대해 그동안의 연구는 군사사, 대외관계사 측면의 연구가 대부분이었다. 예를 들어 강성문, 유재성의 토벌전 연구가대표적이다.[4] 조선과 여진의 관계 연구에서 이 정벌전이 일부 언급되거나 세종대 국방 및 외교에 대한 연구에서 일부 산견되고 있다.[5] 이외에 군사사적인 측면에서 야인 정벌전에 나타난 조선군의 기마 전술을분석한 연구도 있다.[6] 최근에는 세종의 변경관(邊境觀)과 영토 경영을다룬 박현모의 연구와 세종의 전쟁 수행 리더십을 다룬 노영구의 연구가 제출되었다.[7] 그러나 당시의 동아시아 국제 정세의 변화 속에서 조선이 처한 군사적 상황과 이 정벌전을 통한 군사적 대응의 의미를 밝힌

---

4) 강성문, "세종조 파저야인의 정벌 연구"『육사논문집』 30(1986); 강성문, "조선시대 여진정벌에 관한 연구,"『군사』 18(1988); 유재성, 『국토개척사』(국방군사연구소, 1999).

5) 박원호, "宣德年間 明과 조선간의 건주여진,"『아세아연구』 88(1992); 김구진, "세종 시대의 여진 관계,"『세종문화사대계』 3(세종대왕기념사업회, 2001); 이지경, "세종의 공세적 국방안보; 대마도 정벌과 파저강 토벌을 중심으로,"『세종의 국가경영』(지식산업사, 2006).

6) 이홍두, "조선초기 야인정벌과 기마전,"『군사』 41(국방군사연구소, 2000).

7) 박현모, "세종의 邊境觀과 북방영토경영 연구"『정치사상연구』 13-1(2007); 노영구, "세종의 전쟁수행과 리더십,"『오늘의 동양사상』 19(2008). 본 논문은 필자의 최근 연구(2008)를 바탕으로 세종대 군사적 상황과 대외적 환경 등을 앞에 새로이 추가하고 정벌전 자체의 내용을 수정 보완한 것임을 밝혀둔다.

검토는 다소 부족한 것으로 보인다.

II. 세종대 대외적 · 군사적 상황과 영토 의식

15세기 전반기 세종대의 대외적 · 군사적 상황은 일반적으로 알려진 것과는 달리 상당히 위협적인 상황이 계속되었다. 고려말 이후 남방의 큰 위협이었던 왜구는 조선 초기부터 이루어진 수군의 정비와 강화 노력으로 조선 해안에서의 왜구 활동은 일시적 소강 상태에 빠졌다. 아울러 공세적 수군 운용 전략의 일환으로 세종 초기 대마도의 왜구 근거지의 소탕하기도 하였다. 대마도 토벌을 통해 조선과 중국 연안을 약탈하는 왜구를 조선이 주도적으로 소탕함으로써 조선은 명나라로부터 한반도 주변 지역에 대한 독자적 자주권을 인정받는 계기를 마련하기도 하였다. 아울러 대마도 정벌은 일본에 대한 영토 침략이 아닌 두 나라에 해가 되는 해적을 조선이 무력으로 소탕함으로써 조선 우위의 대일 우호관계를 맺는 계기를 마련하였다.[8] 세종 원년의 대마도 정벌 이후 왜구의 세력은 약화되어 조선에 위협이 되지 못하였다. 그러나 북방의 대외적인 상황은 상당히 유동적으로 전개되었다. 조선 건국 직후 시도된 조선의 요동수복 계획과 태종대 전반기까지 있었던 북방의 여진족에 대한 관할을 둘러싼 명나라와의 긴장 관계는 태종과 세종의 적극적인 대명 관계 회복을 통해 해소되었다. 그러나 북방 몽골 지역의 동향은 심상치 않았다.

14세기 후반 북방으로 쫓겨간 원나라 세력[北元]은 명의 계속적인 공격으로 멸망하고(1388) 이후 몽골 지역에는 한동안 명에 대적할만한 뚜

---

8) 장학근, "조선시대 海防史 연구"(단국대학교 박사학위논문, 1986), 43-58쪽.

렷한 세력은 형성되지 못하였다. 14세기 말에는 제왕들의 극심한 내부 모순을 겪다가 몽골 세력은 동, 서 몽골로 분열되었다. 동몽골은 타타르 부족이 중심이 되었고, 서몽골은 오이라트 부족이 중심이 되어 여러 부족이 느슨한 연맹체를 형성하고 있었다. 이들은 몽골지역의 패권을 놓고 갈등을 벌였고 그 과정에서 명나라의 영락제는 두 부족의 항쟁을 이용하여 이이제이(以夷制夷)의 정책의 일환으로 이 상쟁에 개입하였다. 즉 이간하여 서로 싸우게 만들고, 어느 한편이 강성하면 대규모 군사를 보내어 정벌하기도 하였다. 이 과정에 몽골 세력은 명나라의 북쪽 변경을 침입하기도 하였다. 명나라의 영락제[성조]는 몽골에 대한 5차례 직접 원정군을 파견하여 군사적으로 대응하기도 하였으나 타타르부 및 오이라트부를 완전히 복속시키지는 못하였다.

한편 14세기 후반까지 만주 지역에 잔존한 몽골 세력인 웃치긴 집단도 북원 멸망 직후 명나라에 항복함에 따라 명나라는 요동 지역을 완전히 장악하였다. 1389년에는 5월에는 그 지역의 몽골 세력을 태령(泰寧), 내안(朶顔), 복여(福餘) 등 올량합(兀良哈, 우량카이) 3위(衛)로 재편하여 명목적으로 통제하였다. 흥안령 동쪽에 위치한 올량합 3위의 설치는 동몽골과 서몽골의 엽합을 차단하고 아울러 요동과 북경으로의 진입로를 보호하기 위한 전략적 목적이었다.[9] 아울러 동쪽에서 몽골 세력을 견제할 목적으로 만주의 여진 지역에 다수의 위소(衛所)를 두고, 1409년에는 노아간도사(奴兒干都司)를 흑룡강 어귀에 두어 이 지역의 위소를 관할하게 하는 등 만주 지역의 경영에도 적극 나서기도 하였다.[10] 1405년(태종 5) 조선에 복속되어 있던 두만강 중류의 오도리족 대추장 동맹가첩목아(童猛哥帖木兒)가 영락제의 회유로 명나라에 입조한 것은 이러한 상황을 반영한다. 조선은 이에 대한 보복으로 여진과의 무역소를 폐

---

9) 윤은숙, "북원과 명의 대립—요동 문제를 중심으로," 『동양사학연구』 105(2009), 103-105쪽.
10) 박원호, "15세기의 동아시아," 『한국사』 22(국사편찬위원회, 1995), 256-258쪽.

쇄하자 여진족이 조선의 변경을 침입 약탈하였다. 1410년에 조선은 원정군을 보내자 동맹가첩목아의 건주좌위 세력은 조선과의 군사적 충돌을 피하여 만주 내지의 봉주(鳳州)로 이주하였다.

명나라의 적극적인 요동 경영과 몽골에 대한 군사적 대응에도 불구하고 1409년을 전후한 시기부터 요동 일대는 명나라와 타타르의 군사적 충돌로 인하여 전장을 방불케 할 정도로 대 혼란이 계속되었다. 명나라의 군사적 강경책에 의해 타타르의 세력은 일시적으로 위축되기도 하였으나 긴장 상태는 이후에도 계속되었다. 특히 1421년(세종 3) 이후 수년간 명나라와 타타르의 충돌로 인해 요동 지역은 상당히 혼란스러웠다. '달달(韃韃, 타타르)의 군사 40만 명이 심양도(瀋陽路)에 둔쳐 있으므로 요동성(遼東城)의 성문을 낮에도 열지 않았다'(『세종실록』권14, 세종 3년 12월 辛丑), '달달(韃韃)이 요동, 광녕, 산해위(山海衛) 등지에 가득 차 있다(『세종실록』권16, 세종 5년 11월 辛巳)'라는 등의 당시 조선 사신의 보고는 이러한 상황을 반영한다.[11]

요동 지역이 전장화되자 봉주로 이주하였던 동맹가첩목아 세력은 세종 5년 원래의 근거지인 두만강 중하류 지역으로 돌아왔다. 아울러 비슷한 시기에 혼하(渾河) 상류 지역에 있던 여진족인 이만주의 건주위(建州衛) 세력도 압록강 중류지역의 지류인 파저강(婆猪江, 오늘날의 渾江) 유역으로 남하하였다. 타타르의 압박에 따른 여진 세력의 남하는 조선의 북쪽 변경에 적지 않은 위협이 되었다.

1425년(세종 7) 명나라 황제 영락제가 동몽골을 원정하고 돌아오는 도중 사망하는 것을 계기로 명나라의 대외정책은 변하게 되었다. 적극적인 대외확장과 억제전략에서 소극적인 방어 위주의 전략으로 전환되었다.[12] 이에 따라 명나라의 군사전략은 몽골에 대한 직접적인 군사적

---

11) 세종 초기 요동 지역의 정세에 대해서는 양진혁, "여말선초 북방방위전략에 관한 연구"(국방대학교 석사학위논문, 2007), 100쪽 참조.

12) 중국의 역사를 보면 이전 왕조의 유산이나 잔재로부터 통합된 모습의 새로운 왕조가 탄생한 이후에는 이른바 中原인 중핵지역과 변방 지역 전체에 대해 정

대응보다는 수세적인 방어적 대응이 우선시되었다.[13] 실제 영락제 사망 직후 오이라트가 부상하는 상황에서 타타르를 지원할 수 없었을 뿐만 아니라 올량합 3위를 타타르가 정복하여 올량합 3위가 명의 세력권에서 이탈하였음에도 불구하고 적절히 제어할 수 없었다.[14] 아울러 요동의 여진에 대한 명나라의 장악력도 함께 쇠퇴하기 시작하였다. 즉 명나라는 주변 정세를 적극적으로 제어할 수 없는 상황에 놓이게 되었다. 이는 요동 지역에 대한 타타르 세력의 위협과 여진족의 조선에 대한 군사적 위협의 양상이 고조될 수 있지만 동시에 요동 남부 지역 대한 조선의 대외적 운신의 폭이 확대됨을 의미한다. 실제 1428년경 올량합 세력이 남하하자 이들을 좇아 1430년(세종 12) 12월 몽골의 기병이 요동의 북부 지역인 개원을 약탈하였고, 1432년 12월에는 파저강의 야인들이 홀라온 우디캐와 함께 조선의 여연(閭延)에 침입하기도 하였다. 이 사건은 제1차 파저강 야인 정벌전의 직접 원인이 되었다. 이외에도 1433년에는 건주좌위의 동맹가첩목아가 우디캐족의 침입을 받아 그 부자가 살해당하는 사건이 일어나는 등 명나라의 세력 위축에 따른 요동 지역의 정세는 매우 급박하게 변하였다.

국제정세가 안정적이지 못하다는 것은 가변성이 많다는 뜻이며 따라서 국익을 취할 수 있는 전략적 기회가 많음을 의미한다고 할 수 있다. 세종은 당시의 급변하는 국제정세에 대해 매우 적극적으로 대응하였다. 이러한 양상은 세종의 적극적 영토관과 영토 회복 노력, 북방 군사체제

치, 군사적인 통제와 지배를 강화하려 하지만, 이러한 노력이 성공하지 못할 경우에는 변방지역으로부터 후퇴하거나 정치, 군사적인 통제와 지배를 감소하는 경향을 보인다고 한다(Michael D. Swaine, *Interpreting China's Grand Strategy: Past, Present, and Future*(RAND Corporation, 2000) pp.38-39).

13) 영락제 사후 명나라의 북방 전략이 방어 위주로 변하였다는 주된 의견에 대해 명나라는 기본적으로 군사력 사용을 선호하였으며 특히 상대방에 대한 억지나 봉쇄가 아닌 선제 공격을 강조하는 방식으로 군사력을 사용하였다는 이견도 있다(Alastair Iain Johnston, *Cultural Realism: Strategic Culture and Grand Strategy in Chinese History*(Princeton University Press, 1998)).

14) 토마스 바필드 저, 윤영인 역, 『위태로운 변경』(동북아역사재단, 2009), 482쪽.

개편 및 적극적 군사전략 수립, 그리고 파저강 정벌전 등을 통해 구체
적으로 확인할 수 있다. 영토에 대한 세종의 인식은 다음의 인용을 통
해 확인할 수 있다.

> 내 마음 속으로 생각하기를 조종(祖宗)의 강토는 줄일 수 없는 것이다.
> 지난 번에 야인들이 우리 땅을 침범 점거한 것이 이미 많았는데, 지
> 금 또 물러 옮긴다면 이는 버리고 지키지 않는 것이 된다. …… 물러
> 나 줄일 계획을 한다면 조종의 토지를 개척하는 뜻에 아주 어긋나는
> 것이다.[15]

이 자료는 여진의 위협에 따라 6진 지역인 경원의 진(鎭)을 후방인 용
성(龍城)으로 옮기는 문제를 논의하는 자리에서 세종이 한 언급이다. 영
토에 대한 세종의 입장은 매우 단호하다는 것을 알 수 있다. 세종은 여
기서 더 나아가 기존에 확보된 지역을 유지하는 데 그치지 않고 적극적
으로 추가적인 영토 확보에 대한 의지를 보였다. 이는 고려 중기 윤관
이 진출하였다는 공험진(公嶮鎭)에 대한 세종의 관심과 그 이남 지역에
대한 영토 의식을 통해 확인할 수 있다. 세종은 제1차 파저강 정벌전을
준비하며 공험진에 대한 지리적 관심을 보였을 뿐만 아니라,[16] 6진 개
척의 과정에 있던 세종 21년에는 윤관의 9성과 공험진의 위치 등을 조
사하여 보고할 것을 함경도 도절제사 김종서에게 명하였다.[17] 윤관이
건설한 9성과 공험진의 위치에 대한 김종서의 당시 조사 내용의 편린
은 『세종실록』 지리지의 「경원도호부」조에서 그 흔적을 찾을 수

---

15) 『세종실록』 권37, 세종 9년 8월 乙丑.

16) 『세종실록』 권59, 세종 15년 3월.

17) 『세종실록』 권86, 세종 21년 8월 壬午. 세종의 영토 확보 의지와 노력에 대해
　서는 김구진, "세종 시대의 여진 관계," 『세종문화사대계』 3(세종기념사업회,
　2001), 875-876쪽 참조.

있다.[18]

세종의 적극적인 국제정세 대응의 양상은 북방 군사체제의 개편을 통해 확인할 수 있다. 세종은 태종대 이후 몽골 등의 대규모 침입에 대비하기 위해 평안도 내륙 지역에 건설하였던 관방(關防) 체계를 조정하여 압록강과 두만강변에 다수의 관방 시설을 설치하고 실질적인 국방선, 국경선으로 설정하였다. 이에 따라 세종 말년에는 함경도 국경지역에 9개 진과 19개 구자(口子)가, 평안도 국경지역에는 12개 진과 25개 구자가 설치되었다. 그리고 다수의 行城이 건설되어 여진족의 침입에 대비하였다.[19] 이러한 국방체제 정비는 여진 등 외부의 침입에 대해 단순히 소극적, 수세적 방어의 수준에 그치는 것이 아니라 조선의 영토 밖이나 국경선상에서 적극적으로 대응하겠다는 군사전략이 계획되었음을 반영한다. 다음의 3, 4장에서 언급할 2차에 걸친 파저강 야인 정벌전은 세종의 북방 여진에 대한 군사전략이 단순한 억제, 거부의 차원이 아닌 보복적 성격을 띤 매우 적극적인 것이었음을 반증한다.[20]

세종의 적극적 영토관과 공세적 군사전략은 기본적으로 조선 초기 만주 등 북방 영토에 대한 적극적 영토의식과 밀접한 관련을 가지고 있다. 조선초기 지식인들은 우리 나라가 본래 '만리(萬里)의 대국'이라고 생각하고 각종 지도나 지리지를 편찬할 때 만주를 우리 영토의 범주에

---

18) "수빈강(愁濱江)(두만강 북쪽에 있다. 그 근원은 백두산 아래에서 나오는데, 북쪽으로 흘러서 蘇下江이 되어 公險鎭, 先春嶺을 지나 巨陽城에 이르고, 동쪽으로 1백 20리를 흘러서 수빈강이 되어 阿敏에 이르러 바다로 들어간다.)" 현재 이 내용에 대해 적지 않은 논란이 있지만 세종대 공험진, 선춘령 등의 위치를 찾고 이를 바탕으로 조선의 영토로 그 이남 지역을 확보하는 방안을 찾으려는 세종의 구체적인 노력이 있었음을 확인할 수 있을 것이다. 최근 공험진, 선춘령에 대한 『세종실록』의 내용을 바탕으로 그 위치를 비정하려는 노력도 나타나고 있다 (최창국, "선춘현과 공험진-고지도 및 『세종실록』「지리지」를 바탕으로," 『안보문화와 미래』 창간호(한국미래문제연구원, 2008).

19) 오종록, "조선초기의 국방정책," 『역사와현실』 13(한국역사연구회,1994), 222-233쪽; 오종록, "조선초기의 국방관," 『진단학보』 86(진단학회, 1996), 149-150쪽.

20) 양진혁, "앞의 논문"(2007), 123쪽.

포함시키고 있었다. 정도전의 요동 회복 의식과 요동 정벌 준비 등은
그 대표적인 사례이다. 이외에도『고려사』지리지나『동국여지승람』
서문 등에도 적극적 북방영토의식 등이 나타나 있다. 따라서 조선왕조
는 압록강과 두만강을 고정된 국경선으로 생각하지는 않았으며 만주
지역을 미 수복된 우리의 영역으로 간주하고 있었다.[21] 세종 주도의 파
저강 야인에 대한 두 차례의 정벌전은 이러한 의식의 연장선상에 있었
음을 알 수 있다.

III. 제1차 파저강 야인 정벌전에 나타난 전쟁 수행 양상

세종 15년(1433)과 19년 두 차례의 파저강 야인 정벌전은 조선의 전
쟁 수행 및 전쟁 지도의 양상과 세종의 군사적 리더십의 일면을 보여준
다. 뿐만 아니라 세종의 군사적 측면에 대한 새로운 면모를 보여준다는
점에서 의미가 적지 않다. 아울러 국제정세에 적극적으로 대응한 세종
대의 공세적인 북방 군사전략을 구체적으로 보여준다는 점에서 매우
흥미로운 주제라고 할 수 있다.

제1차 파저강 야인 정벌전의 직접적인 계기는 세종 14년(1432) 11월
말 400여 명의 여진 기병이 압록강을 건너 평안도 여연을 습격하여 조
선군 48명이 전사하고 주민 75명이 납치된 사건에서 기인하고 있다. 이
사건 직후 파저강의 야인인 올량탑(兀良哈, [오랑캐]族의 추장 이만주(李滿
住))는 자신들의 소행이 아니라 홀라온 우디거(兀狄哈) 소행이라고 해명
하였다.[22] 그러나 이는 곧 거짓임이 밝혀지게 된다.

---

21) 한영우,『왕조의 설계자, 정도전』(지식산업사, 1999), 212-214쪽.
22)『세종실록』권58, 세종 14년 12월 丙午.

원래 만주의 남부 평야 지역에 흩어져 살며 농경생활을 하던 오랑캐의 한 일파인 이만주 세력은 세종대 전반기 파저강 방면으로 남하하여 건주본위(建州本衛)를 세우고 요동 지방을 자주 노략질하여 다수의 한인(漢人)을 포로로 하였다. 주로 농경에 종사하였던 이들 한인들은 감시가 소홀한 틈을 타 대거 조선으로 도주하였는데 세종 5년 이후에는 도망 한인의 수가 560여 명에 달하였고 조선은 이들을 명나라로 돌려보내었다.[23] 이만주는 이에 원한을 품었고 아울러 필요한 농업 노동력을 확보하기 위해 조선 북부 변경 지역을 노략하게 된다. 세종 14년의 여연 습격은 이러한 유동적인 변경 상황의 한 반영이었다.

아울러 당시 요동 일대의 급격한 정세 변동도 이만주 세력의 발호에 영향을 미치고 있었다. 여연 습격 전해인 1431년 오이라트가 타타르와의 전투에서 큰 승리를 거두자 타타르에 복속되어 있던 올량합 3위가 반란을 일으켰다가 타타르에 진압되었다.[24] 그 과정에서 올량합 3위의 세력들이 남하하여 요동 북부 요하 유역을 자주 약탈하는 등 지역이 대단히 소란해졌다.[25] 이에 따라 그 지역의 여진족들은 이들에게 밀려 연쇄적으로 남하하는 일이 일어났다. 명나라도 타타르부가 약화되는 틈을 타서 1432년 그 이전 폐쇄하였던 흑룡강 일대의 여진족 통제 거점인 노아간도사를 일시적으로 다시 재건하는 등 요동지역에 대한 영향력 확대를 추구하였다. 즉 오이라트부의 타타르부 공격과 올량합 3위 세력의 반란과 남하, 명나라의 세력 확장 등 1430년대 전반기 요동 지역은 대단히 유동적인 변화가 나타났다. 이러한 상황에서 건주위의 이만주 세력도 세력 확장을 도모하고 있었다.

조선 조정에서는 이만주 세력의 여연 피습 이후 수개월에 걸쳐 파저강 정벌 여부를 놓고 논의를 거듭하게 된다. 세종 14년 12월부터 이듬

---

23) 김구진, "朝鮮前期 對女眞關係와 女眞社會의 實態," 『동양학』14(동양학연구소, 1984), 515-518쪽.

24) 토마스 바필드 저, 윤영인 역, 앞의 책, 483쪽.

25) 남의현, 『明代遼東支配政策硏究』(강원대학교 출판부, 2008), 178-179쪽.

해 2월까지 이루어진 세종의 전쟁 결심 과정에서 이루어진 대논쟁은 당시의 국제 상황에 대한 조선의 대응과 관련하여 매우 흥미로운 양상으로 전개되었다. 제1차 파저강 토벌전의 대논쟁은 크게 3단계를 거치면서 진행되었다.[26)]

1단계 논쟁은 파저강 토벌을 명나라 측에 사전에 통보할 것인지를 놓고 논쟁한 것이었다. 이는 파저강 지역이 명나라 국경에 인접해 있는 점도 있지만 근본적으로 이만주의 근거지인 이 지역이 명나라로부터 건주본위로 지정되었으므로 명나라에 대한 통보없이 조선이 이 지역을 공격하기 어려웠던 상황과 밀접한 관련이 있다. 아울러 명나라 세력이 요동 지역에 대한 세력 확장에 나선 상태에서 명을 의식하지 않을 수 없었던 당시 조선의 상황을 반영한 것이었다. 결국 좌의정 맹사성 등의 주장에 따라 명나라에 토벌 사실을 일단 통보하는 것으로 결론지었다.[27)]

2단계 논쟁(세종 15년 1월 11일~19일)은 실제 토벌을 감행할 것인지를 놓고 이루어진 것으로 세종은 이조판서 허조(許稠) 등 일부 신중론을 설득하고 토벌을 결정하였다. 곧이어 1월 19일 신중론에 가까웠던 최윤덕을 평안도 병마도절제사로 임명하여 파견하였다. 최윤덕을 파견하면서 세종은 구체적인 작전 시기 등 작전에 대한 상당한 전권을 그에게 부여하였다.[28)] 이는 세종의 의견 수렴 및 회의 방식의 특징적인 측면으로, 문제가 있을 경우 충분히 토론하고 이어 결정된 이후에는 주관할 사람에게 전적으로 임무를 일임하고 있다.

3단계(세종 15년 2월 15일~28일)는 구체적인 토벌 시기와 전술에 대한 토론의 과정이었다. 먼저 세종은 조정의 중신들에게 정벌 작전 계획 등을 써서 올릴 것을 명하였다.[29)] 그리고 2월 21일에는 영의정 황희 등을

---

26) 이러한 논쟁의 전개 양상과 특징에 대해서는 박현모(2008), 앞의 책, 210-216쪽 참조.
27) 『세종실록』 권58, 세종 14년 12월 甲午.
28) 『세종실록』 권59, 세종 15년 정월 癸酉.
29) 『세종실록』 권59, 세종 15년 2월 己亥.

불러 야인 토벌 작전 회의를 열고 병력 규모 및 군사 도발(調發) 계획, 지휘관 선발 등을 논의하였다.[30] 이후 몇 차례 회의를 열고 공격 시기는 4월을 넘기지 않기로 결정하였다. 대신 구체적인 동원 병력의 규모 및 지휘관의 선발, 도하 설비 등 세부적인 전술에 대한 내용은 최윤덕의 의견을 최대한 반영하도록 하였다.[31]

파저강 야인 정벌에 대한 세종의 기본적인 입장은 매우 단호하며 적극적인 것이었다. 이는 논쟁의 과정에 세종이 행한 다음의 두 언급을 통해 알 수 있다.

> 지금 대병(大兵)을 일으켜서 남김없이 소탕하려는 것은 나의 본의가 아니고, 다만 도적이 와서 침략하고 갔는데 우리가 앉아서 평안히 그 욕을 당하고 한번 가서 문책하지 아니한다면, 저들이 반드시 우리를 가벼이 여겨 매양 와서 침노할 것이다. (중략) 군사를 출동하여 가서 치면, 비록 능히 이기지 못할지라도 오히려 위력을 보여서 적의 마음을 굴복시킬 수 있을 것이니, 이것이 좋은 계책인 것이다

> 지금 은덕을 저버리고 무고히 쳐들어와서 평민을 죽이고 잡아갔으니, 흉악극악(窮凶極惡)한 죄는 베어 용서할 수 없다. 만약 정토(征討)하지 아니한다면 뒤에 뉘우치고 깨달음이 없어, 해마다 반드시 이와 같은 일이 있을 것이다. (중략) 태종께서 대의(大義)로서 결단하고 장수들에게 명하여 토벌하게 하셨다. 그 일이 비록 마음에 만족스럽지는 못하였으나, 뒤에 적들이 마침내 두려워하는 마음을 가지게 되었다.[32]

---

30)『세종실록』권59, 세종 15년 2월 乙巳.
31)『세종실록』권59, 세종 15년 2월 辛亥.
32)『세종실록』권59, 세종 15년 정월 壬申, 癸酉.

이 언급에서 볼 수 있듯이 세종은 파저강 야인에 대해 보복하지 않으면 조선을 가벼이 여겨 계속 침략을 받을 것이라는 점을 인식하고 있었다. 아울러 강력한 조선의 군사력을 동원하여 적의 근거지를 공격하여 적군의 군사력을 완전히 격멸할 뿐만 아니라 조선에 대하여 공포심을 갖도록 하여 이후 조선에 대해 도발하지 못하도록 할 것을 목표로 하고 있다. 단순히 침략에 대한 격퇴 차원에 그치지 않고 보복적 성격의 군사작전으로 이 정벌전을 고려하고 있음을 알 수 있다. 이는 앞서 보았던 세종대의 공세적 북방 군사전략의 일단을 보여주는 것이라고 할 것이다.

이 전쟁의 결정 및 준비 과정에서 가장 어려웠던 문제는 파저강 일대에 대한 정보의 부족이었다. 당시 이만주 세력은 조선에 우호적이었던 건주좌위의 동맹가첩목아 세력에 비해 규모도 컸을 뿐만 아니라 배경상의 차이 등으로 이들에 대한 충분한 정보를 파악하지 못하고 있었다. 이에 이만주를 위로한다는 명분으로 전직 소윤(小尹) 박호문(朴好問) 등을 이만주 및 심타나노(沈吒納奴), 임합라(林哈剌) 등 야인 추장들의 거주 지역으로 보내어 작전 예상 지역인 파저강 일대 야인 부족의 종류 및 인구수, 그 지역의 산천 지형 및 교통로와 거리 등을 정탐하여 상세히 보고하도록 하였다.[33] 흥미로운 점은 박호문의 정탐 활동 이외에 추가적으로 첩자를 파견하여 정찰하는 것에 대해서는 신중을 기하였다. 이는 이만주가 조선에 대해 불필요한 경계심을 갖는 것을 막고 기습을 행하기에 용이하기 위한 고도의 전략적 고려였다.

이만주 세력에 대한 충분한 정보의 부족은 상대적으로 현장 지휘관의 작전 융통성을 부여하는 순기능을 가져왔다. 앞서 보았듯이 세종은 2월 15일부터 이루어진 파저강 야인 토벌 논의 과정에서 동원 병력의 규모 및 동원 지역, 기병과 보병의 비율, 지휘관 선임 문제 등 정벌전에 대한 전반적이고 개괄적인 문제에 대해서는 다양한 논의가 이루어졌지

---

33) 『세종실록』 권59, 세종 15년 2월 甲午.

만, 기동로 등 구체적인 작전의 내용에 대해서는 전혀 논의가 이루어지지 않았고 대체로 주장(主將)인 평안도절제사 최윤덕으로 하여금 적절히 처리하도록 하였다.

현장에서 작전을 지휘하는 주장인 최윤덕에게 전반적인 작전의 전권을 부여하는 방향으로 논의가 이루어진 것은 2월 26일 최윤덕을 중군원수를 삼을 뿐만 아니라 도통사(都統使)의 권한을 겸해 주어서 좌·우군을 모두 통솔하도록 한 것을 통해서도 확인할 수 있다.[34] 다음날에는 주장인 최윤덕이 조신(朝臣)으로서 무재(武才)가 있는 자를 골라서 하급 지휘관으로서 전투에 직접 임하는 패두(牌頭)로 임명할 수 있도록 하였다. 이로 인해 다수의 금군(禁軍)이 패두로 임명되자 국왕 경호 능력 저하를 우려할 정도가 되었으나 세종은 금군의 차출을 허락하였다.[35] 즉 세종은 최윤덕에 대해 필요한 지원만 하고 불필요한 간섭은 최소화하고 있었음을 알 수 있다.

이러한 사례는 병력 규모의 선정에 있어서도 그대로 나타났다. 최초 조정의 논의에서 기습의 효과를 달성하기 위해 병력 규모를 3천명으로 정한 것을 최윤덕의 요구대로 1만여 명으로 대폭 증원하도록 한 것을 통해 알 수 있다.[36] 즉 파저강 일대에 대한 구체적인 정보의 제한으로 인해 조정의 간섭은 최소한에 그치고 현장 지휘관의 재량권 확대로 나타났음을 알 수 있다. 조정에서 확보한 정보가 부족한 대신 이만주에 대한 기습의 효과를 극대화하기 위해 다양한 기만술이 동원되었다. 전략적 기습을 달성하기 위해서는 통상적으로 정치적, 전략적, 전술적 단계의 세 가지 징후를 감지하지 못하도록 하는 기만이 요구된다.[37] 정치적 단계의 기만을 위해 세종은 박호문을 이만주에게 보내어 피로된 조

---

34) 『세종실록』 권59, 세종 15년 2월 庚戌.
35) 『세종실록』 권59, 세종 15년 2월 辛亥.
36) 『세종실록』 권59, 세종 15년 3월 庚申.
37) Richard K. Betts, *Surprise Attack: Lessons for Defense Planning*(The Brookings Institution, 1982), pp.4-5.

선인을 돌려준 것을 치하하고 아울러 술과 음식을 넉넉히 주어 위로하
게 하였다. 아울러 조선인이 예전처럼 강을 건너가서 농사짓게 하도록
하였다. 심지어 3월 말에는 이전부터 계획된 세종의 온정(溫井) 행차를
그대로 진행하여 조선에 귀화한 야인들을 통해 자연스럽게 이 소식이
알려지도록 하는 기만책을 시행하였다.

전략적 단계의 기만을 위해 세종은 평안도 지역 군병을 중심으로 정
벌군을 편성하고 추가로 필요한 병력도 황해도 이외 후방 지역의 추가
적인 병력 동원을 실시하지 않았다. 따라서 국경지대에 배치된 조선군
을 중심으로 추가적인 병력의 동원과 전개없이 정벌이 이루어짐으로써
여진족들이 조선의 공격 의도를 간파하기가 매우 어려웠다. 아울러 첩
자의 운용도 최소화하였다. 앞서 보았듯이 첩자가 적에게 잡힐 경우 도
리어 조선 측의 기도가 폭로되어 여진족들이 사전에 이에 대비할 기회
를 주게 될 것을 근심한 것이었다.

전술적 차원의 기만을 위해 세종은 조선군이 압록강을 건너는 데 필
요한 도하 자재 등은 이 지역 성책(城柵) 보수 등의 명분으로 은밀히 준
비해 두었다가 사용할 수 있도록 하였다.[38] 그리고 화포 등 추가적인 장
비와 물자의 평안도 지역 운송도 억제하였다. 아울러 공석인 일부 지휘
관을 중앙에서 파견하는 것을 최소화하고 평안도 압록강변의 절제사로
현장 작전의 지휘관을 삼도록 하였다.[39]

구체적인 작전의 전권을 최윤덕에게 일임하고 다양한 기만을 행하였
지만 몇 가지 측면에서는 최윤덕에 대한 국왕의 통제권을 행사하기 위
해 세종은 매우 단호한 면모를 보이기도 하였다. 먼저 작전 기일은 반
드시 4월 10일을 준수하도록 하였다. 절기의 특성상 4월 하순이 되면
초목이 무성하여 멀리 조망하기 어렵고 5월이 되면 흙비 등으로 인해
다수의 기병으로 편성된 조선군의 기동에 적지않은 제한이 있었으므로

---

38)『세종실록』권59, 세종 15년 2월 庚戌.
39)『세종실록』권59, 세종 15년 3월 丁卯.

그 이전에 모든 정벌을 마치는 것이 매우 중요하였기 때문이다.[40]

다음으로 도통사 최윤덕의 권한 범위를 분명히 하였다. 당시의 규정으로는 부장(副將) 이하의 장수의 경우 도통사의 명령에 불복종하면 도통사가 바로 처벌할 수 있었지만, 2품 이상의 장수는 도통사가 조정에 계달(啓達)하지 않고 마음대로 단죄하지 못하게 되어 있었다. 세종은 이 점을 최윤덕에게 주지시키되 이 사실을 비밀리에 전하여 다른 장수나 군사들이 이 사실을 알지 못하게 하였다.[41] 즉 최윤덕에게 전권을 부여한 것으로 공식적으로는 표방하여 최윤덕의 지휘권을 존중하되 다소간의 제약을 두어 주장이 전장에서 전횡하는 것을 다소 견제하는 등 매우 섬세한 조정을 하고 있음을 볼 수 있다.

구체적인 작전에 대해서는 최윤덕에게 권한을 부여하여 준비하도록 하는 동안 세종은 3월 21일 돌아온 박호문의 정탐 내용을 바탕으로 3월 24일 최종적인 작전 명령이 하달한 이후에는 일체 최윤덕에 대한 추가적인 명령을 내리지 않았다. 대신 세종은 외교 활동을 통해 이만주 세력을 주변 세력으로부터 고립시키고 다른 여진 세력들이 이만주에게 합세하지 못하도록 하는 방안을 강구하였다.

먼저 4월 2일 상호군 김을현을 북경으로 보내어 중국 황제가 조선의 야인 토벌을 승인하는 유시문에 대한 답서를 바치게 하였다. 그 내용은 주로 그 이전까지 여진족의 약탈의 증거를 밝힌 것으로 외교적인 측면에서 명분을 확고히 다져 동맹국인 명나라의 지지를 받도록 하여 이만주 세력을 고립시키고 있음을 알 수 있다.[42] 명나라에 대한 외교전과 함께 두만강 일대에 거주하는 야인인 권두(權豆) 세력 등이 만약 파저강의 이만주 세력을 구원하기 위해 군사를 거느리고 올 경우에 대비하여 평안도 절제사로 하여금 몰래 함길도 절제사에게 통보하여 이들을

40) 『세종실록』 권59, 세종 15년 3월 丁丑.
41) 『세종실록』 권59, 세종 15년 3월 戊辰.
42) 『세종실록』 권60, 세종 15년 4월 乙酉.

협공하게 하는 방안을 강구하기도 하였다.[43] 즉 세종은 정벌전에 대한
최종적인 명령 이후에는 기본적인 사항에 대해서는 최윤덕에게 맡기고
구체적인 작전에 대한 간섭을 최소화하는 대신 전반적인 상황에 대한
대비를 중심으로 점검하고 있음을 볼 수 있다.

작전의 전권을 받은 최윤덕은 먼저 파저강 야인으로서 조선에 귀화
한 자 등을 통하여 피아간의 상황을 면밀히 분석하고 이를 바탕으로 대
규모 병력 동원에 의한 철저하고도 완벽한 승리를 추구하였다. 건주본
위 야인에 대한 장기적인 차원에서 대규모 병력을 일거에 동원하여 특
정 부족뿐만 아니라 인접 부족까지 포함한 대대적이고 철저한 정벌을
준비하였다.[44] 이를 통해 인접 부족이 합세하여 조선군을 역공하는 것
을 차단하고 전쟁 이후 이들이 재기하여 조선을 위협하는 것을 억제하
려고 하였다.

이상에서 살펴 본 완벽한 전쟁 준비와 기습을 위한 여러 조치로 인해
당시 파저강 여진족들은 조선군의 의도를 제대로 알아채지 못하였다.
따라서 4월 10일 압록강을 건너 7로(路)로 진격한 1만 5천 명 조선군의
일제 공격[分進挾擊]에 마천(馬遷), 올라산성(兀羅山城), 팔리수(八里水) 등
건주본위의 중심 지역뿐만 아니라 소추장인 임할라[林哈拉], 심타나노
[沈陀納奴]의 부락도 공격을 받아 큰 피해를 입었다. 심지어 추장인 이
만주 자신도 몸에 9군데의 상처를 입고 내륙 지역으로 도주하는 등 큰
타격을 입었다.[45] 동시에 여러 방면에서 진격한 조선군의 공격으로 인
해 여진족은 적절히 대응하지 못하였다. 비록 중군절제사 이순몽과 조
전절제사 이징석이 주장의 명령을 무시하고 본대에 앞서 단독으로 진
공하고 좌군절제사 최해산의 기한 내 공격 지점에 도착하지 못하여 여
진족의 상당수가 조선군의 포위망을 벗어나 분산 도주한 점을 제외하

---

43) 『세종실록』권60, 세종 15년 4월 戊子.
44) 최윤덕의 작전 개념에 대해서는 강성문, "최윤덕의 국가방위론과 군사관," 『군
　　사』36 (국방군사연구소, 1998), 62-63쪽 참조.
45) 『세종실록』권60, 세종 15년 5월 己未.

고는 이 전쟁은 매우 성공적인 정벌전이었다고 평가할 수 있을 것이다.

　이 정벌전은 명나라에 정벌 계획은 사전 통보되었으나 실제 조선군의 군사 작전이 있었던 시기의 구체적인 통보는 이루어지지 않았다. 이는 공격 계획이 누설될 것을 우려한 것과 관련이 있지만, 명나라의 위소체제에 편입되어 있던 건주위의 이만주를 공격한 것은 명나라의 권위에 도전한 측면이 있었다. 아울러 요동 지역의 세력 확장을 기하고 있던 명나라에 적지 않은 부담을 주는 것이었다. 실제 명나라의 요동총병관은 조선에 대한 문책을 강하게 요구하였으나 명나라 황제 선종(宣宗)은 조선의 이만주 정벌을 묵인하였다.[46] 이는 명나라의 요동 지역에 대한 세력 위축의 국제정세를 세종이 적극적으로 활용한 것이라고 할 것이다.

IV. 제2차 파저강 야인 정벌전에 나타난 전쟁 수행 양상

　제1차 파저강 정벌전 이후 이만주 세력은 일시적으로 약화되었다. 그러나 이 지역의 정세는 곧바로 안정되지 못하였다. 명나라는 피해를 입은 이만주의 일방적인 보고를 듣고 포로된 사람과 우마(牛馬)를 돌려보내 줄 것을 요구하였다. 이는 제1차 파저강 정벌전으로 인해 이 일대에 대한 조선의 영향력 확대를 경계한 명나라가 건주본위에 대한 후원을 통해 조선과 여진족 간의 세력 균형을 도모한 것이었다.[47] 이에 조선은 포로로 잡은 여진족과 우마 등을 송환하지 않을 수 없었다. 명나라의 개입으로 인하여 이만주 세력은 다시 이 지역에 대한 영향력을 확

---

46) 박원호(1995), 앞의 논문, 279쪽.
47) 강성문(1986), 앞의 논문, 165쪽.

보할 수 있었다.

한편 세종 15년(1433) 10월 말 두만강 하류 일대의 여진 집단 내부에는 커다란 분란이 일어났다. 또 다른 여진 집단의 추장인 양목답올(楊木答兀)이 내지(內地)의 우디거[兀狄哈]족과 연합하여 조선에 우호적이었던 오도리족의 건주좌위를 공격하여 그 추장 동맹가첩목아 부자를 살해한 것이었다. 여진 집단 내부의 분란으로 조선의 번속(藩屬) 역할을 하던 오도리족의 세력이 무너짐에 따라 전략적 요충인 오음회(吾音會, 오늘날의 회령) 등 두만강 하류 일대가 일순간에 힘의 공백 지대로 변한 것이다.[48] 이 사건을 기화로 조선은 두만강 하류 일대에 대한 적극적인 영토 확장 정책을 시행하여 6진을 건설하였다. 아울러 4군 지역인 압록강 상류 지역에 대한 지배 체제를 확고히 하였다.[49]

6진의 설치에도 불구[50]하고 우디거 세력의 두만강 하류 지역에 대한 공세는 계속되어 세종 17년(1435) 11월 11일에는 이 지역에 잔류한 오도리족을 다시 공격하였고,[51] 이듬해(1436) 9월 26일에는 우디거족 3천 명의 두만강을 건너 조선의 경원 읍성을 포위 공격하기도 하였다. 이와 함께 압록강 중류인 건주본위의 이만주도 점차 세력을 회복하여 주변의 여진족과 함께 조선의 북쪽 변경에 대한 공세를 재개하였다. 세종 17년 1월 13일 이만주는 홀라온(忽剌溫) 세력과 연합하여 2천7백여 명의 기병으로 조선의 여연성을 포위 공격하는 등 공세를 계속하였다.[52] 이에 세종은 파저강 야인에 대한 재 정벌전을 검토하게 되었다. 그러나 이만주의 건주본위 세력에 대한 재 정벌을 고려하던 이 시기의 북방 지역 정세는 조선에게 상당히 불리한 것이었다.

---

48) 김한규, 『한중관계사 II』(아르케, 1999), 606-607쪽.
49) 4군 6진 개척은 영락제 사후 변경 지역에 대한 명나라의 영향력 행사가 축소되었던 당시 명나라의 전략적 상황과 밀접한 관련을 가지고 있다.
50) 『세종실록』 권70, 세종 17년 11월 丁亥.
51) 『세종실록』 권75, 세종 18년 10월 乙丑.
52) 『세종실록』 권67, 세종 17년 정월 庚寅.

제1차 파저강 정벌전과 동맹가첩목아 부자의 피살로 인해 압록강 중류의 이만주 세력 및 두만강 하류의 오도리 세력이 크게 약화됨에 따라 여러 여진 집단들의 이합집산이 이루어졌다. 이는 조선의 북방 변경 지역 전체의 불안정성을 높였다. 이전에는 파저강 유역의 이만주 세력의 위협에 대비하여 조선은 압록강 중·상류인 서북방 변경 지역 방어에 군사적인 중점을 두고 다른 여진족으로부터 이만주 세력을 고립시키는 전략을 수립하여 적절히 대응할 수 있었다. 그러나 6진 개척과 여러 여진족의 이합집산으로 인해 두만강 하류 지역인 동북 변경 지역 전체의 방어도 함께 고려하여야 하는 문제가 생긴 것이다. 즉 두 전선을 동시에 고려하여야 할 필요성이 생겼다.

압록강 중·상류 지역 및 두만강 하류 지역 두 곳을 함께 고려하여야 하는 전략적인 취약점이 노정된 것과 함께 파저강 일대에 대한 재 정벌의 준비 과정에서 몇 가지 측면에서 제1차 파저강 정벌전과 다른 한계를 노정시켰다. 먼저 기습의 측면에서 조선의 공격 의도가 이만주에게 드러나는 한계를 노출시켰다. 조명간구자가 공격받은 며칠 후인 세종 18년 6월 초 세종은 이만주가 보낸 금납노(金納奴)를 예조에 불러들여 공개적으로 경고하였다.[53] 이는 이만주 세력에 위세를 보이는 측면에서는 의미가 있으나 조선의 재 공격의 의지를 노출시켜 이후 조선의 정벌에 어려움을 주게 된다.

다음으로 토벌 논의가 이전과 달리 공개적인 논의 과정을 거치지 않고 일부 신하들과 비밀리에 추진된 점을 들 수 있다. 세종은 세종 19년 (1437) 6월 20일 4품 이상 관원에게 교지를 내려 파저강 야인 방어 책략을 봉하여 올리도록 하였다.[54] 윤6월 19일에는 여러 신하들이 올린 야인 방어책 가운데 주요한 내용을 복사하여 평안도 병마도절제사로 새로 부임한 이천(李蕆)에게 보내고 이를 바탕으로 세밀히 연구하여 공격

---

53) 『세종실록』 권72, 세종 18년 6월 辛丑.
54) 『세종실록』 권72, 세종 18년 6월 乙卯.

에 대한 방략을 요약하여 보고할 것을 지시하였다.[55] 아울러 평안도 관찰사 박안신에게도 병마도절제사 이천에게 보낸 방어 방략을 보내어 주었다.[56] 그러나 제1차 토벌의 추진과정과 달리 조정의 여러 신료들과의 논의를 거의 거치지 않았다. 이는 작전의 비밀을 유지하기 위한 것으로 실제 당시 여진족들은 1차 파저강 정벌 이후 여러 부족들이 서로 화친을 맺는 등 이합집산이 이루어져 이전과 달리 조선의 군사적 움직임이 쉽게 노출될 우려가 컸던 것에 기인하고 있다.

비밀 유지를 위해 토벌 방략에 대한 논의가 소수의 국왕 측근 관원에 의해 추진된 것은 몇 가지 측면에서 이후 여러 가지 문제를 야기하게 된다. 평안도 병마도절제사와 국왕이 향후 작전에 대한 논의를 주도하고 평안도 관찰사가 일부 참여하는 방식으로 논의가 진행되면서 국왕 세종의 입장이 전쟁 준비 및 작전 전반에 강하게 반영되게 된다. 따라서 의사 결정이 국왕의 의중에 따라 한쪽 방향으로 치우칠 위험성이 이전보다 더욱 커졌다. 상대적으로 토론을 통해 세부 사항을 꼼꼼히 검토하여 발생할 수 있는 문제점을 보완할 기회는 줄어들게 된다. 1차 정벌전의 준비 과정에서 세종이 보여준 '충분한 토론'을 통한 '토론의 예방적 효과'를 최대한 활용하였던 면모와는 다소 달랐다.[57]

세종 19년 5월 16일 세종은 처음으로 조정 중신을 불러 이만주에 대한 토벌 논의를 시작하였다. 그러나 이 논의에서 국왕 세종의 적극적인 입장과는 달리 황희를 중심으로 한 대다수 신료들은 정벌전에 대해 상당히 소극적인 입장을 취하였다. 특히 1차 정벌의 논의과정과 달리 세종은 여러 이견과 신중론에 대해 적극적으로 여러 의견을 수렴하기보다는 이만주 토벌을 주장하는 자신의 입장을 강하게 개진하는 데 그치고 있다.[58] 대신 정벌전 추진을 위해 세종은 이후 김종서 등 토벌을 적

---

55)『西征錄』, 丁巳 윤6월 甲申.
56)『西征錄』, 丁巳 7월 癸丑.
57) 박현모(2008), 앞의 책, 215-216쪽.
58)『세종실록』 권77, 세종 19년 5월 乙巳.

극 주장하는 일부 신하와 따로 의견을 나누고 추가적인 의견 수렴을 거치지 않는 매우 폐쇄적인 면모를 보였다. 대신 평안도 관찰사 박안신 및 도병마절제사 이천이 올린 작전 계획을 바탕으로 일부 측근 신료들, 예를 들어 도승지 신인손, 좌부승지 김돈, 신개 등과 구체적인 작전을 직접 구상하게 된다.

조정 신료들과의 충분한 논의 대신 현장지휘관의 보고 내용을 바탕으로 일부 신료들과 세종이 구체적이고 세부적인 방략 전술 등을 제시하는 전쟁 지도로 인해 조선군의 현장 지휘관인 이천은 적지 않은 부담을 느끼게 되었다. 국왕이 작전의 기본적인 방략이나 전술 등을 제시하고 다시 이천이 이를 바탕으로 정찰 등을 통해 세부적인 작전의 내용을 보고하게 함으로써 평안도 병마도절제사 이천은 행동의 융통성이 떨어지게 된다. 세종은 구체적인 작전 계획에 대해 지침을 줄 뿐 아니라 이천의 세부적인 공격 계획에 대해서도 수정하여 다시 명령을 내리기도 하였다.[59)]

특히 세종이 2차 파저강 정벌전의 목표를 추장 이만주의 제거에 집중함에 따라 조선군의 정찰 활동의 소요는 매우 커졌다. 이만주 제거가 작전의 주요 목표가 됨에 따라 파저강 일대에 대한 전반적인 정찰이 아닌 이만주의 소재지를 파악하기 위해 매우 구체적인 정보를 요구하였다. 이에 따라 정찰의 소요가 커지고 이 과정에서 파저강 일대로 침입한 정찰병인 체탐(體探)이 두 번이나 파저강 야인에게 사로잡히는 경우가 생김에 따라 조선의 공격 기도와 목표 등이 상대에게 고스란히 노출되었다.[60)]

7월 18일 이천에게 최종적인 작전 지침을 하달하면서 세종은 이만주 제거, 동원 병력 규모, 기병과 보병의 비중, 구체적 공격 전술 등 세세한 내용까지 직접 지시하였다. 이날 조정 신료들과 5월 16일 2차 정벌

59) 『세종실록』 권77, 세종 19년 6월 丁丑.
60) 『세종실록』 권78, 세종 19년 7월 己丑.

을 의논한 이후 처음으로 병조판서 황보인을 불러 출병 계획을 통보하고 제반 문제를 토의하였다.[61] 1차 정벌전에 비해 여진족 전반의 동향이 유동적으로 변하고 조선의 공격 기도를 숨기기 어려웠던 상황에서 세종과 이천 등 소수의 인원만 전쟁 계획을 마련한 것은 다소간의 기밀 유지는 가능하였지만 조선의 정벌 의도를 완전히 가리지도 못하였을 것이다.

2차 정벌전이 이만주의 제거에 집중하였지만 1차와 마찬가지로 그 전략적 입장은 대단히 공세적이었다. 전쟁 직전 세종의 다음 언급은 이를 잘 보여준다.

> 악을 제거하고 근본에 힘쓰는 것은 비록 도적의 무리를 많이 잡는다 하더라도 어찌 도적의 괴수 하나를 잡는 것과 같겠는가. 만일 이만주를 사로잡는다면 매우 다행이겠으나, 오직 만주의 소굴만을 찾으려고 하고 그 동류(同類)의 살고 있는 곳을 탐색하지 않으면, 둘은 다 잃어버릴 폐단이 없지 않을 것이다. 대저 도적을 토벌하는 데는 싹 쓸어버리는 것이 제일이다.[62]

이 인용에서 볼 수 있듯이 2차 정벌의 목표는 기본적으로 이만주의 제거에 있었지만 이 목표 달성이 어려울 경우에는 이만주의 근거지를 완전히 소탕하여 이들이 재기하기 어렵게 할 것을 목표로 하였다. 그리고 이 정벌전에 임하는 세종의 입장도 1차 정벌전과 마찬가지로 보복적 성격이었음을 알 수 있다. 이는 일반적으로 생각되는 온화한 세종의 면모와는 완전히 다름을 알 수 있다.

9월 7일 시행된 2차 정벌은 10일 후인 9월 16일 조선군이 귀환함으로써 끝났다. 추장 이만주의 제거라는 단일한 목표를 가지고 출동하였던

---

61)『세종실록』권78, 세종 19년 7월 丙午.
62)『세종실록』권78, 세종 19년 8월 辛未.

조선군은 이만주의 근거지로 의심되는 오미부, 우라산성 등을 목표로 세 부대로 곧바로 공격하였다. 그러나 전쟁 직전인 8월 하순 이미 조선군의 출병 계획과 출동에 대한 움직임 등이 파저강 야인에게 노출되어 있는 상황이었다.[63] 이에 이만주가 사전에 피해버렸으므로 주요한 전쟁 목표를 완전히 달성할 수 없었다. 뿐만 아니라 큰 전과도 올리기 어려웠는데, 조선군 전체의 피해가 1명으로 매우 적었을 뿐만 아니라 여진족도 60명밖에 죽이거나 사로잡지 못한 것은 이를 반증한다. 그러나 건주위의 주요 근거지를 곧바로 공격하여 이만주 제거를 시도하고 근거지를 소탕하였으므로 이만주 등 여진의 지도자들에게 조선의 군사적 능력과 의지를 보여주었다. 따라서 향후 조선에 대한 위협을 억제하고 이들의 군사적 능력을 제거하는 효과를 기할 수 있었다.

V. 맺음말

세종대 2차에 걸친 파저강 정벌전은 여진족의 침입에 대한 조선의 단순한 반격의 측면으로 주로 해석되었고, 일부 북방 영토 개척의 일환으로 이해되기도 하였다. 그러나 당시의 유동적인 동북아 정세를 보면 이러한 측면으로 해석하기에는 분명히 한계가 있다. 이 정벌전은 세종대 요동 지역의 급변하는 군사적 상황에 대해 조선이 주도적으로 대응하는 과정에서 나타난 적극적, 주도적 군사 행동이라고 할 수 있다. 이 정벌전을 통해 북방 영토를 확보하고자 한 세종의 의도는 큰 외부의 방해없이 완성될 수 있었다. 4군 6진 개척과 개발은 파저강 정벌전의 하나의 성과라고 할 수 있을 것이다. 특히 파저강 정벌전은 영토 확장에

---

63) 『西征錄』, 丁巳 8월 己卯.

그치는 것이 아니라 만주 남부 지역 여진족에 대한 조선의 일정한 영향력을 확보할 수 있는 계기를 마련하기도 하였다.

태조대 조선에 복속하였던 다수의 여진족이 태종대 이후 명나라의 영향력 아래 들어가면서 조선과 여진과의 관계는 적지 않은 변화가 나타났다. 그 과정에서 여진과 조선의 충돌이 적지 않았고, 요동 지역으로 진출하는 몽골 세력의 영향력이 여진족에 작용하면서 전통적 상하 관계에 도전하는 경우도 다수 나타났다. 실제 오이라트, 타타르, 올량합 3위 등 몽골 세력의 성쇠와 이동은 만주에 거주하던 여진족에게도 연쇄적인 반응을 일으켰고 여진족의 상쟁과 조선에 대한 공격은 그 과정의 하나였다. 세종대 2차에 걸친 파저강 여진 토벌과 4군 6진 개척은 이러한 국제 정세에 대한 조선의 전략적 대응이었다. 아울러 남부 만주 지역에 대한 조선의 일정한 영향력을 회복하는 계기를 마련하였다는 점에서도 의미가 있다.[64] 더 나아가 조선의 영향력 확보를 통해 세종 말기 오이라트를 공격하던 명나라 황제가 토목보에서 도리어 포로가 되는 이른바 토목(土木)의 변(變) 등 동아시아 위기 상황에서도 남부 만주 지역의 안정적인 관리를 가능하였다.

동아시아 역사상 한반도를 지배하였던 여러 세력들은 주변의 여러 세력의 힘이 모이거나 통과하는 지점에 위치한 한반도의 지정학적 취약점에도 불구하고 독자적 세력권을 유지하여 왔다. 그 생존의 능력은 여러 가지로 설명할 수 있다. 조선초기 세종 시대의 여러 대외적인 정책과 행동 양태를 통해 우리는 한반도 세력의 적절한 내부적 능력의 확보와 함께 주변 세력의 동향에 대한 군사적인 선택을 포함한 적극적인 대응과 변신의 능력 등이 그 생존력의 원천이었던 것을 확인할 수 있다. 세종대 파저강 야인 정벌전과 대마도 정벌 등의 군사적 선택은 대외적 위협에 대한 단순한 반응이 아닌 주변 동향에 대한 적극적, 주도적인

---

64) 정다함, "朝鮮初期 野人과 對馬島에 대한 藩籬 · 藩屛 認識의 형성과 敬差官의 파견," 『동방학지』(연세대 국학연구소, 2008), 141쪽.

대응의 양상이며 더 나아가 동북아 지역의 전체적인 안정판 역할을 한 것이었다. 이에 비해 16세기 말~17세기 전반기 임진왜란과 병자호란은 조선의 주변 지역에 대한 적절한 영향력과 제어 능력의 상실에 따른 전쟁으로 평가할 수 있다. 동시에 이 전쟁으로 인해 동아시아 전체 위기의 출발점을 제공하였다는 점에서 한반도 세력의 능력과 역할, 그리고 유연한 대응이 동아시아 평화에 얼마나 중요한 것인지 알 수 있다.

참고문헌

강성문. "세종조 파저야인의 정벌 연구." 『육사논문집』 30. 육군사관학교, 1986.

_____. "조선시대 여진정벌에 관한 연구." 『군사』 18. 전사편찬위원회, 1988.

_____. "최윤덕의 국가방위론과 군사관" 『군사』 36. 국방군사연구소, 1998.

김구진. "朝鮮前期 對女眞關係와 女眞社會의 實態." 『동양학』 14. 단국대 동양학연구소, 1984.

_____. "세종 시대의 여진 관계." 『세종문화사대계』 3. 세종대왕기념사업회, 2001.

김영수. 『건국의 정치-여말선초, 혁명과 문명 전환』. 이학사, 2006.

김한규. 『한중관계사 II』. 아르케, 1999.

남의현. 『明代遼東支配政策研究』. 강원대학교 출판부, 2008.

노영구. "세종의 전쟁수행과 리더십." 『오늘의 동양사상』 19. 예문동양사상연구소, 2008.

박원호. "宣德年間 明과 조선간의 건주여진." 『아세아연구』 88. 아세아문제연구소, 1992.

_____. "15세기의 동아시아." 『한국사』 22. 국사편찬위원회, 1995.

박현모. "세종의 邊境觀과 북방영토경영 연구." 『정치사상연구』 13-1. 2007.

_____. 『세종처럼』. 미다스북스, 2008.

양진혁. "여말선초 북방방위전략에 관한 연구." 국방대학교 석사학위논문. 2007.

오종록. "조선초기의 국방정책." 『역사와현실』 13. 한국역사연구회, 1994.

_____. "조선초기의 국방관." 『진단학보』 86. 진단학회, 1996.

유재성. 『국토개척사』. 국방군사연구소, 1999.

윤은숙. "북원과 명의 대립―요동 문제를 중심으로." 『동양사학연구』 105. 2009.

이지경. "세종의 공세적 국방안보; 대마도 정벌과 파저강 토벌을 중심으로." 『세종의 국가경영』. 지식산업사, 2006.

이홍두. "조선초기 야인정벌과 기마전." 『군사』 41. 국방군사연구소, 2000.

장학근. "조선시대 海防史 연구." 단국대학교 박사학위논문. 1986.

정다함. "朝鮮初期 野人과 對馬島에 대한 藩籬·藩屛 認識의 형성과 敬差官의 파견."『동방학지』141. 연세대학교 국학연구원, 2008.

최창국. "선춘현과 공험진—고지도 및 『세종실록』 "지리지"를 바탕으로." 『안보문화와 미래』창간호. 한국미래문제연구원, 2008.

토마스 바필드. 윤영인 역.『위태로운 변경』. 동북아역사재단, 2009.

한영우.『왕조의 설계자, 정도전』. 지식산업사, 1999.

岸本美緒·宮島博史.『明清と李朝の時代』. 東京: 中央公論社, 1998.

Betts, Richard K. *Surprise Attack: Lessons for Defense Planning.* The Brookings Institution, 1982.

Johnston, Alastair Iain. *Cultural Realism: Strategic Culture and Grand Strategy in Chinese History.* Princeton University Press, 1998.

Swaine, Michael D. *Interpreting China's Grand Strategy: Past, Present, and Future.* RAND Corporation, 2000.

제12장
한국형 비용분석 전산모델 개발 방법론[*]

강성진

I. 연구배경 및 필요성

한국의 국방 무기체계 획득환경은 국내 과학기술의 발전과 국외의 국방기술이전통제 강화로 인해 국내 연구개발 위주로 획득 패러다임이 바뀌고 있다.

국방 획득 비용은 기술의 복잡화, 첨단화로 인해 비용은 증가하고 있는 반면 국민의 경제, 사회, 복지 등에 대한 관심이 증가함에 따라 국방예산의 지출에 대한 투명성과 효율성이 더욱 강조되고 있다.

따라서 한정된 예산을 효율적으로 분배하여 국방비의 경제적 투자 효율성을 극대화하는 차원에서 국방부는 1998년부터 비용분석제도를

---

[*] 본 연구는 2010년 4월 13일 제15차 한미 국방분석세미나에서 발표한 내용을 논문으로 재작성한 내용임.

도입하여 각 군, 국방연구원에 비용분석 기능을 신설하였고, 국방획득
관리규정의 획득단계별로 비용분석을 실시하도록 규정화하였다.

2006년 획득업무의 투명성, 효율성, 전문성 및 방위산업의 경쟁력 강
화를 위해 방위사업청이 출범한 이후로 분석평가업무에 대한 법제화
가 이루어졌으며, 방위력개선사업(무기체계)에 대한 비용분석 및 검증
을 강화하고 있다.

그러나 제도적, 절차적 측면에서 비용분석이 강조되고 있는 반면 비
용분석을 위한 각종 기반여건들은 아직 미흡한 실정이다. 특히 국내에
서는 주로 사업 초기 전산모델을 사용하여 비용을 추정하고 있으나 활
용되는 전산모델은 주로 국외도입 모델로 다음과 같은 제한사항을 가
지고 있다.

첫째, 현재 사용 중인 상용 전산모델의 비용추정관계식은 공개되지
않은 Black Box로서 핵심 논리에 대한 분석이 곤란하여 비용추정 결과
의 타당성과 객관성을 의심하지 않을 수 없다.

둘째, 상용 전산모델에 의한 비용추정 결과는 미국의 무기체계 연구
개발 자료와 방산원가체계를 기반으로 하기 때문에 비용항목별 계산방
법이 상이하여 비용추정 결과에 대한 항목별 비교보다는 총액으로만
비교가 가능하고, 방산원가계산 규칙에 의해 분석된 공학적 비용분석
방법과의 교차검증이 제한된다.

셋째, 영문으로 되어 있는 모델의 입·출력과 복잡한 모델 운용법은
비용분석의 효율성과 일관성을 저하시키는 요인으로 작용되고 있다.

넷째, 모델 획득 및 운영유지 비용이 고가여서 보급률이 낮은 실정이
며, 보유하고 있지 않은 업체에서는 비용추정을 위한 임대 및 컨설팅에
의존하지만 이 또한 비용부담을 가중시키고 있다.

상기와 같은 상용 전산모델의 제한사항과 비용분석의 중요성에 대한
인식이 높아짐에 따라 한국 방산여건에 부합하는 비용분석 전산모델의
개발이 필요하다는 공감대가 조성되기 시작하였다.

이에 따라 2009년 방위사업청 및 국방대에서는 한국형 비용분석 전

산모델 개발을 위해 사전연구를 수행하였으며 방위사업청은 현재 개념연구 및 체계개발을 추진하고 있다.

따라서 본 연구에서는 사전연구 내용을 기반으로 한국의 방산환경에 부합하는 한국형 비용분석 전산모델 개발 방법론에 대해 소개하고자 한다.

II. 한국형 비용분석 전산모델 개발 방안

1. 요구사항 분석

사용자가 한국형 비용분석 전산모델에 어떠한 기능을 요구하는지 식별하는 것은 무엇보다 중요하다고 할 수 있다.

비용분석 전문가들의 설문에 의해 개발 목표, 운용개념 및 개발개념 정립을 위한 몇가지 공통된 요구사항을 도출할 수 있었다.

첫째, 복잡성보다는 사용자 편의성을 고려하여 개발되어야 하며 누구나 쉽게 접근 가능한 체계이어야 한다.

둘째, 한국의 방산원가산정 기준에 근거하여 공학적 분석과 비용항목별 매칭이 가능하도록 개발되어야 한다.

셋째, 비용분석 기능뿐만 아니라 민감도 및 위험 분석 기능이 제공되어야 한다.

넷째, 국내 연구개발 실적에 따라 가능한 분야부터 단계적으로 개발되어야 한다.

이상과 같이 식별된 요구사항은 개념연구시 운영개념기술서로 구체화될 것이며 이를 기초로 다음 절에서는 개발목표를 제시하도록 한다.

2. 개발 목표

앞서 언급한 외국도입 상용전산모델의 제한사항과 사용자 요구사항은 우리가 어떠한 모델을 개발해야 하는지에 대한 개발목표를 잘 제시해 주고 있는데 이를 살펴보면 다음과 같다.

첫째, 무기체계 획득 프로세스의 초기 단계인 기획, 계획 단계에서의 적정 소요예산을 추정할 수 있어야 한다. 둘째, 한국의 개발경험 및 데이터베이스를 이용하여 개발되어야 한다. 셋째, 한국의 방산원가산정 규칙에 부합하는 모델이 개발되어야 한다.

3. 모델 운용개념

한국형 비용분석 전산모델은 〈그림 1〉과 같이 한국형 전산모델 DB와 연계되어 모델 개발을 위한 자료를 수집하고, 비용분석을 수행하며,

〈그림 1〉 한국형 비용분석 전산모델 운용 개념도

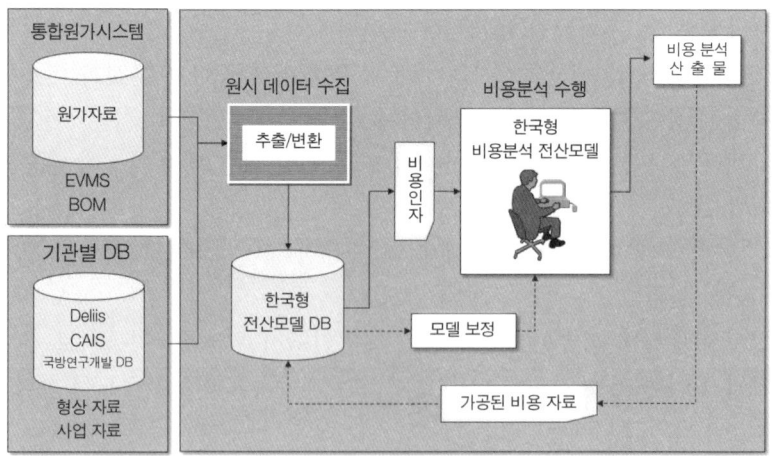

모델을 보정 및 업데이트하는 일련의 순환구조로 운용된다.

모델 운용 순환주기상의 주요 활동은 다음과 같다.

첫째, 모델은 한국형 전산모델 DB를 통해 비용추정 논리를 구현하고, 지속적으로 업데이트하기 위한 자료를 수집한다.한국형 전산모델 DB는 무기체계 획득프로세스에서 발생하는 원가 및 무기체계의 형상정보, 운용자료 등의 원시 데이터를 수집하여 CER 개발에 필요한 자료 형태로 변환한다. 이를 위해 이미 운영 중인 국내 비용관련 DB와 연동하여 무기체계의 시스템 또는 하위 구성품 단위의 조달 및 형상자료를 수집한다.

둘째, 한국형 전산모델 DB를 통해 수집된 자료를 분석함으로써 비용인자를 생성한다. 생성된 비용인자는 모델의 비용추정 논리를 구현하고, 모델을 최신화하는 데 활용된다.

셋째, 한국형 비용분석 전산모델을 통해 비용분석을 수행하고 비용분석 결과를 제공한다.

넷째, 비용분석 간 산출된 자료 중 전산모델 보정에 필요한 자료는 한국형 전산모델 DB에 가공되어 다시 탑재되고, 최신화된 원시 데이터와 통합된다.

다섯째, 새로이 수집된 자료는 재가공 및 분석되어 모델 개선에 필요한 새로운 비용인자를 생성하거나 최신의 현황으로 변경된다.

여섯째, 갱신된 비용인자를 바탕으로 모델을 주기적으로 개선하고, 개선된 모델을 통해 지속적인 비용분석 업무를 수행한다.

4. 모델 개발 개념

한국형 비용분석 전산모델은 다수의 비용추정관계식으로 구성된다. 비용추정관계식은 하드웨어에 대해 방산원가계산규칙에 의한 수명주기비용, 즉 연구개발비, 양산비, 운영유지비를, 소프트웨어에 대해서는 소프트웨어 사업대가 기준에 의한 개발비 및 운용유지비를 추정해야 한다.

따라서 한국형 비용분석 전산모델의 비용추정관계식 개발 범주는 한국의 무기체계 8대 분류에 기반하여 개발하고 이를 각각 하드웨어와 소프트웨어에 대해 연구개발비, 양산비, 운용유지비를 한국적 방산환경에 부합하는 원가산정기준에 따라 추정하는 〈그림 2〉와 같은 모델 개발 프레임워크를 제안한다.

〈그림 2〉 한국형 비용분석 전산모델 개발 프레임워크

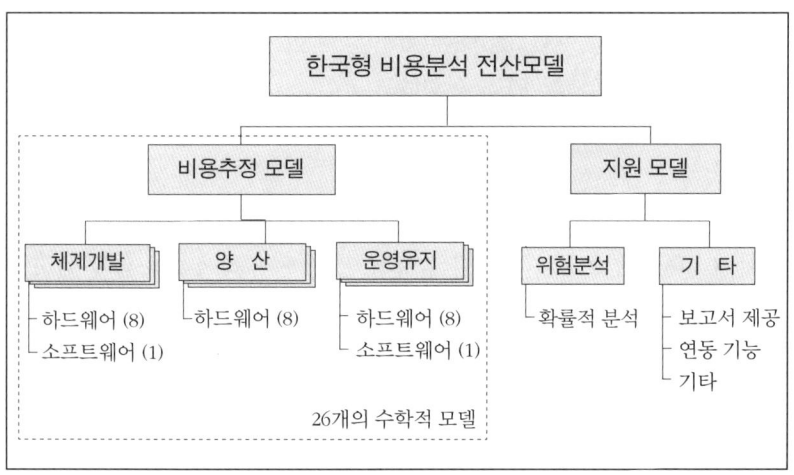

26개의 수학적 모델은 시스템 수준에서 추정비용을 산출할 것이며, 자료의 가용도에 따라 무기체계별 표준 WBS를 기반으로 WBS 2~3단계 수준의 하위 비용추정관계식에서 도출된 비용을 토대로 산출될 수 있다.

한국형 비용분석 전산모델은 보다 정확한 비용추정을 위하여 장기적인 관점에서 무기체계별 표준 WBS 3단계 이하의 하위 비용추정관계식

개발을 목표로 추진되어야 한다. 그러나 비용추정관계식 개발시점의
자료 가용도에 따라 개발 가능성을 분석하고 WBS 수준을 조정해야 할
것이며, 국내 연구개발에 따라 추가로 수집된 자료를 통해 WBS 수준의
확장이 수행될 수 있을 것이다.

추가적으로 요구되는 체계의 요구기능은 위험분석과 한국형 전산모
델 DB와의 연동, 사용자 인터페이스 기능 등이 있으며 모델 개발을 위
한 전체 기능 요구사항을 종합하면 〈표 1〉과 같다.

〈표 1〉 한국형 비용분석 전산모델 기능 요구사항

기 능 요 구 사 항	산 출 물 요 구 조 건
1. 비용 추정	
1.1 개발 / 양산 비용 추정	• 하드웨어
1.1.1 하드웨어	방산원가계산규칙의 비용항목에 의한
1.1.1.1 지휘통제 · 통신	추정결과 제공
1.1.1.2 감시 · 정찰	- 재료비, 노무비, 경비, 일반관리비, 이윤
1.1.1.3 기 동	• 소프트웨어
1.1.1.4 함 정	소프트웨어 대가사업 기준에 의한 추정
1.1.1.5 항공기	결과 제공
1.1.1.6 화 력	- SW 개발원가, 이윤, 직접경비
1.1.1.7 방 호	
1.1.1.8 기 타	
1.1.2 소프트웨어(개발비용만 추정)	
1.2 운영유지비용 추정	• 하드웨어
1.2.1 하드웨어	무기체계 운영유지비 기본요소 제공
1.2.1.1 지휘통제 · 통신	- 인건비, 소모품비, 창정비비,
1.2.1.2 감시 · 정찰	직접 지원비, 간접 인건비

1.2.1.3 기 동	• 소프트웨어
1.2.1.4 함 정	- 소프트웨어 대가 사업기준의
1.2.1.5 항공기	유지보수요율 적용
1.2.1.6 화 력	
1.2.1.7 방 호	
1.2.1.8 기 타	
1.2.2 소프트웨어	
2. 위험 분석	
2.1 체계개발/양산 비용 위험 분석	추정결과에 대한 확률분포값 제공
2.2 운영유지 비용 위험 분석	
3. 기 타	
3.1 보고서 제공	상용 워드프로세서 변환 산출물
3.2 연동 기능 제공	
3.2.1 엔터프라이즈 기능	Microsoft Excel 변환 문서
3.2.2 한국형 전산모델 DB와 연동	자료 변환에 의한 입·출력
3.3 기타 필요기능 제공	개념 연구 시 사용자 요구사항 구체화

III. 비용추정관계식 개발가능성 사례 연구

본 절에서는 모델의 핵심인 비용추정관계식 개발 절차를 정의하고 사례 연구를 통해 가능성 분석을 실시한다. 사례 연구를 위해 무기체계대분류 및 중분류 수준에서 다수의 자료를 확보하였으나 비용추정관계식 개발이 가능한 일부 사례만 제시한다.

비용추정관계식 개발 절차는 〈그림 3〉과 같이 자료수집 및 정규화—

〈그림 3〉 비용추정관계식 개발 적용 절차

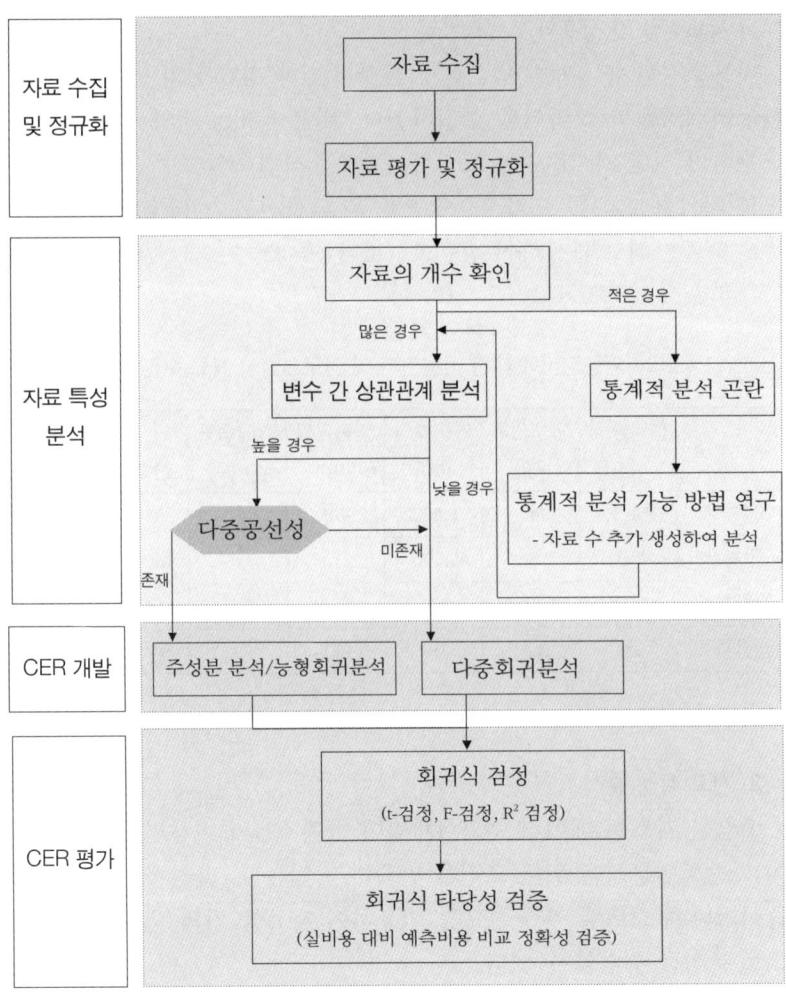

자료특성분석—비용추정관계식 개발—비용추정관계식 평가의 4단계로 구분하였다.

1. 기동장비 연구개발비 비용추정관계식 개발 사례

1) 자료수집 및 정규화

비용추정관계식 개발 범위를 기동장비(전차, 장갑차)의 연구개발비로 한정하여 4개의 데이터를 수집하였다. 비용인자는 전차 및 장갑차를 구분하기 위한 지시변수를 포함하여 6개를 식별하였다.

본 자료는 2009년을 기준으로 비용을 환산하였으며 각종 물리적 성능은 표준단위로 환산하여 정규화하였다〈표 2〉.

〈표 2〉기동장비에 대한 비용인자 및 연구개발비 자료 수집 현황

무기체계	전투중량 (톤)	탑승인원 (명)	엔진출력 (hp)	항속거리 (km)	최대속도 (km/h)	지시 변수	연구개발비 (억 원)
전차 A	54.5	4	1,200	400	60	1	511.08
전차 B	55	3	1,500	450	70	1	2,727.23
장갑차 C	13.2	12	280	480	74	0	169.33
장갑차 D	25	12	750	450	74	0	1,054.55

2) 자료 특성 분석

수집된 자료는 데이터 수가 4개인데 반해 6개의 비용인자로 구성되어 다중회귀분석을 위한 조건을 만족하지 않는다. 따라서 비용인자를 줄이거나 부스트랩, 확률분포를 이용하여 자료를 임의 생성하는 방법으로 분석을 수행할 수 있다.

본 연구에서는 각각의 데이터에 대해 상관관계를 고려하여 정규분포로 총 80개의 데이터를 임의 생성하였다. 이상과 같이 생성된 데이터를 기반으로 비용인자 간 상관관계를 분석한 결과 〈표 3〉과 같이 일부 비용인자 간 높은 상관관계를 형성하였으며 이는 곧 비용인자 간 다중공선성을 의심하게 한다.

〈표 3〉 비용인자 간 상관계수

	전투중량	탑승인원	엔진출력	항속거리	최대속도	지시변수
전투중량	1					
탑승인원	-0.94004	1				
엔진출력	0.95613	-0.89479	1			
항속거리	-0.5054	0.38262	-0.37616	1		
최대속도	-0.51359	0.45543	-0.34115	0.88342	1	
지시변수	0.93323	-0.97544	0.8697	-0.30913	-0.40262	1

비용인자간 다중공선성을 분산팽창계수를 통해 확인한 결과 〈표 4〉에서 보는 바와 같이 전투중량, 탑승인원, 엔진출력 등에서 다중공선성의 존재를 확인할 수 있었다.

다중공선성의 존재는 일반적인 다중회귀에서 비용인자 간 상호독립이어야 한다는 가정에 모순됨으로 추정된 회귀계수를 신뢰할 수 없게 한다.

〈표 4〉 비용인자 간 분산팽창계수(VIF)

비용인자	VIF
전투중량	75.30704
탑승인원	34.04295
엔진출력	32.02866
항속거리	7.72641
최대속도	6.70667
지시변수	51.77642

3) 비용추정관계식 개발

다중공선성을 해결하는 방법으로 상관관계가 높은 비용인자 중 중요하지 않은 비용인자를 제거하거나 또는 능형회귀분석, 주성분회귀분석, 제한회귀분석 등의 방법을 사용하여 다중공선성을 없애거나 줄일 수 있다.

본 연구에서는 모든 비용인자가 비용추정에 중요한 영향을 미치는 변수로 가정하고 비용인자를 제거하는 대신 통계적 방법인 주성분회귀분석을 사용하였다. 주성분회귀분석에 대한 자세한 내용은 본 연구에서 생략한다.

상관행렬에 의한 고유치를 분석하여 2개의 주성분을 선택하였으며 선택된 주성분에 의한 도출된 회귀식은 다음과 같다.

$$\text{연구개발비} = 1127.94 + 210.10 \times C_1 + 567.15 \times C_2 \qquad \text{(식 1)}$$

위 식은 주성분에 의한 회귀식으로 이를 원변수로 환원하여 정리하면 최종적으로 다음과 같은 비용추정관계식을 도출할 수 있다.

$$연구개발비 = -4{,}010{.}67 + 9{.}08 \times 전투중량 - 50{.}80 \times 탑승인원$$
$$+ 0{.}50 \times 엔진출력 + 5{.}25 \times 항속거리 + 30{.}89 \times 최대속도 \qquad (식\ 2)$$
$$+ 486{.}60 \times 지시변수$$

4) 비용추정관계식 평가

주성분회귀에 의해 도출된 비용추정관계식의 평가를 위해 회귀식에 대해서는 R^2, Adj R^2 및 F-검정을 사용하였으며, 각각의 회귀계수 값을 평가하기 위해 t-검정을 사용하였다. 각각의 검정 결과는 〈표 5, 6〉에 제시하였다.

〈표 5〉 분산분석 Table

Source	DF	SS	MS	F	p
Model	2	49416851	24708425	61.13	0.0001
Error	77	31121572	404176		
Total	79	80538422			
		$R^2 = 0.6136$, Adj $R^2 = 0.6035$			

〈표 6〉 회귀계수에 대한 t-검정

Variable	DF	Parameter Estimate	MS	F	p
Intercept	1	1127.94	71.08	15.87	⟨0.0001
C1	1	210.10	34.34	6.12	⟨0.0001
C2	1	567.15	61.58	9.21	⟨0.0001

〈그림 4〉 기동장비(연구개발비) 실제값과 추정값 비교 그래프

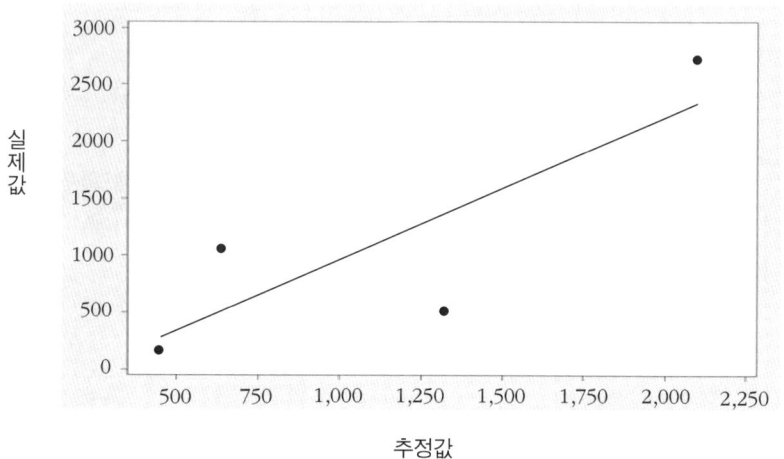

주성분회귀분석에 의해 도출된 비용추정관계식은 R^2 및 실제값과 비교〈그림 4〉한 결과 일반적인 다중회귀모형에 비해 정확성은 결여되었다. 그러나 각각의 회귀계수 및 모형의 전체 신뢰도는 다중회귀모형에 비해 F-검정 및 t-검정을 비교한 결과 우수한 것으로 볼 수 있다.

2. 기타 비용추정관계식 개발 사례

기동장비의 비용추정관계식 외에도 수집된 자료를 기초로 도출된 비용추정관계식은 〈표 7〉과 같이 다수의 사례를 들 수 있다.

〈표 7〉 기타 비용추정관계식 개발 사례

범위	대상	자료수	비용추정관계식	개발방법
양산비	소화기	6건	양산단가 = 0.248 + 0.000695 × 개발비 − 0.000023 × 양산수량 + 0.154 × 개발기간	다중 회귀
	화포	11건	양산단가 = 60.1912 + 0.0047 × 개발비 + 0.00016 × 양산수량 +1.2232 × 개발기간 − 74.5108 × 국산화율	주성분 회귀
운영 유지비 (수리부속)	항공기	11종 (65건)	ln(운영유지비) = − 7.63 + 1.13 × ln(도입단가) + 0.73 × ln(노후화율) − 0.28 × ln(국산화율) − 0.86 × (전투기) − 1.59 × (정찰기) − 0.94 × (수송기)	로그변 환 변수 선택 다 중회귀
	장갑차	5종 (30건)	ln(운영유지비) = − 21.57 + 1.91 × ln(획득가) + 1.44 × ln(운영기간)	

3. 사례 연구를 통한 비용추정관계식 개발 가능성

위 사례 연구에서 보는 바와 같이 일부 무기체계분야에서 한국의 연구개발 및 양산, 운영유지 실적 자료에 기반하여 체계 수준의 비용추정관계식 개발 가능성을 확인할 수 있었다. 그러나 한국형 비용분석 전산모델을 개발하기 위한 핵심논리인 비용추정관계식 개발은 다음과 같은 몇가지 측면에서 아직도 미흡한 실정이다.

첫째, 자료의 부족이다. 국방 획득 패러다임의 변화로 국내 연구개발 및 양산이 증가하였다고는 하지만 아직 우리의 연구개발 및 양산 자료는 비용추정관계식을 원활하게 개발할 만큼 많지 않다.

둘째, 다수의 실적 자료가 존재한다 하더라도 체계적인 자료 수집체계의 부재로 인해 자료수집에 많은 어려움을 겪고 있다. 과거 실적 자료들은 개발기관 및 개발업체에 한정되어 보관되고 있거나 각 기관의 사용목적에 따라 일부 자료만을 보유하고 있어 자료수집에 어려움을 가중시키고 있다. 이와 더불어 군사보안상의 문제로 자료의 공개를 꺼리고 있는 것도 자료의 수집을 더욱 어렵게 하고 있다.

셋째, 비용추정관계식 개발에 대한 국내 연구의 부족이다. 과거 주로 국외도입에만 의존하던 획득환경과 짧은 국내 연구개발 역사로 인해 연구개발이나 양산, 운영유지에 대한 비용추정 필요성을 느끼지 못하였고 이에 따라 이 분야의 연구가 미흡하였다.

다음 절에서는 확인된 비용추정관계식 개발의 가능성을 기반으로 한국형 비용분석 전산모델의 개발 방법론을 제안한다.

IV. 한국형 비용분석 전산모델 개발 방법론

앞서 언급한 한국형 비용분석 전산모델의 운용개념과 체계 개발개념을 효과적으로 구현하기 위해 유사한 4가지 사례에 관한 기존 문헌을 조사하였다.

〈그림 5〉와 같이 한국형 비용분석 전산모델 개발 방법론은 기회식별―모델범위 정의―자료수집 및 분석―모델개발―검증 및 승인―사용 및 유지보수의 6단계로 구분하여 제안한다.

〈그림 5〉 한국형 비용분석 전산모델 개발방법론

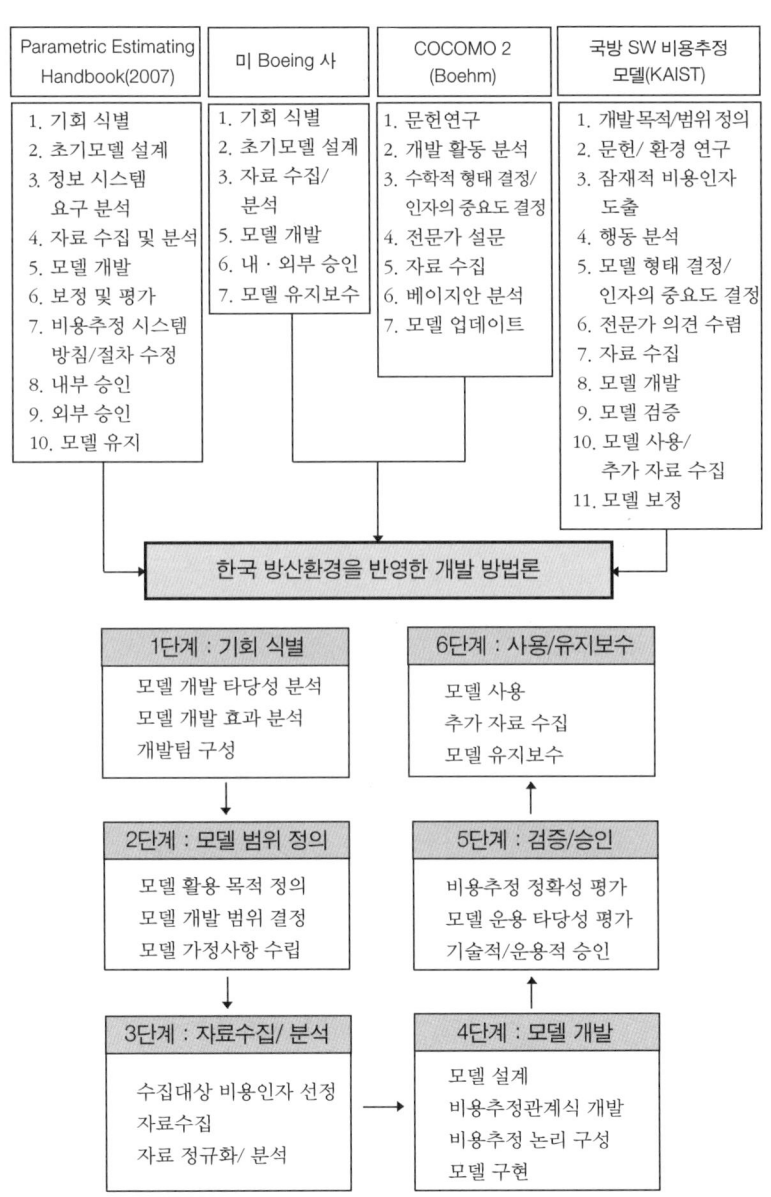

Parametric Estimating Handbook(2007)	미 Boeing 사	COCOMO 2 (Boehm)	국방 SW 비용추정 모델(KAIST)
1. 기회 식별 2. 초기모델 설계 3. 정보 시스템 요구 분석 4. 자료 수집 및 분석 5. 모델 개발 6. 보정 및 평가 7. 비용추정 시스템 방침/절차 수정 8. 내부 승인 9. 외부 승인 10. 모델 유지	1. 기회 식별 2. 초기모델 설계 3. 자료 수집/분석 4. 모델 개발 5. 내·외부 승인 6. 모델 유지보수	1. 문헌연구 2. 개발 활동 분석 3. 수학적 형태 결정/인자의 중요도 결정 4. 전문가 설문 5. 자료 수집 6. 베이지안 분석 7. 모델 업데이트	1. 개발목적/범위 정의 2. 문헌/ 환경 연구 3. 잠재적 비용인자 도출 4. 행동 분석 5. 모델 형태 결정/인자의 중요도 결정 6. 전문가 의견 수렴 7. 자료 수집 8. 모델 개발 9. 모델 검증 10. 모델 사용/추가 자료 수집 11. 모델 보정

한국 방산환경을 반영한 개발 방법론

1단계 : 기회 식별
모델 개발 타당성 분석
모델 개발 효과 분석
개발팀 구성

2단계 : 모델 범위 정의
모델 활용 목적 정의
모델 개발 범위 결정
모델 가정사항 수립

3단계 : 자료수집/ 분석
수집대상 비용인자 선정
자료수집
자료 정규화/ 분석

4단계 : 모델 개발
모델 설계
비용추정관계식 개발
비용추정 논리 구성
모델 구현

5단계 : 검증/승인
비용추정 정확성 평가
모델 운용 타당성 평가
기술적/운용적 승인

6단계 : 사용/유지보수
모델 사용
추가 자료 수집
모델 유지보수

1. 기회 식별

이 단계에서는 비용분석과 관련된 인원들의 요구와 이에 부합하지 못하는 현상황에 대해 차이분석(Gap Analysis)을 실시하고 이를 통해 모델 개발의 필요성과 가능성을 도출한다.

필요성에 대해 공감대가 형성되면 비용추정 관련 문헌 연구와 상용 모델 개발 사례를 연구하고 국내 무기체계 개발 환경과 비용분석 환경을 조사함으로써 모델의 기술적 구현 가능성과 예산 지원 가능성을 판단한다.

또한 모델 개발에 따른 비용대 효과를 분석함으로서 모델의 개발 여부를 최종 결정한다.

최종적으로 개발팀을 구성하고 사업관리 계획을 수립하고 임무를 할당한다.

2. 모델 범위 정의

이 단계에서는 사용자의 요구사항을 구체화하고 모델의 요구사항을 상세히 검토함으로써 무기체계 획득단계에서 요구되는 모델의 사용목적과 요구되는 출력결과를 정의하고 초기 모델 개발 범위를 결정한다.

모델 개발 범위는 향후 자료수집의 수준에 따라 변경될 수 있다. 또한, 비용추정 논리를 구현하기 위한 모델링 과정에서의 현실적인 가정사항을 수립한다.

3. 자료 수집 및 분석

모델 개발 범위가 정의되면, 모델을 개발하기 위해 자료를 수집하고 분석한다. 자료 수집 단계는 다음의 3단계로 이루어진다.

첫째, 비용추정 논리를 구현하기 위하여 필요한 비용인자를 선정한다. 비용인자는 추정 대상체계의 사업 자료, 형상 자료, 물리적 자료 등과 같은 비용과 관련된 요소들이다.

둘째, 선정된 비용인자를 생산하는 출처(기관, 업체 등)를 대상으로 무기체계 종류, 개발 및 생산 주체, 무기체계 개발 및 획득 프로세스를 고려하여 자료를 수집한다.

셋째, 수집된 자료를 대상으로 정규화 과정을 거쳐서 비용추정관계식 개발시 활용할 수 있도록 자료를 분석한다. 자료 정규화는 화폐 가치, 개발 및 생산 수량, 물리적 형상자료 등에 대해 동일한 기준으로 표준화함으로서 자료의 일관성을 유지하게 한다.

특히, 자료 분석 간 발생한 이상치 등의 비정상적인 자료를 평가하고 필요시 적절히 수정한다. 수집된 자료는 신뢰성 확보와 향후 재분석 및 검증을 위해 출처를 유지한다.

4. 모델 개발

모델 개발은 모델 설계, 비용추정관계식 개발, 비용추정 논리 구성, 모델 구현의 단계로 진행된다.

첫째, 모델 설계 단계에서는 이전 단계에서 정의된 사용자 요구사항을 바탕으로 자료 수집 및 분석 결과를 반영하여 개발 범위를 확정한다. 또한, 모델의 수학적 형태를 결정함으로서 모델의 핵심 요소인 비용추정관계식과 비용추정 논리를 구성하기 위한 가이드라인을 설정한다.

둘째, 비용추정 관계식은 무기체계별로 분석된 비용인자에 대하여 다양한 통계적 분석을 수행하여 개발된다. 즉, 분산분석, 상관분석 등을 통하여 비용인자 간의 관계를 분석하고, 무기체계별로 적합한 회귀분석 방법을 적용함으로써 비용추정 관계식을 개발한다. 이러한 과정에서 비용인자들이 통합 또는 삭제될 수 있고, 필요시 이전 단계로 되돌아가서 비용인자를 추가 수집할 수 있다. 개발된 비용추정 관계식은 통계적 검증 과정을 통해 타당성을 검증한다.

셋째, 모델의 비용 추정, 일정 추정 등의 모든 구체적인 목적을 통합할 수 있도록 비용추정 논리를 구현한다. 비용추정 모델은 다양한 비용추정관계식이 경제 환경 변수와 무기체계별 환경 특성 변수, 개발수량에 따른 학습률 적용 등과 통합되어 비용을 추정한다.

넷째, 개발된 비용추정 논리를 SW 및 HW적으로 구현한다.

5. 검증 및 승인

개발된 모델은 정확성 평가를 통해 다음과 같이 기술적, 운영적으로 검증되어야 한다.

첫째, 모델이 얼마나 비용을 신뢰성 있게 추정하는지를 평가한다.

이는 모델 개발에 사용되지 않은 과거 자료를 이용하여 추정결과와 실적가를 비교할 수 있으며, 현재 사용하고 있는 상용모델의 추정결과와 상호 비교하여 평가할 수 있다.

둘째, 모델의 비용추정 논리가 정의된 모델의 활용범위 및 제한사항과 부합하는지를 평가한다. 즉, 모델이 추정해야할 대상에 대해 주어진 제한사항 범위 내에서 사용자 요구사항의 기준을 충족시킬 수 있는 결과를 제공하는지 여부를 평가한다. 또한, 모델의 입출력 과정에 대한 논리를 검증한다. 이러한 논리적 타당성 검증을 통해 모델 개발간 사용한 자료 이외에 다른 분야에 대한 일반화 적용이 가능한지를 평가한다.

셋째, 모델 개발자나 정부(사용자)로부터 모델에 대한 기술적, 운용적 승인을 획득한다. 기술적 승인은 개발자 관점에서 모델 개발 간 사용한 자료의 타당성과 논리 구현의 적정성에 대한 확신을 주는 과정을 의미한다. 운용적 승인 단계에서는 모델 사용자 관점에서 모델 사용의 편의성, 결과 해석의 용이성, 출력결과에 대한 정확성을 평가받음으로써 모델 사용에 대한 추천 및 승인을 받는다.

6. 사용 및 유지보수

모델 사용에 대한 승인이 결정되면, 정부는 비용분석 지침과 절차를 수정한다. 절차가 수정되면, 모델의 사용을 위해 모델에 대한 사용자 매뉴얼을 작성하고, 사용자를 대상으로 모델의 구조와 비용추정 방법, 사용 지침, 모델 활용 범위 등에 대해서 교육하고 지원한다.

모델이 사용되는 동안 모델 유지보수팀은 지속적인 모델의 업데이트를 위해 모델의 성능개선을 포함하여 최신 사업 자료, 비용자료, 경제 환경 변수 등을 수집한다. 또한, 모델 사용 결과와 실적가간의 정확성 분석 결과와 오차 발생 원인을 수집함으로서 향후 모델 보정 간 활용한다.

개발된 모델은 주기적으로 업데이트됨으로써 최신의 사업현황과 기술 동향을 반영한다. 이를 위해 모델이 개선될 때 모델 유지보수팀은 모델이 얼마나 자주 최신화되고 검증되어야 하는지를 수립해야 한다.

V. 향후 연구방향

한국형 비용분석 전산모델의 개발 필요성에 대한 공감과 더불어 개발 가능성에 대해 검토한 결과 자료의 가용도에 따라 단계적으로 개발함으로써 비용분석 분야 발전에 기여할 수 있을 것으로 판단되었다.

따라서 향후 연구는 3단계로 구분하여 기존의 연구 내용을 확대한다. 첫 번째 단계에서는, 국내외 비용추정관계식 개발 사례 분석, 해외

비용분석 모델개발 및 운용실태를 분석하고 비용분석 전산모델 개발 프레임워크를 세부적으로 설계한다.

또한 비용분석 전산모델 개발에 필요한 DB 활용 방안을 수립하고 전산모델 개발 요구조건을 세부적으로 설정하여 전산모델 체계 운용개념을 수립한다.

두 번째 단계에서는, 전산모델 개발 프레임워크에 따라 비용추정관계식을 개발하여 SW로 구현하고 비용 DB를 구축하여 체계적으로 자료를 수집한다. 이를 위해 체계개발계획서, 운영개념기술서 체계규격서를 작성한다.

최종 단계에서는, 개발된 비용추정관계식을 통합하고 비용 DB와 연동하여 체계구축을 완료하고 이후 수집된 자료를 기반으로 비용추정관계식을 지속적으로 최신화한다.

VI. 결론

국방 획득 패러다임의 변화와 비용분석의 중요성에 대한 공감대는 정책적, 제도적, 절차적, 물리적 기반조성에 대한 요구를 증가시키고 있다.

이에 대해 본 연구에서는 물리적 기반이라고 할 수 있는 한국형 비용분석 전산모델의 개발 필요성에 대한 공감대 형성과 개발 개념, 개발 가능성 및 개발 방법론에 대해 제안하였다.

비록 현재 시점에서 완벽한 전산모델을 구축하기에는 자료의 부족, 자료 수집 절차 및 체계의 부재, 논리 구현 연구의 부족 등 다수의 미흡점이 존재한다 하더라도 중장기적인 관점에서 한국형 비용분석 전산모델의 구축은 반드시 이루어져야 한다.

또한 한국형 비용분석 전산모델과 같은 물리적인 기반조성뿐만 아니라 이에 기반한 정책적, 제도적 절차 정립과 발전이 병행되어야 함을 제안한다.

긍극적으로 정책적, 제도적 절차에 기반한 한국형 비용분석 전산모델은 작게는 국방분야 비용분석 발전에 기여하고 나아가 국방예산의 효율화 및 투명성에 기여할 것으로 기대된다.

참고문헌

강성진.『비용추정론』. 국방대학교, 2006.

_____.『무기체계 비용분석 기법 연구』. 국방대학교, 2003.

국방대학교.「한국형 비용분석 전산모델 개발 사전연구」. 방위사업청, 2009.

_____.「비용분석 전산모델의 정확도 향상방안 연구」. 방위사업청, 2009.

박성현.『회귀분석』. 민영사, 2007.

방위사업청 지침 제2008-19호('08.7.11).「분석평가업무 실무지침서」.

이호석 외 4명.「효과적인 비용관리 방안 연구」. KIDA, 2008.

한국국방연구원.「비용분석의 이론과 실제」. KIDA, 2008.

_____.「미국의 비용분석제도: 비용분석 보고체계를 중심으로」. 2003.

MacKenzie, Donald. *Parametric Estimating Handbook*. ISPA, 2004.

| 색 인 |

.

▌필자 소개 (원고 게재 순)

❖ **김석용** _국방대학교 명예교수

❖ **한용섭** _국방대학교 부총장

❖ **홍태영** _국방대학교 교수

❖ **신용도** _국방대학교 교수

❖ **김덕영** _전 국방대학교 교수

❖ **김병조** _국방대학교 교수

❖ **김영호** _국방대학교 교수

❖ **김준섭** _국방대학교 교수

❖ **소치형** _건국대학교 교수

❖ **이홍섭** _국방대학교 교수

❖ **김병렬** _국방대학교 교수

❖ **노영구** _국방대학교 교수

❖ **강성진** _국방대학교 교수

국가안보의 한국화

인 쇄 ㅣ 2012년 1월 16일
발 행 ㅣ 2012년 1월 20일
편 저 ㅣ 김석용
발행인 ㅣ 부성옥
발행처 ㅣ 도서출판 오름
등록번호 ㅣ 제2-1548호 (1993. 5. 11)
주 소 ㅣ 서울특별시 서초구 서초동 1420-6
전 화 ㅣ (02)585-9122, 9123   팩 스 ㅣ (02)584-7952
E-mail ㅣ oruem@oruem.co.kr
URL ㅣ http://www.oruem.co.kr

ISBN 978-89-7778-369-0   93340